郭齐勇 主编

中国哲学通史

先秦卷

上册

郭齐勇 著

A
HISTORY
OF
CHINESE
PHILOSOPHY

江苏人民出版社

图书在版编目(CIP)数据

中国哲学通史. 先秦卷:上下册/郭齐勇著. --
南京:江苏人民出版社,2023.8
　　ISBN 978 - 7 - 214 - 28237 - 8

　　Ⅰ. ①中… Ⅱ. ①郭… Ⅲ. ①哲学史-中国-先秦时
代 Ⅳ. ①B2

　　中国国家版本馆 CIP 数据核字(2023)第 125353 号

中国哲学通史

郭齐勇　主编

先秦卷:上下册

郭齐勇　著

策　　　划	府建明
责 任 编 辑	府建明
装 帧 设 计	周伟伟
责 任 监 制	王　娟
出 版 发 行	江苏人民出版社
地　　　址	南京市湖南路 1 号 A 楼,邮编:210009
照　　　排	江苏凤凰制版有限公司
印　　　刷	苏州市越洋印刷有限公司
开　　　本	652 毫米×960 毫米　1/16
印　　　张	460.5
字　　　数	6126 千字
版　　　次	2023 年 8 月第 1 版
印　　　次	2023 年 8 月第 1 次印刷
标 准 书 号	ISBN 978 - 7 - 214 - 28237 - 8
定　　　价	1980.00 元(全 20 册)

(江苏人民出版社图书凡印装错误可向承印厂调换)

目　录

导　论

中国哲学史这门学科自上世纪 20 年代前后诞生以来,已经有了一百年的历史。虽经过胡适、冯友兰、张岱年、任继愈、冯契、萧萐父、汤一介、李泽厚、陈来等数代专家学者的耕耘,这一学科仍处在成长与发展之中。

百年来,凡讨论中国哲学史,必先涉及关于哲学的定义。哲学是人们关于宇宙、社会、人生的本源、存在、发展之过程、律则及其意义、价值等根本问题的体验与探求。在远古时期,各个大的种族、族群的生存样态与生存体验既相类似又不尽相同,人们思考或追问上述问题的方式亦同中有异,这就决定了世界上有共通的,又有特殊的观念、问题、方法、进路,有不同的哲学类型。人类进入文明时代的几个大的典范文明,各有不同的方式,其哲学有不同的形态。古代中国、印度、希腊的哲学是其中的典型。不仅今天所谓中国、印度、西方、阿拉伯、非洲的哲学类型各不相同,而且在上述地域之不同时空中又有不同的、千姿百态的哲学传统。并没有一个普遍的西方的或世界的哲学,所有哲学家的形态、体系、思想都是特殊的、各别自我的。

我们认为,凡是思考宇宙、社会、人生诸大问题,追求大智慧的,都属于哲学的范畴。中国人关于人与天、地、人、物、我之关系,宇宙与人的关系,人在宇宙中的地位、人的尊严与价值、人的安身立命之道等学问,当然都是哲学的题中应有之义。

一、中国哲学的问题

中国哲学讨论什么问题或课题？问题之间有什么联系？有什么问题意识？张岱年1937年写成的《中国哲学大纲》一书,副题为"中国哲学问题史",是以问题与范畴为纲,论述中国古典哲学发展演变的书,此书强调中国哲学问题的条理体系,值得咀嚼。他认为,中国哲学有自身的系统,其内容约略可分为宇宙论或天道论、人生论或人道论、致知论或方法论、修养论与政治论五个部分,以前三个部分为主干。张先生这部著作的特点是凸显了中国哲学自身的问题与课题,以解读中国哲学的范畴为中心。如宇宙论中包含三论:本根论或道体论、大化论、法象论。本根论讨论的是道、太极阴阳、气、理气等。大化论讨论的是变常、反复、两一、大化、终始、有无等。人生论中包含四论:天人关系论、人性论、人生理想论、人生问题论。天人关系论讨论的是人在宇宙中的位置、天人合一、天人有分与天人相胜等。人性论讨论的是性善与性恶、性无善恶与性超善恶、性有善恶与性三品、性与心之诸说等。人生理想论讨论的是仁、兼爱、无为、有为、诚及与天为一、与理为一、明心、践形等。人生问题论讨论的是义与利、命与非命、兼与独、自然与人为、志功、损益、动静、欲理、情与无情、人死与不朽等。致知论中包含知论与方法论等。

张先生此书启发我们思考中国哲学的问题。我们认为,中国哲学的基本关怀与问题,环绕着天道、地道与人道的关系而展开,或抽绎为道,展开而为道与人、道与物、道与言等。宋代以后,道的问题转化为理或心的问题。

具体地说,中国哲学关注的若干向度:一是人与至上神天、帝及天道,人与自然或祖宗神灵,即广义的天人、神人关系问题;二是人与宇宙天地(或地)的关系,是宇宙论,尤其是宇宙生成论的问题,包括今天讲的人与自然的关系;三是人与社会、人与人、自我与他人的关系,属社会伦理关系问题;四是性与天道、身与心,属心性情才的关系问题,包括君子人格与人物品鉴,修养的工夫论与境界论等;五是言象意之间的关系,涉及象数思维、直觉体悟的问题;六是古今关系即社会历史观的问题。司马迁讲"究天人之际,通古今之变,成一家之言",除天人问题外,中国人尤重社会政治与历史发展,关注并讨论与古今关系相联系的诸问题。这都是中国哲学的题中之义。

今天讨论中国哲学或中国哲学史,我们反对不假反思地将西方哲学范畴应用于中国古代文本,我们也反对完全把中西哲学范畴看成是绝对对立、不可通约的。美国学者史华兹说:"不能设想,诸如自然、理性、科学、宗教和自由之类的术语能够与诸如'道'、'理'和'气'之类在中国文化内部同样有着复杂历史的术语恰好吻合。"①我们运用东西方哲学范畴时特别注意的是,哲学范畴、术语的语义范围,在什么样的语境中,以什么样的方式使用它。另一方面,"超越了语言、历史和文化以及福柯所说'话语'障碍的比较思想研究是可能的,这种信念相信:人类经验共有同一个世界。"②因此,中西、中外哲学是可以比较,可以通约的。

中国哲学的中心问题及问题意识与西方哲学有同有异,且同中有异,异中有同。与犹太—基督教式的创世论最大的不同,在于中国没有至高无上的造物主上帝。牟复礼说:"中国没有创世的神话,这在所有民族中,不论是古代的还是现代的,原始的还是开化的,中国人是唯一的。这意味着中国人认为世界和人类不是被创造出来的,而这正是一个本然自生的宇宙的特征,这个宇宙没有造物主、上帝、终极因、绝对超越的意志,等等。""无需置信仰于理性之上,它强调伦理和社会事务上的理性,它的知识问题很少涉及那些无法用道理来阐明的信仰。"③中国上古的神

---

① [美]本杰明·史华兹:《古代中国的思想世界》,程钢译,刘东校,南京:江苏人民出版社,2004年,第12页。
② 同上。
③ [美]牟复礼:《中国思想之渊源》,王立刚译,北京:北京大学出版社,2009年,第19、25页。

话基本上是英雄神话，而没有创生神话。当然，中国有盘古开天的故事，西南少数民族有类似传说，但基本上是晚出的，公元 3 世纪才有最早记载，可能与印度传来的创世神话有关。

在解释宇宙如何形成的问题上，"中国的宇宙生成论主张的是一个有机的过程，宇宙的各个部分都从属于一个有机的整体，它们都参与到这个本然自生的生命过程的相互作用之中，这是个天才卓颖的观念。……李约瑟分析了中国人的宇宙模式之后，称之为'没有主宰却和谐有序'，李约瑟描述的中国人的有机的宇宙让我们瞠目惊讶，和人类历史上其他关于宇宙的观念相比，中国人的观念是何等特别。"①宇宙的发展不必依赖任何外力，中国哲学的气论与宇宙自生、创生的观念是各派哲学的共识。

钱新祖指出："中国的传统哲学不但不把人和天在本体上截然划分为两种不同存在，并且还认为人和天在存在上是一体的，以为人之成神、成圣是人的本性的自我实践。所以中国的传统哲学，在肯定人的时候，也同时肯定天，在肯定天的时候，也同时肯定人。"②钱新祖认为中西人文主义是两种不同类型，中国是内在人文主义，西方是外在人文主义。中国传统的个人主义是关系性或整合性的个人主义，而不是原子论式的个人主义。"中国传统哲学的出发点往往不是团体，而是个人。譬如说，《大学》里所讲的'八条目'，其中的第一条目就是修身，修身的身就是指的个人一己的自身。"③中国人肯定人与人之间的现实关系与联系，然而在西方，人伦世界里的人伦也还得依赖神这个创世主的存在而存在，因此个人之间并没有内在的直接的相互关系，因为每一个人都是上帝造的，个人间的关系是与神这个创世主的共同关系为媒介的。

历史上的中国人不承认有所谓"启示的真理"，"不承认真理是由一个高高在上、超人的神所启示给人的，而是认为真理是可以、也必须在人

① ［美］牟复礼：《中国思想之渊源》，王立刚译，北京：北京大学出版社，2009 年，第 21—22 页。
② 钱新祖：《中国思想史讲义》，台北：台湾大学出版中心，2013 年，第 35 页。
③ 钱新祖：《中国思想史讲义》，台北：台湾大学出版中心，2013 年，第 43 页。

事中找寻得到的。……中国人认为真理是在历史的过程里显现，必须在历史的过程中去追寻和求证，也必须在我们每个个人的日常生活里去体验和实践的。"①所以中国哲人肯定"知行合一""即知即行"，而且中国人有很强的历史感，有最悠久且从未间断的史学传统。同时，在历史的陈述中就寓含有褒贬即价值评价。

牟宗三指出，与西方式的以知识为中心、以理智游戏为一特征的独立哲学不同，中国哲学"是以'生命'为中心，由此展开他们的教训、智慧、学问与修行。"②这里所说的生命，不是自然生命，而是道德实践中的生命。"它的着重点是生命与德性。它的出发点或进路是敬天爱民的道德实践，是践仁成圣的道德实践，是由这种实践注意到'性命天道相贯通'而开出的。"③这里没有西方式的以神为中心的启示宗教，有的是凡俗的活生生的人，在圣贤传统下的人格修养与生命生活的实践，在现实中对生命意义的追求。

在这样的哲学问题与问题意识下，中国哲学中的天人关系论、宇宙生成论、群己关系论、治身治国论、天道性命与心性情才论、德性修养的工夫论与境界论、知行关系与古今关系论、由道德直觉到智性直观等论说，比较发达。

二、中国哲学的分期

中国哲学在其发展的过程中，大体上经历了四个时期（或阶段）：第一时期是创立期，指先秦哲学；第二时期是扩大期，指汉至唐代的哲学；第三时期是融会期，指宋至清代的哲学；第四时期是潜藏期，指清末民初以来的哲学，或称为现代哲学。

这四个阶段的文化背景各不一样。第一时期是中华人文价值理性

---

① 钱新祖：《中国思想史讲义》，台北：台湾大学出版中心，2013年，第46页。
② 牟宗三：《中国哲学的特质》，上海：上海古籍出版社，1997年，第6页。
③ 牟宗三：《中国哲学的特质》，上海：上海古籍出版社，1997年，第10页。

的奠基期,是黄河、长江流域的文化与周边不同族群的文化大融合的时期,初步形成了中华多民族及其文化的融合体。第二时期是中华多民族及其文化融合体的确立期,中华制度文明的建构已相当成熟的时期,与周边各民族及外域文化扩大交流的时期,也是印度佛教文化及哲学传入中国,与中国文化及哲学不断融合,并形成了中国化的诸种佛教宗派的时期。第三时期是士庶二元社会结构解体,文明在全社会下移、推开的时期,平民化的时期,也是进一步消化印度佛学并重振中国哲学的主体性的时期。此一时期的理学是整个东亚文明的体现,它在朝鲜半岛、日本列岛和越南都得到深化与发展,对东南亚地区有着一定的影响。第四时期是西方文化作为强势文化冲击中国文化的时期,也是这两种文化及哲学开始碰撞、交融的时期,中国文化及哲学在总体上处于劣势并蛰伏的时期,是消化西方文化及哲学,再建中国文化及哲学之主体性的准备或过渡的时期。

这四个阶段哲学的代表性思潮、流派、人物、成果各不相同。在多样化的哲学成就中,最具根源性、原创性、标志性的典籍、人物、流派:第一阶段是《五经》与孔子、老子、墨子、孟子、庄子、荀子及诸子百家;第二阶段是董仲舒、魏晋玄学、隋唐佛教与道教哲学及《五经正义》;第三阶段是张载、二程、朱熹、陆九渊、王阳明、王船山及朱子《四书章句集注》为代表的四书学新传统;第四阶段中外诸思潮相互激荡,出现了中国化的马克思主义哲学——毛泽东思想,以及自由主义、文化保守主义的哲学思潮。

这四个阶段的问题意识与哲学中心范畴既有延续性又有差异性,各有其重心与特色。

在第一阶段,孔子与儒家继承三代大传统的天、帝、上帝、天命、天道的终极信仰,以礼乐文明为背景,以"天人性命"问题为枢纽,肯定天道、天命下贯为人之性,创立了凸显人性尊严、人道自觉、人格独立的"仁"学系统,侧重解决天人之际中"人是什么"的问题及人之所以为人的问题,主张通过人文建构、人事活动,特别是道德活动上达天德,把宗教、哲学、政治、道德密切地结合了起来。与之并行的是老子与道家。道家继承上古与春秋思想家有关"天"的叩问以及弥沦无涯的"气"的传统与相对相关的"阴阳"观念，形成连续性、整体性的宇宙观及宇宙生成论。他们创立了凸显天道与超越境界的"道"学系统，侧重解决天人之际中"天是什么"的问题及万物所以为万物的问题，主张人可以通过身心的修养上达天道（天地精神），把自然、社会、人生打成一片。儒家的"仁"与道家的"道"是中国哲学最核心的范畴。儒道两家并非绝然对立，而是相互影响、渗透。墨家与儒家同源，墨子与老子、孔子一样，反思文明源头，思考天人性命问题以及文化制度对于人的限制问题。当然，墨子继承的是民间小宗教的传统，其学因自身限制未能成为大统。这不是说墨家没有价值，而是中国社会历史的选择使然，其更需要的是形成互补态势且可大可久的儒道哲学思想。这当然是后话，在道术为天下裂的时代，诸子蜂起，百家异说各著精彩。儒家之有思孟学派与荀子，犹道家之有庄子、文子，法家商韩之学从道家转出而成一家之言，名辩思潮与阴阳家等更是自成一格。要之，诸子百家都是环绕天人性命之学这一中心而展开论辩的，当然论辩往往涉及不同层面，甚至辩说本身的技巧。特别值得注意的是，《易传》的天地人三才系统，其宇宙生命、气化流行、继善成性、德业双修论，是儒道思想的大综合。

在第二阶段，"天人性命"之学得以深化和扩大。在儒释道三教碰撞、融合的过程中，在超越的终极归宿与俗世生活的张力下，安身立命的问题更为凸显。各种各色的人身、人心、人性与修养问题的讨论颇为热烈，尤以中国化的佛教和中国本土的道教为盛。在此一时期，人如何超越现世而又不脱离现世的问题成为中心问题。汉代哲学之"天人感应"中的人的生存，生死神形问题与人性问题；魏晋玄学中的有无、本末、体用、一多、名教与自然、言意之辨；道教中的元气、长生、神仙、养气炼形、内外丹、重玄、凝神收心、性命双修诸说；佛教中的"真心""妄心"之争，佛性之"本有""当有"之辨，"一心开二门"之论及"圆融三谛"、"一念三千"、"转识成智"、"理事无碍"、"自性即佛"诸论；凡此种种，都是围绕着人的精神超越与现世生存（圣与凡）这一中心问题而展开的。这一时期的哲学,由于佛教的传入,在人的心、性、情、才与认知结构,人与世界的多重关系,个体自我的神圣完满性(佛性),能动的主体与重重无尽的世界的关系,顿悟、直觉、创造思维的爆发力,以及超越意境的追求等等方面的体认或研究,都比先秦哲学更为精深。

第三阶段的哲学,真正实现了儒释道三教的融合,特别是以历史实践证明最适合中国社会的儒家思想为主体的融合。宋元明清是"道学"或"理学"作为精神世界的时期。其兴起,正是中国知识人面临政治、民族危机,特别是外来文化思想的严重挑战而产生的一种"文化自觉"。自韩愈开始,至宋初三先生、北宋五子直到南宋朱子,可以说是数代知识人"为天地立心,为生民立命,为往圣继绝学,为万世开太平"的过程,重塑了中国人的终极信念与价值系统,从高的层次与水平上回归中国人的精神源头,即回归《六经》《语》《孟》,周公、孔子。朱子与同时代的学者(吕祖谦、陆氏兄弟、陈叶功利派等)间的辩论,朱子之后的阳明学及明代的心学、气学诸论,乃至清初大儒的反省等,尽管异彩纷呈,创见叠出,派系繁复,争论不休,然合而观之,其所同大于所异,深论细节,例如工夫论上千差万别,而总体上或先立乎其大者,却莫不仍旧环绕着一个中心而展开的,这个中心就是对佛道二教作内在性的批评、扬弃、消化,重建中国人自己的宇宙论与本体论,解决中国人的精神归宿问题(信念、信仰、终极性等等)及超越追求与现实关怀的关系问题。

理学重建了宇宙本体论和心性修养论,重建了道德形上学的体系。这一时期的哲学在中国哲学史上的最大贡献是抽象程度很高,不仅讨论宇宙自然的发生与发展,而且进一步讨论天地万物的根据、本原和普遍规律等形而上的问题,包括人的终极关怀的问题。"理"、"气"范畴是最基本的范畴。这两个范畴及"道"、"阴阳"、"太极"等范畴在先秦就有了,但只有在这时才形成为相互对应、相互联结的范畴体系,成为儒家形而上的宇宙本体论的核心范畴。在宋明理学中,最主要和最有影响的派别是以程颐、朱熹为重要代表的理学学派和以陆九渊、王阳明为重要代表的心学学派。理学在本体工夫论上主"性即理"的理本论以及由此"理"

本论所发展出的所谓"格物穷理"、"主敬涵养"、"变化气质"的工夫论，心学在本体工夫论上主"心即理"的心本论以及由此"心"本论所发展出的"发明本心"的"易简工夫"。

第四阶段的哲学就不同了，所谓"现代"即相对于"前现代"而言，内容与形式与前三阶段的哲学有了很大的区别。它是在回应西方文明的挑战并与之对话中产生出来的。我们没有用"近代"的概念，而直接用了"现代"的概念。这一阶段当然还在进行之中。为救亡图存而产生的各种思潮都在选择适合中国而又不脱离世界大势的道路。这一阶段的中心课题是普遍与特殊、传统与现代的问题。各派哲学家都在检讨、反省：什么是现代化的普遍之路及现代性的内涵，什么是东方、中国的特殊性？什么是普世价值，什么是中华人文精神的特质？今天还需不需要形上、本体追求和现代人的安身立命之道？在引进西方价值理性、哲学思想方法的过程中，各派哲学家都有自己的思考。在传统与现代的张力下，各派哲学家均有自己的回答。

我们认为中国哲学史中隐然有一以贯之的主线，在此一主线上分为上述四个大的历史阶段。

三、中国哲学的特质

所谓"中国哲学"，内容非常复杂，从流派来看有诸子百家、儒释道、宋明理学、清代与现代哲学等，从典籍来说有经史子集与地方文献等，还有不同时空的中华各民族的哲学思潮与思想家，以及口耳相传的思想内容。任何概括都有危险性，不免挂一漏万，以偏概全。尽管如此，人们还是要概括、提炼。冒着可能陷入化约主义偏失的危险，我们还是试图从儒、释、道诸家的哲学中抽绎出反映中国哲学特点的若干内涵，尽管儒释道诸家及其所属诸流派之间的主张也不尽相同，但它们仍有一些共同的思想倾向。

我们把中国哲学的精神与特点概括为以下七点：自然生机、普遍和谐、创造精神、秩序建构、德性修养、具体理性、知行合一。

（一）存有连续与生机自然

所谓"存有的连续"，即把无生物、植物、动物、人类和灵魂统统视为在宇宙巨流中息息相关乃至互相交融的连续整体，这种观点区别于将存有界割裂为神界、凡界的西方形而上学。受此影响，中国古代思想家始终聚焦于生命哲学本身，没有创世神话，不向外追求第一原因或最终本质等抽象答案，不向超越的、外在的上帝观念致思，故也不曾如西方哲学那样摇摆于唯物与唯心、主观与客观、凡俗与神圣之间。① 所谓"生机的自然主义"，指中国哲学认为"自然是一种不断活动的历程，各部分成为一种有生机的整体形式，彼此动态地关联在一起……此种活动的历程是阴与阳的相互变动，在时间的历程中来实现自己。"②中国哲学并不强调主体和客体、物体和精神之间的分辨，而是一种自然的相应，互为依藉和补充，在互为依藉和补充以及自然的相应中，就成就和保存了生命与理解。

长期以来，在西方，一元外在超越的上帝、纯粹精神是宇宙的创造者。人与神，心与物，此岸与彼岸，致思界与存在界，身体与心灵，价值与事实，理性与情感，乃至如如不动的创造者与被它创造的生动活泼的世界，统统被打成两橛。然而中国哲学的宇宙论是生成论而不是构成论，这种理论认为，世界不是宰制性的建构，而是各种主体的参与。中国哲学的主流是自然生机主义的，没有凌驾于世界之上的造物主。中国哲学是气的哲学而不是原子论的哲学，气的哲学昭示的是连续性的存在，变动不居，大化流行，生机无限。宇宙绝非孤立、静止或机械排列的，而是创进不息、常生常化。由此，人类赖以生存的宇宙是一个无限的宇宙，创进的宇宙，普遍联系的宇宙，其包举万有，统摄万象。对宇宙创化流衍的

---

① 参见杜维明：《试谈中国哲学中的三个基调》，载《杜维明文集》第 5 卷，武汉：武汉出版社，2002 年，第 4 页。
② 参见成中英：《中国哲学的四个特性》，载《成中英文集》第 1 卷，武汉：湖北人民出版社，2006 年，第 18—19 页。

信念，实际上也正是对人的创造能力的信念。

（二）整体和谐与天人合一

中国人有着天、地、人、物、我之间的相互感通、整体和谐、动态圆融的观念与智慧。中华民族长期的生存体验形成了我们对于宇宙世界的独特的觉识与"观法"和特殊的信仰与信念，即打破了天道与性命之间的隔阂，打破了人与超自然、人与自然、人与他人、人与内在自我的隔膜，肯定彼此的对话、包涵、相依相待、相成相济。与这种宇宙观念相联系的是宽容、平和的心态，有弹性的、动态统一式的中庸平衡的方法论。正如汤一介所言："普遍和谐"的观念是"天人合一"的基本命题和"体用一源"的思维模式的产物，包括了自然的和谐、人与自然的和谐、人与人的和谐，以及人自身内外身心的和谐，是儒、释、道三家共同的思想旨趣。[①] "天人合一"体现了中国哲学精神中存有的连续和有机的整体。天是事物存在及其价值的根源，天道有化生万物之德。"大哉乾元，万物资始，乃统天。云行雨施，品物流形。……乾道变化，各正性命。保合太和，乃利贞。首出庶物，万国咸宁。"（《周易·乾·象辞》）这正说明中国文化以天道贯人事的特点。"天"是万物的最终依据，"天"不是与地相对的"物质之天"，而是作为自然界整体意义的"自然之天"。此外，"天"还有着"道德义理之天"，乃至"宗教神性意义"的内涵。正是由于天所具有的多重含义，"天"便不只是指外在于人的自然界，而是一有机的、连续性的、生生不息的能动的、与"人"相关联的不可分的存在。[②] 中国人有着对天、天地精神的信仰及对天命的敬畏，并提升自己的境界以"与天地精神相往来"。这种精神上的契合与颖悟，足以使人产生一种个人道德价值的崇高感。由此对天下万物、有情众生之内在价值，油然而生出博大的同情心，进而洞见天地同根，万物一体。儒家立己立人、成己成物、博施济众、仁民爱物

[①] 参见汤一介：《中国哲学中和谐观念的意义》，载《新轴心时代与中国文化的建构》，南昌：江西人民出版社，2007年，第91页。
[②] 参见汤一介：《论"天人合一"》，载《汤一介集》第5卷，北京：中国人民大学出版社，2014年，第58页。

之仁心,道家万物与我为一、天籁齐物之宽容,佛家普度众生、悲悯天下之情怀,都是这种精神的结晶。

中国文化重视人与自然之间,各族群、民族之间,人与人之间的和谐统一的关系。所谓"天人合一",包含有经过区分天人、物我之后,重新肯定的人与自然的统一,强调的是顺应自然而不是片面征服、绝对占有自然。中国人在观念上形成了"和而不同"、"协和万邦"、"天下一家"的文化理想,既重视各民族和族群及其文化、宗教的分别性和独特性,又重视和合性、统一性。在人与人的关系问题上,善于化解与超越分别与对立,主张仁爱、和平、和为贵与协调性,有民胞物与的理想,厚德载物,兼容并包,爱好和平,从不侵略别人,反对以力服人,主张"远人不服,则修文德以来之"。

(三)自强不息与创造革新

中国文化是"尊生"、"重生"、创造日新的文化,所崇拜的"生"即创造性的本身。《周易·系辞上传》:"富有之谓大业,日新之谓盛德,生生之谓易。"宇宙间最高最大的原理就是:一切都在迁流创化中发展着,世界是一个生生不息、日化日新的历程,生长衰亡,新陈代谢,永不停息,"为道也屡迁"。中国的易、儒、道、释诸家尊奉的"道",就是天地自然或人文世界的永恒运动和发展变化,正所谓"变动不居,周流六虚,上下无常,刚柔相易,不可为典要,唯变所适。"(《周易·系辞下传》)

"天行健,君子以自强不息";"地势坤,君子以厚德载物"。人们效法天地的,就是这种不断进取、刚健自强的精神与包容不同的人、事物与文化、思想的胸怀。人在天地之中,深切体认了宇宙自然生机蓬勃、盎然充满、创进不息的精神,进而尽参赞化育的天职,由此产生了真善美统一的人格理想,视生命之创造历程即人生价值实现的历程。在天地宇宙精神的感召之下,人类可以创造富有日新之盛德大业,能够日新其德,日新其业,开物成务。所以《礼记·大学》引述古代经典说:"汤之《盘铭》曰:'苟日新,日日新,又日新。'《康诰》曰:'作新民。'《诗》曰:'周虽旧邦,其命维新。'是故君子无所不用其极。"无论是对我们民族还是个人,我们不能不尽心竭力地创造新的，改革旧的，推陈出新，革故鼎新，这是天地万象变化日新所昭示给我们的真理。此正是王夫之所言："天地之间，流行不息，皆其生焉者也，故曰'天地之大德曰生'。……今日之日月，非用昨日之明也；今岁之寒暑，非用昔岁之气也。……故人物之生化也，谁与判然使一人之识亘古而为一人？谁与判然［使一物之命］亘古而为一物？"（《周易外传》卷六）

总之，世界自身的永恒运动、创新、变化、发展，自我更新，自我否定，日生日成，日新其德，革故鼎新，除旧布新，是中国文化的主调。创新的动源，来自世界或事物自身内部的张力或矛盾。中国文化凸现了积极有为、自强不息的精神，强调革故鼎新，创造进取，即人要向天地学习。无数的仁人志士奋发前行，不屈服恶劣的环境、势力与外来侵略者的凌辱压迫，正是这种刚健坚毅的精神使然。

（四）德性修养与内在超越

中国文化特别凸显在道德文明层面，并且用道德取代了宗教的功能。儒、释、道、宋明理学四大思想资源与思想传统，最根本处是做人，是强调人的德性修养。这四大思想传统及其内部各流派在根本的目的上并无大的差别，他们彼此的分歧或纷争，主要是修身工夫入路问题。儒家的理想人格是成圣人、贤人、君子，道家的理想人格是成真人、圣人、神人、至人、天人，佛教的理想人格是成菩萨、佛陀，他们的修养要旨表明，生活在俗世、现实之中的人，总要追求一种超脱俗世和现实的理想胜境。儒家的"极高明而道中庸"，佛教的"平常心是道"都表明了现实与理想的统一。人人皆可为尧舜，人人皆具佛性，是儒家与佛教的最高信仰。实际上，儒、道、佛与宋明理学都是要追求一种理想的高尚的社会，因此其共同点都在培育理想的人格境界，以出世的精神做入世的事业。

这四大思想传统的道德精神并非只停留在社会精英层，相反通过教化，通过民间社会、宗教与文化的各种方式，如蒙学、家训、家礼、戏文、乡约、行规等，把以"仁爱"为中心的五常、四维、八德等价值渗透到老百姓的日用常行之中,成为他们日常生活的伦理。而这些伦理是具体的、有生命的,甚至其中每一个赞扬与责备都包涵很高的智慧。① 中国人以仁义为最高价值,崇尚君子人格,肯定"三军可夺帅也,匹夫不可夺志也","富贵不能淫,贫贱不能移,威武不能屈"的大丈夫精神,弘扬至大至刚的正气,舍我其谁的抱负,乃至"不识一个字,亦须还我堂堂的做个人",强调人人都有内在的价值与不随波逐流的独立意志,以"知其不可而为之"的气概,守止不阿,气节凛然,甚至杀身成仁,舍生取义。

内在超越的精神是中国传统哲学在面对超越性与内在性问题时展现出来的共同精神。儒家的天道性命之学、为己之学,是"以道德理想的提升而达到超越自我和世俗的限制,以实现其超凡入圣的天人合一境界";道家的道德论和逍遥思想,"以其精神的净化而达到超越自我与世俗的限制,以实现其绝对自由的精神境界";中国禅宗的明心见性、转识成智、见性成佛等中心思想,强调"人成佛达到超越的境界完全在其本心的作用"。② 儒、释、道三家都呈现出内在的超越性。内圣外王之道,同样为中国传统哲学中儒、道、释(禅宗)所共有,以此作为达到理想社会的根本办法。

(五)秩序建构与正义诉求

中国文化中不仅有理想胜境,而且有系统的现实社会的治理的智慧与制度。长期以来,中国社会秩序的建构,靠的是"礼治"。"礼治"区别于"人治"、"法治"。"德治"是"礼治"的核心,但"礼治"的范围比"德治"更广。

《礼记·乐记》载:"是故先王之制礼乐,人为之节。衰麻哭泣,所以节丧纪也。钟鼓干戚,所以和安乐也。昏姻冠笄,所以别男女也。射乡食飨,所以正交接也。礼节民心,乐和民声,政以行之,刑以防之,礼乐刑

---

① 参见黄勇:《美德伦理学与道德责任:儒家论道德赞扬与责备》,载《儒家思想与当代中国文化建设》,北京:人民出版社,2013 年,第 370—384 页。
② 参见汤一介:《论老庄哲学中的内在性与超越性》,载《儒释道与内在超越问题》,南昌:江西人民出版社,1991 年,第 13、38 页。

政四达而不悖,则王道备矣!"可见"礼"是带有宗教性、道德性的生活规范。在"礼"这种伦理秩序中,亦包含了一定的人道精神、道德价值。荀子推崇"礼"为"道德之极"、"治辨之极"、"人道之极",因为"礼"的目的是使贵者受敬,老者受孝,长者受悌,幼者得到慈爱,贱者得到恩惠。在贵贱有等的礼制秩序中,含有敬、孝、悌、慈、惠诸德,以及弱者、弱小势力的保护问题。古代有"一夫授田百亩"的诉求并转化为计口授田制,有养老制度与"移民就谷"等荒政,对灾民、鳏寡孤独与聋哑等残疾人都有救济与保护制度。礼乐文化不仅促进社会秩序化而且有"谐万民"的目的,即促进社会的和谐化并提升百姓的文明水准。

　　一个稳定和谐的人间秩序总是要有一定的礼仪规范为调节的,包括一定的等级秩序、礼文仪节。礼包含着法,礼既是道德规范,又是法律制度。儒家主张"明德慎罚"、"德主刑辅"、"一断于法"、"赏当其功,刑当其罪"、"执法必信,司法必平"等公平原则。荀子说:"故刑当罪则威,不当罪则侮;爵当贤则贵,不当贤则贱。古者刑不过罪,爵不逾德。"(《荀子·君子》)同时,荀子又主张不以私情害法,指出:"怒不过夺,喜不过予,是法胜私也。"(《荀子·修身》)他强调"严令繁刑不足以为威"(《荀子·议兵》),"刑弥繁而邪不胜"(《荀子·宥坐》)。他主张"明刑弼教",不滥用刑,"杀一人刑二人而天下治"(《荀子·议兵》),重视德教。儒家总体上肯定德本刑用,省刑慎罚,反对不教而诛。

　　古代村社组织有十、百家,或称邑、里,或称"社"与"村社"。管理公务的领袖,是由选举产生的三老、啬夫等。公共生活在庠、序、校中进行。庠、序、校是议政、集会与活动的场所,以后变成古代的学校。传统中国是儒家式的社会,是小政府大社会的典型。传统中国的社会管道、中间组织很多,例如以宗族、家族、乡约、义庄、帮会、行会(到近代转化为商、农、工会)等为载体,以民间礼仪、节日与婚丧祭祀活动,村社活动,学校、书院讲学活动,士农工商的交往等为契机,在一定意义上就是社会自治、地方自治的。吕大钧、吕大临兄弟建立的"乡约",范仲淹首创的"义庄",同是地方性的制度,也同具有以"礼"化"俗"的功能。传统中国绝非由政府包打天下,而主要靠血缘性的自然团体及其扩大化的社会各团体来治理社会,这些团体自身就是民间力量,它们也保护了民间社会与民间力量,包含家庭及私人空间。它们往往与政权力量相抗衡又相协调,在平衡政权力量的同时,又起到政权力量所起不到的多重作用,如抑制豪强,协调贫富,保障小民生存权,教化民众,化民成俗,安顿社会人心等。又起到慈善机构的作用,救济贫弱,支持农家、平民子弟接受教育等。①

中国人特重教育,强调教育公平,即"有教无类",这为达到"政治公平"起了一定的作用。中国社会等级间的流动较快,这是文官政治的基础。儒家强调知识分子在社会政治中的指导作用,甚至提出士大夫与皇帝共治天下的主张。儒家有其言责,批判与主动建言,为广开言路而抗争。传统民本主义主张:"民为邦本,本固邦宁","天视自我民视,天听自我民听","民之所欲,天必从之","人无于水监,当于民监","民为贵,社稷次之,君为轻"。民本主义肯定人民是主体;人君之居位,必须得到人民的认可;保民、养民、教民是人君的最大职责。

(六)具体理性与象数思维

中国的理性是具体的理性。《论语》中孔子就是对某个具体的人物、具体的情况做出评判,这一点就与我们现代的学术讨论习惯大不相同。②西方理性主义的主要特征是人有抽象和演绎的理性能力。中国哲学家承认人是理性的,人可自然地知道实在或道。"实在"和"道"不是逻辑界说的抽象术语,而是普遍地和具体地展现于事事物物中的合理秩序,可以透过直接的经验和广泛的经验层面来了解。中国哲学所展示的具体理性,无论是在认识实践的层面,还是在伦理政治甚至本体论的层面,始终不与经验相离。③ 中国古代不缺乏抽象思维,有明确的概念、范畴。古

---

① 详见郭齐勇:《再论儒家的政治哲学及其正义论》,载《孔子研究》,2010 年第 6 期。

② Shun Kwong-loi(信广来),"Studying Confucian and Comparative Ethics:Methodological Reflections."*Journal of Chinese Philosophy* 36 (2009):p. 456.

③ 参见成中英:《中国哲学的四个特性》,载《成中英文集》第 1 卷,武汉:湖北人民出版社,2006 年,第 16—18 页。

代辩证思维发达,这属于理论思维,包含了抽象过程。中国思维有两大特征,一是整体观,二是阴阳观。前者从整体上把握世界或对象的全体及内在诸因素的联系性、系统性;后者重视事物内在矛盾中阴阳、一二关系的对立与平衡。

相对于西方用理性思辨的方式来考察、探究形上学的对象,中国哲人重视的则是对存在的体验,是生命的意义与人生的价值,着力于理想境界的追求与实践工夫的达成。"……他人及天地万物即在人之实践追问中构成意义,成为人实践追问所处的意义世界,中国哲学则名之曰人生境界。然而,如此还未足以让人充分彻悟存在,盖最终要安顿人的有限性,人必须将其意义世界再往上一提而成对超越之体证及诚信。……"①中国哲学的实践性很强,不停留于"概念王国"。这不是说中国哲学没有"概念"、"逻辑"、"理性",恰恰相反,中国哲学有自身的系统,中国哲学的"道"、"仁"等一系列的概念、范畴,需要在自身的系统中加以理解。中国哲学有关"天道"、"地道"、"人道"的秩序中,含有自身内在的逻辑、理性,乃至道德的、美学的、生态学的涵义。其本体论、宇宙论及人道、人性、人格的论说无比丰富,而这些都需要在自身的语言、文化、思想系统和具体的语境中加以解读。

汉民族哲学中有着异于西方的语言、逻辑、认识理论,如强调主观修养与客观认知有密切的关系,如有与汉语自身的特性有联系的符号系统与言、象、意之辩。有的专家说中国有所谓"反语言学"的传统。我的看法恰恰相反,中国有自己的语言学与语言哲学的传统。以"象"为中介,经验直观与理性直观地把握、领会对象之全体或底蕴的思维方式,有赖于以身"体"之,即身心交感地"体悟"。这种"知"、"感"、"悟"是体验之知,感同身受,与形身融在一起。

以《周易》为代表,中国思维方法是象数思维。这一思维方法主张取

---

① 郑宗义:《从实践的形上学到多元宗教观——"天人合一"的现代重释》,载《天人之际与人禽之辨》,香港:《新亚学术集刊》第十七期,2001年,第65页。

象比类,触类旁通;阴阳平衡,刚柔调和;注重生命节律,肯定周期、序列、整体综合与统筹。"它不只提供一种思维形式,同时诱导思维内容,它是思维内容同思维形式紧密结合的一种奇特的思维方式。"①

我们要超越西方一般知识论或认识论的框架、结构、范畴的束缚,发掘反归约主义、扬弃线性推理的"中国理性"、"中国认识论"的特色。中国传统的经学、子学、玄学、佛学、理学、考据学等都有自己的方法,这些方法也需要深入地梳理、继承。道家、佛教的智慧,遮拨、破除我们对宇宙表层世界或似是而非的知识系统的执着,获得精神上的自由、解脱,爆发出自己的创造性。道家、玄学、禅宗等巧妙地运用语言,或指其非所指以指其所指,或否定其所指而明即其所指,甚至不用语言,以身体语言,以机锋、棒喝,开悟心灵,启发人当下大彻大悟。"中国哲学的特性,例如喜用'隐喻'与'叙事',表达'形象—观念',并与默观、艺术、道德与历史经验不可分割。"②值得我们重视的是,这些"超语言学"的方式是与其语言学相补充、相配合的。中国哲人把理智与直觉巧妙地配合了起来。

从哲学思想方法而言,我们应当看到,直觉与理智乃代表同一思想历程之不同的阶段或不同的方面,并无根本的冲突。当代世界哲学的趋势,乃在于直觉方法与逻辑语言分析方法的综贯。按贺麟先生的说法,直觉方法一方面是先理智的,一方面又是后理智的。先用直觉方法洞见其全,深入其微,然后以理智分析此全体,以阐明此隐微,这是先理智的直觉。先从事于局部的研究、琐屑的剖析,积久而渐能凭直觉的助力,以窥见其全,洞见其内蕴之意义,这是后理智的直觉。直觉与理智各有其用而不相悖。今天,没有一个用直觉方法的哲学家而不兼采形式逻辑与矛盾思辨的;同时也没有一个理智的哲学家而不兼用直觉方法及矛盾思辨的。③ 所以,东西方思维方式并不是绝对的直觉与理智的对立。西方

---

① 唐明邦主编:《周易评注(修订本)》,北京:中华书局,2009 年,第 11 页。
② 沈清松:《中国哲学文本的诠释与英译》,载《中国哲学与文化》第二辑,桂林:广西师范大学出版社,2007 年,第 74 页。
③ 参见贺麟:《哲学与哲学史论文集》,北京:商务印书馆,1990 年,第 177—184 页。

也有体验型、直觉型的哲学家。我们要善于把东西方各自的理性方法综合起来，只用直觉体会，不要科学分析，是有弊病的。

（七）知行合一与简易精神

我国有经世致用精神，强调知行合一，践形尽性，经国济民，兼重文事武备，明理达用，反对空谈高调。知行关系问题是中国哲学家特别重视的问题之一。它所涵盖的是理论理性与实践理性的统一。中国哲学家偏重于践形尽性，力行实践。古代哲学家的兴趣不在于建构理论体系，不是只把思想与观念系统表达出来就达到了目的，而在于言行一致、知行统一，自己所讲的与自家身心的修炼必相符合。他们强调知行的互动，即按照自己的哲学信念生活，身体力行，付诸行动，集知识与美德于一身，不断把自己修养到超越的境界。

在朱熹、王阳明和王夫之的知行统合观中，我们可以知道，中国哲学家的行为方式是理想与理性的统一，价值与事实的统一，理论理性与实践理性的统一。[①] 他们各自强调的侧面容或有所不同，但把价值理想现实化，实践出来，而且从自我修养做起，落实在自己的行为上，完全出于一种自觉、自愿、自由、自律，这是颇值得称道的。

关于传统知行观的现代改造，首先应由单纯的德行和涵养性情方面的知行，推广应用在自然的知识和理论的知识方面，作为科学思想以及道德以外的其他一切行为（包括经济活动、工商行为及各种现代职业等）的理想根据。其次，这个"知"是理论的系统，不是零碎的知识，也不是死概念或抽象的观念，更不是被动地接受外界印象的一张白纸，而是主动的、发出行为或支配行为的理论。再次，这个"行"不是实用的行为，而是严格意义上的实践。这个实践是实现理想、实现所知的过程，又是检验所知的标准。

孔子、老子、《周易》、禅宗、宋明儒等都主张一种"简易"精神，强调大

---

① 参见 Yong Huang（黄勇），"Two Dilemmas of Virtue Ethics and How Zhu Xi's Neo-Confucian Avoids them." *Journal of Philosophical Research* 36 (2011)：pp. 247 – 281.

道至简。孔子讲"居敬而行简，以临其民"（《雍也》）。《周易》哲学肯定"乾以易知，坤以简能；易则易知，简则易从"（《系辞上》），善于在"变易"中把握"不易"的"简易"原则。中国文化强调要言不繁，以简御繁，便于实行。

儒释道与宋明理学可以救治现代人的危机，如前所述，它强调用物以"利用厚生"，但不可能导致一种对自然的宰制、控御、破坏；它强调人文建构，批评迷信，但决不消解对于"天"的敬畏和人所具有的宗教精神、终极的信念与信仰。中国文化甚至主张人性、物性中均有神性，人必须尊重人、物（乃至草木、鸟兽、瓦石），乃至尽心—知性—知天，存心—养性—事天。至诚如神，体悟此心即天心，即可以达到一种精神的境界，这不会导致宗教迷狂、排他性与宗教战争，而又有安身立命的终极关怀。儒家并不脱离生活世界、日用伦常，相反，恰恰在庸常的俗世生活中追寻精神的超越。外王事功，社会政事，科技发展，恰恰是人之精神生命的开展。因此，中国文化精神完全可以与西学、与现代文明相配合，它可以弥补宗教、科技及现代性的偏弊，与自然相和谐，因而求得人文与宗教、与科技、与自然调适上遂地健康发展。

四、研究中国哲学的方法论

张岱年、冯契、萧萐父、庞朴、汤一介、傅伟勋、韦政通等有关中国哲学史方法论的论著极有启发性。业师萧萐父会通中西印哲学，非常重视中西印各哲学传统的发展，在武汉大学与西方哲学史专家陈修斋、杨祖陶老师共同开设了哲学史方法论的研究生课程。巴蜀书社出版了萧老师的《吹沙集》三卷，其中有关于"方法刍议"的七篇论文及其他栏目的若干论文，表达了他的方法论思考。萧老师以批评的精神和创造性智慧，转化、发展诸子百家、儒释道思想资源。为总结历史经验教训，他从哲学史方法论的问题意识切入，尽力突破"左"的教条主义的束缚，引入螺旋结构代替对子结构（对子结构就是唯物主义与唯心主义、辩证法与形而上学对立的这样一种结构），重视逻辑与历史的一致，强调普遍、特殊、个别的辩证联结，认真探究中国哲学范畴史的逻辑发展与哲学观念史发展的历史圆圈。萧老师由哲学史方法论问题的咀嚼，提出了哲学史的纯化与泛化的有张力的统一观（纯化是把哲学问题提炼出来，泛化是还原到思想史、学术史、文化史或某个部类中去），努力改变"五四"以降中国哲学依傍、移植、临摹西方哲学或以西方哲学的某家某派理论与方法对中国哲学的史料任意地简单比附、"削足适履"的状况。这可以说是萧老师方法学思考的理论贡献。

　　萧老师重视训诂、考据，文献学的研讨，包括文字、音韵、训诂，一直到校勘、辨伪与辑佚等，重视资料、文献的鉴别、爬梳与点校。他的史料学课程的讲义，作为我校研究生院的教材正式出版①，对研究生的培养作用很大。他不仅非常重视第一手原始资料与文献，而且非常重视对于海内外已有成果的研读，即学术前史的通晓。他希望如陈垣先生那样做到"竭泽而渔"，从对已有成果的反思中发现问题，然后抓住问题深入研究，超越已有成果。我们做的是有思想的学术和有学术的思想。思想离开了学术是空疏的，学术离开了思想是盲目的。

　　中国哲学史界近 20 年来的中国经典诠释的方法学讨论，我觉得最值得重视的是成中英的本体诠释学，汤一介的中国解释学，黄俊杰以孟子诠释为中心的经典诠释学与东亚经典的诠释学，李明辉的康德与儒学的互释，刘笑敢的"反向格义"说，还有借现象学解释的路子，如张祥龙与陈少明等所做的工作。成中英认为，西方古典的形上学是寻找本体的诠释，而他所探讨的中国诠释学是基于本体的诠释。他要重新建构中国诠释学视域下的本体论。黄俊杰把两千年来《孟子》的诠释历史加以分析与提炼，总结中国诠释的方法学及时代所附加在《孟子》诠释上的一些内容，使经典与文本得以新的敞开。此外，日本、朝鲜半岛、越南学者对于

---

① 萧萐父：《中国哲学史史料源流举要》，武汉：武汉大学出版社，1998 年。这一著作由北京文津出版社于 2017 年 6 月出了新版。

四书、儒学也有自己不同的诠释,并在此方面作出了积极的贡献。

汤一介总结了中国古代经典诠释的三种路向:一是"历史事件的解释";二是"整体性的哲学解释";三是"社会政治运作型的解释"。这些都是值得我们讨论的一些问题,都可以丰富我们的哲学史研究。伽达默尔一百零一岁时告诫中国学者,不应忽视自己本民族及文化传统中丰富的具有特色的解释学思想的分析与提炼,它也可以给西方提供某种借鉴与启示。① 我们有自己的解释学传统,我们的经学、子学、佛学、理学中都有自身的解释学传统。对此我们应倍加珍惜,我们相信伽达默尔的这番话具有重大的意义。

"中国哲学"学科的完善与发展,仍然离不开中外哲学的多方面的更加广泛深入的交流、对话与沟通。今天,我们的解释学处境是在中外古今之间,其实"中""西"都是流动的、变化着的。通过对近十几年来中国经典诠释的方法学及专家们所提出的各种问题进行讨论、解读,可以引发我们对于中国哲学方法学的新思考。

我们讲方法论,即不以西方范型为框架的中国人文的方法论,破除将西方社会科学与哲学方法作为普遍方法的迷信,理解中国哲学范畴、价值、意境的特殊性及其普适化。治中国哲学史的一个难题,就是人们的视域、思考方式、方法学训练,主要是依从西方的。如何从心态、方法(包括思想方法和范畴诠释方式)上更好地解释传统?我们简略地谈几个问题。

(一)理解的历史性与诠释的相应性

我所谓"相应的"诠释,是针对"不相应"的诠释而言的。所谓"不相应"的诠释,是指对于古代文献和古代哲学思想资料的抽象的、超历史的、粗暴的、非客观平静的、望文生义的解读。"五四"以来,特别是上个世纪 50 年代初以来,这种糟蹋圣贤的大批判几乎泛滥成灾,其流毒延续

---

① 参见余敦康、黄俊杰、洪汉鼎、李明辉:《中国诠释学是一座桥》,载《光明日报》,2002 年 9 月 26 日。

到今天,对我们的民族精神有极大的伤害。

"五四"以来,片面的、平面的西化思潮和教育、学术结构与体制,使得我们这一代甚至前后几代人逐渐丧失了解读前现代文明(或文献)的能力。对于传统文化的价值理念、哲学智慧,我们体认得越深,发掘得越深,我们拥有的价值资源越丰厚,就越能吸纳外来文化的精华,越能学到西方文化之真,这才能真正使中西文化的精华在现时代的要求下相融合,构建新的文明。一味贬损、伤害中国文化之根,无益于西方精神价值的引进与融铸,无益于新的现代文明的建设,也就谈不上研究哲学与中国哲学。

一旦涉及中国哲学史的方法论问题,当然离不开"理解"与"批判"、"继承"与"原创"、"传统"与"现实"等关系问题。所谓"批判",是在全面深入理解基础上所作的内在性的批评,而不是不相干的外在批评;所谓"原创""创新",不是无源之水、无本之木,不是玄想,不是标新立异,不是剑走偏锋,而是真正在全面继承基础上所作的开拓,是扬弃(既保留又克服);弘扬传统并不意味着脱离现实,而是调动并创造性转化传统文化资源,以其中的某些因素介入、参与、批判、提升现实,促使传统与现代的互动。

(二)"中国哲学"学科的主体性与中西哲学的对话性

中国哲学与西方哲学是两种不同的哲学形态,我们不能把西方哲学定于一尊。中国哲学与西方哲学当然可以通约,可以比较。不同文化背景下产生的哲学具有某种一致性、互通性,因此相互翻译、诠释、比较的哲学研究工作不仅有可能,而且有意义与价值。例如所谓内在与超越的关系,学界讨论有没有"内在超越",或者说超越就一定是外在的吗?关于这个问题,完全可以在中国的天人之学中加以探讨。

我们强调"中国哲学"学科成立的正当性,强调"中国哲学"学科自身的特色,并不是把"中国哲学"作静态的处理,其本身即是一个动态的过程,包含着内外不同地域、民族的和同一民族不同的哲学传统的渗透与融合。以天、天命、天道为背景,中国哲人有神圣、高远且强烈的终极关切、理想境界、形上追求、精神信念，同时又有现实关怀，力图把理想在社会大众生活和现世人生中实现出来，其内圣与外王是打通的。

哲学史是发展的、具体的。文化与哲学传统本来就是流动、变化的。当然变中有不变，不变中有变。从印度佛学在东汉传入中国并经过中国学者消化的八百多年的历史经验来看，首先是"格义"。"格义"的前提，即是佛教与我国原始哲学的观念有某种一致性，以及意义间的可通约性。印度佛学中的哲学体悟与哲学义理在中国经过了佛学家们"格义"、创造性误读到消化吸收、融会贯通、自创新说的过程。中国哲人与佛学家不仅创造了佛学的新义理、宗派、方法，促进了佛学的中国化，而且进一步创造了以儒家思想为主干，吸纳佛道二教的宋明理学。中国化的佛学各宗派与宋明理学，特别是朱子学与阳明学，又陆续传到东亚，深刻影响了东亚与全世界，成为东亚走上现代的内在精神资源。

明季以来，西学东渐与东学西传的双向互动，已有了四百年。西方哲学在中国经历了一定的传播过程，西方哲学的汉语化、中国化过程仍在进行之中。今日在中国，中西哲学已经是你中有我、我中有你了。与过去印度佛教的各宗派一样，古今西方哲学的各流派、各大家的思想慧识都为我们提供了新的视域与方法，并正在与中国哲学的诸流派相互激荡。今天，但凡用汉语撰写的西方哲学介绍及西方哲学原典的汉译，也已经不完全是原来意义上的西方哲学了。西方哲学的翻译与研究，西方哲学与中国哲学用语的比较，西方思维方式的吸收与批判，西方哲学及马克思主义哲学的中国化与中国的哲学创新等，都是广义的"中国哲学"的题中应有之义。西方哲学的汉语化或中国化，中国哲学的建构及其在西方的传播，表明比较哲学不仅是可能的，而且是现实的。

运用西方哲学范畴、术语，在借取中有发展。我们不能不借取，又不能不增加、不渗入本土义与新义。牟宗三借用佛语说"依义不依语"、"依法不依人"，即自主地创造性地运用西方范畴、术语，有很大的诠释空间。以牟宗三的智慧，当然懂得康德及其哲学范畴、命题、体系的原意，他的工作并不停留于此，他主要是利用康德哲学作为工具讲出中国的东西，自己的东西，意在创造性地融合中西哲学。

相对于西方哲学，中国哲学有自己的独特性，但这绝不是说中国哲学没有普适性与普世价值。相反，任何地域、民族、具体、特殊的精神资源中都有其普遍意义。在中西文化与哲学的比较研究与中国哲学学科的构建方面，要注意同中之异、异中之同，殊中之共、共中之殊，注意普遍、特殊、个别之间的复杂关系。我们当然不能把中西之别的问题化约为古今之异的问题，不能把古、今，中、西，同、异，共、殊的任何一方及其关系任意加以忽略、割裂或夸大。历史上的中西哲学家所面对、关注、解决的问题有相似性和差异性。总之，中华各民族文明中的哲学智慧决不亚于西方，需要我们在与西方哲学的比照、对话中，超越西方哲学的体系、框架、范畴的束缚，确立起我们中华民族的哲学传统、哲学智慧与哲学思维的自主性或主体性。

（三）内在性的批评与思想的训练

如何历史地、相应地诠释中国哲学，值得我们思考。余英时在解读中国思想史时有很多重要的创获，他所强调的"内在理路说"有一定意义。关于清儒与宋儒的关系问题，就值得深思。因此，我们如果强调问题意识和方法学自觉的话，就要对这些前辈学人的重要的思想成果加以认真研读。海外一些汉学家的成果，我们相当重视，例如葛瑞汉、列文森、史华兹、狄百瑞、余英时、杜维明、成中英、安乐哲教授等。我们做中国哲学研究的学者、学生有着更加繁重的任务，就是必须对西方哲学，对海内外的现有成果都给予足够的重视，并加以细致的研读，否则根本谈不上创新。

我们批评、超越传统，但所谓"批评"，是在全面深入理解的基础上所作的内在性的批评，而不是不相干的外在批评。但内在性的批评与思想的训练一定要以同情的了解为前提。因为，必须有深刻的同情的了解才能做好哲学思想史研究，而同情的了解要靠相应的才具。刘述先说："要了解一家哲学，我们必须要了解这一家哲学产生的时代和文化的背景是什么，所感受到的问题是什么，所提出的解决问题的方向是什么，独特的哲学心灵尤其需要独特的处理,庸俗的眼光未必能够了解崇高的哲学的境界。""缺乏同情的了解是研究传统中国哲学的一大限制,而时代气氛不同,尤其使我们难于领略过去时代的问题。……故此研究思想史贵在作深入的内在的探讨,外在的论议是其余事。从这一个观点看,胡适与冯友兰的哲学史都不能够算是深刻,因为它们不能作足够的内在的深刻的讨论的缘故。大抵在中国哲学史上,以佛学与理学最不容易处理,以其牵涉到内在的体验的缘故。如果缺乏体验,根本就看不出这些东西的意义。入乎其内,而后才能出乎其外,这是研究一家哲学的不二法门。要了解一个哲学所要解决的问题是什么,着手的方法是什么,所根据的经验基础是什么,这样才能看出这一哲学的优点与缺点所在。"[①]刘述先认为,由此我们才能理解古人的陈述与陈述背后的洞识,显发古人思想中所潜在的逻辑性,使其具备与内容相适应的理论结构。

我们所主张的方法是一种"谦虚"的方法。所谓"谦虚",或"同情的"、"客观的"理解,或"以继承为前提的创新"、"弱势或软性的诠释"等,不仅是态度,而且是方法。文化立场、心态作为一种做学问的态度或方法对诠释的效果也会产生很大的影响。但它本身也有局限。我们不是不要批评、反思,而是要做难度更大的内在性的、相干性的批评与反思。反思是辩证的扬弃,既保留又克服。反思不是全盘否定或恣意的无根据的乱说。王元化曾经说过:"黑格尔曾说具体的普遍性不同于抽象的普遍性,前者可以将特殊性和个体性统摄于自身之内。我认为这只是存在于黑格尔的逻辑学中,而并不存在于现实中。实际上,普遍性愈大,它所能概括的特殊性和个体性则愈小。设想有一种不同于抽象普遍性的具体普遍性,使这种概括可以放之四海而皆准,那只是美好的空想。"[②]因此,我们在拥护这种具体普遍性时,也应看到它自身的局限。主张弘大传统文化精神并不意味着没有现实感、不关注现实或脱离现实,而恰好

---

① 刘述先:《研究中国史学与哲学的方法与态度》,载韦政通编《中国思想史方法论文选集》,台北:水牛出版社,1987年,第221—223、224—225页。
② 王元化:《谈谈我的反思》,载《文汇报》,1995年10月22日。

包含着批判现实，批判现代性的负面与偏弊，批判时俗流弊，批判"五四"以来相沿成习的某些误解。我们努力对传统儒释道与宋明理学等思想传统作创造性转化，主要是通过生活化的渠道浸润到民间，在现代生活中起良性作用。

此外，还要注重思想训练与思想力的培养。徐复观说："某人的思想固然要通过考证（包括训诂、校勘等）而始能确定；但考证中的判断，也常要凭思想的把握而始能确定。……前后相关的文句，是有思想的脉络在里面的。这即说明考证与义理在研究历程中的不可分割性。就研究的人来讲，作考证工作，搜集材料，要靠思想去导引；检别材料，解释材料，组织材料，都是工作者的思想在操作。而'思想力'的培养，必须通过了解古人的、他人的思想，而始能得到锻炼、拓展、提升的机会。所以思想力的培养，是教学与治学上的基本要求。岂有不求了解古人的、他人的思想而能培养自己的思想力？岂有没有思想力的人能做考据工作？"[①]他主张通过了解古人的、他人的思想来锻炼、提升、培养"思想力"，尤其要学会把握古人思想的内在脉络，这才是批判的基础。因此，我们要时时理解中国哲学（每家每派）的边界与限制。当然，首先是自己要老老实实地读书，不要说大话，而要讲出道理，要有材料的根据，有自知之明，自虚其心，自空其说。这并不妨碍问题意识的产生，而是尽可能避免武断专横。

最后，我们对本套学术版《中国哲学通史》略作说明。本套书是学术性、通史性的著作，强调第一手原始资料的爬梳诠释，对已有主要研究成果的消化扬弃，充分吸收百年来、特别是近 50 年来发现的新资料和研究的新成果、新方法，同时作者有着自己的创新洞见，力求突破传统的中哲史的写作框架。全书的基本观点和评价大体保持一致，但各卷特有的观点和评价则由各卷作者把握，以体现各卷的相对独立性。各章详略可以

---

① 徐复观：《治古代思想史方法》，载韦政通编《中国思想史方法论文选集》，台北：水牛出版社，1987 年，第 170 页。

不均,有特长有独见的可以多发挥。我们鼓励不同学术观点,不强求统一。如关于明清之际与清代学术的思想定位,本套书并存两种看法:一种认为是理学余绪,一种认为是后理学思潮。当然,这两种看法也不是绝对对立的,各卷自身有其内在逻辑理路,都能自洽自圆。本哲学史前八卷为断代哲学史,强调扎实厚重,见解卓特。最后两卷是我特别邀请萧洪恩写的"少数民族哲学卷"与吾淳写的"古代科技哲学卷",这也是我们本套书的亮点。我们的初衷是承前启后,能代表现时代中国哲学史的研究水平。这个目标未必能够达到,但愿本套书对深入发掘、探讨中国哲学的工作有一定的推进。错谬之处难免,敬请读者批评指教。

第一章　殷商时期的宗教与政治

　　作为中国古代早期文明的代表,殷商时期的宗教与政治思想具有丰富的内容和重要的研究意义。夏商周三代文化因革损益,大同而小异。夏代的文明,因为史料不足的缘故,难以确知。河南安阳殷墟甲骨卜辞的发掘和陆续整理公布,使商朝成为迄今为止中国古史上最早有文字历史的时代,殷商时期历史与文化研究也因此有了比较确实可靠的材料。关于殷商宗教的特征,胡厚宣先生的《殷商史》及相关论文,对殷代图腾崇拜、上帝崇拜等进行了深入系统的研究。张光直先生则以考古学的视角就殷代的美术与政治、殷礼中的二分现象等主题提出了独到的主张。此外,以下几位学者的研究较有代表性。

　　一是陈梦家先生对殷代宗教产生的基础及殷代宗教的原始性与具体性的分析。陈梦家认为殷人在行动上是凡事占卜,以祭祀、求告、崇拜的方式来求助于祖先、神明。对于祖先、神明的崇拜及其崇拜的仪式,构成了所谓的宗教。他说:"殷人对于自然力量的崇拜,对于通过巫术行为与自然发生虚幻的交通,反映了当时农业生产的重要和当时部族之间斗争的激烈。殷人的上帝权威以及卜辞中所记录的祈告的内容,都说明了这些。殷代的宗教,还是相当的原始的。""就卜辞的内容来看,殷代的崇拜还没有完全形式化。这表现于占卜的频繁与占卜范围的无所不包,表现于'殷人尚鬼'的隆重而繁复的祭祀,也表现于铜器、玉器、骨器等器物上所雕铸的动物形象的森严(不同于西周时代的温和和中庸)。但是,祖先崇拜的隆重,祖先崇拜与天神崇拜的逐渐接近、混合,已为殷以后的中国宗教树立了规范,即祖先崇拜压倒了天神崇拜。"①

二是陈来先生在殷周时期宗教与伦理的研究中提出,殷商宗教是自然宗教而尚未进至伦理宗教阶段。陈来首先认为不能孤立地了解殷商占卜的宗教意义,而应该在整个殷商祭祀文化中来了解其宗教意义。他说:"殷商祭祀文化的特质,不仅在于它可以与龙山时代的巫觋文化相区别,以显示文化的演进,而且,正是由于巫觋文化发展为祭祀文化,才一方面,有了后来由祭祀礼仪衍生出的整个规范体系——礼,另一方面发展了祭司阶层,即分化的祝、宗、卜、史。"②陈来认为,殷人的宗教信仰本质上属于"自然宗教"的形态,而尚未进至"伦理宗教"的形态。他总结殷人宗教信仰的特点为以下四点:首先,殷人的信仰已不是单纯的万物有灵论,而是多神论或多神教的形态。虽然,殷人的多神教信仰本质上与万物有灵论没有区别,但其不同之处在于,在多神教信仰中,所有神灵组成了一个具有上下统属秩序的神灵世界或神灵王国。其次,这个神灵王国的最高神,本身是由涵盖作用较大的物神转化而来的,是与自然生活最密切联系的职能神发展而来的。殷人的至上神来源于主管天时的农业神,同时也管理其他事物。第三,祖先神灵的信仰在殷人很突出,在多神信仰的体系中祖先神灵占有重要地位。虽然帝是否为祖灵尚难断定,但帝已经人格化,而祖灵也已天神化。而祖先神比一般的自然神对殷人更为重要。这种把祖灵视为至上神与世人之间媒介的看法,似乎不只是由于至上神与祖灵的神格不同,而是祖先崇拜在某种程度上侵占至上神地位的表现。第四,帝与祖先神灵对人世的影响都有正负两个方面。③

三是晁福林先生在对殷代神权研究中重视祖先崇拜地位的主张。

---

① 陈梦家:《殷墟卜辞综述》,北京:科学出版社,1956 年,第 561 页。
② 陈来:《古代宗教与伦理》,北京:生活·读书·新知三联书店,1996 年,第 105 页。
③ 陈来:《古代宗教与伦理》,北京:生活·读书·新知三联书店,1996 年,第 115 页。

他指出，以前研究有过高估计殷代帝之地位的倾向。他认为，殷人的神灵世界里占有主导的、最重要地位的是祖先神，而不是帝；帝不是万能之神，也不是最高主宰；自然神、天神和祖先神各有特点、互不统辖，呈三足鼎立之势。他认为，从殷墟卜辞记载的大量祭祀情况和殷墟祭祀场所的发掘情况看，殷代神权崇拜的重点在于祖先神。殷人对于祖先征服自然、创建和发展商王朝的巨大功绩的赞颂，是在占卜、祭祀、祷祝时磬响铙鸣、鬼影幢幢的浓厚迷信氛围中进行的，它是殷代重人事思想的曲折反映。殷代尚未形成后世那样的以天、帝为二及以祖先神配天为特征的天神观念。殷代的帝和土（社）、岳、河等神灵一样，既具有自然品格，又具有某种人格。帝是众神之一，而不是众神之宗。殷代尚未出现一个统一的、至高无上的神灵。① 对殷商自然崇拜、巫术等，晁福林先生也有独到的研究。

第一节　原始的自然观与宗教观

　　殷代去古未远，自然崇拜等观念在殷人的宗教信仰体系中占有重要地位。殷商时期的宗教观念处在由原始的宗教观念向较为自觉的宗教观念发展转变的过程中，具有原始性、朴素性与混合性的特征，但也具有朴素的哲学思想的萌芽。

一、殷商时期的自然崇拜

　　1. 原始的自然崇拜观念
中国古代文明是农业文明。在农业文明的生产和生活中，古人首先要面对的就是和自己的生活息息相关的自然物或自然现象，如自然界中的风、雨、雷、电等。在人与自然的关系中，一方面自然赐给人类雨露和阳光，提供农业生产和衣食住行等生活的资源；另一方面大自然又会翻

---

① 晁福林：《论殷代神权》，载《中国社会科学》，1990 年第 1 期。

脸无情,地震林火、洪水狂风可以摧毁人的家园,寒冬酷暑、毒蛇猛兽可以危害人的生命。人在自然面前感觉到自身的渺小,开始意识到自然界的力量是异己的、强大的,并对自然现象产生了恐惧、敬畏甚而是崇拜的意识。人们对自然物和自然力的恐惧和无能为力,产生了以自然崇拜为内容的原始宗教。在对自然力量的恐惧和崇拜的基础上,远古人类便产生了万物有灵论。他们用自身类比的方法,凭着自我感受去想象自然物,认为它们也同人一样,具有思想、意志和感情,也有各自的灵魂存在,这种灵魂支配着自然物的运动。"在原始人眼里,日、月、风、雨、雷、电等是神灵;天、地、山、川、水、火等背后也是由神灵在主宰。总之,人死为鬼,树久有灵,顽石能言,风雨有主,无物不神,无鬼不灵。这种万物有灵的观点,便是原始人最早形成的自然观。"①

既然万物有灵,自然神灵影响或主宰人间的事情,那么为了求福避祸,就得讨好它们,祭拜它们,向它们贡献牺牲。这便是原始宗教的祭祀活动。我国古代典籍中,有关于早期自然崇拜的记载:

> 正月上日,受终于文祖,在璇玑玉衡,以齐七政。肆类于上帝,禋于六宗,望于山川,遍于群神。(《尚书·舜典》)

> 山川之神,则水旱疠疫之灾,于是乎禜之,日月星辰之神,则雪霜风雨之不时,于是乎禜之。(《左传·昭公元年》)

> 山林川谷丘陵,能出云,为风雨,见怪物,皆曰神。有天下者祭百神。(《礼记·祭法》)

"类"、"禋"、"望"皆祭名,"六宗"大概指天地四时。尧时恐怕未有上帝祭祀,其余祭祀都是自然宗教的祭祀。"禜"是祈福除祸的祭祀,意思是,山川之神主宰水旱等自然灾害,日月星辰之神主宰风雨等自然现象,要对它们进行祭祀以求福佑。山林、川谷、丘陵能产生云气,能兴风雨,能出现怪物,此类都有神性,都是神,天下的共主要对它们进行祭拜。

---

① 任继愈主编:《中国哲学发展史》(先秦卷),北京:人民出版社,1983年,第51页。

虽然原始的自然崇拜与神灵信仰在今日的考古遗存中很难寻觅,但以上的文献记载大致可以呈现出当时自然宗教的状态,也可以证明中国古代自然崇拜由来已久。晁福林指出,中国原始时代社会观念可以称之为人神"杂糅",或者称之为人与自然的"互渗"。这种人神"杂糅"或人与自然"互渗"的思维特点表现出那个时代的人们,还没有从思想观念上将自己与自然界的植物及动物等区分开来。这也就是说,当时还没有出现作为认识主体的"人"的观念,在很大程度上,"人"隐于自然之后。人们只是看到(而不是想到)了自然,而没有看清楚"人"自身。① 可以说,原始宗教观念的表现方式是比较多的,在人与自然的"杂糅"与"互渗"过程中,人类对于威严的自然力如风、雪、雷、电、高山、大川等等,留下深刻印象而产生出崇拜之情,多神崇拜与泛神论即发轫于此,而原始的图腾崇拜观念亦由此产生。但原始宗教常常是由对天灾人祸的恐怖情绪而来的原始性地对神秘之力的皈依,尚不能表示何种自觉的意义。

2. 殷代自然崇拜的特征

从卜辞可见,殷人的自然崇拜、自然信仰包括地神信仰、山神信仰、河神信仰以及风雨诸神的信仰。关于日月风雨诸神的祭祀,简略引述如下:

第一,关于日的祭祀,如"乙巳卜王宾日——弗宾日"、"辛未又于出日",所祭祀的是日、出日、入日等,祭祀的方法有宾、御等。

第二,关于东母、西母的祭祀,卜辞有"寮于东母三牛"、"寮于东母九牛"等记载。东母、西母大约是指日月之神,或者是天帝的配偶,祭祀日月之神的牺牲则主要是牛牲。

第三,是对于云的祭祀,卜辞有"寮于帝云"、"寮于云"等。

第四是关于风的祭祀,有"寮风"、"宁风",即让风停止的意思。

第五是关于雨的祭祀,多为"宁雨",即止雨的祭祀。

---

① 晁福林:《神之源—中国原始时代社会观念的萌生及其发展》,载《大连大学学报》,2006 年第3 期。

第六是关于雪神的祭祀，"其尞于雪，又大雨"，即祭祀雪神以求雨。[①]

除自然界的日、月、风、雨、雪、雷、电等自然现象外，殷人又崇拜土地神、山川之神、河神等。殷人崇拜土地神，他们认为土地神的神灵能控制土地的丰收与歉收。要得到农业丰收，就要祈求土地神赐福。卜辞中有"尞于土"、"贞又尞亳土"等，祭土即是祭社，祭祀土地之神，求得丰年。卜辞中还有祭祀四方之神的观念，东、南、西、北四方即是四方地主之神，是求雨丰年的对象。关于山川之神的祭祀，卜辞中有很多对于山或岳的祭祀，有些卜辞直接涉及到对具体的山或岳的祭祀。需要注意的是，凡是祭山都与雨有关，祭祀山是为了丰雨丰年。对于殷人而言，大山既是人们生产和生活赖以依靠的重要自然环境，也是一个神秘莫测的世界。大概古人因为看到山中会兴云雨，相信山与雨有一定的关系，所以祭祀山是为了祈祷雨水丰润。与祭山相关，卜辞中也有很多祭祀河水的内容，祭祀的河有很多，祭祀的方法多用"沈""埋"之类，所沉、埋的有牛、羊、玉等。殷人之所以祭祀河神，是相信河神控制着水，掌管着雨水，影响着人们的生产、生活甚至生命。

殷人的自然崇拜观念，体现了文明发展初期从愚昧向文明迈进的思维特征，他们对于自然现象仍抱有奇怪、惊异、不解甚而是畏惧的态度。荀子言："怪之可也，而畏之非也。"（《荀子·天论》）既怪又畏是当时殷人思维水平的反映。他们已竭力去认识自然、记录自然现象的变化。虽然他们的这些记录和探索还笼罩在浓厚的巫术迷信风气中，但其探索自然的努力是值得重视的。

二、图腾崇拜

1. 原始图腾崇拜的内涵

在原始的宗教观念中，图腾崇拜是一个重要的内容。"图腾"一词来源于印第安语，意为"他的亲族"。所谓图腾崇拜，就是认为动物、植物或

[①] 参见陈梦家：《殷墟卜辞综述》，北京：科学出版社，1956年，第572页。

无生物(主要是动物)与自己的氏族祖先有特殊的亲缘关系,是本氏族所从出并对它进行崇拜、信仰的。图腾崇拜是人类在与自然打交道并对自然现象进行崇拜的过程中产生的、对人类自身起源进行思考所引发的一种原始的宗教观。图腾崇拜是在人与外部世界对立统一关系中产生的。原始人类与动物植物共处于一个世界中。动植物既是人类生活的资源,又是人类生存的威胁。很多动物在很多方面比人类有力量,比人类灵巧,他们时刻威胁人类的生命安全。所以,人类对动物既依赖又畏惧,便把动物当作神灵来崇拜。

图腾崇拜是世界各地上古时期的普遍现象,中国也不例外。在仰韶文化的彩陶上有鸟、鱼、蛙和人首虫身的图像,可能就是当时一些氏族的图腾。在山东发现的东汉画像石,上有半鸟半人的神物形象,这是鸟图腾的遗迹。山东嘉祥县还发掘出一所汉代武梁祠的石室,里面有幅石雕的人面蛇身像,题名"伏羲氏手执矩,女娲氏手执规",这是古代有过蛇图腾的证明。[①] 据《史记·五帝本纪》载,黄帝与炎帝族作战之前曾经教熊罴貔貅貙虎,然后与炎帝族战于阪泉之野,二战然后得其志。所谓"熊、罴、貔貅、貙、虎",专家多认为是以某种动物为图腾的氏族部落名称,并非真的动物。我们可以说,在原始时期人与动物的长期接触过程中,人类认识到某些动物力量的巨大,以之为神,逐渐成为人类崇拜的对象。例如在商周时代早期青铜器上的饕餮纹上,动物的形象给人一种令人望而生畏的感觉,具有由神话中得来的力量。在原始人类图腾崇拜的众多对象中,龙、凤、虎占据重要的位置。例如贺兰山地区大西峰沟的岩画,其中有一幅单独画出一个雄伟威风的猛虎形象,这只虎几乎占据了整个画面,显示出至尊无上的气势,虎的大张的口和满口的利齿,显示出吞啮一切的威力。这幅岩画上隐约还有一些较小的动物形象,但都居于边缘地位,没有一个能够与这只硕大而威武的虎比拟。几千年来,龙备受华夏族的尊崇,并成为古代帝王的标志。究其源,应该是从龙的图腾崇拜

---

① 参见任继愈主编:《中国哲学发展史》(先秦卷),北京:人民出版社,1983 年,第 55 页。

而来的。《山海经·海外北经》有一段对龙(触阴)的描写,它原为钟山之神,"视为昼,瞑为夜,吹为冬,呼为夏,不饮,不食,不息,息为风。身长千里,在无启之东。其为物,人面蛇身,赤色,居钟山下"。这体现了图腾崇拜的神话式的描述,也体现了人对于动物的敬畏与膜拜心理。张光直先生在对商周神话与美术中人与动物关系的研究中注意到,在商周的早期,神奇的动物具有很大的支配性的神力,而对动物而言,人的地位是被动与隶属性的。到了周代的后期,人从动物的神话力量之下解脱出来,常常以挑战者的姿态出现,有时甚至成为胜利的一方。① 这表现出原始人类从对动物敬畏崇拜的图腾走向逐步挑战甚至是战胜的观念发展过程。有学者主张中国远古时期并没有严格意义上的图腾观念,不应把西方图腾崇拜观念套用在中国这里。中国远古时代的信仰,可能不是典型的图腾崇拜,但我们还是可以在图腾观念之下将其思维与信仰的原始特征表现出来。

2. 殷代图腾崇拜的特征

殷商时期的图腾崇拜观念,反映了殷人对外界与自身关系的原始思考。商族以"玄鸟"为自己氏族的图腾,并以与玄鸟有关的神话形式塑造自己部落的起源。关于玄鸟及殷商的始祖诞生神话,《史记·殷本纪》记录得较为详细:

> 殷契,母曰简狄,有娀氏之女,为帝喾次妃。三人行浴,见玄鸟堕其卵,简狄取吞之,因孕,生契。

这是《史记》所记殷人始祖——契降生的神话。大意是,有娀氏之女——简狄,在野外沐浴时,因为吞下玄鸟所堕下的卵而怀孕并生下殷的始祖契。把自己的始祖认作是由鸟所生,在商人看来是十分严肃的事情。《诗·商颂·玄鸟》有近似的说法:"天命玄鸟,降而生商,宅殷土芒芒。"此处,商族与玄鸟的关系更为直接。胡厚宣认为,图腾崇拜是在原

---

① 参见张光直:《中国青铜时代》,北京:生活·读书·新知三联书店,1999年,第72页。

始人联合成为早期氏族的家长式集团的时期里产生的,这种集团由于起源于共有的女祖先,因而彼此又常常统一地结合在一起。早期商族以玄鸟为图腾,便是荒诞地把这一部落的人,说成是起源于玄鸟。而照《诗经·商颂》的传说,又恰恰是把女祖先有娀和鸟图腾统一地结合起来。①关于殷商以鸟为图腾,在古文献中另有记载。《左传·昭公十七年》郯子说:"我高祖少皞挚之立也,凤鸟适至,故纪于鸟,为鸟师而鸟名。"少皞挚即商的始祖契,在他立国的时候,正当凤鸟来临,所以他要纪于鸟,所有二十四官都是以鸟为名。这是商代鸟图腾的最明显和最典型的例证。

殷人以鸟为图腾还可以从甲骨文、金文中找到证据。在卜辞中,商朝重要的先公王亥的"亥"字旁都要加一个鸟旁,这也是早期商族以鸟为图腾的证明。据胡厚宣先生研究,在商代甲骨卜辞中,涉及鸟图腾的甲骨 8 片,卜辞 10 条。王亥之亥字上的鸟字从又,又即手,为《山海经·大荒东经》"有人曰王亥,两手操鸟"传说之所自出。卜辞又称王亥为高祖,高祖的意思就是遥远的祖先。所以,才把鸟图腾的符号,特加在王亥的亥字上边。商晚期铜器"玄鸟妇壶",壶名即为玄鸟妇三字之合文,它的含义,是作壶者系以玄鸟为图腾的妇人。再就壶的形制瑰玮和纹饰精美考之,可以判断此妇即为简狄的后裔,又属商代的贵族。商代作为图腾的玄鸟,在卜辞中常称为凤。武丁时有称凤为帝使而祭祀它的卜辞,如"于帝史凤二犬",史即使,这是贞卜以二犬祭祀于天帝的使者凤的卜辞。另外一条卜辞有"帝史凤一牛"。卜辞凤多借为风,但这两条卜辞既称凤为帝使,则凤应当是指凤鸟而言。凤是天帝的使者,也和"天命玄鸟,降而生商"相符合。而凤鸟则即是一般所说的凤凰。②殷人认为,凤是帝的使者,自己的始祖是天帝命令凤下降而生的。所以,玄鸟、凤成为殷商的重要的图腾,受到隆重的祭祀。关于殷商图腾崇拜的问题,晁福林提出不同的看法。他指出,殷代虽然有某些动物、植物崇拜的孑遗,但殷人并

---

① 参见胡厚宣、胡振宇:《殷商史》,上海:上海人民出版社,2003 年,第 120 页。
② 参见胡厚宣、胡振宇:《殷商史》,上海:上海人民出版社,2003 年,第 131 页。

不崇拜鸟,卜辞中多有以鸟为祭品和猎取鸟的记载,甚至把祭祀时飞来的鸟视为怪异,而非祥瑞,从卜辞里找不出殷人尊崇动物和植物的宗教。玄鸟之类的崇拜,很可能只是留在殷人印象里的遥远记忆,并不列入祀典。① 历史学家张光直先生说,我们不知道这许许多多的氏族是否都各有其特殊的"图腾",但是我们多半可以相信,每一个氏族都各有其自己的始祖诞生神话。② 我们认为,原始人类(包括殷人)认识到个人和集体力量在面对强大的自然力时的微弱和无助,自觉或不自觉地将人类始祖与龙、凤、虎等动物或植物结合起来,认其与本氏族有亲缘关系。这恰恰表现出文明初始期人类思考天人关系的朴素特征,是人类力量不够强大又希望自身强大的思维表现。殷人的图腾崇拜观念体现出其思维发展由原始愚昧向文明理性过渡的特征。

第二节 殷商时期的宗教崇拜

中国古代文化经历了一个漫长的演进过程。夏商周三代文化发展的基本脉络是:由夏以前的巫觋文化发展为祭祀文化,又由在殷商时期达到高峰的祭祀文化发展为周代的礼乐文化。殷墟卜辞最为丰富地反映了殷人的宗教信仰活动。就卜辞的内容看,殷人的崇拜可以分为三类:一是天帝崇拜,崇拜上帝及其臣正;二是自然崇拜,崇拜风、雨、土地诸神祇;三是祖先崇拜,祭祀先王、先妣和多祖、多妣、多父、多母、多兄、多子等。作为殷人宗教观念的主体,上帝崇拜和祖先崇拜将是本节详细讨论的内容。但在对它们进行讨论之前,我们将首先讨论殷商的巫术活动,探究此类活动中的人类思维特征。

一、商代的巫术

殷商时期的宗教,就其崇拜的对象或内容而言可以归纳为自然崇

---

① 晁福林:《论殷代神权》,载《中国社会科学》,1990 年第 1 期。
② 张光直:《中国青铜时代》,北京:生活·读书·新知三联书店,1999 年,第 384 页。

拜、天帝崇拜和祖先崇拜。但就其形式而言,无论何种崇拜,在以祭祀为主导的形式中总是要包含着巫术或占卜的成分。虽然巫在殷商的祭祀礼仪中地位已呈下降的趋势,但巫在殷商时代的地位还是很高的。

1. 巫术的思维方式

近代人类学家都把巫术的研究作为把握原始文化的主要途径,把巫文化看作原始文化的主导形态,并视之为宗教与科学发展的最初萌芽。英国文化人类学家爱德华·泰勒(E. B. Tyler)指出:"巫术是建立在联想之上而以人类的智慧为基础的一种能力,但是在相当大的程度上,同样也是以人类的愚钝为基础的一种能力。这是我们理解魔法的关键。人早在低级智力状态中就学会了在思想中把那些他发现了彼此间的实际联系的事物联系起来。但是,以后他就曲解了这种联系,得出了错误的结论;联想当然是以实际上的同样联系为前提的。以此为指导,他就力图用这种方法来发现、预言和引出事变,而这种方法,正如我们现在所看到的这种,具有纯粹幻想的性质。"①以研究巫术而闻名于世的人类学家弗雷泽总结巫术思维的两种原则:第一是同类相生,即同样(或相似)的原因可以产生同样(相似)的结果;第二是物体一经互相接触,在中断实体接触后还会继续远距离的互相作用。前者可称之为"相似律",后者可称之为"接触律"。巫师根据第一个原则可以引申出,他能仅仅通过模仿就会实现任何他想做的事。从第二个原则出发,他断定,他能通过一个物体对一个人施加影响,只要该物体曾被那个人接触过,不论该物体是否为该人身体之一部分。基于相似律的法术叫做"顺势巫术"或"模拟巫术",基于接触律的法术叫做"接触巫术"。② 弗雷泽在把巫术与宗教进行对比时,指出了巫术的鲜明特征:"它对待神灵的方式实际上是和对待无生物完全一样,也就是说,是强迫或压制这些神灵,而不是像宗教那样去取悦或讨好它们。因此,巫术断定,一切具有人格的对象,无论是人或

① [英]爱德华·泰勒:《原始文化》,桂林:广西师范大学出版社,2004年,第121页。
② [英]詹·乔·弗雷泽:《金枝》,北京:中国文艺出版社,1987年,第19—21页。

神,最终总是从属于那些控制着一切的非人力量。任何人只要懂得用适当的仪式和咒语来巧妙地操纵这种力量,他就能够继续利用它。"①

　　西方人类学家对于巫术的研究帮助我们了解巫术思维的一些特征,即巫师通过某种方式影响或控制对象。但这类思维是否完全与殷商时期的巫相对应呢? 李泽厚总结"巫的特质"时指出:"人(氏族群体)的'吉''福',被想象是通过这种'巫术礼仪'的活动,作用、影响、强迫甚至控制、主宰了鬼神、天地而发生的。……在这里,不是某种被动的请求、祈愿,而是充满主动精神(从行为动作到心理意识)的活动成了关键。在巫术礼仪中,内外、主客、人神浑然一体,不可区辨。特别重要的是,他是身心一体而非灵肉两分,它重活动过程而非重客观对象。因为'神明'只出现在这不可言说不可限定的身心并举的狂热的巫术活动本身中,而并非孤立、静止地独立存在于某处。神不是某种脱开人的巫术活动的对象性的存在。相反,人的巫术活动倒成了是'神明'出现的前提。"②这里揭示了巫术活动中人神一体、主客不分的所谓迷狂的精神状态,巫师也确实是想通过这种迷狂的活动使"神明"降临。但是,在殷商的宗教崇拜体系中,天帝、四方之神及祖先之神应该还是一种独立的存在,并不是巫师所能直接控制和主宰的。中国古巫没有弗雷泽所说原始巫术的那种属性——要颐指气使地调动神灵或自然力,而恰恰是以弗雷泽所说的超乎巫术的献媚态度,恭请(与祭祀配合)神灵的降临或满足神灵的要求,以便使神灵帮助人类。在中国刚有文字发明的时代,"巫"所承担的职能已经是祭祀宗教的一部分,而使其自身成为祭司之一种。巫术的内外、主客、人神不分和浑然一体的精神状态,似乎也可以视作中国哲学"天人合一"思维特征的滥觞。

　　2. 殷商时期的巫术观念

　　关于中国古代的巫起于何时,无法得到确切的说法。据说夏朝的建

---

① [英]詹·乔·弗雷泽:《金枝》,北京:中国文艺出版社,1987年,第79页。
② 李泽厚:《历史本体论·己卯五说》,北京:生活·读书·新知三联书店,2003年,第164页。

立者禹可能是巫，而商朝的第一个王——汤也曾祷于桑林。据《吕氏春秋·季秋纪·顺民》记载："昔者汤克夏而正天下，天大旱，五年不收，汤乃以身祷于桑林……剪其发，磨其手，以身为牺牲，用祈福于上帝。民乃甚悦，雨乃大至。"汤的以身为牺牲，实际上是一种祈雨巫术。关于中国古代巫及巫术的存在情况，《国语·楚语下》有详细的记载：

> 昭王问于观射父曰："《周书》所谓重、黎实使天地不通者，何也？若无然，民将能登天乎？"对曰："非此之谓也。古者民神不杂。民之精爽不携贰者，而又能齐肃衷正，其智能上下比义，其圣能光远宣朗，其明能光照之，其聪能听彻之，如是则明神降之，在男曰'觋'，在女曰'巫'，是使制神之处位次主，而为之牲器时服。……及少昊之衰也，九黎乱德，民神杂糅，不可方物。夫人作享，家为巫史，无有要质。民匮于祀，而不知其福。蒸享无度，民神同位。民渎齐盟，无有严威。神狎民则，不蠲其为。嘉生不降，无物以享。祸灾荐臻，莫尽其气。颛顼受之，乃命南正重司天以属神，命火正黎司地以属民，使复旧常，无相侵渎，是谓绝地天通。"

依此处所说，中国原始宗教经历了三个阶段：第一个阶段，是所谓"民神不杂"的时期，这个时候有专门做巫觋的人，而一般人则从事其它社会职业，不参与事神的活动。第二个阶段是"民神杂糅"的时期，此时，人人祭祀，家家做巫，其结果是社会经济匮乏，也不再得到神的福佑。第三个阶段，是所谓"绝地天通"的阶段，此时颛顼帝恢复民神不杂、民神异业秩序，把通天的权利重新掌握在统治阶层手中。事实上，"民神杂糅"即家为巫史、人人作享的状态，应该是原始宗教、文化的最初存在状态。而"民神不杂"状态中的专业化巫觋应该是祖先信仰与天地崇拜的祭祀仪式中的专门职业人员，他们的职能更符合殷商时代的巫术职能。这些做巫觋的人，必须是精神清爽、智慧超群、耳聪目明的人，关键是明神降临其身能与神沟通的人。男者称为觋，女子称为巫。巫觋之职能主要是对祭祀的位次和牲器进行安排，是祭祀活动中的操作人员。比较而言，祝是主持祭祀仪式的人,具备更多的有关地理、历史、宗族和礼仪知识的人,宗则是对祭品的时令、种类及祭器、祭坛的制度有系统知识的人。卜辞中祝、宗、卜、史都出现,但这种神职人员功能分化的现象应为晚出,大概在殷商时期的巫之后,或者是由巫而史的发展之后才出现的。

童恩正指出,巫师是指原始宗教中的非专业神职人员,男女两性都有,具有交通神灵和要求神灵为人类服务的能力,如占卜、治病、祓禳、祈福等。巫师与鬼神的交通,基本上有两种方法:一种是请神附身,巫师代表鬼神说话。另外一种是巫师的灵魂可以进入另外一个世界,找到鬼神。巫师所实行的巫术,是指一种特殊的信仰或行为,人们相信自己可以通过一定的仪式,利用超自然的力量,去诱导甚至强迫自然界按照自己的意志行动。由于巫术所依靠的是超自然的力量,所以有别于科学;由于它是企图用人类的意志去驾驭自然界,所以又有别于一般的宗教。[①]关于商代巫的职能,陈梦家从巫的名称得出巫有下列的职事:(1)《说文》:"巫,祝也。"卜辞祝从示从兄,像人跪地张口而呼,或于一手画舞饰。故知祝者即舞者,舞即巫也。(2)巫通神明,故能察往来卜休咎,《说文》筮字从之。(3)巫又为医,故医字或从巫。(4)《说文》:"灵,巫也。"《九歌》王逸注:"灵,巫也。"巫为降神明者故与鬼灵连称。(5)巫舞一字,故巫者事舞雩。简单归纳,巫的职事有五:(1)祝史;(2)预卜;(3)医;(4)占梦;(5)舞雩。[②]

巫师能以巫术并主要以舞蹈的方式与神明沟通,又具有预测吉凶、占梦、医病的本领。卜辞的"舞"完全应用于求雨,无一例外。而舞为巫者的特技,求雨是巫者的专业。巫师是以舞的形式实现与天地交通,这是其最基本的含义。巫的主要职务是通天地,卜辞中的"降"字即意味着:在人神沟通的意义上,神在巫师的邀请或召唤之下自上界以山为梯而走降下来。另外,巫师也可以到上界去与神相会。那么,巫师使用什

---

① 童恩正:《中国古代的巫》,载《中国社会科学》,1995 年第 5 期。
② 陈梦家:《商代的神话与巫术》,载《燕京学报》第 20 期,1936 年,第 533—535 页。

么工具和手段来从事降陟的？张光直先生认为,神巫降陟不是任意可以发生的,而是巫术的结果,并需要若干本领和道具。巫师所用的一些道具与法器有:山、树、鸟、动物、占卜、仪式、酒(与药物)和饮食舞乐。例如,巫师通过高山进入神界;巫师祭祀的圣地在有通天的桑树的桑林;树顶上栖息盘旋的飞鸟可以视作登天阶梯的延伸,作为大巫的商王亥,两手操鸟便是他的法器或通天工具;在祭祀仪式上殷人使用大批的牛、羊、犬、猪作为供奉的牺牲品,以动物为牺牲而做祭祀,属于巫师职责范围之内;作为最为人所熟知的殷代占卜,龟卜和牛骨卜及筮卜都是殷代巫师通神的方式;巫师沟通上下的仪式中以血为最具有巫术能力,因为血可以被禳一切不洁之物;殷代的青铜礼器和玉器都是举行巫术时所用的法器。玉制法器之中的玉琮是一种内圆外方、中间贯通,表面常饰有动物纹鸟纹的一种筒形玉器,是巫师贯通天地的本事和作业的一种清楚的象征;酒在巫术中,一方面供祖先神祇享用,一方面也可能是供巫师饮用以帮助巫师达到通神的精神状态。① 张光直采用亚瑟·瓦立的定义,主张中国古代文献中的"巫"应译成 Shaman,即萨满。他说:"在古代中国,祭祀鬼神时充当中介的人称为巫,据文献的描述,他们专门驱邪、预言、卜卦、造雨、占梦。有的巫师能歌善舞,有时,巫就被解释为以舞降神之人。他们也以巫术行医……可见,中国的巫与西伯利亚和通古斯地区的萨满有着极为相似的功能,因此把'巫'译为萨满是……合适的。"② 另外,在殷商时期的众多巫术中,占卜是重要的一种。占卜本身乃是一种巫术,藉兽胛骨与龟甲为媒介,以求获得'神明'对于人们所询问的问题的回答。殷商巫术、占卜的存在表明殷商人的思维尚具有原始思维的特征,即人对于自己要做的事情的结果没有把握,在面临多种选择时不敢做出决定,为了避免由个人性的选择带来实际的危害,便把决定权拱手让给异在的神灵,通过占卜来发现神灵或神明对于事态发展或事情结果的指示

① 参见张光直:《中国青铜时代》,北京:生活·读书·新知三联书店,1999 年,第 265—278 页。
② 张光直:《美术、神话与祭祀》,郭净译,沈阳:辽宁教育出版社,2002 年,第 31 页。

或决定。或者说，殷人之所以要占卜，是嫌自己的力量微薄不能判定一件行事的吉凶，要仰求比自己更伟大的一种力量来做顾问。从认识发展进程上说，占卜是要获得对欲了解问题的答案或决定，而并非像巫术谋求以行为影响事物的进程。从宗教学意义上看，重要的并不是占卜过程的技术细节，而是一定的占卜活动所预设的信仰，所包含的宗教意义。殷商巫术存在特征表明，在巫的精神状态中，神与人、天与人是一个可以互相沟通、互相联系不分的世界，是一个世界。巫师通过舞、乐等仪式及玉琮、酒等法器可以实现天与人的贯通。此类观念可以视为中国古代哲学连续性的宇宙观的来源。

二、殷商时期的天、帝崇拜

1. 殷商时期的上帝崇拜

虽然殷商时代仍存在着多神信仰，但是，此时的宗教信仰体系与原始宗教信仰体系已有本质的不同，这突出地表现在其对上帝的崇拜方面。"上帝"中的"上"，是上下之"上"，是指帝高居于天上。如上节所述，在殷人的自然崇拜观念中，他们崇拜和祭祀自然界中日神、月神、云神、风神、雨神、雪神、社祇、四方之神、山神与河神等，这些神灵直接对自然现象、间接对人事现象具有影响乃至控制的力量。但是，在殷人的自然崇拜中具有帝或上帝崇拜的观念，而此上帝崇拜即是一种统一的至上神观念。意识形态的宗教世界是现实世界的反映，上帝的世界是人间世界的反映。人类进入文明时代之后，原来的部落联盟首领转变为权力至上的"王"，于是天界诸神中也出现了权力和地位至尊的"帝"。从甲骨卜辞可知，在殷代人间的"王"与宗教中的"帝"是同时存在的，殷人把现实世界的首领称为"王"，把理想世界的主宰称为"帝"。由于人间的"王"拥有了统辖各方国的至尊权力，神界的"帝"也就具有了统辖各种自然神灵和社会神灵的神力。

殷商卜辞中帝或上帝的地位很高，有很大的权威，主宰自然与人间的一切事物。通过分析卜辞中所见之帝或上帝的情形，可以获得如下的认识：第一，帝的功能主要是令雨、令风、令隋（云霞之气）、降馑、降祸。如卜辞中有"帝令雨足年"、"今三月帝令多雨"、"今二月帝不令雨"。第二，卜辞中上帝所管到的事项是：年成、战争、作邑、王之行动。帝的权威或命令所及的对象是：(1) 天时；(2) 王；(3) 我；(4) 邑。在卜辞中，帝的权威可以照管到自然与人间两方面。在自然方面，他既可以降雨，又可以产生风。既可以使年成好（食），又可以降灾祸、降灾害。对人间而言，他既可以降福，又可以降祸。虽然卜辞中"降"不一定是"帝"降，但以帝降为多数。卜辞中的上帝或帝，常常发号施令，与王一样。第三，上帝或帝不但施令于人间，并且他自有朝廷，有使臣之类供奔走者。卜辞中的帝五臣正、帝五工臣、帝使凤者等所指皆为上帝之臣正。第四，帝廷或帝所，先公先王可以上宾之，或宾于上帝，或先公先王互宾。①

综合而言，由甲骨文字看来，殷人的天帝信仰具有如下内容：

首先，卜辞中的上帝是天地间与人间祸福的主宰，是决定农产收获、战争胜负、城市建造的成败与殷王祸福的最上的权威，而且有降饥、降馑、降疾、降洪水的本事。在殷人心目中，这个至神上帝，主宰着大自然的风云雷雨、水涝干旱，决定着禾苗的生长、农产的收成。这说明殷人的至上神来源于主管天时的农业神，是由涵盖作用较大的物神转化而来的，是由与自然生活最密切联系的职能神发展而来的。② 它处在天上，能降入城邑，作为灾害，因而辟建城邑，必先祈求上帝的许可。邻族来侵，殷人以为是帝令所为。出师征伐，必先卜帝是否授佑。其次，上帝又有其帝廷，其中有若干自然神为官，如日、月、风、雨；帝廷的官正笼统指称时，常以五为数。帝廷的官吏为帝所指使，施行帝的意旨。第三，就上帝与人王的关系而言，殷王对帝有所请求时，绝不直接祭祀于上帝，而以其廷正为祭祀的媒介。同时，上帝可以由故世的先王所直接晋谒，称为"宾"；殷王祈丰年或祈天气时，诉其请求于先祖，先祖宾于上帝，乃转达

---

① 参见陈梦家：《殷墟卜辞综述》，北京：科学出版社，1956 年，第 563—573 页。
② 参见陈来：《古代宗教与伦理》，北京：生活·读书·新知三联书店，1996 年，第 114 页。

人王的请求。

由此可知,殷人的帝具有至上神的地位,他主宰着天上、人间的各种事物。帝虽在天上,但能降人间以福祥、灾疾,能直接护佑或作孽于殷王。帝甚至可以降下命令,指挥人间的一切。殷王举凡祀典政令,必须揣测上帝的意志而为之。卜辞中"帝"的地位是极高的,可以称之为至上神,但他却不是唯一的神。这也体现出殷人天、帝信仰的原始性与模糊性。而且,帝到底是人格神或者只是客观自然界的自然力量? 卜辞中上帝不享受牺牲的事实,说明它虽然具有人格意志,但却不是典型的人格神。那么,帝是否即是指天,或者帝是祖先神的抽象? 这值得研究。

2. 帝与天的关系

关于殷人之帝与天的关系,郭沫若认为殷人所卜问的对象一定是天,这说明在殷墟时代的殷民族中至上神的观念是已经有了的。但他同时指出:"卜辞称至上神为帝,为上帝,但决不曾称之为天。"[1]郭沫若的意思是,殷人有天、帝的观念,周人天的观念是继承了殷人的;殷人早期没有关于"天"的专门提法,"天"的具体提法是殷周之际出现的。陈梦家认同郭沫若的说法,认为"天"的观念是周人提出来的。关于天在殷商文化中的地位问题,傅斯年认为:"周之文化袭自殷商,其宗教亦然,不当于此最高点反是固有者。且'天'之一字在甲骨文虽仅用于'天邑商'一词中,其字之存在则无可疑。既有如许众多之神,又有其上帝,支配一切自然力及祸福,自当有'天'之一观念,以为一切上神先王之综合名。且卜辞之用,仅以若干场所为限,并非记当时一切语言之物。卜辞非议论之书如周诰者,理无需此达名,今日不当执所不见以为不曾有也。《召诰》曰:'皇天上帝,改厥元子,兹大邦殷之命。'此虽周人之语,然当是彼时一般人共喻之情况,足证人王以上天为父之思想,至迟在殷商已流行矣。"[2]徐复观亦主张殷人有"天"和具体的名称。他说:"居住于黄河大平原,对于

---

① 郭沫若:《郭沫若全集》历史编第一卷,北京:人民出版社,1982年,第321页。
② 傅斯年:《中国现代学术经典·傅斯年卷》,石家庄:河北教育出版社,1996年,第81页。

头顶上有日月星之苍苍地大圆形的形象,一直到由铜器所代表的技术已经很进步的殷代,对它尚无明显的感受性,似乎是说不通的。何况当时的农业已成为经济的基础,而农业与天时天象又是如此密切。若在此种情形之下,尚不能浮出'天'的观念,不能加它一个名称,那才是历史上不可理解的事。因此,周初的天、帝、天命等观念,都是属于殷文化的系统。"①从理论上说,殷人(尤其在后期)应该具有"天"的观念。但殷人有没有具体的"天"的提法? 这仍是一个值得分析的问题。

夏渌先生指出,殷墟卜辞中有"天"字。他说:"'天'通作'大'是各家没有异议的,但'大'也可以通'天',各家由于存在'殷人还没有上天观念'的偏见,就忽略了这种互通的现象。""古汉语大、天、夫原是从一字分化出来的,可以互相通用。"在某些场合,把此字释为"大"不通,若释为"天",则文从字顺。这是判定殷卜辞中"天"字的内在依据。归纳分析有关卜辞,"天"大约有以下五种用法。(1) 作为大自然的"天"。卜辞有云:"天弗祸凡(风)?"(2) 作地名用的"天"。卜辞如:"丁卯卜,贞,王田天,往来亡灾?"(3) 作"颠"字用的"天"。卜辞如:"庚辰,王弗病朕天(颠)?"(4) 作为"大"的同义字的"天"。卜辞中有"天邑商",也有"大邑商"。(5) 作为祭祀、崇拜对象的"天"。卜辞如:"己亥卜,侑岁于天?"②我们以为,上述论证是有道理的。

传世文献的《尚书》之《盘庚》篇是大致可信的反映商代历史的资料。在《盘庚》中,"天"字凡五见,基本是两种情况:一是天与命相连,如"先王有服,恪谨天命"、"今不承于古,罔知天之断命,矧曰其克从先王之烈"、"天其永我命于兹新邑,绍复先王之大业"、"予迓续乃命于天,予岂汝威,用奉畜汝众";二是指天时,如"古我先后,罔不惟民之承。保后胥戚,鲜以不孚于天时"。至于有争议的《汤誓》篇则有天命、天罚的观念,如"非台小子,敢行称乱,有夏多罪,天命殛之","尔尚辅予一人致天之罚"。既

---

① 徐复观:《中国人性论史·先秦篇》,上海:上海三联书店,2001 年,第 16 页。
② 夏渌:《卜辞中的天、神、命》,载《武汉大学学报》,1980 年第 2 期。

然《盘庚》篇可以相信，那么《汤誓》中的"天命""天罚"也不能否定其真实性。

综观卜辞和传世文献，殷商时期是存在确切的"天"的观念及称谓的。此时的"天"观念，既包含苍穹空间的自然之天的意思，更主要是指能发布命令的、有意志的至上神，是上帝观念的继续和发展。比较天与帝的关系，可以说，天缺少感情色彩，较为抽象，主要体现为一种绝对意志。① 陈来先生认为，殷商和西周世界观的根本区别，不在于商人是否以"天"为至上神，而在于商人对"帝"或"天"的信仰中并无伦理的内容在其中，总体上还不能达到伦理宗教的水平。而周人的理解中，"天"与"天命"已经有了确定的道德内涵。关于殷人的上帝观念来源的问题，陈来先生认为须在祖灵之外去寻找，而这个来源应当就是"天"的观念。② 事实上，至上神不完全人格化，对于中国宗教思想的特质和发展可能有着非常重要的意义。因为，正是这样一个由"天"体崇拜发展起来的至上神实体，由主观性较强的"帝令"发展为客观性较强的"天命"，成为后来中国文化与中国哲学"天人合一"观念的根源。

三、殷商时期的祖先崇拜

祖先崇拜的观念出现得很早，自氏族社会即已出现，它是继图腾崇拜之后出现的人类对自身来源思索的进一步发展。人们崇拜祖先，不仅因为祖先繁衍了后人，而且因为人们相信已故祖先的精灵能保佑后人，惩罚邪恶。殷人将祖先崇拜与上帝崇拜完美地结合起来。郭沫若认为殷人的至上神"帝"同时又是殷民族的宗祖神，便是殷民族的祖先。③ 我们不能确定"帝"或"上帝"是否即为殷人的先祖，但却可以认定二者之间具有非常密切的联系。在前面关于天帝崇拜的论述时，我们已可看到：

---

① 张荣明：《中国的国教》，北京：中国社会科学出版社，2001年，第102页。
② 陈来：《古代宗教与伦理》，北京：生活·读书·新知三联书店，1996年，第168页。
③ 郭沫若：《郭沫若全集》历史编第一卷，北京：人民出版社，1982年，第325页。

祖先可以宾于上帝,在上帝左右,传达时王的要求或祈求。陈梦家指出,殷卜辞中的"先王先公可以上宾于天,上帝对于时王可以降祸福、示诺否,但上帝与人王并无血缘关系。……殷人的上帝是自然的主宰,尚未赋以人格化的属性,而殷之先公先王先祖先妣宾天以后则天神化了。"[1]我们需要注意的现象是:殷人的上帝既是殷人的至上神,又的确不是祭祀的对象;殷人的祖先神虽不是至上神,却是享受祭祀牺牲、接受祈祷祭拜的主体。在殷人的观念中,人间的时王还不能直接诉请于上帝,如殷王向上帝乞丰年或祈天气时,必须先请求于故世的先祖,先祖才能直接晋谒上帝,并转达人王的请求。所以,殷王祈求丰年时必举行祭祀的仪式,但真正享祭的是先祖,不是上帝。

在殷人的观念中,祖先拥有超自然的能力,他们不但在此岸世界拥有超常的能力,而且还在彼岸世界中拥有超常的能力。殷人的祖先崇拜具有这样的特征:以为祖先虽然死了,但其灵魂依旧存在,地位、权威、享受、情感都和活着的时候一样,也一样能降祸或赐福给子孙,所以子孙要以虔敬之心祭祀祖先,请他们来享。他们虔诚地相信,死去的祖先既可以保佑自己又可以降灾祸于自己。在殷人看来,神鬼的世界是和有形的世界同样实在,而且这两个世界关系极密切。殷人对待作为操纵他们一切吉凶祸福的鬼神世界的主角——祖先,需要不断的馈飨和贿赂。王室对祖先的祭祀,其名目之众多、次数之频繁、贡献之丰盛都非我们所能想象。祭祀的时日、数目、方法,有时连牝牡、毛色,都要凭卜人预先向所祀的祖先请示。殷人的祖先崇拜,更多功利性祈天邀福的特征。从资料反映的情况看,殷人不断地赞颂祖先,歌唱祖先的丰功伟绩。如:"昔有成汤,自彼氐羌,莫敢不来享,莫敢不来王,曰商是常。"(《商颂·殷武》)人们颂扬祖先,是因为祖先为其部族创造了丰功伟业,而且还随时随地保佑着自己的后人,"降福无疆",给后人带来福祉。就这一点看,殷人观念中其与祖先神的情感色彩重于理性色彩。为了维护部族的利益,人们要

---

[1] 陈梦家:《殷墟卜辞综述》,北京:科学出版社,1956 年,第 580 页。

依照先祖的成规办事，以图利族利民。殷人强调：

> 先王有服。（《尚书·盘庚》）
>
> 绍服先王之大业。（《尚书·盘庚》）
>
> 兹予大享于先王。（《尚书·盘庚》）
>
> 来假来飨，降福无疆。（《商颂·烈祖》）

祖先神与其部族的人们有着紧密的血缘纽带，受到其后人频繁而隆重的祭祀。这一点，其他神灵是望尘莫及的。由此，殷人的祖先崇拜在其宗教系统中的地位是极为重要的。晁福林先生即指出，在殷人的神灵世界里占有主导的最重要地位的是祖先神，而不是帝。他概括殷代的祖先崇拜具有如下六个特点。第一，祖先神是殷人祈祷的主要对象。从卜辞数量看，祖先祭祀方面的辞例超过其它任何一类的辞例的数量，这是殷人重视祖先崇拜的有力证据。第二，殷人祭祖尽量追溯传说中的早期祖先，尽量增大祖先崇拜的范围。第三，殷人的女性祖先在祭典中也占有相当显赫的地位。第四，殷人祭祖用牲数量多，祀典特别隆重，其使用数量为周人望尘莫及。第五，殷人先祖多被分为若干祭祀组，如"大示"、"小示"等，分组的目的是为了遍祀先祖而避免遗漏。第六，殷人不但尊崇王室的祖先，而且敬仰非王室的子姓先祖。[①] 从目前发现的殷墟卜辞看，殷人祭祖最为频繁，形成了一套祭祀制度，定期地几乎没有遗漏地祭祀祖先神。而殷人祭祀上帝的情形，目前所知却甚少，二者形成了鲜明的反照。当然，为了部族的长远利益，祖先神有时也惩罚其后代，如"高后丕乃崇降罪疾"、"高后丕乃崇降弗祥"（《尚书·盘庚》），但这种惩罚与上帝的惩罚和天命的转移绝然不同：祖先神惩罚的是部族内的个别人，而决不想毁灭整个部族。因此，从根本上说，这种惩罚是为了佑护自己的部族。可以说，祖先生是人，死为神。无论生死，祖先都在保护着殷人的国家社稷的生存和延续。殷人以祖先崇拜的形式表达他们对祖辈征

---

① 晁福林：《论殷代神权》，载《中国社会科学》，1990 年第 1 期。

服自然伟大功绩的赞叹。商王室的祖先神不仅为殷人尊崇,而且也为诸方国、诸部族尊崇。如周人,既崇拜殷人的上帝,也祭祀殷人的先王。

张光直先生在总结商代巫术的特征时指出两点:第一,商人的世界分为上下两层,即生人的世界与神鬼的世界。这两者之间可以互通:神鬼可以下降,巫师可以上陟。第二,从商人占卜的频繁和内容我们可以知道,在商人的观念中神鬼是有先知的,他们知道生人计划中要作的行为会有什么样的后果。生人对神鬼的这种智慧是力求获得的。进一步的自然推论是掌握有这种智慧的人便有政治的权力。因此在商代巫政是密切结合的。[①] 殷人的祖先崇拜观念是其文化的重要内容,也奠定了中国古代文化、思想中重视家族、重视丧葬之礼、重视孝道的基础。

第三节　殷商时期的政治与伦理

一、殷商时期的神权政治

殷商时期的政治观念与其祖先崇拜、上帝崇拜观念是密切联系着的。其首要的表现就是现实的君王又是宗教的领袖。陈梦家认为"古者宗教领袖即是政治领袖",他说:"由巫而史,而为王者的行政官吏。王者自己虽为政治领袖,同时仍为群巫之长。卜辞中常有王卜、王贞之辞,乃是王亲自卜问,或卜风雨,或卜祭祀、征伐、田游。"卜辞中王亲自卜问的事还有天时之事、边鄙之事及祸疾之事。王又亲舞求雨、亲占所梦,凡此都是王兼为巫之事。由此可知王也是巫。在很多占卜活动中,王又是最后的决定者。由此,殷商时期,既有专门的职业巫师,也有王兼职做巫的。[②] 如此,则殷人的王者,一方面是政治领袖,另一方面为群巫之长。他们既拥有和垄断了天人交通的权力,同时也拥有和控制了统治世界的权力。在上古时代率领氏族、部落、酋邦,作为父家长的政治首领,不但

[①] 张光直:《中国青铜时代》,北京:生活·读书·新知三联书店,1999年,第278页。
[②] 陈梦家:《商代的神话与巫术》,载《燕京学报》第20期,1936年,第535—536页。

需要具备无比的勇力、刚毅的性格,而且更要求具有超人的智慧,以预见未来,指导行动。通天的巫术成为统治者的专利,也就是统治者施行统治的工具。张光直先生指出,殷代不但"政治、宗教、艺术是结合在一起的",而且作为通天工具之一的艺术,实在是通天阶级的一个必要的政治手段,它在政治权力之活动与巩固上所起的作用,是可以与战车、戈戟、刑法等等工具相比的。如古代王朝之占有九鼎,便是通天手段独占的象征。[①] 因为天帝、祖先神是人间一切事情祸福的决定者,而只有具有超人的智慧的时王才能与天神、先祖沟通。谁能拥有沟通上帝的智慧、能力与工具,谁就有统治世界的权利(力)。殷商卜辞中,祖先崇拜的内容非常多,商王行动之前须举行占卜请示祖先或至少要借祖先意旨为行动之口实。是凡国家大事,包括生老病死,事事都要听祖先的指示。这说明,殷人的祖先崇拜中还包含着这样的内涵,即占有通达祖神意旨的手段的便有统治的资格。尧、舜、禹、汤等是集政治统治权(王权)与精神统治权(神权)于一身的古代圣贤。这种"巫君合一"(亦即政教合一)与祖先—天神崇拜合一(亦即神人合一),实际上是同一件事情。它经由漫长过程,尽管王权日益压倒、取代神权,但二者的一致和结合却始终未曾解体。[②]

我们亦可就政治权力的正当性问题,简单讨论殷商的政治与其祖先崇拜与上帝崇拜又有密切的关系。殷人以祖先崇拜的形式表达其政权合法性的思考。祖先拥有超自然的能力,他们不但在此岸世界拥有超常的能力,而且还在彼岸世界中拥有超常的能力。殷人以神话的形式塑造了自己部落的起源:

> 殷契,母曰简狄,有娀氏之女,为帝喾次妃。三人行浴,见玄鸟堕其卵,简狄取吞之,因孕,生契。

这是《史记·殷本纪》所记殷人始祖契降生的神话。《诗经·商颂·

---

① 张光直:《中国青铜时代》,北京:生活·读书·新知三联书店,1999 年,第 466 页。
② 李泽厚:《历史本体论·己卯五说》,北京:生活·读书·新知三联书店,2003 年,第 160 页。

长发》亦有："有娀方将,帝立子生商。"这说明,殷人将其祖先与"帝"建立
起了密切的关系。殷人通过这种方式为自己部落的政治统治权威奠定
了基础。这种方式,一方面说明殷人以祖先崇拜的方式确立自己的合法
性。另一方面,也反映出殷人合法性的说明必须使祖先与至上神上帝联
系起来。因为,每个部落或氏族都拥有自己的祖先神,祖先作为部落或
氏族集团的保护神具有其有限性。《诗经》里同样有周人始祖降生与上
帝有联系的说法。因此欲获得普世性的王权或者使王权在更广泛更普
遍的范围内获得拥护即获得其合法性,便需获得更普遍的神灵的护佑与
支持。史华兹谓:"在自然的超自然能力——对它的关注远远超出了对
于祖先的特殊关注——之中寻求其谱系的合法性的终极来源。尽管似
乎有证据表明,即使不属于亲属系列的下级官吏偶尔也会参与王家的祖
先祭祀仪式,但最终讲来,国王的终极权威存在于它与高高在上的神
'帝'以及受'帝'管辖的一群自然神祇之间建立的关联之中。"[1]我们看
到,殷人的政治正当性观念较少反思的内涵。他们以宗教的、神性的方
式获得祖先、天帝的护佑与支持,并以为此支持是可以一劳永逸、天命不
移的。商纣王临危之时自信地喊出:"呜呼! 我生不有命在天?"(《尚
书·西伯戡黎》)另外,我们注意到,殷人由祖先崇拜发展到天、帝信仰,
虽然有政权合法性的内涵,但这种内涵是潜在的、微弱的。殷人的祖先、
天帝崇拜,较少自觉地做政权合法性思考,而更多功利性祈天邀福的特
征。[2] 虽然以君王之德作为政治正当性基础的思想可能历史久远,但殷
商时期的思想与周初以德为核心的政治正当性思想仍具有较大差异。

二、殷商的权力继承问题

　　以上是就政治权力的来源或政治正当性角度讨论殷商的政治观念,

---

[1] [美]史华兹:《古代中国的思想世界》,程钢译,刘东校,南京:江苏人民出版社,2004 年,28—
　　32 页。
[2] 荆雨:《德与民:中国古代政权合法性之根据》,载《社会科学战线》,2008 年第 5 期。

关于殷商的政治，我们需要进一步注意其部族内的权力继承问题。

王国维在《古史新证》中指出，商之继统法，以弟及为主而以子继辅之，无弟然后传子。自成汤至于帝辛二十九帝中，以弟继兄者凡十四帝；其以子继父者，亦非兄之子，而多为弟之子。他分析这种现象的原因是："盖周时以嫡庶长幼分贵贱之制，商无有也。"[1]

陈梦家先生则对王国维的观点提出不同看法。他说："根据《殷本纪》与卜辞一致处，以及根据卜辞的世系传统，我们得到与王氏相反的结论。就是：（1）子继与弟及是并用的，并无主辅之分；（2）传兄之子与传弟之子是并用的，并无主辅之分；（3）兄弟同礼而有长幼之别，兄弟及位以长幼为序；（4）虽无嫡庶之分而凡子及王位者其父得为直系。"[2]

张光直先生则提出的"殷礼中的二分现象"。通过研究考古发掘的殷商墓葬并结合文献记载与卜辞内容，张光直指出，商代子姓的王族，至少可以分为 10 个宗族，或其宗族可以分为 10 组，其中以乙、丁为庙号的两宗，大概政治地位最高、政治实力最强，可以分为乙组和丁组。乙宗的一个男子为商王时，因婚姻与政治之间的关系的考虑，王乙多半不能娶丁宗的女子为正式的配偶。王之亲子的亲母必须来自另一个在政治上地位较低的宗支，因此王之亲子的政治地位或因之为减低。但丁宗与王乙同代的兄弟，则没有这种政治性的考虑，可以娶乙宗的女子为妻，所生的子于是以乙丁二宗支为父母，其地位乃较王乙之亲子为高。王乙死后，继立为王的，乃不是王乙之亲子而是王乙在丁宗里的外甥。王丁立后，再重复上述的手续，其继嗣的王又来自乙宗。总之，商的王位在王室中政治力量最大的两个宗支之间交替；王位的传递，在两代内由舅传甥，在三代内由祖父传孙。而商代的"乙丁制"继承法与周代的"昭穆制"极其相似。[3]

以上三种关于王位继承制度的说法孰是孰非，我们无法做出具体判

---

① 王国维：《古史新证——王国维最后的讲义》，北京：清华大学出版社，1994 年，37—38 页。
② 陈梦家：《殷墟卜辞综述》，北京：科学出版社，1956 年，第 370 页。
③ 参看张光直：《中国青铜时代》，北京：生活·读书·新知三联书店，1999 年，第 235—238 页。

断,大概是父死子继与兄终弟及的共同存在。此恰可说明此时殷商的权力继承制度可能尚未确定的特征,或者体现了以父系为主和以母系为主的混合状态。另外,此权力继承制度也未具体确立父死子继、兄终弟及的原则是什么,是立长还是立贤? 此与周代的较为成熟的嫡长子继承制度也存在较大差距。

三、殷商时期的道德伦理观念

殷商时期拥有明确的道德伦理观念。有学者指出,卜辞中没有一个关于道德智慧的术语,亦有学者据此认为,殷人信仰的上帝与人世的伦理无关,或者认为,在殷商对神鬼的恐惧崇拜,与周人对天的尊崇敬畏之间,有着很大的道德差别,其宗教形态没有任何道德理想的出现,看不到伦理价值,看不到理性智慧。[①] 这种判断当然具有一定的合理性。但我们也须注意,即便在祭祀卜辞中没有道德词语或观念出现,并不意味着殷人的政治、伦理思想中便没有道德的观念。因为,卜辞毕竟是卜筮、祭祀的宗教崇拜活动的记载,应该并未完全体现殷人的全部观念尤其是政治、伦理观念。

事实上,根据一般古文字学家的看法,"德"字在甲骨文中是存在的。甲骨文中有"德"字的初文,这个字从彳从直。温少峰考察殷代"德"的观念时,认为四条卜辞中可以有字读为"德":"囗丑卜,王侯弗若△"(引文中"△"表示图形的"德"字,下同);"丁亥卜,元△……";"辛卯卜,亘贞,……唯不△";"戊寅卜,囗贞,改王△,于之若"。他认为,"若德"如同文献中的"善德"、"顺德";"元德"犹如"首德"、"大德";"不德"、"改德"类似于"否德"。[②] 晁福林先生认为,可靠的文献记载和甲骨卜辞材料都表明,"德"的观念在商代确实已经出现。甲骨文"德"写作从行从横目之形,其

---

① 参见陈来:《古代宗教与伦理》,北京:生活·读书·新知三联书店,1996 年,第 115、149 页。
② 温少峰:《殷周奴隶主阶级"德"的观念》,载《中国哲学》第 8 辑,北京:生活·读书·新知三联书店,1982 年。

所表示的意思是张望路途,人们看清了路而有所得。他认为,甲骨卜辞中的"德"有两个特点:其一,甲骨文"德"字没有"心"旁,这应当是在说明"德"的观念那时候还没有深入到人的心灵这个层次,和古人关于"内得于心为德"的定义是不一致的。其二,从甲骨卜辞的记载看,殷人所谓的"德"更多的是"得"之意。在殷人看来,有所"得"则来源于神意,是神意指点迷津而获"得"。①

我们考察传世文献《尚书》的相关部分,也有"德"的观念与概念。"德"与有关德行的观念已见于《尧典》:"克明俊德以亲九族"以及"否德忝帝位",俊德即是美德,否德及鄙弱的德行。陈来先生认为《尧典》与《舜典》中有关的论述,可能是在殷商晚期流行的。②《尚书·商书》中四篇有"德"字,凡 14 见,其中《盘庚》篇 10 见。其内涵大致可分为三类。第一类表示行为、品行。《汤誓》:"夏德若兹,今朕必往。"《盘庚》:"肆上帝将复我高祖之德。"《高宗肜日》:"民有不若德,不听罪,天既孚命王厥德。"《微子》:"我用沉酗于酒,用乱败厥德于下。"第二类的"荒德"、"含德"、"非德"、"爽德"等,具有否定含义。《盘庚》:"非予自荒兹德,惟汝含德,不惕予一人。""作福作灾,予亦不敢动用非德。""有爽德,自上其罚汝。""用降我凶德嘉绩于朕邦。"第三类的"施德"、"积德"、"用德"、"敷德"等则具有积极含义。《盘庚》:"汝克黜乃心,施实德于民,至于婚友,丕乃敢大言,汝有积德。""用罪伐厥死,用德彰厥善。""式敷民德,永肩一心。"这些特征同周初文诰中有关"明德"、"若德"、"非德"、"敏德"(《康诰》)、"元德"(《酒诰》)、"敬德"(《召诰》)、"酒德"(《无逸》)之类的观念相对照,已比较接近。

关于"德"的内涵,晁福林认为,在殷商时代,"德"即得到之"得",意指得到"天"的眷顾与恩惠。具体说来,商人之"德(得)"是从两个方面获取的:一是"天命",二是"高祖"。可以说殷商时代的"德",实际上是其天

---

① 晁福林:《先秦时期"德"观念的起源及其发展》,载《中国社会科学》,2005 年第 4 期。
② 陈来:《古代宗教与伦理》,北京:生活·读书·新知三联书店,1996 年,第 292 页。

命观、神意观的一种表达,人们赞美"德",就是在赞美天命和先祖的赐予。殷人以为能够得到天和先祖的眷顾而有所得,这就是"德"。"德"的观念尚未从天命神意的观念下解放出来,更没有转入人的内心自省的范围。可以说,商代的天命神意观念下的"德"与真正的道德观念形成,尚有很远距离。① 李泽厚认为,"德"的产生大概最先与献身牺牲以祭祀祖先的巫术有关,是巫师所具有的神奇品质,继而转化成为氏族的习惯法规。德是由巫的神奇魔力和循行巫术礼仪规范等含义,逐渐转化成君王行为、品格的含义,最终才变为个体心性道德的含义。他并认为由巫术力量逐渐演化成为巫术品德,即是"德"的内向化或内在化,而最终成为首先要求于政治首领的个体品德力量。这也就是后世道德的张本。② 这两种说法都可作为殷人"德"的观念的合理论说。前一种说法表明殷人的道德观念没有脱离其宗教崇拜观念的原始特征。后一种说法则体现出殷商时期的"德"具有原始巫术礼仪及俗世道德伦理的综合性特征。

除此普遍性的"德"的观念之外,我们还应注意到,殷人具有丰富且具体的道德观念,如孝。《吕氏春秋·孝行览》载:"《商书》曰'刑三百,罪莫重于不孝'。"孝为最高的道德行为,不孝则要受到刑律的处罚。殷人祖先崇拜的观念极为丰富,其祭祀祖先的制度和礼仪也已相当发达,与之相应的"孝"的观念应该已经出现。周公指责商纣王为"元恶大憝,矧惟不孝不友"(《尚书·康诰》),证明殷人已有孝与友的道德规范,否则周公便不能有如此指责。《尚书·太甲》明确提出:"奉先思孝,接下思恭,视远惟明,听德惟聪。"此处,孝、恭、明、聪都是对人的德行要求,首先对待先祖要孝。当然,殷人的道德规范较之周人少了许多。这既可能反映殷人的道德伦理观念尚未成熟的特征,也可能是文献不足的原因。

总之,殷商时期既具有"德"的观念,亦具有具体的道德规范。殷周之际的剧烈变革以及小邦代替大邦的忧患意识的突出,使周人"敬德"

---

① 晁福林:《先秦时期"德"观念的起源及其发展》,载《中国社会科学》,2005 年第 4 期。
② 李泽厚:《历史本体论·己卯五说》,北京:生活·读书·新知三联书店,2003 年,第 164 页。

"明德"的观念十分突出,周人建立了一个由"敬"贯注的"敬德""明德"的观念世界。但我们应该认识到,如果殷人没有"德"的观念,周人很难凭空出现"德"的思想。"敬德"的观念和强调是周文化的一个显著特征,但敬德观念的产生在古代政治文化的传统中应该是有其渊源的。早期禅让的"唐虞之道"中,德与民成为潜在的王权合法性根据。到夏商两代,在君权神授观念的同时,也都流传了一种由君主领袖的美德和才智来建立政权合法性的传统。虽然,殷人的道德观念在其神鬼观念的掩映下,仍具有原初性、模糊性的特征,但由殷商肇其端经由周代而大大发展的重德、敬德观念却成为中国文化、中国哲学最为核心的特征。

第二章　西周的王道政治哲学

　　孟子以降,孔门凡言"王道"常称引"仁政"以推阐之,这似乎已成为普遍的言说理路。而更有甚者,直接将"王道"和"仁政"等量齐观,等同混用。故长期以来,"仁"一直被视为王道政治的首要原则。这种偏见流传至今,似已成不刊之论。但若仔细推究,其中又有不可不辩者存焉。[①]

　　"王道"一词兼具描述性和规范性,蕴含着"是"与"应当"双重意义:它既承载着儒家对理想政治秩序的向往和价值追求,同时亦是后世对历史上"先王之道"即尧舜禹汤文武周公诸圣王治国之道的指谓和客观描述。唐虞夏商特别是西周时期的社会政治不但直接孕育了儒家的王道理想,而且为儒家发明和辩护其政治理想提供了丰厚的道德资源及客观的历史理据。故探讨儒家的王道理想,毋庸赘言应溯源至此。关于古"先王之道"的历史记载和经典描述,学界公认是《尚书》。而细绎《尚书》之文,我们发现,唐虞三代时期的王道政治,其首要的建构原则并非是经孟子首次明确揭橥并阐发而为其后多数儒者所认可的"仁",而是"义":在王道政治之正当性(Legitimacy)的证成、王道政治之兴亡继绝、邦国征伐、刑罚及政治权力传承等五个层面,"义"确然都是首要的决定法则。

---

① 本章参考了刘体胜先生的相关研究成果。

由此，我们既可看到先秦儒家对唐虞三代时期王道政治资源的积极汲取和继承，同时亦应晓然分判儒家王道政治理想和唐虞三代王道政治的根本差异，进而认识到孔孟荀在"祖述尧舜，宪章文武"之基础上所作的重大思想发明和理论转进。下面，围绕西周的王道政治哲学对此展开详细的论述。在展开论述之前，首先要说明的是，为了尽可能地避免因史料真伪问题而带来的争议，便于论证，本文所引用的《尚书》材料主要以今文《周书》为本，并采用了目前学界已取得的相关考证成果。错谬之处，敬请方家教正之。

第一节　唐虞三代时期王道政治背景下的义概念

众所周知，义观念总是具体的、相对的，常因时代或传统而异；而义的概念则是抽象的、绝对的，具有普适性。故在详细探讨西周时期义观念之前，我们先来看看唐虞三代王道政治背景下的义概念的内涵界定：

> 惟天监下民，典厥义，降年有永有不永，非天夭民，民中绝命。

此段引文出自《高宗肜日》篇，它是今文《尚书》中首次出现"义"字的一篇文献。由于种种原因，古今学者对此篇文献的真伪及写作年代颇有争议。这里采用刘起釪先生的观点，认为此篇虽然在流传过程中其文辞不可避免地受到了周代语言的影响，但其原件可确信为殷商旧存的文献。[①] 据此，这段引文可视为殷商时期义观念的集中反映。具体而言，它包含了如下意涵：一、义源于至上神天的制定，并由至上神天亲自裁决、实施。二、义的适用对象是民。这个"民"既可作宽泛的理解，指一切底层小民；亦可结合此篇的具体语境而如蔡沈所谓"言民而不言君者，不敢斥也"[②]，实际上指的是世俗的统治者王。三、义是至上神评判下民之行为及其结果的非常严苛的奖惩法则，关乎人的生死存亡：合乎义则长命，

---

① 刘起釪：《〈商书·高宗肜日〉的写成时期》，载《殷都学刊》，1985 年第 3 期。
② （宋）蔡沈：《书经集传》，北京：中国书店，1994 年，第 94 页。

不义则绝命、中途夭折。而在王道政治中，王是决定整个社会政治秩序的关键要素，王的性命和他的政治命运甚至整个王朝的政治命运常常是紧密关联在一起的，所以文中所言的"命"实际上亦包含王道政治命运之意，即王道政治的兴衰存亡。基于以上分析，我们可作出如下结论：义，本自至上神的创制，是殷商社会秩序的首要决定法则——它不但决定着下民特别是世俗君王的性命长短及其政治命运，而且决定着王道政治命运的"有永有不永"。

殷人关于义的这三点内涵界定，为其后的周人所继承，这在今文《周书》中有诸多印证。因限于篇幅，兹举《无逸》、《康诰》两篇为例以证之。在《无逸》篇中，周公旦因忧惧初政的成王"知逸而不知无逸"，特地称引商周时期诸多典型政治事例来加以警示和训诫，其中言及殷中宗、高宗和祖甲，说此三王正是因做到了"无逸"，故天皆使之享国数十载，得"降年有永"之效；而与此相反，这三宗之后的商代继世之君因做不到"无逸"，且"惟耽乐之从"，最终落得天"降年有不永"的政治下场："亦罔或克寿，或十年，或七八年，或五六年，或四三年。"通观此篇，虽未出现一个"义"字，但若联系上文所言殷商时期的"义"之三点内涵，我们不难看出：周公旦所谓的商王享国"永年"或"不永年"，实质上正是至上神以义为原则对他们的行为加以评判、裁决并实施奖惩的结果，而"无逸"就是义的一个具体构成内容。故全篇虽未出现一个"义"字，但处处言"义"。周人对殷人义概念内涵的认可和继承，在《康诰》中体现得尤为明显。在此篇中，周公旦严肃地告诫卫康叔说，世俗的统治者实际上并不具有任意刑杀惩罚其臣民的权力——"非汝封刑人杀人"、"非汝封又曰劓刵人"，其原因有二：一是从根源上说，这个刑杀惩罚的权力专属于至上神"天"；二是至上神"天"已创制了世俗刑杀惩罚的客观原则——"义"。职是之故，周公又言道，世俗的统治者只能"用其义刑义杀"，即以至上神创制的义为根据去实施刑罚。由此可见，周人对殷人关于"义"的三点内涵界定是完全认同的。此外，据《论语·尧曰》篇的记载，商汤曾在祭祀至上神时曰："有罪不敢赦，帝臣不蔽，简在帝心。"在商汤看来，至上神帝能洞悉世间一切善恶行为,并掌握着赏罚赦免的权力,世俗的统治者不得擅自裁决,实施奖惩。这种观念,不就是"天监下民,典厥义,降年有永有不永"的义概念在刑罚领域的具体应用吗？故商周之际王道政治虽递相更替,但其政治哲学建构之根本概念无变化,即皆以"义"为其整个政治秩序建构的首要决定法则。

接下来要论证的问题是:商周两代共有的这个义之内涵界定,是否源自夏人甚至更早的唐虞时代的创造？据传世的相关文献观之,答案似是肯定的。今文《夏书·甘誓》篇①记载,夏启之所以要兴兵讨伐有扈氏,其理据是:"有扈氏威侮五行,怠弃三正,天用剿绝其命。"所谓"天用剿绝其命",正是前文所言天"降年有不永"、"绝命"之意,而"五行"、"三正"同周公所言的"无逸"一样,都是"义"的具体构成内容。故《尚书大传》曾引孔子之言曰:"'六誓'可以观义。"②《尚书大传》所引之言是否真的为孔子所说,今实难断定,但据《尚书·甘誓》等六篇誓辞观之,"'六誓'可以观义"这个断言甚是的确。准诸上述,我们有理由确信,商周两代共有的这个义概念之内涵至少可溯源至夏代。

以此为基点,我们可否再向前一步,将这个义的内涵界定远溯至唐虞时期？据《论语》和《左传》中的相关材料来看,这完全是可能的。《论语·尧曰》篇载:"尧曰:'咨！尔舜！天之历数在尔躬,允执厥中。四海困穷,天禄永终。'舜亦以命禹。"若以上文所言之义的三点内涵为参照,此引文中的"允执厥中"、不使"四海困穷",实质上就是尧舜禹禅让为君必须遵守的义,故违者天必将永远地终止其给予的禄位。唐虞时期以义为世俗统治者之天禄得失的决定法则,此亦可得到《左传》中相关材料的佐证。《左传·哀公六年》曾引孔子之言曰:"《夏书》曰:惟彼陶唐,帅彼天常,有此冀方。今失其行,乱其纪纲,乃灭而亡。"孔子所引此《夏书》之

---

① 近代以降,学者们关于此篇之真伪颇有争议。据晚近刘起釪(氏著《尚书研究要论》,济南:齐鲁书社,2007 年,第 1 页)、金景芳和吕绍刚(《〈甘誓〉浅说》,载《社会科学战线》,1993 年第 2 期)三位先生的考证,此篇或写定或加工于西周,但应为夏代的真材料。兹从之。
② 陈寿祺辑:《尚书大传》卷五,四部丛刊本。

文,今亦见于古文《尚书·五子之歌》篇,其意谓:"天常"乃政治兴亡和维系统治的根本,唐尧因遵循"天常"而享有天下,太康则因弃此"天常"而灭亡。若此《左传》所载为真,再联系前文可知:此"天常"——天所创制的恒常之道,实际上就是"义"。当然,这一时期有可能还未抽象提出"义"这个概念,但无疑已具有实质的观念内容。

准诸上述之论证,我们可得出如下论断:唐虞以至西周王道政治背景下的义观念,其内容因时代或有因革损益,但其概念内涵则始终确定而未有变化,即这时期的人们一直深信,义乃源自至上神"天"或"帝"的创制,是裁决世俗统治者之行为的非常严苛的奖惩法则,决定着世俗王道政治秩序的兴亡继绝。以上我们对唐虞三代时期义概念的探讨,为其后细绎这一时期义观念的具体内容奠定了基础。下面,我们就来看看"义"是如何成为唐虞以至西周的王道政治秩序建构的首要原则的。

第二节 西周时期的义与王道政治

一、谁应当统治? ——义与王道政治之正当性

依据马克斯·韦伯的分析,正当性(Legitimacy)诉求蕴含在"支配—服从"的权力关系结构中①,它实质上是对支配关系所作的某种道德证成。这种道德证成一旦成功,不仅具有思想理论的意义,而且具有直接的现实政治功效,即可保证这个政治秩序的长期稳定。据今文《尚书》观之,唐虞三代时期首先意识到正当性问题的重要性并加以系统回答的是以周公旦为代表的周人。当然,周公之所以提出并力证此问题,最直接的原因也是为了现实政治的需要,即解决周初迫在眉睫的政治难题——从统治者沦为被统治者的殷人一直心不服周,反复难制,总在不断发动叛乱。从今文《大诰》诸篇可见,周公对此一方面坚决主张武力镇压,并

---

① 详见[德]马克斯·韦伯:《经济与历史·支配的类型》,康乐等译,载《韦伯作品集》,桂林:广西师范大学出版社,2004年,第299页。

采取了分而治之的政策,而另一方面也深刻认识到仅依靠暴力手段来维持政治秩序的巨大局限性和不稳定性,故力图对周人的统治权力作道德证成以说服殷人,从而达到长治久安的政治目的。

众所周知,夏商周三代虽递相更替,但皆属王道政治。故从思想观念层面上说,周公对小邦周取代大国殷之政治正当性问题的回答,可视为就是三代关于王道政治之正当性的证成。而从今文《周书》来看,周公的论证也确实整合提炼了夏商周三代诸多典型的重要政治观念。

概而言之,周公对周人统治权力之正当性的证成,就是一个字:"义"。前文已言之,义乃本自至上神"天"或"帝"的创制,包含奖惩两方面的内容:若统治者合乎义则至上神许之以永命,而不义则断绝其命,使之中途夭折。在《多士》篇中,周公就是围绕此义之内涵来论证周人统治之正当性的。首先,他明确地对不服从统治的殷人说,殷商灭亡乃天(或帝)的意志:"旻天大降丧于殷",帝"有命曰:割殷",因此"非我小国,敢弋殷命,惟天不畀"。职是之故,武王伐纣和周人取代殷人的统治乃天命,具有正当性——"我有周佑命","我其敢求位?"其次,周公说周革殷命的正当性并非自己编造出来以欺骗你们殷人的矫诬之词,而是有史可证:"惟殷先人有册有典,殷革夏命。"这就是说,你们殷人的史册典籍既已明确记载了成汤伐桀、殷革夏命的史实,那为何又怀疑武王伐纣、周革殷命并拥有统治权力的正当性呢?

当然,如果周公仅凭此两点内容来论证其统治的正当性是远远不够的,因为这种超自然主义的君权神授论非常不严密——任何人都可以宣称自己拥有天命,谓自己的权力乃源自幽远神秘的至上神的授予——至上神的意志又如何为人所确证?故正当性证成的关键是:说明这种统治权力的神圣授予,要有其客观的理据。据《多方》篇的记载可见,周公显然已注意到了这个问题,谓夏桀和商纣都曾矫诬上天之命——"图天之命,屑有辞"。由此可见,周公应已意识到:要成功论证自己统治的正当性而仅宣称其源自天命是远远不够的,他还必须进一步说明天命予夺和判决、奖惩世俗统治者之政治命运"有永有不永"的客观标准是什么,亦即必须赋予这个至上神创制的"义"法则以客观具体的观念内容,而这个义观念内容又必须得到包括殷人在内的所有人的认同。据《多士》和《多方》篇观之,周公最终成功地完成了这个理论任务,不仅如此,他还由此奠定了中国传统政治哲学中正当性理论的思想基础,并影响了其后中国数千年的政治实践。

具体而言,在《多士》和《多方》篇中,周公用于论证政治正当性的义观念主要包括如下几点内容。一"明德"。这里的"明"作动词用,"显明"之意。而"德"字,据今文《周书》中"酒德"、"暴德"、"逸德"、"敬德"诸辞可见,其实是中性词而并无道德的意义。徐复观先生谓"周初文献的'德'字,都指的是具体的行为"[①],基本上是准确的。要补充徐先生这一说法的是,今文《周书》中的"德"意指主体的某种长期性的、甚至习惯性的行为,而非偶然性的行为。合而言之,"明德"指统治者要显明其政治行为。这个统治者须显明的政治行为,周公认为首要是"无逸":"有夏不适逸",被"废元命,降致罚"(《多士》),丧失了统治权力。商纣亦是如此。周公对统治者无逸行为的历史总结和注重,在其后的《无逸》篇中体现得更为淋漓尽致。二是"恤祀",即敬神重祀。这是超自然主义的君权神授论的内在要求,据《牧誓》《酒诰》诸篇的记载,商纣已违反之,而此亦是殷商丧失统治权力的一个重要依据。三是"慎罚用劝",此主张在《康诰》中则得到充分论证。四是"保享于民",周公说夏桀因"剿割夏邑"而致天"大降显休命于成汤,刑殄有夏"(《多方》)。

从今文《尚书》来看,周公总结的义这四个层面的内容,都是殷人所认同的。如关于"无逸",商贤臣祖伊在西伯戡黎之后非常恐惧,力图劝谏商纣毋耽于安逸淫乐,否则"惟王淫戏用自绝"(《西伯戡黎》)。而《微子》篇则明确记载了箕子和微子这两位殷商贤哲对君王无逸行为和敬神重祀行为的注重,认为这两种行为承载了极其重要的政治意义,故二人据商纣"沉酗于酒"的逸乐行为和殷民"攘窃神祇之牺牷牲,用以容"的大

---

① 李维武编:《徐复观文集》第三卷,武汉:湖北人民出版社,2002年,第34页。

胆妄为而推断"殷其沦丧"。至于保民、康民、毋虐于民的义观念,在反映殷人思想观念的《汤誓》、《盘庚》和《洪范》中都有明确的表达,兹不赘述。关于夏代的直接史料虽较为缺乏,但我们可根据后世可靠的记载来推断其关于政治正当性的思想观念。以下我们将看到,夏人关于正当性的思想观念和商周有一致重合之处。如在《立政》篇中,周公明确地说:"古之人迪惟有夏……尊上帝,迪知忱恂于九德之行。"周公于此虽未具体解释何谓九德,但由此我们足可推断:夏人是非常重视"明德"的。《论语》中也有两条相关材料,一是《泰伯》篇记载的孔子盛赞大禹之言,说大禹"菲饮食而致孝乎鬼神,恶衣服而致美乎黻冕,卑宫室而尽力乎沟洫"(《论语·泰伯》),二是《尧曰》篇关于尧舜禹禅让之辞——"四海困穷,天禄永终"的记载,这两条材料说明夏人从大禹开始就信奉恤祀、保民的"纪纲",而这正和文辞虽伪而思想极可能为真的《五子之歌》篇所言的"皇祖有训"相呼应。

综上所述可见,"朝读书百篇"(《墨子·贵义》)的周公旦对小邦周取代大国殷之政治正当性问题的回答,确实整合和提炼了夏商周三代诸多典型的重要政治观念,代表了三代对王道政治之正当性的普遍看法。概括地说,这个正当性证成的关键就是"义"。

申而言之,周公关于王道政治之正当性的证成,在今人看来固然有诸多不足,但其用以论证的义观念对中国传统政治哲学产生了深远的影响。既然德和民决定天命的转移,是王道政治正当性的理据,那么如果君王不能敬慎、修明其德行,不能保康其民众,那么这个君王及其所代表的王朝也就失去了天命的保证,丧失了其统治的正当性。墨子、《易传》和先秦儒家的两大巨擘孟子和荀子,虽然在致思理路和理论主张上或存在根本性的冲突,但在评判汤武革命之正当性上却有着惊人的一致,他们用以评判的理据不外乎天、德和民三者,而这皆源于周公的归纳和整合。

从中国传统政治的实践来看,周公所确立的这一义观念对其时和其后的中国社会政治都产生了巨大影响。考古挖掘发现,西周时期人殉与人牲现象大大减少,而这一现象的出现无疑和其时义观念在现实政治中得到切实奉行密切关联。至于中国历史上历次的革命起义,众所周知,其揭竿而起的理据实质上就是对此义观念的不断重申和强调。

二、"不敢替厥义德":义与王道政治之兴亡继绝

严格地说,以周公旦为代表的三代政治家并未对王道政治之正当性问题和王道政治之兴亡继绝问题作出明确区分。从今文《尚书》的记载来看,在夏商周时期这两个问题及其回答常常是纠缠在一起的。本文对此作出区分并分别阐述,一方面是为了主题论证的需要和行文的方便,而另一方面也是遵循现代学术的一般要求。

据《论语·尧曰》篇的记载,最早对王道政治秩序之兴亡继绝问题进行思考并作出明确回答的是尧:"允执其中。四海困穷,天禄永终。"而据《高宗肜日》篇的记载,商祖己对祖庚以特别丰盛的祭品来祭祀其昵庙的不义行为作出了规劝和训诰,提出了"天监下民,典厥义,降年有永有不永"的著名论断,这是中国义观念史上首次明确地将王道政治之兴亡继绝这一问题的答案确定为义。其后,商纣时期的祖伊则认为,决定王道政治之兴亡继绝的义,其关键是君王是否有"淫戏"行为——"惟王淫戏用自绝"。而今文《商书》的《微子》篇则对商纣诸种不义行为作了更具体的描述:"天毒降灾荒殷邦,方兴沉酗于酒,乃罔畏畏,咈其耇长旧有位人。"在殷商贤哲微子和箕子看来,商纣所犯的四种不义行为——沉酗于酒、无所畏惧(如天威)、违逆寿老耆长之人、弃绝旧有之臣——必将导致殷的灭亡。

据今文《周书》观之,西周人继承了殷商中后期关于义的看法,并有所发展:

> 我闻亦惟曰:在今后嗣王酣身,厥命罔显于民祗,保越怨,不易。诞惟厥纵淫泆于非彝,用燕丧威仪,民罔不尽伤心。惟荒腆于酒,不惟自息乃逸,厥心疾很,不克畏死。辜在商邑,越殷国灭,无罹。弗

> 惟德馨香祀,登闻于天;诞惟民怨,庶群自酒,腥闻在上。故天降丧
> 于殷,罔爱于殷,惟逸。天非虐,惟民自速辜。(《尚书·酒诰》)

周公认为,夏商丧失其所受之元命,这不能怨天——"天非虐,惟民
自速辜",其根本原因是桀纣的放纵淫泆、沉酗于酒和"厥心疾很,不克畏
死"。周公的这些总结,正和《西伯戡黎》、《微子》篇的义观念相一致。正
是鉴于夏商丧失天命的教训,为避免周重蹈覆辙,周公特作《无逸》篇对
嗣王的德行作了明确的规范:"继自今嗣王,则其无淫于观、于逸、于游、
于田,以万民惟正之供。无皇曰:'今日耽乐。'乃非民攸训,非天攸若,时
人丕则有愆。无若殷王受之迷乱,酗于酒德哉!"

而西周王室的另一位贤哲召公,则对殷商以来敬重耆老的义德大加
肯扬,并把践履此义德的政治意义提升到决定王道政治存亡的高度。召
公说,西周人要汲取夏商"既坠厥命"之教训,想"祈天永命"就必须得"无
遗寿耇",因为寿考之人能稽考古人之善德、稽谋天意以顺从天(《尚书·
召诰》:"其稽我古人之德,矧曰其有能稽谋自天")。召公的这一义观念,
与《微子》篇"咈其耈老"之辞遥相呼应。

由此可见,西周人不但直接继承了殷人对义概念的界定,而且对殷
代义观念的具体内容亦做了积极吸收和传承。其中,商纣因"酗于酒德"
而致亡国的教训给周人留下了极深的印象,故周人对酒及其饮用特别警
惕和小心。周公特作《酒诰》以布告酒的危害,并对用酒和饮酒行为进行
了严格细密的规范,而对于那些不听教化、仍沉湎于酒的殷民及群聚豪
饮之人,他甚至主张"予其杀"。周公制定的这一用酒、饮酒之义,对后世
产生了深远的影响。如《左传·庄公二十二年》"酒以成礼,不继以淫,义
也"之言,正是对商周时期谨慎用酒,严格限制饮酒这一义观念的直接继
承。而春秋之时的卫国贤哲石碏,在进谏卫庄公当以义道教导其子时曾
云:"淫破义。"(《左传·隐公三年》)对照前文所述,很明显石碏此言亦是
商周义观念在春秋时期仍得到承继的体现。而商周时期以"尊老敬长为
义"的观念,则被先秦儒家直接纳入义论之中。孟子尝谓:"敬长,义也。"

《孟子·尽心上》)又曰:"义之实,从兄是也。"(《孟子·离娄上》)荀子则云:"老老,长长,义之伦也。"(《荀子·大略》)由此可见,先秦儒家之义论在内容上多承袭自商周。

据今文《周书》可见,周公和召公都认为,君王的德行是决定王道政治之兴亡继绝的关键要素,因此统治者要"明德"、"敬厥德"。而在君王所当敬慎和昭明的诸德行中,周公认为"选贤任能"至关重要。在《立政》篇中,周公通过稽考和总结夏商两代兴亡的经验和教训,明确地把君王能否选贤任能确定为得失天命和决定王道政治之兴亡的重要法则:"亦越武王,率惟敉功,不敢替厥义德,率惟谋从容德,以并受此丕丕基。"周公认为,正是因为武王做到了选贤任能的"义德",所以他获得了天命,"并受此丕丕基"。

西周这种"以选贤任能为义"的观念,直接构成了其后先秦儒家义论的思想内容。据《中庸》记载,孔子在回答哀公问政时曾云:"义者宜也,尊贤为大。"在出土的郭店楚竹书中,如《唐虞之道》、《五行》、《六德》诸篇亦有诸多文辞论及儒家之义,而其中尚贤任能是一个非常重要的内容。荀子亦把"贤贤"确定为其义论的一个重要内容。[1] 先秦儒家的这些论述,从根源上说都是来自于周公"尚贤任能为义"的观念。

《尚书》所谓的"德"主要指的是以君王为核心的统治者之德,其直接的施为对象是"民"。所以,"德"与"民"有密切关联。此外,周人的天命观认为民与天、天命紧密联系在一起:"天视自我民视,天听自我民听"、"民之所欲,天必从之"。[2] 如此,则君王若冀望自己能"祈天永命",那就必须敬民和保民。这样,天、民、王三者之间相互关联,构成了一个最基本的政治关系结构。因此,王道政治能否保民、康民,就成为天决断其统治兴亡继绝的一个关键。而天评断君王是否保民、康民,其依据又来自于民意、民情,所谓"天视自我民视,天听自我民听"是也。这样,能直接

---

①《荀子·大略》曰:"贵贵、尊尊、贤贤、老老、长长,义之伦也。"
②《孟子·万章上》、《左传·襄三十一年》引《泰誓》之文。

反映君王统治状况的民意和民情就进一步成为天衡断王道政治兴亡的根本法则。周公说"天畏棐忱,民情大可见"(《尚书·康诰》)、召公谓"王以小民受天永命"(《尚书·召诰》),这些都体现了西周人对"民"与天命、王道政治之间关系的深刻认知。

在《召诰》中,召公曾说:商纣因不敬慎自己的德行而致使贤智之人纷纷隐退,而祸害民众之人却把持着官位("智藏瘝在");这种暴虐的统治,使得民众无处可容而只能携妻抱子以向天哀号("保抱携持厥妇子,以哀吁天");上天有见于四方之民的这一悲惨境遇,亦颇为哀怜之("天亦哀于四方民"),于是降丧于殷、断绝其命("天既遐终大邦殷之命")。周公在总结夏商灭亡的教训时亦认为,夏桀不但对民众的疾苦毫不在意,反而大肆淫逸昏乱,并"矫天命,布命于下",假天命以为其肆行残暴之名号;不但不能为民众提供赖以生活的资源,反而对民众大动刑罚、降威播虐,卒致民不聊生;至上神天见夏如此昏乱,乃决定重新在俗世寻求民众之主,于是降下天命,命令商汤殄绝有夏、并成为新的"民主"。(原文俱见《尚书·多方》)

从观念史流变的角度来说,西周这种以"敬德"、"明德"和"保民"、"康民"为核心内容的义观念,并非完全来自以周公和召公为代表的周人之创造,而是有其得以生发的思想根源。如尧舜禹时代"四海困穷,天禄永终"的思想,商汤以"夏王率遏众力,率割夏邑"为征夏之理据,《盘庚》篇中"惟民之承保"、"施实德于民"的主张,再如《高宗肜日》和《西伯戡黎》篇中"王司敬民,罔非天胤"、"惟王淫戏用自绝"的观念,等等,无不构成西周"敬德"、"明德"、"康民"、"保民"诸观念的活水源头。而另一方面,如前所述,西周人的义观念又成为孕育其后时代特别是儒家义论的思想母体,并深刻地影响了中国古代社会的政治实践。

三、"'六誓'可以观义":义与邦国征伐

据今文《尚书》中的相关史料观之,从尧舜禹时期以至夏商周三代,邦国发动征伐从来都是假至上神的命令而行——"恭行天之罚"。而这

些邦国所假以自重的所谓至上神命令,实质上即是某一时代义观念的一种显现。《大传》曾引孔子之言云:"'六誓'可以观义。"①为了论证和行文的需要,这里采取的是由西周而至殷商、再至禹夏的论述方式。

下面,先来看《大诰》。据《书序》和史迁《周本纪》、《鲁世家》中的相关记载,周武王死后,武庚联合管、蔡率淮夷叛乱,周公决定率兵东征,而其东征的理据就是"义":"义尔邦君、越尔多士、尹氏、御事"。细绎此篇中周公的诰辞,其所谓之义包括以下三方面内容:一是以占卜手段获得的天命。如前所述,西周时代的义观念包含天命信仰,天命仍是西周之义的神圣形式。二是"为民",这与周公一直倡导的"康民"、"保民"思想相一致。三是此次征伐乃是对文王和武王之功业的继承。周公认为,文王以小邦受命而兴,武王吊民伐商,都是对"天惟丧殷"之天命的遵循。而现在,武庚等人还盲信并宣扬"天命不易",企图恢复殷商的统治,这实为对天命的违逆不从。既然文、武二王的功业是合乎大义的,那么各邦诸侯及大臣们都应支持此次征伐、以维护周的王权统治,从而"成乃宁考图功"。

下面,我们再来看周武王挥军至牧野、即将与纣大战时所作的誓师之辞:

> 王曰:古人有言曰:"牝鸡无晨。牝鸡之晨,惟家之索。"今商王受,惟妇言是用;昏弃厥肆祀弗答;昏弃厥遗王父母弟不迪;乃惟四方之多罪逋逃,是崇是长,是信是使,是以为大夫卿士,俾暴虐于百姓,以奸宄于商邑。今予发,惟恭行天之罚。②

"昏弃厥遗王父母弟不迪"一句甚是难解,司马迁引此文则作:"昏弃其家国,遗其王父母弟不用"。对"昏弃厥肆祀弗答"一句的训释,诸家亦

---

① 陈寿祺辑:《尚书大传》卷五,四部丛刊本。
② 《尚书·牧誓》。在古代,此篇一向被认为是武王在牧野时所作的誓辞,并无人怀疑其制作时代。但近代以降,颇有人怀疑之。兹从传统的说法,把此誓辞认定为武王伐纣时所作。

颇有争论,《史记》引此文作"自弃其先祖肆祀不答"。① 此两句,兹据司马迁所引之文释诂之。武王宣称,他举兵伐纣,实为"恭行天之罚"。而天为何要断绝殷商统治呢? 武王认为,天之所以要惩罚商纣,是因为商纣触犯了以下诸种不义。一是沉溺女色,只信从妲己之言。这实际上就是祖伊所谓的"淫戏"之行为。二是废弃宗庙之礼,对先祖不加祭祀。在上古,"祀,国之大事也"(《左传·文公二年》)。周公曾谓,自商汤以至于帝乙,无不"明德恤祀","恤祀"是殷商先王获取并保有天命的必要条件。②所以,商纣所犯的这个罪责实际上是非常严重的。三是无宗族之义,弃逐其昆弟而不用。由此可见,在商周之际,"亲亲"、"敬宗收族"等血亲、宗族观念已成为极其重要的政治和伦理法则。四是不但不尚贤任能,反而尊信、任用有罪逃亡之人,并使这些人残害百姓。关于"任贤"和"康保民"的思想,前文论释甚详,兹不赘述。

由上可见,武王所阐发的这一义观念,在内容上与前文所揭示的商周时期之义基本上相类。而其中对宗族之义的肯定与褒扬,对先祖、昆弟等血亲关系的注重,据现有史料看则可能是周人义观念所包含的独特内容。这是非常值得注意的一种思想倾向。据《康诰》中的周公之辞可见,至迟在文王时期,"慈"、"孝"、"友"、"恭"等血亲伦理规范就已经被确立为强制性的国家政治法则(关于此详见于后,兹不赘述)。西周初期这一义观念,无疑从根源上影响了其后先秦儒家义论的致思路向,并直接构成后者的思想内容。

准诸前文所述,经过周公和召公的积极宣扬和切实践行,"民"已经被确定为西周时代之"义"所包含的非常重要的内容。而据《汤誓》之文观之,周人这一观念实有其生发的思想根源,至迟在商汤讨伐夏桀的夏商之际,"民"就已经与至上神天(或帝)紧密联系在一起而成为其时讨伐的理据:

---

① 此处所引司马迁之文,皆出自《史记·周本纪》。
② 详见《尚书·多士》。

　　王曰：格尔众庶，悉听朕言，非台小子，敢行称乱。有夏多罪，天命殛之！今尔有众，汝曰："我后不恤我众，舍我穑事而割正夏？"予惟闻汝众言，夏氏有罪，予畏上帝，不敢不正。今汝其曰："夏罪其如台？"夏王率遏众力，率割夏邑，有众率怠弗协，曰："时日曷丧？予及汝皆亡。"夏德若兹，今朕必往。①

　　由引文可见，商汤举兵讨伐夏桀曾遭到了商人的普遍反对。商人纷纷诘问：为何要举兵征夏呢？这可不是怜恤我民众、舍弃商邦稼穑之事的举动啊！② 再说，夏桀及其臣民虽暴虐多罪，但对我商邦来说又有什么灾难呢？对臣民们的这些质疑，商汤回答说：举兵伐夏实是因为"夏氏有罪，予畏上帝，不敢不正"。从表面上，商汤用以讨伐的理据亦不过是"天命"而已。但"天命"从来就不是空洞的名号，在这一神学形式下从来都包含着具体而俗世的内容："夏王率遏众力，率割夏邑"。夏桀穷竭民力、残虐夏民的罪行，这才是商汤力主讨伐并得到支持的正当理据。

　　由于受疑古思潮的影响，不少学者对此篇中这一"吊民伐罪"的观念多有质疑，认为这不可能为商汤时代所能有。但实际上，这种质疑是没有充分理据的。如果我们把此文与《周书》中周、召二公关于夏亡的种种论述联系起来看，即可知这个观念当是可信的。这里仅举《多方》篇为

①《尚书·汤誓》。晚近以来，学者对此篇的制作时代颇有争议。顾颉刚先生在答胡适《论今文尚书著作时代书》一文中，认为此篇是东周间的作品。傅斯年先生则谓此篇是来自战国时期持"吊民伐罪论"的儒者的制作。而李泰芬先生以《墨子·尚贤》中所引《汤说》之文为据，主张《汤誓》是战国以后的伪造之文。张西堂先生在《尚书引论》中，亦谓此篇的成书年代不可能早于战国。王国维先生虽肯定此篇"至少亦必为周初人所作"，但认为此篇"文字稍平易简洁，或系后世重编"，不是商汤之时的作品。以上诸说，可参见蒋善国《尚书综述》，上海：上海古籍出版社，1988 年，第 203 页。陈梦家先生在《尚书讲义》中，则认为此篇"大约孟子以前宋人所作"，而"今本则有秦人改削之迹"（氏著《尚书通论》，北京：中华书局，1985 年，第 193页）。而刘起釪先生的考论，《汤誓》篇虽在流传的过程中不可避免地受到了周代文字的影响，但可以肯定此篇是今文《尚书》中仅有的"五篇商代原文献"之一（详见氏著《〈尚书〉研究要论》，济南：齐鲁书社，2007 年，第 378—381 页）。兹从刘先生的说法。

②关于"我后不恤我众，舍我穑事而割正夏？"一句文，历来有两种不同的释说。伪《孔传》、《正义》及诸多清儒如陈乔枞、段玉裁、孙星衍、王先谦等，均认为句中"我后"指夏桀。这里采取的是宋代蔡沈及陈梦家先生的训释。

例。在《多方》篇中，周公曾对夏朝亡国的教训作了明确而详细的总结，其辞云："有夏诞厥逸，不肯戚言于民，乃大淫昏，不克终日劝于帝之迪，乃尔所闻。厥图帝之命，不克开于民之丽，乃大降罚，崇乱有夏"；"亦惟有夏之民，叨懫日钦，劓割夏邑。"由此引文中的"乃尔所闻"之辞可见，周公所陈述的诸种关于夏桀及夏民的罪行，皆应为当时商周之人所熟知的史实。周公谓商汤受天命以殄绝有夏，其根源乃在于夏桀及夏人降罚播虐于民众、大肆淫泆昏乱诸罪行所致。对照《多方》中的此段周公之辞和《汤誓》所记载的商汤之言，可见二者在思想上实际是一致的；甚至，在用辞上都有相近之处，如《多方》云"劓割夏邑"，而《汤誓》则曰"率割夏邑"。故《汤誓》谓"夏王率遏众力，率割夏邑"，当是对商汤言辞的真实记载。由此可见，"民"作为一项重要的内容而开始被纳入义观念之中，在思想史上是非常早的。

目前学界一般认为，《甘誓》是一篇关于夏史的可信文献。[1] 据《史记·夏本纪》的记载，启以子的身份继承其父之位而有天下，而"有扈氏不服"，于是"启伐之，大战于甘。将战，作《甘誓》。"下面，据夏启的这一誓师之辞，对夏人的义观念作一简略的研讨：

> 王曰：嗟！六事之人，予誓告汝：有扈氏威侮五行，怠弃三正，天用剿绝其命，今予惟恭行天之罚。

由引文可见，夏启是以有扈氏"威侮五行，怠弃三正"的行为对有扈氏进行讨伐的。根据前文对义的界定，可知此"五行"和"三正"即是夏代义观念所包含的重要内容。但何谓"五行"、"三正"呢？诸家对此则有不同的回答，存有很大的争议。

首先来看"五行"。"五行"是中国古代思想史上一个非常重要的概念，古今学者关于此概念的相关阐释和研讨非常多。特别是近代以降，在"疑古"思潮的影响下以及因出土新材料的涌现，对"五行"思想之起源

---

① 请参见本章前面的相关注释。

这一问题的争讼曾一度颇为激烈。这里,笔者不拟对此问题作专门的追溯和探讨,而仅把诂释的范围限定在《甘誓》篇之内。实际上,本篇中的"五行"之义涵在古代并无大的争议,注疏者一般都以"水、火、木、金、土"等五材诂之。至现代,始有学者提出新解。如刘起釪先生认为,此篇中的"五行"指的是"辰、太白、荧惑、岁、填"这"五大行星";夏启以"威侮五行"为讨伐有扈氏的理据,这体现出夏商时代首重天象的思想传统。① 刘先生的这一新说,得到了部分学者的赞同,但亦有学者撰文表示反对。如赵光贤先生在《新五行说商榷》一文中即提出商榷②,而金景芳先生和吕绍纲先生亦认为"这个结论难以成立"③。

笔者妄见,就现有的史料观之,古代先贤以"水、火、木、金、土"等五材来诂释此篇的"五行"是可以成立的。因为,我们可以肯定,五行思想的萌发与上古先民治水平土的实践应是紧密关联在一起的。正是因为这种关联,水、火、木、金、土这五种物质,很早就为我们古代先民所熟知,并受到特别的重视。近代以降,虽然学界对《洪范》篇的著作年代颇有怀疑,但学者们一般都承认其中关于大禹父子平土治水的记载是可靠的。这一记载,亦可得到大量的上古相关史料的佐证。据《洪范》篇的记载,箕子曾云:"我闻在昔,鲧堙洪水,汩陈其五行。帝乃震怒,不畀洪范九畴,彝伦攸斁。鲧则殛死,禹乃嗣兴,天乃锡禹洪范九畴,彝伦攸叙。"据箕子此言可见,至迟在夏禹之时,先民就已经对五材有较深的认识和把握了。所以,《洪范》篇中关于五材性质和自然规律的说明,应该是可信的。正是因为五材与上古先民的生活、生产实践如此紧密相关,虞夏时人才开始把这种产生于治水平土之经验和教训的五行思想法典化、神圣化,使之成为国家为政者所必须尊奉的根本大法。故春

① 详见刘起釪:《释〈尚书·甘誓〉的五行与三正》,载《文史》第七辑。亦可参见刘起釪《〈洪范〉成书时代考》一文,今收入《尚书研究要论》一书。
② 关于刘、赵二人的争论,可参见刘起釪:《答〈新五行说商榷〉——兼论邹衍"五德终始"之说》,载氏著《尚书研究要论》一书,今不赘述。
③ 金景芳、吕绍纲:《〈甘誓〉浅说》,载《社会科学战线》,1993 年第 2 期。

秋时人子鱼谓夏王朝曾为专门管理水、火、木、金、土等五类物质而特设过"职官五正"①,这一说法当是史实。因此,夏启以"威侮五行"为其征伐、消灭有扈氏的理据之一,肯定是可以获得夏人广泛支持的。

与学者在"五行"释诂问题上的分歧、争论相比,古今的注疏家对"三正"的争议更大,真是众说纷纭,莫衷一是。大致而言,有以下几种代表性的释说。一是以"三统"释"三正",如马融云:"建子、建丑、建寅,三正也。"②二是把"正"释为"正道",认为"三正"是指"天、地、人之正道",郑玄始创此说。③三是把"正"释为官长,主张"三正"即为某三个官长。四是释"正"为"政","三正"就是指邦国的某三种重要的政事。力主这种训释的有李民先生、金景芳先生和吕绍纲先生。但李民先生和金景芳先生、吕绍纲先生在"三正"到底指哪三种政事这一问题上则又有不同的回答。④

以"三统"释"三正",确有困难。因为,目前还没有可靠的史料可以确证夏以前时代就已经开始实施过"三正"之事(如《尚书中候》中所说)。郑玄之说,盖本自《系辞传》对天道、地道和人道的认知与划分。⑤而据远古时期先民对天道、人事常常不加区分这一思维模式来推断,此思想不大可能为上古先民所能有。在古代,"正"常常训为"官长"。但若把"怠弃三正"之"正"释为"官长",似扞格难通:官长之"正"怎可能说"懈怠"呢?而实际上,在上古,官长之"正"与政事之"正"本可相通。如《洪范》之"八政"云:"一曰食,二曰货,三曰祀,四曰司空,五曰司徒,六曰司寇,七曰宾,八曰师。"这里箕子所谓的"八政",既包含食、货、祀等政事,又有司空、司徒、司寇、宾、师等官职。实际上,上古所谓的官职之"正",亦包

---

① 《左传·定四年》引子鱼之言谓,周公分封唐叔于夏墟,"职官五正","启以夏政"。由此可推断,夏政曾设立有"五行"之官。

② (清)孙星衍:《尚书今古文注疏》,陈抗、盛冬玲点校,北京:中华书局,1984年,第210页。

③ (汉)司马迁:《史记》,北京:中华书局,1982年,第84页。

④ 详见李民:《〈甘誓〉"三正"考辨》,载氏著《〈尚书〉与古史研究》,郑州:中州书画社,1983年;金景芳、吕绍纲:《〈甘誓〉浅说》,载《社会科学战线》,1993年第2期。

⑤ 《说卦》云:"立天之道曰阴与阳,立地之道曰柔与刚,立人之道曰仁与义。"

含有"政事"的意义，如司徒之官即执掌着邦国的教化之政事，其他的司空、司寇等皆类于此。所以，第三和第四这两种训释，并无根本的冲突。

笔者妄见，如果没有可靠的史料能确证夏启所谓"三正"的意义而以己意加以诸多猜度，那么还不如信从古人的相关训释。《左传》曾记载晋郤缺之言云：

> 《夏书》曰："戒之用休，董之用威，劝之以《九歌》，勿使坏。"九功之德皆可歌也，谓之九歌。六府、三事，谓之九功。水、火、金、木、土、谷，谓之六府。正德、利用、厚生，谓之三事。义而行之，谓之德、礼。（《左传·文公七年》）

郤缺所引《夏书》之文，今见于古文《大禹谟》篇；而其解说，亦大致上与《大禹谟》篇中的一段文辞相近。据郤缺所言，夏时已有"九功之德"，并且夏人已把这"九功"看作是他们义观念的重要构成内容（"义而行之"）。既然郤缺所引之文出自《夏书》，其所训解的"六府"又已包含《甘誓》篇中的"五行"，并且"六府"构成了夏人之"义"的重要内容，那么由此可推理：其所谓的"三事"，当即为夏启所说的"三正"。正德、利用、厚生，就是夏人所认为的极其重要的邦国之政事。夏启把"三正"作为发动征伐的理据和名号，这一做法甚至被周武王所承袭。据《史记·周本纪》的记载，武王曾历数商纣种种罪行，其中就有"毁坏其三正"这一不义。由此可见，以"三正"为构成内容的义观念，至迟在商周之际还被保存着。

从表面上看，夏人这一以"五行"、"三正"为重要构成内容的义观念，仍然必须以至上神"天"或"帝"这一至高权威的信仰为依托。但从内容上说，"五行"、"三正"无疑都是关切俗世生活的政治纲纪。就政治思想这一层面言之，它们包括两个非常重要的观念内容：主政者的德行（"正德"）和民众的生活与生产实践（"五行"、"利用"、"厚生"）。从思想史的演变来看，夏人这一义观念不但直接构成了商周之"义"的活水源头，而且对包括孔子及其弟子在内的春秋时人的义观念也产生了深远的影响。如前所述，"德"与"民"一直就是儒家思想关注的重心。甚者，现代新儒家的代表人物牟宗三先生，在新的历史背景下，对这一传统的正德、利用、厚生"三正"之义还作了积极的汲取和阐发。①

四、"义刑义罚"和"义嗣"：义与邦国刑罚及政治权力的承继

在信仰至上神的时代，王道政治的思想建构和现实运转无疑必须假助、依托于天或帝的至上权威。具体到邦国的刑罚领域，亦是如此。据《周书》中的相关史料观之，西周主政者在实施刑罚时，总是宣称这实质上是对天或帝之命令和旨意的遵奉和执行。由前文可见，所谓的天命从来都不是空洞的名号。而另一方面，据前文关于"义"的界定可知，至迟在西周时期，邦国刑罚的裁决依据实质上就是"义"。

在《康诰》中，周公就曾明确地告诫康叔说："非汝封刑人杀人，无或刑人杀人。非汝封又曰劓刵人，无或劓刵人。"周公认为，刑罚是至上神天用来严惩有罪之人的，世俗主政者实际上并不专有刑罚人的权力（"非汝封刑人杀人"、"劓刵人"）。所以，邦国的主政者不能擅自和随意刑杀、惩罚人（"无或刑人杀人"、"无或劓刵人"）。据《立政》篇的记载又可知，周公这一思想主张，实本自文王以来的西周政治传统：自文王开始，西周的刑罚就一直由专门的职官所执掌，而且王不能对此职权进行干涉——"文王罔攸兼于庶言，庶狱庶慎，惟有司之牧夫是训用违。庶狱庶慎，文王罔敢知于兹。"既然邦国的为政者不擅刑罚之权，且不能为适一己之欲而任意刑杀人，那么邦国的刑罚裁决就必须遵循一定的客观法则。由周公之辞可见，邦国实施刑罚的这一客观性准则就是"义"："用其义刑义杀。"（《尚书·康诰》）周公主张，邦国必须以义来刑杀、惩罚人。据《康诰》篇的记载，周公所谓作为刑罚法则的"义"包含以下几个具体的内容：

> 凡民自得罪，寇攘奸宄，杀越人于货，暋不畏死，罔弗憝。
>
> 元恶大憝，矧惟不孝不友。子弗祗服厥父事，大伤厥考心；于父

---

① 详见牟宗三《政道与治道》（桂林：广西师范大学出版社，2006 年）一书中关于儒家治道的论说，兹不赘述。

不能字厥子,乃疾厥子。于弟弗念天显,乃弗克恭厥兄;兄亦不念鞠
子哀,大不友于弟。惟吊,兹不于我政人得罪。天惟与我民彝大泯
乱,曰:乃其速由。文王作罚,刑兹无赦。

　　不率大戛,矧惟外庶子、训人,惟厥正人,越小臣诸节,乃别播
敷,造民大誉,弗念弗庸,瘝厥君,时乃引恶,惟朕憝。已!汝乃其速
由兹义率杀。

由上引文可见,周公所谓的"不义"包括如下三类行为:第一类是强
夺、偷窃他人财物,杀人越货,犯奸作乱,强横不畏死者;第二类是不慈、
不孝、不友、不悌者;第三类是臣下不尽忠于其君上而背上行私者。于
此,周公明确地说,人不可违犯此三大类"不义",一旦有违犯者,为政者
必须据此刑罚之"义"对其进行严厉惩罚,而且没有赦免的可能。

将世俗的刑杀权力归于具有神圣性、超越性和至上性的天或帝,设
立专门的官职来执掌和实施邦国的刑罚之事,并为刑罚设立具体而客观
的裁决法则即义的规范,西周这一政治思想和制度建构无疑具有非常重
要的思想史意义:它不但从思想层面上肯定了任何人或阶层都没有随意
剥夺他人生命的权力这一神圣法则,而且在政治实践层面也切实地对以
君王为代表的特权阶层进行了积极限制,从而有效保障了下层民众的基
本生存权和一定的行为自由。此外,西周时期所确立的这一以"义"为邦
国刑杀之法则的政治建构,也对其后历代的政治实践产生了深远的影
响。如据《左传·成公十年》记载,晋景公在杀赵同、赵括之后,"梦大厉,
被发及地,搏膺而踊,曰:'杀余孙,不义。余得请于帝矣!'坏大门及寝门
而入。公惧,入于室。又坏户"。而此后不久,景公不治而亡。《左传》这
一记载虽然颇具神秘色彩,但从中我们不难读出,即使在君王权力得到
迅速扩张、膨胀的春秋时代,邦国的君王亦必须遵循义的法则而不可随
意地刑杀人。而周公将慈、孝、友、悌等血亲伦理规范提升、扩展到邦国
的政治领域,并将其确立为邦国的强制性政治法则,这一思想不但直接
体现了西周时代政治、伦理不分的政治架构,而且这种理路及这些规范

内容亦为其后时代所承继。

周公所提出的这三大类义的内容，基本上都被儒家的义论所吸纳。儒家义论一直都有一个强调的重心，那就是宣扬君臣上下之间要有"义"。而先秦儒家所谓君臣之义，对君上和臣下实有不同的严格要求和规范，且君臣之义是对待而成的，这一点在孟子那里有明确的阐扬。① 周公这里所强调的则是臣下对其君上之义，要求臣下必须遵从君上教令，不能僭越君上而"造民大誉"、"弗念"其君上，不得危害其君上等等，这些都体现出对名分、等级的维护和臣下对其君上的责任与要求。虽然古今学者在《礼运》篇的著作时代和思想的学派属性等问题上颇有争论②，但此篇中所说的十种"人义"应属于儒家义论的内容应是毫无疑问的。在这十种必须遵奉的"人义"中，即有"父慈、子孝、兄良、弟弟"这四类关系法则。这与周公所说的"父慈、子孝、兄友、弟恭"之义正相类。由荀子的《王制》篇说，"父父、子子、兄兄、弟弟"就是儒家义论的重要构成内容之一。而在《君道》篇中，荀子更是明确地把"慈爱而见友"、"敬诎而不苟"分别确定为兄和弟所当循之义。周公所说的强夺、偷窃他人财物、杀人越货这些"不义"，孟子在《万章》篇中曾加以引用并有讨论，还据此而对何谓"不义"进行了界定。凡此种种，都体现出《尚书》中的义观念对其后时代之义特别是先秦儒家义论所产生的深远影响。

据今文《周书》中的相关史料观之，义不但成为西周时期邦国实施刑罚的裁决依据，而且义亦已被确立为其时王位传承的根本法则。《顾命》云：

> 王出，在应门之内，太保率西方诸侯入应门左，毕公率东方诸侯

---

① 子路曾述孔子之意，云："君子之仕也，行其义也。"（《论语·微子》）孔子亦曰："以道事君，不可则止。"（《论语·先进》）由此可见出先秦儒家在出仕为臣方面的基本理则。《孟子》一书中关于这种君臣之义系对待而成的讨论非常多，这里仅举《离娄下》中一段非常形象的文辞以见之："君之视臣如手足，则臣视君如腹心；君之视臣如犬马，则臣视君如国人；君之视臣如土芥，则臣视君如寇仇。"

② 关于此问题，可参见龚建平《意义的生成与实现——〈礼记〉哲学思想》（北京：商务印书馆，2005年）一书中的第一章，兹不赘述。

入应门右,皆布乘黄朱。宾称奉圭兼币,曰:"一二臣卫,敢执壤奠。"皆再拜稽首。王义嗣,德答拜。

《顾命》一篇,记载的是成王崩没、康王即位之事。引文所记述的,正是康王举行即位之礼。其时,康王还未正式登王位。所以,当群臣行"再拜稽首"等礼制之时,康王作为"义嗣"必须要"德答拜"。既然称"义嗣",那么据此可断,只有合乎"义"法则之人才能承继王位。所以我们可以断定,"义"已成为西周王位传承所必须遵奉的正当法则。对此,《无逸》篇中的周公之言亦可确证之。周公曰:"其在祖甲,不义惟王,旧为小人。"据郑玄和马融的说法,祖甲是祖庚之弟,有贤能,故武丁欲废长立少而立祖甲为王;而祖甲以此为不义,逃亡于民间数年。[1] 依据周公此言可推断,在商代,即已有君王立嗣以"义"的传统和具体规定。虽然作为王位传承之法则的"义"在每个时代可能有不同的具体规定,但商周时期把"义"确立为君王立嗣、传承王位的根本法则,这一政治传统又被其后时代所传承。如据《左传·襄公十四年》的记载:"吴子诸樊既除丧,将立季札。季札辞曰:'曹宣公之卒也,诸侯与曹人不义曹君,将立子臧。子臧去之,遂弗为也,以成曹君。君子曰:能守节。君,义嗣也。谁敢奸君? 有国,非吾节也。札虽不才,愿附于子臧,以无失节。'固立之,弃其室而耕,乃舍之。"由此可见,即使在礼坏乐崩的春秋时代,义这一法则在君王立嗣时仍得到时人的遵奉。

总之,我们重视唐虞以至西周王道政治背景下的"义"观念。西周以"敬德"、"明德"和"保民"、"康民"为核心内容的义观念,既是继承,又是创新,奠定了儒家义论乃至中国传统政治哲学的思想基础。经过周公和召公的积极宣扬和切实践行,"民"已经被确定为西周时代之"义"所包含的重要内容,已经与至上神天(或帝)紧密联系在一起而成为其时征伐的理据。周公使"义"不但成为西周时期邦国实施刑罚的裁决依据,而且亦已被确立为其时王位传承的根本法则。

---

[1] 文中"祖甲"到底指谁,古今对此颇有争论,今从马融、郑玄之说。马、郑之说,引见于(清)孙星衍:《尚书今古文注疏》,陈抗、盛冬玲点校,北京:中华书局,1984年,第439页。

第三章　春秋时期的哲学

在经历了二百五十多年的发展后,西周的封建制和宗法制由于自身内在的结构性矛盾而逐渐趋于解体。春秋时期正好就是由西周的有序转为战国的混乱这一漫长的历史演变过程。在这一过程中,西周的礼乐制度和伦理道德观念依旧是维系天下国家的基本规范。然而,社会的基本结构既已解体,依附于其上的各种思想观念必然有所转变。这种转变与社会转型一样,呈现为渐进式演变,其中不乏张力。总体上看,在天道、天命、鬼神等方面,春秋时期继承和改造了西周的天道、天命和鬼神观,其总体趋向是在承认天道影响人事、天命左右兴衰、鬼神布福降祸等传统观念的同时,极力穿插进理性主义、人文主义和民本主义的理解和解释,而且愈来愈强调后者的重要性。在政治伦理道德方面,春秋时期继承和发展了西周尊礼重德的传统,然而由于旧的制度在瓦解,出现了以法代礼的趋向,很多伦理道德观念存在着内在的张力。①

① 任继愈先生认为,由于春秋介于西周和战国的过渡时期,这个时期的思想亦呈现出"新旧交替"的特点,他说:"这种历史特点反映到思想上,就是既要求摆脱传统文化的束缚而独立思考,又不能和传统文化完全决裂,虽然提出了一些零星断片的崭新观点,却没有形成与天命神学相对立的完整的体系。"(任继愈主编:《中国哲学发展史》(先秦卷),北京:人民出版社,1983年,第116页。)陈来先生的《古代思想文化的世界——春秋时代的宗教、伦理与社会思想》(北京:生活·读书·新知三联书店,2002年)对春秋时代的思想文化有系统而(转下页)

第一节　天鬼神人之际与理性人文主义的发展

"天"在中国古人的观念中,是一个含义颇为复杂的概念。《尔雅·释天》:"穹苍,苍天也。"这是从形、色来界说天,天就是位于人顶上空的苍天。当然,这绝非"天"的全部内涵。实际上,《释天》接下来把许多事物都归纳在"天"这一范畴下,有四时、岁月、星象、气象等。可以想象,"天"起初由位于人顶上空的苍天之义,逐渐包含了悬在天上的日月星辰,以及包在天中的各种事物,最终成为万物之总名。如郭象《庄子·齐物论注》谓:"故天者,万物之总名也。"因此,就其最宽泛的意义而言,"天"就是一切本然的存在,我们通常把天的这种含义称为自然之天。然而,这远非"天"的全部内涵。《说文·一部》:"天,颠也,至高无上。从一大。"颠,就是顶。以颠界说天,这与以苍穹界说天无异。然而,所谓"至高无上"则绝不仅仅是一种现象的描述,它无疑带有一种价值的判断。"天"是至高无上的唯一主宰者,早在殷、周之际,人们已有此天帝的观念。春秋时期,与"天"相关的,尚有"天道"、"天命"等概念。所谓"日月星辰阴阳变化谓之天道"(《慧琳音义》卷二十一引《慧苑音义》"天道"注),天道就是天的运行变化。《国语·晋语二》云"天命也",韦昭注:"天使之也。"可见,天道多与自然之天相关,天命则多与主宰之天相关。俞樾《群经平议·春秋左传二》"宋灾于是乎知有天道何故"云:"古书言天道者,皆主吉凶祸福而言。"此言不差,但天道、天命皆主吉凶祸福,两者

(接上页)杰出的研究,他说:"从春秋思想文化的发展来看,有如下渐进的发展:承继着西周文化的发展趋向,充满实证精神的、理性的、世俗的对世界的解释越来越重要,而逐渐忽视宗教的信仰、各种神力及传统的神圣叙事。宗教性和非宗教性的仪典形式逐步让位于德性精神的强调,礼仪文化渐渐转化,形式化的仪典文明渐渐转变为理性的政治思考和道德思考。"(见是书第10—11页)又说:"而整个中国的轴心时代,如果从公元前800年算起,并不是因为认识到自身的局限而转向超越的无限存在,理性的发展不是向神话的诸神进行伦理的反抗,更未导致唯一神论的信仰。在中国的这一过程里,更多的似乎是认识到神与神性的局限性,而更多地趋向此世和'人间性',对于它来说,与其说是'超越的'突破,毋宁说是'人文的'转向。"(见氏著《古代宗教与伦理——儒家思想的根源》,北京:生活·读书·新知三联书店,1996年,第4页。)两位先生对春秋时期的思想发展及其特点的概括都非常到位。

实有区别,其背后的哲学思维亦有分别。

一、天道与人事

就自然之天而言,中国古人普遍认为,天象的变化,尤其是反常天象的出现,对人事会产生一定的影响。这种观念在春秋时代依旧为人所普遍信仰。《左传·昭公十七年》载:

> 冬,有星孛于大辰,西及汉。申须曰:"彗所以除旧布新也。天事恒象。今除于火,火出必布焉。诸侯其有火灾乎?"梓慎曰:"往年吾见之,是其征也,火出而见。今兹火出而章,必火入而伏。其居火也久矣,其与不然乎? 火出,于夏为三月,于商为四月,于周为五月。夏数得天。若火作,其四国当之,在宋、卫、陈、郑乎? 宋,大辰之虚也;陈,大皞之虚也;郑,祝融之虚也,皆火房也。星孛天汉,汉,水祥也。卫,颛顼之虚也,故为帝丘,其星为大水,水,火之牡也。其以丙子若壬午作乎? 水火所以合也。若火入而伏,必以壬午,不过其见之月。"①

这里面有个术语叫"天事恒象",杜预注:"天道恒以象类告示人。"《国语·周语上》亦有"天事恒象"这一术语,韦昭注:"恒,常也。事善象吉,事恶象凶也。"这就是说,天经常以某种象来告示人类是吉是凶。鲁大夫申须和周内史过正是依据"天事恒象"的理论,来预测人事的吉凶。在此,彗星出现在大辰星(又称大火)旁,光芒西及银河。申须认为彗星是除旧布新,现在彗星扫除了大火星,待大火星再次出现时,世间一定会发生火灾。梓慎在肯定申须的说法时,进一步预测宋、卫、陈、郑四国将在次年发生火灾,其预测的理论依据则是所谓的"分野说"。《史记·天官书》云:"天则有列宿,地则有州域。"杨伯峻说:"古代将天空星宿分为

---

① 杨伯峻:《春秋左传注》(修订版),北京:中华书局,1990 年,第 1390—1391 页。本章所引《左传》文皆据此本,以下只注作者、书名和页码。

十二次,配属于各国,用以占卜其吉凶,名曰分野。"①古人以土地疆域配天上星宿,然后根据天象所在之宿,推占预测地上相对应之地区的吉凶。比如,在梓慎的解释中,宋国为大辰的分野,所以宋首先发生火灾。陈、郑亦皆火房,故亦会发生火灾。至于卫国,虽为大水的分野,但水不胜火,所以亦将有火灾。概括言之,申须和梓慎的预测和解释,其理论基础有二:一曰"天事恒象",一曰"分野说"。申须、梓慎的预测和解释,表明"天事恒象"和"分野说"当是时人的普遍信仰,否则其预测和解释就不可能被普遍接受或认可。

事实上,除了上面明确提到"天事恒象"外,我们还能找到很多类似的表述和观念。兹胪列几例,以资证明:

(1) 有星孛入于北斗,周内史叔服曰:"不出七年,宋、齐、晋之君皆将死乱。"(《左传·文公十四年》,《春秋左传注》第 604 页)

(2) 十年春,王正月,有星出于婺女。郑裨灶言于子产曰:"七月戊子,晋君将死。今兹岁在颛顼之虚,姜氏、任氏实守其地。居其维首,而有妖星焉,告邑姜也。邑姜,晋之妣也。天以七纪,戊子逢公以登,星斯于是乎出,吾是以讥之。"(《左传·昭公十年》,《春秋左传注》第 1314—1315 页)(杨伯峻注:"讥同卟。《说文》:'卟,卜以问疑也。'此谓以星象卜之。")

(3) 二十八年春,无冰。梓慎曰:"今兹宋、郑其饥乎?岁在星纪,而淫于玄枵。以有时灾,阴不堪阳。蛇乘龙,龙,宋、郑之星也。宋、郑必饥。玄枵,虚中也。枵,耗名也。土虚而民耗,不饥何为?"(《左传·襄公二十八年》,《春秋左传注》第 1140—1141 页)

在(1)(2)两例中,周内史叔服和郑裨灶都是依据彗星及其出现位置,来推占地上相应的诸侯国君的吉凶死乱。在第(3)例中,春(实为今日之冬)当有冰而无冰,这是反常天象,梓慎据此预测宋、郑将发生饥荒。

---

① 杨伯峻:《春秋左传注》(修订版),第 1287 页。

不过,梓慎在解说时,又将此与星象联系在一起,他认为,岁星(木星)本该在星纪却在玄枵,这是反常天象,这必将在相应的地区发生灾难。杨伯峻注:"古人以岁星为木,木为青龙。而次于玄枵,玄枵相当女、虚、危三宿。虚、危古以为蛇。龙行疾而失位,出虚、危宿下,龙在下而蛇在上,故曰蛇乘龙。"又引《史记·天官书》云:"宋、郑之疆,侯在岁星。"今岁星失位,故梓慎据此预测宋、郑将有灾。又因为,岁星淫于玄枵,玄枵当中有虚宿。梓慎由虚宿之虚引申出土虚;由玄枵之宿引申出人民消耗,进而由土虚民耗推导出宋、郑必将发生饥荒。我们知道,《左传》好预言,且每预必中。从今天的角度看,我们有理由相信,这很有可能是事后诸葛。当然,这个事后的解释必有其根据所在,而这个根据就是长期以来一直为人们所普遍信仰的"天事恒象"和"分野说"的观念。

"天事恒象"和"分野说"的观念,一方面如前所述,是人们普遍相信天象的变化尤其是反常天象的出现,必定会在相应的地域发生相应的灾害;另一方面,这种观念也认为,地上的人事,也会影响相应的天象,进而天象又反过来影响人事。例如:

> (郑人铸刑书)士文伯曰:"火见,郑其火乎? 火未出而作火以铸刑器,藏争辟焉。火如(读作而)象之,不火何为?"(《左传·昭公六年》,《春秋左传注》第 1277 页)

士文伯由"火"(即心宿)的出现来预测郑国将发生火灾,这是由天象推占人事之吉凶。不过,紧随其后,他又解释了"火见"的原因,在于郑人作火以铸刑器,这是人间之"火"招致相类的星宿。这个解释似乎说明,不仅天象影响人事,而且,人事也会影响天象,最终是天象和人事交互影响。不过,两者之所以能相互影响,就在于两者之"类"、"象"类似。这实际上就是后来董仲舒所谓的"同类相召"的观念。

然而,春秋时代,已有开明之士开始怀疑"天事恒象"的合理性,进而认为人事之吉凶,主因不在天道方面,而在人道自身。《左传·襄公九年》载:

晋侯问于士弱曰:"吾闻之,宋灾,于是乎知有天道,何故?"对曰:"古之火正,或食于心,或食于咮,以出内火。是故咮为鹑火,心为大火。陶唐氏之火正阏伯居商丘,祀大火,而火纪时焉。相土因之,故商主大火。商人阅其祸败之衅,必始于火,是以日知其有天道也。"公曰:"可必乎?"对曰:"在道。国乱无象,不可知也。"(《春秋左传注》第963—964页)

关于晋侯之问,向来有不同的理解。杜预注:"问宋何故自知天道将灾。"今人杨伯峻反对此种解释,其注云:"句意谓宋因灾而知天道,非谓宋知天道而预知火灾。"(《春秋左传注》第963页)实际上,根据上下文,这两种解释不存在实质冲突,杨氏的解释,是指宋因历史上经常发生火灾,从历史经验中总结了天道。这也是士弱的解释。杜预的解释,则是就此次火灾而言;观此段上文详尽记载乐喜为政,如何预备火灾可知。实际上,上文所谓"天事恒象"的观念就是在历史经验中总结出来的。问题在于,这种从历史经验中总结出来的"天道",是否具有普遍必然性。晋侯所谓"可必乎"即是对此发问。而士弱的再次回答,所谓"在道。国乱无象,不可知也",这就否定了天道的必然性,进而肯定国家兴亡,主因在国家治乱之道。

再如,《左传·昭公七年》载:

夏四月甲辰朔,日有食之。晋侯问于士文伯曰:"谁将当日食?"对曰:"鲁、卫恶之(杜注"受其凶恶"),卫大鲁小。"公曰:"何故?"对曰:"去卫地,如鲁地。于是有灾,鲁实受之。其大咎其卫君乎?鲁将上卿。"公曰:"《诗》所谓'彼日而食,于何不臧'者,何也?"对曰:"不善政之谓也。国无政,不用善,则自取谪于日月之灾,故政不可不慎也。"(《春秋左传注》第1287—1288页)

晋侯"谁将当日食"之问,表明如有日食必有某地域受其凶恶的观念,是当时的一般观念。士文伯的回答,首先肯定了这种传统观念,并且根据分野说及日食去卫如鲁的这一事实,来推占卫将遭受大恶而鲁将遭受小恶。然而,当晋侯引《诗》(诗意表明了传统的观念,即日食将会带来不善)再问时,士文伯的回答,则把国家受凶恶的原因完全归诸人事的恶政,所谓"自取谪于日月之灾"的说法,完全排除了天道的原因,一切吉凶皆是人为所致。

一方面,士弱和士文伯等人士已经开始怀疑"天事恒象"的传统观念,更加倾向于以人事来解释灾害;另一方面,我们也看到,他们并没有直接否定传统的观念。然而,春秋时代,确实出现了否定天道关联人事的传统观念。在前文所引申须和梓慎根据"有星孛于大辰,西及汉"来预测宋、卫、陈、郑必有火灾后,裨灶建议子产用瓘斝玉瓒祭神,以禳除火灾,子产弗与。《左传·昭公十八年》续记此事:

> 夏五月,火始昏见。……宋、卫、陈、郑皆火。梓慎登大庭氏之库以望之,曰:"宋、卫、陈、郑也。"数日,皆来告火。裨灶曰:"不用吾言,郑又将火。"郑人请用之,子产不可。子大叔曰:"宝以保民也,若有火,国几亡。可以救亡,子何爱焉?"子产曰:"天道远,人道迩,非所及也,何以知之?灶焉知天道?是亦多言矣,岂不或信?"遂不与,亦不复火。(《春秋左传注》第1394—1395页)

宋、卫、陈、郑果然发生火灾,似乎验证了申须和梓慎的预言。在此情急之下,裨灶和郑人再次请求主政的卿大夫子产祭神以禳灾。子产则坚持拒斥,并且说了在彼时可谓空谷足音的一句话:"天道远,人道迩,非所及也,何以知之?"子产认为天道与人道,不相关联,无法从天道推知人道。至于像裨灶这样的预言家,因为他们预言地多了,难免偶尔有所言中。当然,子产拒斥以天道预测人事的传统观念,不是为了拒斥而拒斥,而在于强调人道(人事)的重要性。在接下来的记载中,子产为防备火灾做了许多人事的安排和准备,把火灾所造成的损失降至最低,便表明了这一点。

与郑国子产持类似观念的,还有齐国的晏婴。《左传·昭公二十六年》载:

　　齐有彗星，齐侯使禳之。晏子曰："无益也，只取诬焉。天道不谄，不贰其命，若之何禳之？且天之有彗也，以除秽也。君无秽德，又何禳焉？若德之秽，禳之何损？《诗》曰：'惟此文王，小心翼翼，昭事上帝，聿怀多福。厥德不回，以受方国。'君无违德，方国将至，何患于彗？《诗》曰：'我无所监，夏后及商。用乱之故，民卒流亡。'若德回乱，民将流亡，祝史之为，无能补也。"公说，乃止。（《春秋左传注》第1479—1480页）

　　彗星出齐之分野，齐侯欲使祝史祭神以禳灾，这表明齐侯相信传统的"天事恒象"的观念。然而，晏子却劝阻齐侯。晏子认为，天道不能怀疑，天道不会因为人的祭祀而改变其命令。晏子的这一解释乍一看，似乎是认可天命的必然性。但是，再看他对彗星的解释，则完全表现出一种道德理性主义的精神。晏子认为，天之有彗也，以除秽也；同理，就人道而言，君主所要做的不是祭祀禳秽，而是要除去自身的秽德。若自身德邪，则祝史之所为，亦无补于事。晏子在此引用两首《诗》，一则正面说明文王以德受福，一则从反面说明夏桀、商纣以邪恶而亡。总之，都是旨在说明吉凶福祸取决于人道而非天道。又如，《国语·周语下》载：

　　柯陵之会，单襄公见晋厉公视远步高。晋郤锜见，其语犯；郤犨见，其语迂；郤至见，其语伐。齐国佐见，其语尽。鲁成公见，言及晋难及郤犨之谮。单子曰："君何患焉。晋将有乱，其君与三郤其当之乎！"鲁侯曰："寡人惧不免于晋，今君曰将有乱，敢问天道乎，抑人故也？"对曰："吾非瞽、史，焉知天道。吾见晋君之容，而听三郤之语矣，殆必祸者也。"

　　在此，单子根据晋厉公和三郤之言行，来预测晋国将有内乱，以及晋厉公和三郤都将承受其乱。针对鲁侯"敢问天道乎，抑人故也"之问，单子所谓"吾非瞽、史，焉知天道"之答，一方面是从事实上表明自己并非瞽、史，不懂天道；另一方面似乎也有对传统瞽、史观天象以预测人事吉凶这一观念和方法的否定。事实上，在接下来的解释中，单子确实完全排除了天道的原因,而都是从晋厉公和三郤自身的仪容言行来判断和预测晋国之将发生内乱。

与此相关的是,人们对某些反常现象的解释,不再采取某种神秘主义的解释。《左传·僖公十六年》载:

> 陨石于宋五,陨星也。六鹢退飞过宋都,风也。周内史叔兴聘于宋,宋襄公问焉,曰:"是何祥也? 吉凶焉在?"对曰:"今兹鲁多大丧,明年齐有乱,君将得诸侯而不终。"退而告人曰:"君失问。是阴阳之事,非吉凶所生也。吉凶由人,吾不敢逆君故也。"(《春秋左传注》第 369 页)

这里,周内史叔兴对"陨石"和"六鹢退飞"这两种异常现象,不再给予某种神秘主义的附会解说,而是认为这是阴阳变化之事;进而,这种阴阳变化不会对人事产生吉凶,人事之吉凶在人自身之行为不在天道变化。以阴阳变化的观念来解释"陨石"和"六鹢退飞"的现象,这无疑是一种以自然解释自然的理性主义精神。

二、天命与德力

如前所言,天道观念中的"天"侧重在自然之天,天命观念中的"天"更多地与意志之天、主宰之天相关联。天命较之于天道,更少自然的轨迹及其法则可循(比如"天象"),似乎是冥冥之中注定的,因而显得更具神秘性。而且,在早期历史时期(包括春秋时代),天命的概念(有时也单言"天"或"命")总是跟王朝的更替或国、家的兴衰成败,以及君主的继位相关。

殷周之际天命观念的出现,主要是周人用以论证"小邦周"取代"大国殷"的合法性。周人特别强调天命的合法性来源于德,周人"以德配天"的观念便体现了这一点。春秋时期,周王朝逐渐衰微,关于天命的讨论再次凸显。《左传·宣公三年》载:

> 楚子伐陆浑之戎,遂至于雒,观兵于周疆。定王使王孙满劳楚

子。楚子问鼎之大小、轻重焉。对曰："在德不在鼎。……德之休
明，虽小，重也。其奸回昏乱，虽大，轻也。天祚明德，有所厎止。成
王定鼎于郏鄏，卜世三十，卜年七百，天所命也。周德虽衰，天命未
改。鼎之轻重，未可问也。"（《春秋左传注》第 669—672 页）

是时，楚国强盛，楚子欲问鼎中原，表现了楚子想继承天命的愿望。
王孙满的回答，一方面强调天命"在德不在鼎"，为此，他历叙夏、商、周三
代天命转移的过程，其中特别强调了德在其中的重要性，有德则能获得
天命，无德则丧失天命；另一方面他又强调周王朝的寿命当为七百年，这
是"天所命也"，"周德虽衰，天命未改"。不难看出，王孙满的解释实际上
有些矛盾，因为他既强调天命在德，又说周德虽衰，天命未改。当然，王
孙满是站在周王朝的立场来为其辩护。在此值得注意的是，这里所表现
出来的"天命"观念：一方面，人通过德而可获得天命，这就意味着天命可
随人力（在此表现为德）而转移，就此而言，似乎是人胜天，人的因素起决
定作用；另一方面，天命又似乎有某种必然性，所谓"卜年七百，天所命
也；周德虽衰，天命未改"，即表明了这一点。确实，"天命"是中国古代哲
学中最常见的概念，但又不是那么容易被把握的概念。可以肯定的是，
春秋时期的天命观念绝对不是完全排除人力因素（比如德）的命定论或
宿命论，但也绝对不是纯粹的偶然性，它是历史发展的某种趋向，这其中
无疑有人自身的因素在其中，也包含整个时空境域的发展趋势。对天命
的如此理解，无疑容许在天命的观念中渗透进人文主义的因素。这确实
是中国古人天命观念的独特而高明之处。

随着历史的演进，西周覆亡，平王东迁，王室衰微，诸侯坐大。天命
的转移问题再次或隐或显地凸显出来。自然，在春秋列国之际，当新的
能够一统天下的王朝尚未出现时，"天命"很自然地就落到了几个大国
（比如说所谓的"春秋五伯"）的身上。事实上，对天、天意或天命的讨论，
大多论说都集中在几个春秋伯主的身上。这首当其冲的就是春秋早期
的晋文公。

确实，晋文公受命的过程就是时人对天命之理解的最好体现，我们且看相关的记载：

（1）（晋文公）过卫。卫文公不礼焉。出于五鹿，乞食于野人，野人与之块，公子怒，欲鞭之。子犯曰："天赐也。"稽首，受而载之。（《左传·僖公二十三年》，《春秋左传注》第 406 页））

（2）及郑，郑文公亦不礼焉。叔詹谏曰："臣闻天之所启，人弗及也。晋公子有三焉，天其或者将建诸，君其礼焉。男女同姓，其生不蕃。晋公子，姬出也，而至于今，一也。离外之患，而天不靖晋国，殆将启之，二也。有三士，足以上人，而从之，三也。晋、郑同侪，其过子弟固将礼焉，况天之所启乎？"弗听。（《左传·僖公二十三年》，《春秋左传注》第 408 页）

（3）及楚……子玉请杀之。楚子曰："晋公子广而俭，文而有礼。其从者肃而宽，忠而能力。晋侯无亲，外内恶之。吾闻姬姓，唐叔之后，其后衰者也，其将由晋公子乎！天将兴之，谁能废之。违天必有大咎。"乃送诸秦。（《左传·僖公二十三年》，《春秋左传注》第 408—409 页）

（4）晋侯赏从亡者，介之推不言禄，禄亦弗及。推曰："献公之子九人，唯君在矣。惠、怀无亲，外内弃之。天未绝晋，必将有主。主晋祀者，非君而谁？天实置之，而二三子以为己力，不亦诬乎？窃人之财，犹谓之盗，况贪天之功以为己力乎？"（《左传·僖公二十四年》，《春秋左传注》第 417—418 页）

（5）楚子入居于申……曰："无从晋师。晋侯在外，十九年矣，而果得晋国。险阻艰难，备尝之矣；民之情伪，尽知之矣。天假之年，而除其害。天之所置，其可废乎？……"（《左传·僖公二十八年》，《春秋左传注》第 456 页）

晋献公时代经历骊姬之乱，太子及诸公子尽遭迫害，后来成为晋文公的公子重耳在外流亡十九年。在此流亡途中，时人大多以为他冥冥之中得到上天的保佑,不仅可以回国继位,而且可以振兴晋国。重耳在卫国乞食于野人,野人不与之食而与之土块。这于重耳而言本是十分受辱的事,但在子犯的解释中,这象征着上天赐予重耳土地。所谓封土建国,在那个时代,没有比受赐土地,更能象征受命。郑叔詹认为,重耳流亡在外,迟早会归国登位,这是"天之所启,人弗及也"。在叔詹看来,重耳终究能归国登基,重振晋国,这冥冥之中自有天意,这种天意并非人力所能达到或改变。重耳至楚,楚子待之甚善,子玉请求楚子杀了重耳,以免后患,楚子不许。楚子的理由是:"天将兴之,谁能废之。违天必有大咎。"楚子之言,明确表达了天意不可违背,违背天意必受其殃的观念。以上是重耳在流亡过程中,时人对他的评论。及至重耳归国继位后,庆赏跟随其流亡的人士,其中介之推不言禄,因为在介之推看来,重耳能归国主晋,乃"天实置之",非从亡之二三子之人力可及;从亡之二三子如果接受晋文公的庆赏,那无异于"贪天之功以为己力"。楚子则再次认为重耳老而得位,这是"天假之年"、"天之所置",天命不可废,亦不可敌。

虽然介之推"贪天功以为己力"的言论似乎表明,天命与德力之间不存在关联。然而,也应该注意到,时人在评说重耳获天命的同时,也时不时会提及他的个人德行和凝聚力,如叔詹谓"晋公子有三焉",以及楚子谓"晋公子广而俭,文而有礼。其从者肃而宽,忠而能力"。这表明,天命青睐于有德者。天命与德力之间确实存在某种消长关系。例如,春秋末期,吴越强大,形成吴越争霸的局面。《国语·吴语》载:

> 吴王夫差既许越成,乃大戒师徒,将以伐齐。申胥进谏曰,"昔天以越赐吴,而王弗受。夫天命有反,今越王句践恐惧而改其谋,舍其愆令,轻其征赋,施民所善,去民所恶,身自约也,裕其众庶,其民殷众,以多甲兵。越之在吴,犹人之有腹心之疾也。"

吴国大败越国,越王勾践求和,吴王夫差许成。申胥认为吴国大败越国,这表明天命在吴;如果不接受天命(意指吴王许越成),那么,天命很有可能逆转至越国一方。在申胥的解释中,天命的逆转不是以一种神秘的、不可理解的方式发生，天命的逆转是随着越王良善治理而发生。有趣的是，越王勾践十年卧薪尝胆，大败吴国，吴王欲求和，范蠡派使者如此回答："昔者上天降祸于越，委制于吴，而吴不受。今将反此义以报此祸，吾王敢无听天之命，而听君王之命乎？"（《国语·越语》）范蠡认为之前天降祸吴国，天命在吴，现今天命已转至越国一方，不敢不听天命。这表明，天命实际上是随国力的强盛和整体历史时势的发展而转变。对天命的如此理解，如前所言，实际上渗透着人文主义和理性主义的因素。总而言之，天命不是某种不可捉摸的、神秘的超越力量，天命的运转总是包含着德力的因素，或者说，天命实际上就是德力的体现。

三、民为神主

中国古代的神鬼观念由来远矣。跟世界许多地方的民族一样，中国古代的神不止一位，数量众多，各式各样。《礼记·祭法》云："山林川谷丘陵能出云，为风雨，见怪物，皆曰神。"《说文·示部》云："神，天神，引出万物者也。"中国先人的观念中，大概天神是高高居上的一位，其余则各地域有各地域之神，各物有各物之神，各部落有各部落之神。再看"鬼"。《尔雅·释训》曰："鬼之为言归也。"《说文·鬼部》亦云："人所归为鬼。从人，象鬼头。鬼阴气贼害，从厶。"人死为鬼，且鬼能影响人事，这大概是中国古人最初的鬼观念。神鬼既能呼风唤雨，乃至贼害人类，那么，人类又如何来应付？最主要的途径就是祭祀。所谓"国之大事，在祀与戎"，祭祀鬼神与战争并立为国家的两项头等大事，可见祭祀在古人生活中的重要性。但是，如前所言，鬼神多种多样，各个部落或氏族有各自的鬼神，惟其如此，才有"神不歆非类，民不祀非族"（《左传·僖公十年》）"鬼神非其族类，不歆其祀"（《左传·僖公三十一年》）的说法。这表明，一神论的观念在春秋时代并未出现，实际上，在整个中国古代一直都无此观念。

在春秋时代，人们对鬼神的理解大致如此，此举一典型例子即可说明。《左传·昭公七年》载：

郑子产聘于晋。晋侯有疾，韩宣子逆客，私焉，曰："寡君寝疾……今梦黄熊入于寝门，其何厉鬼也？"对曰："以君之明，子为大政，其何厉之有？昔尧殛鲧于羽山，其神化为黄熊，以入于羽渊，实为夏郊，三代祀之。晋为盟主，其或者未之祀也乎？"韩子祀夏郊，晋侯有间。（《春秋左传注》第 1289—1290 页）

及子产适晋，赵景子问焉，曰："伯有犹能为鬼乎？"子产曰："能。人生始化曰魄，既生魄，阳曰魂。用物精多，则魂魄强，是以有精爽至于神明。匹夫匹妇强死，其魂魄犹能冯依于人，以为淫厉，况良霄，我先君穆公之胄，子良之孙，子耳之子，敝邑之卿，从政三世矣……其用物也弘矣，其取精也多矣，其族又大，所冯厚矣。而强死，能为鬼，不亦宜乎？"（《春秋左传注》第 1292—1293 页）

晋侯有疾，夜梦黄熊，韩宣子以为是厉鬼作祟，子产则告之是大禹之父鲧所化，是神而非鬼。三代皆祭祀它，如今晋国为诸侯盟主（相当于接续了夏商周三代之命）而不去祭祀它，所以神托梦于晋侯。果然，韩宣子祭祀后，晋侯的病就好了。子产否定了黄熊是厉鬼的说法，但并不表明他只相信有神而不相信有鬼。在接下来子产与赵景子的对话中，子产不但明确肯定人死能变为鬼（在人死曰鬼的意义上，大禹之父亦是鬼，盖鬼神的界定没那么严密），而且详细解释了人死后何以能变为鬼。

如前所叙，在天道观方面，子产认为"天道远，人道迩"，否定天道能影响人事。学界一般认为，这是春秋时代人文主义发展的一个标志性的口号和观念。然而，正是这样一位开明博学之士，他对鬼神及鬼神能影响人事，以及祭祀鬼神能带来福祉和避免祸害的一整套观念，似乎是坚信不疑的。

不过，从总体上看，春秋时代对神鬼的理解，同样浸润着理性主义和人文主义的因素。我们且举几例观之：

十五年，有神降于莘，王问于内史过，曰："是何故？固有之乎？"对曰："有之。国之将兴，其君齐明、衷正、精洁、惠和，其德足以昭其

馨香,其惠足以同其民人。神飨而民听,民神无怨,故明神降之,观
其政德而均布福焉。国之将亡,其君贪冒、辟邪、淫佚、荒怠、粗秽、
暴虐。其政腥臊,馨香不登。其刑矫诬,百姓携贰,明神不蠲而民有
远志,民神怨痛,无所依怀,故神亦往焉,观其苛慝而降之祸。是以
或见神以兴,亦或以亡。"(《国语·周语上》)

神居莘六月。虢公使祝应、宗区、史嚚享焉。神赐之土田。史
嚚曰:"虢其亡乎! 吾闻之:国将兴,听于民;将亡,听于神。神,聪明
正直而壹者也,依人而行。虢多凉德,其何土之能得!"(《左传·庄
公三十二年》,《春秋左传注》第 252—253 页)

在对"有神降于莘"的解释中,内史过不仅明确肯定有神的存在,而
且肯定神能够布福降祸。然而,神是布福抑或降祸的根据却在人事,在
此事例中,就是国君的德性和为政是否优秀:如果君主有美德,施行德
政,惠同民人,则明神布福;如果君主有恶德,施行暴政,不得民心,则明
神降祸。因此,有见神以兴的,也有见神而亡的。虢公自恃神降于自家
地盘(莘在虢国境内),故欲祀神赐福(确实也暂时得到了福)。不过,内
史过却断定"虢必亡矣",原因在于虢公"虐而听于神"。这里其实牵涉到
古往今来各大宗教的一个议题,即无德或作恶之人祭祀神灵,神灵是否
会赐福于他。一般而言,几乎没有宗教会对此做出肯定。值得注意的
是,中国古人把神往往称为"明神",意即在强调神的智慧和公正的品格,
神不会因为偏信而滥施赏罚。实际上,史嚚对虢公祀神求福行为的评价
中,更为明确地说明了这一点。史嚚认为神具有"聪明正直而壹"的品
格,而且神是"依人而行"。聪明,这是说神有智慧;正直,这是说神的公
正性;壹,《国语》说"夫神壹,不远徙迁",韦昭注:"言神壹心依凭于人,不
远迁也。"可见,这里的"壹"也就是后文的"依人而行"之意。当然,神依
人而行,并不是说神是人的附庸,而是说神依据人的德行来布福或降祸,
善则福之,恶则祸之。此外,史嚚还提出了"国将兴,听于民;将亡,听于
神"的观念,这颇类似后来孔子所谓的"敬鬼神而远之"的教导。

与虢公"虐而听于神"的行为相似，与虢唇亡齿寒、辅车相依的虞则是一个"愚而听于神"的典型。《左传·僖公五年》载：

> 晋侯复假道于虞以伐虢。宫之奇谏曰……。公曰："吾享祀丰洁，神必据我。"对曰："臣闻之，鬼神非人实亲，惟德是依。……如是，则非德，民不和，神不享矣。神所冯依，将在德矣。若晋取虞而明德以荐馨香，神其吐之乎？"（《春秋左传注》第307—310页）

虞公自恃享神丰洁，神一定会依据其意愿行事，来保佑他。虞公这种对待神的态度，很像柏拉图在《游叙弗伦篇》中所批评的那种把祀奉神灵当作一桩买卖来看待的态度。自然，虞公的愚昧也遭到了大臣宫之奇的反驳。宫之奇的劝谏在于说明，鬼神的赏罚不在于形式上祭祀是否丰洁，而在于祭祀主体是否有德。宫之奇征引《周书》也在于说明祀奉皇天还是鬼神，关键不在祭物之丰洁与否，而在于祭祀主体的内在德性。

春秋时人言神必及民，这是对上古以来民本思想的继承和发展。实际上，在上述几个例子中，不仅一再表明鬼神"惟德是依"的观念，而且也一再表明了鬼神背后实际上是民心向背。所以，鬼神"惟德是依"归根结底是"惟民是依"。实际上，春秋时人已经很明确表达了这一点。《左传·僖公十九年》载：

> 宋公使邾文公用鄫子于次睢之社，欲以属东夷。司马子鱼曰："古者六畜不相为用，小事不用大牲，而况敢用人乎？祭祀以为人也。民，神之主也。用人，其谁飨之？……"（《春秋左传注》第381—382页）

宋公欲为诸侯伯主，召集诸侯会盟，想用人（鄫子）作为牺牲来祭祀神灵。这当然是一种不人道的残暴行径，但其背后似乎又有某种合法性，因为牺牲是用来祭祀神灵——这在某种程度上为杀人的暴行披上了"神圣"的外衣。因此，要劝谏或驳斥宋公的暴行，必须推翻其"神圣"的依据，指出其对神的理解有误。司马子鱼的劝谏就体现了这一点。在司马子鱼看来，祭祀神灵的目的是为了人的福祉，宋公的做法无疑颠倒了工具与目的的关系。进而,子鱼提出"民,神之主也"的命题。这一命题无疑把神的地位进一步降低了,它只不过是借用神的观念,高扬民本思想。

此外,与"民为神主"相关的是"妖由人兴"的观念。何谓"妖",《左传·宣公十五年》云:"天反时为灾,地反物为妖,民反德为乱,乱则妖灾生。"在此,文本首先界定了"灾"、"妖"、"乱":灾为异常的天时,妖是地上出现的异常之物,乱则是人类社会的动乱。可见,灾、妖本为"天"的范畴(自然现象),"乱"则属于人事的范畴。但是,所谓"乱则妖灾生",表明春秋时人认为,天地的异常现象是由人类的混乱招致而来。我们且看两个具体例子:

> 初,内蛇与外蛇斗于郑南门中,内蛇死。六年而厉公入。公闻之,问于申繻曰:"犹有妖乎?"对曰:"人之所忌,其气燄以取之。妖由人兴也。人无衅焉,妖不自作。人弃常,则妖兴,故有妖。"(《左传·庄公十四年》,《春秋左传注》第196—197页)

> 郑大水,龙斗于时门之外洧渊。国人请为禜焉,子产弗许,曰:"我斗,龙不我觌也。龙斗,我独何觌焉!禳之,则彼其室也。吾无求于龙,龙亦无求于我。"乃止也。(《左传·昭公十九年》,《春秋左传注》第1405页)

第一例的故事是这样的,郑厉公先前出奔栎,后由栎进军郑都,杀死了在都城内的郑子(子仪),自己做了君主。或许正由于此,人们把此事附会于内蛇与外蛇斗而内蛇死这一桩怪事上。鲁庄公道听途说到此事就问申繻"犹有妖乎",申繻的回答和解释完全体现了一种理性主义和人文主义的精神,他明确说"妖由人生",人有所畏忌,其气不能自胜而产生妖;人若无毛病,则妖不能生;总之,人离弃常道,则妖兴起。仔细琢磨申繻之言,其实他根本就不相信有妖的存在,妖这种现象只不过是我们心理怯懦的某种投射。在第二个例子中,郑发大水,龙斗于洧水之渊。对于这一妖怪现象,时人建议子产祭祀洧水,以期禳妖除患(水患)。子产的回答同样体现了一种理性主义精神,龙、人各不相干,互不相求,禳之无益。如果说春秋时人对蛇、龙相斗等异常现象充满了各种畏忌与穿凿附会的迷信，那么，以申繻、子产等为代表的开明人士则对这些异常现象倡导一种理性主义和人文主义的态度和理解。

第二节　崇礼重德与政治伦理道德的奠基

西周宗法制的一个直接结果就是政治伦理化与伦理政治化。王国维说："周之制度典礼，实皆为道德而设。""周之制度典礼乃道德之器械，而尊尊、亲亲、贤贤、男女有别四者之结体也。"(《观堂集林·殷周制度论》)王氏之说非常有见地。如前所言，西周礼制和伦理道德观念在春秋时期仍旧是维系整个天下国家的基本规范，但是，由于宗法制逐渐解体，春秋中后期，出现了以法代礼的趋势，一些伦理道德观念自身内部及其相互之间的结构性张力开始呈现出来。由于礼崩乐坏，春秋早期礼为全德、涵德于礼的架构逐渐转化为礼(礼转化为法)德分离、以德为主的政治与道德思考。

一、尊　礼

春秋承西周而来，在《春秋》所记载的二百四十多年间，虽然王室衰微，各方诸侯渐次称伯；但是，各方诸侯仍名义上尊奉王室，周之典章制度依然是东周王室和各方诸侯的基本规范。正如清儒顾炎武所言：

> 如春秋时，犹尊礼重信，而七国则绝不言礼与信矣。春秋时，犹宗周王，而七国则绝不言王矣。春秋时，犹严祭祀，重聘享，而七国则无其事矣。春秋时，犹论宗姓氏族，而七国则无一言及之矣。春秋时，犹宴会赋诗，而七国则不闻矣。春秋时，犹有赴告策书，而七国则无有矣。(《日知录》卷十三之"周末风俗")[1]

顾炎武在论及春秋犹存西周之遗风时，提到了尊礼重信、宗周王、严

---

① ［清］顾炎武著，黄汝成集释：《日知录集释》，上海：上海古籍出版社，2013 年，第 749 页。

祭祀、重聘享、论宗姓氏族、宴会赋诗、赴告策书等观念和活动,这些都是宗法封建制的基本礼制。值得注意的是,顾炎武在此首推"尊礼重信",非常有见地。"礼"(或"非礼")和"信"在《左传》和《国语》中是出现频率最高的词汇,是春秋时代最为重要的政治伦理。本节先论礼与尊礼,下节论信与重信。

春秋时人反复强调礼的重要性,《左传·昭公二十五年》载子产之言曰:"夫礼,天之经也,地之义也,民之行也。"礼乃天经地义,民必由之路。《国语·晋语四》载宁庄子之言曰:"夫礼,国之纪也。"礼为国家之纲纪。《左传·昭公二十六年》载晏婴之言曰:"礼之可以为国也久矣,与天地并,君令臣共,父慈子孝,兄爱弟敬,夫和妻柔,姑慈妇听,礼也。"礼可以治理国家,是维护人伦关系的基本规范。晏婴这里具体谈到礼的一些内涵,它们涉及五种人伦关系及其道德准则。可见,礼不仅仅是一套典章制度,而且包含了一些道德内涵。这也表明,孟子的"五伦"观念和《白虎通义》的"三纲六纪"观念,自有其历史的思想渊源和社会结构的基础。

《国语·周语下》云:"夫敬,文之恭也;忠,文之实也;信,文之孚也;仁,文之爱也;义,文之制也;智,文之舆也;勇,文之帅也;教,文之施也;孝,文之本也;惠,文之慈也;让,文之材也。"此所谓"文"其实就是"礼"("周礼"也常称"周文")。这里以"文"(礼)来界定敬、忠、信、仁、义、智、勇、教、孝、惠、让等十一种美德,它们都是礼这一整体中的一部分。很显然,后来儒家,以"仁"为全德的道德观念体系此时尚未形成,毋宁说在春秋时代,"礼"为全德,它囊括一切道德观念。王国维所谓"周之制度典礼乃道德之器械"(《观堂集林·殷周制度论》)即有见于此。职是之故,遵守这些道德准则也就意味着尊礼,反之,违反了任何一种道德,也就意味着"非礼"或"不礼"。

在春秋时代,人们经常根据某人是否尊礼来预言其所代表的家(氏族)或国(诸侯)之兴衰成败的走向。《国语·周语上》载周襄王使内史过等赐晋惠公命:"吕甥、郤芮相晋侯不敬,晋侯执玉卑,拜不稽首,内史过归,以告王曰:'晋不亡,其君必无后。且吕、郤将不免。'"《左传·僖公十一年》亦载此事,不过,内史过的话略有不同:"晋侯其无后乎!……敬,礼之舆也。不敬则礼不行,礼不行则上下昏,何以长世?"可见,不敬就意味着不礼。后来的事实证明了内史过之预言的准确性。与晋惠公适相对照的例子是晋文公。《国语·周语上》载周襄王使内史兴赐晋文公命,晋文公"逆王命敬,奉礼义成",内史兴据此预言晋文公必称霸诸侯,其理由是:"敬王命,顺之道也;成礼义,德之则也。则德以导诸侯,诸侯必归之。且礼所以观忠、信、仁、义也。忠所以分也,仁所以行也,信所以守也,义所以节也。忠分则均,仁行则报,信守则固,义节则度。分均无怨,行报无匮,守固不偷,节度不携。若民不怨而财不匮,令不偷而动不携,其何事不济!"内史兴在此特别强调,有诸内必形诸外,通过礼这一形式,可以考察一个人是否具有忠、信、仁、义等道德意识和道德观念。这再次表明,在春秋时代,礼为全德,德涵摄于礼之中,并通过礼得到体现,可谓德礼一体。

然而,礼绝非仅仅是形式方面的仪容举止得体。春秋时人的"礼仪之辨"便充分说明了这一点。《左传·昭公二十五年》载:

> 子大叔见赵简子,简子问揖让周旋之礼焉,对曰:"是仪也,非礼也。"简子曰:"敢问何谓礼?"对曰:"吉也闻诸先大夫子产曰:'夫礼,天之经也,地之义也,民之行也。'天地之经,而民实则之,则天之明,因地之性,生其六气,用其五行。气为五味,发为五色,章为五声。淫则昏乱,民失其性,是故为礼以奉之。为六畜、五牲、三牺,以奉五味。为九文、六采、五章,以奉五色。为九歌、八风、七音、六律,以奉五声。为君臣上下,以则地义。为夫妇外内,以经二物。为父子、兄弟、姑姊、甥舅、昏媾、姻亚,以象天明。为政事、庸力、行务,以从四时。为刑罚威狱,使民畏忌,以类其震曜杀戮。为温慈惠和,以效天之生殖长育。民有好恶、喜怒、哀乐,生于六气,是故审则宜类,以制六志。哀有哭泣,乐有歌舞,喜有施舍,怒有战斗,喜生于好,怒生于恶。是故审行信令,祸福赏罚,以制死生。生,好物也;死,恶物也。

好物,乐也;恶物,哀也。哀乐不失,乃能协于天地之性,是以长久。"简子曰:"甚哉,礼之大也!"对曰:"礼,上下之纪、天地之经纬也,民之所以生也,是以先王尚之。"(《春秋左传注》第1457—1459页)

子大叔认为"揖让周旋"不是"礼",只是"仪"而已。根据子大叔转述子产对礼的论述来看,"礼""仪"之别有二:其一,仪更多地与仪式、形式相关,而礼则不仅仅是形式。其二,仪的范围狭小,而礼的范围则无所不包,从衣、食、住、行等日常生活,到昏媾姻亚、人伦纲常,再到政事刑罚、内政外交,礼囊括殆尽。这充分表明,礼在当时就是国家的一切典章制度,它不仅仅包含道德观念,也包含有法律观念和建制。

既然尊礼不仅仅是形式主义的"仪",内心的真情实感更为根本。由是,"敬"这一德性就尤为重要。前文所引内史过称赞晋文公有礼时,其中一点就是后者"逆王命敬"。实际上,春秋时人一再谈到"敬"之于行礼、养德的重要性:

> 敬,德之聚也。能敬必有德。(《左传·僖公三十三年》,白季语)
>
> 礼,国之干也。敬,礼之舆也。不敬则礼不行。(《左传·僖公十一年》,内史过语)
>
> 礼,身之干也。敬,身之基也。(《左传·成公十三年》,鲁大夫孟献子语)
>
> 勤礼莫如致敬。(《左传·成公十三年》,刘康公语)

上面关于"礼"与"敬"的各种说法中,都意在强调"敬"之于"礼"具有基础和首要的地位。可以说,无礼有多种表现,有可能是不敬,有可能是其他,也就是说,无礼未必不敬;但是,不敬则一定意味着无礼。"敬"更多地与主体内在的真情实感相关,"礼"则更多地表现为形式化的规范和规则。对"敬"的如此强调,实际是礼制的题中应有之义,尤其是当这种礼制有滑向为徒具形式主义的仪式的趋向时。由是亦可知,后来被宋明理学尤其是程颐、朱熹所特别看重的"敬"的工夫,早在春秋时代已被视为一种重要的德性。

随着历史的演进,破坏礼的行为愈来愈多,礼治似乎也愈来愈难以适应社会变迁。《左传·昭公六年》载:

> 三月,郑人铸刑书。叔向使诒子产书,曰:"始吾有虞于子,今则已矣。昔先王议事以制,不为刑辟,惧民之有争心也。犹不可禁御,是故闲之以义,纠之以政,行之以礼,守之以信,奉之以仁,制为禄位,以劝其从;严断刑罚,以威其淫。惧其未也,故诲之以忠,耸之以行,教之以务,使之以和,临之以敬,莅之以强,断之以刚。犹求圣哲之上、明察之官、忠信之长、慈惠之师,民于是乎可任使也,而不生祸乱。民知有辟,则不忌于上。并有争心,以征于书,而徼幸以成之,弗可为矣。……今吾子相郑国,作封洫,立谤政,制参辟,铸刑书,将以靖民,不亦难乎?……民知争端矣,将弃礼而征于书。锥刀之末,将尽争之。……"复书曰:"若吾子之言,侨不才,不能及子孙,吾以救世也。既不承命,敢忘大惠。"(《春秋左传注》第 1274—1277 页)

子产铸刑书,这在春秋是件大事,后人也反复讨论此事。一般把此事视为春秋时代"礼法"之争的一个重要事件。笔者基本赞同这个看法,但是,另需说明的是,不能简单地把"礼治"理解为纯粹的德治,因而认为之前没有法律实践。因为,一方面,如前所言,礼本身包含法律的性质和内容;另一方面,即便在叔向所叙述的"先王议事以制"中,也提到了"严断刑罚以威其淫"。所以,子产和叔向争论的焦点不是是否应该采取法律治理,而是如何采取法律治理。根据叔向所述的先王之制(也是他的理想政治),他特别强调了"圣哲之上"和"明察之官"的严断刑罚,这似乎表明彼时的判罚没有成文的法律文件作为依据,而主要依靠人的圣哲明察,这无疑带有"人治"的特征。子产铸刑书于鼎,无疑是把法律条文公开化,使得人们讼狱可"征于书",也就是有成文法的根据。如此一来,产生的两个后果就是:其一,君长地位的下降(所谓"民知有辟,则不忌于上");其二,人们为了一点点利益而讼狱(所谓"锥刀之末,将尽争之")。面对叔向的批评,子产以"救世"回复。子产也因此被学界视为早期的法家。实际上,今人看得很清楚,法治可以是救世的权宜之计,更可以是治国理政的长久之方。不幸的是,在中国古代历史上,带有法家特色的理论家和改革家,都带有强烈的急功近利的特色,而缺乏考量长治久安的真正的立法者。这是法家之不幸,亦是中国之不幸。其后,鲁昭公二十九年,又发生了晋国的赵鞅铸刑鼎的事。这表明,在春秋末期,西周那套涵德于礼的礼乐制度已经不再适应社会的发展,出现了礼德分离、礼向法转的趋势。

二、重 信

"信"是春秋时代最为重要的美德之一,"信,德之固也"(《左传·文公元年》),"孝、敬、忠、信为吉德,盗、贼、藏、奸为凶德"(《左传·文公十八年》)。信是人们所称赞的美德,又是道德的基础。那么,何谓"信"?《说文·言部》:"信,诚也。从人从言。"《释名·释言语》:"信,申也。言以相申束,使不相违也。"信的基本含义就是诚信,信守诺言。不难想象,信只有在主体之间才有可能,因为信守诺言,其隐含的前提就是对某人许下诺言;由此,信发展出相申束的含义,这是很自然的。诚信及以信用相互约束,这确实是春秋时代信的两大含义。

在春秋时代,信作为一种美德,是对所有人的要求,但它主要是对执政者的要求。《左传·桓公十三年》云:"君抚小民以信,训诸司以德。"如果君主无信,则人民不从,"不信,民不从也"(《左传·昭公七年》)。对于信之于治国理政的重要性,箕郑的论述最为透彻,《国语·晋语四》载:

> 晋饥,公问于箕郑曰:"救饥何以?"对曰:"信。"公曰:"安信?"对曰:"信于君心,信于名,信于令,信于事。"公曰:"然则若何?"对曰:"信于君心,则美恶不逾。信于名,则上下不干。信于令,则时无废功。信于事,则民从事有业。于是乎民知君心,贫而不惧,藏出如入,何匮之有?"公使为箕。及清原之搜,使佐新上军。(《晋语四》)

晋国发生饥荒,晋文公向箕郑征询救饥对策,箕郑对之以"信"。箕郑从四个方面阐释了"信"的内涵。第一，信于君心，韦昭注："不以爱憎诬人以善恶，是为信于心"，也就是箕郑所说的"美恶不逾"，这是要求君主公正无私。可见，"信于君心"与其说是"心治"，毋宁说是为了避免"心治"。第二，信于名，韦昭注："名，百官尊卑之号。"其实就是正名，这可以使得上下不干，各司其职。第三，信于令，"令"可理解为时令（韦昭），遵循时令，则无废功。第四，信于事，韦昭注："谓使民事，各得其时。"如此，则民各得其业。由此可见，信不仅仅是一种美德，而且是关乎一整套的制度体系。箕郑认为，如果整个社会制度都是有信可言的话，那么，人心也会安定，能够"贫而不惧，藏出如入"。不难看出，箕郑之论，不仅仅是救饥的权宜之计，更是长治久安的上上策。箕郑之论，无疑是很深刻的，后来孔子亦说"民无信不立"（《论语·颜渊》）。

在春秋时代，"信"不仅关乎内政，更关乎国际间的交往伦理。如前所引，顾炎武在称赞春秋风俗时，首先提及的是"尊礼重信"，即是就诸侯之间的交往而论。诸侯间的交往主要有四种形式，即：聘、朝、会、盟。"是故明王之制，使诸侯岁聘以志业，间朝以讲礼，再朝而会以示威，再会而盟以显昭明。志业于好，讲礼于等，示威于众，昭明于神。"（《左传·昭公十三年》叔向语）春秋时人在言及这些交往形式时，总是会提到"信"。《左传·襄公元年》载："冬，卫子叔、晋知武子来聘，礼也。凡诸侯即位，小国朝之，大国聘焉，以继好结信，谋事补阙，礼之大者也。"当新君即位，大小诸侯前来朝聘，继好结信，这是当时诸侯交往的基本礼仪。《国语·鲁语上》载："鲁饥，臧文仲言于庄公曰：'夫为四邻之援，结诸侯之信，重之以婚姻，申之以盟誓，固国之艰急是为。'"当国家发生饥荒时，更应该结诸侯之信，以求得四邻之援助。《国语·齐语》载："桓公知诸侯之归己也，故使轻其币而重其礼。……故拘之以利，结之以信，示之以武，故天下小国诸侯既许桓公，莫之敢背。"这表明"信"是构成大国称霸最为重要的元素之一。《左传·襄公八年》载郑子展之言曰："小所以事大，信也。小国无信，兵乱日至，亡无日矣。"这表明"信"是小国在大国之间得以生存的首要因素。总之，"信"是春秋时代国际交往最被看重的交往伦理。

在诸多的交往形式中,会盟是最为重要和常见的交往形式,在春秋时人看来,会盟的目的就是结信:

> 夫盟,信之要也。晋为盟主,是主信也。(《国语·鲁语下》鲁大夫子服惠伯语。韦昭注:"要,犹结也。")

> 盟以厎信,君苟有信,诸侯不贰,何患焉?(《左传·昭公十三年》刘献公语。《春秋左传注》第1354—1355页)

> 秦、晋为成,将会于令狐。晋侯先至焉,秦伯不肯涉河,次于王城,使史颗盟晋侯于河东。晋郤犫盟秦伯于河西。范文子曰:"是盟也何益?齐盟,所以质信也。会所,信之始也。始之不从,其可质乎?"秦伯归而背晋成。(《左传·成公十一年》,《春秋左传注》第854—855页)

> 盟,所以周信也。故心以制之,玉帛以奉之,言以结之,明神以要之。(《左传·哀公十二年》子贡语,《春秋左传注》第1671页)

无论是子服惠伯所说的"盟以结信",还是刘献公所说的"盟以厎信"(杜预注:"厎,致也。")以及范文子所说的"盟以质信",无不共同讲明了会盟的本质和目的就是加强诸侯间的交往与联系,从而达致相互间的信任。既然会盟的目的本身就是取得信任,那么,主张或召集会盟的盟主,首先得自己有诚心,讲信用,这样诸侯才不会有贰心。如果会盟双方或几方尤其是盟主本无诚心,那么,会盟也就徒具形式,毫无意义。在以上第三段中,秦晋会盟,秦伯本无诚意,勉强隔河而盟,所以范宣子才说:"会所,信之始也。始之不从,其可质乎?"共同遵守和达到事先约会的地点会盟,这是信任的第一步,可秦伯连这一点都没做到,可见其心不诚,以至于"归而背晋成"。

当然,所谓"秦晋之好"的故事其实在春秋时代一再上演。《左传》襄公二十七年载:

> 辛巳,将盟于宋西门之外。楚人衷甲。伯州犁曰:"合诸侯之师,以为不信,无乃不可乎?夫诸侯望信于楚,是以来服。若不信,

是弃其所以服诸侯也。"固请释甲。子木曰："晋、楚无信久矣,事利而已。苟得志焉,焉用有信?"大宰退,告人曰："令尹将死矣,不及三年。求逞志而弃信,志将逞乎? 志以发言,言以出信,信以立志。参以定之。信亡,何以及三?"赵孟患楚衷甲,以告叔向。叔向曰："何害也? 匹夫一为不信,犹不可,单毙其死。若合诸侯之卿,以为不信,必不捷矣。食言者不病,非子之患也。夫以信召人,而以僭济之,必莫之与也,安能害我? ……"(《春秋左传注》第 1131—1132 页)

以晋为首的中原诸侯与楚在宋大夫向戍的联络下会盟于宋西门,楚令尹子木命令楚人暗藏兵器,准备偷袭晋军,这表明楚令尹本无诚心。但是,太宰伯州犁劝谏令尹释兵卸械,其说服的理由主要关乎"信":如果楚人讲信,尚可取信诸侯,取代晋国霸主之位;如果楚人弃信,那只能把各诸侯再次推回晋国的怀抱。令尹子木则认为,晋、楚向来无信任可言,兵不厌诈,若偷袭成功,不必有信。太宰的评论表明,作为统帅,如果无信,不仅不能取信诸侯,而且亦是自取灭亡之由。因为从长远看,伪诈或许可以取得一时之成功,但绝不可能每次都成功。另一方面,晋赵孟也担心楚人偷袭,但叔向认为不足为患,其分析的理由也关乎"信":即便一介匹夫无信,也难以立足于世,遑论一国之卿(实代表着楚国);而且,楚人以信的名义笼络诸侯,然后又弃信背义,此乃自相矛盾之举,必不能侥幸成功。由楚太宰对令尹的劝谏和晋叔向对赵孟的分析来看,信为诸侯交往的基本原则,这是当时的普遍共识。

然而,由于现实利益的驱动以及执政者的私欲和短视,背信弃义之事时有发生,为了增加信任和加强约束,"质"这样一种交往形式在春秋时代也十分普遍。所谓"质",就是人质交换抵押,通常是此国之公子到彼国作人质,彼国之公子到此国作人质。早在春秋初期,就上演了一幕周王与郑国交质的故事。《左传·隐公三年》载:

郑武公、庄公为平王卿士。王贰于虢。郑伯怨王。王曰："无之。"故周、郑交质。王子狐为质于郑,郑公子忽质于周。王崩,周人将畀虢公政。四月，郑祭足帅师取温之麦。秋，又取成周之禾。周、郑交恶。君子曰："信不由中，质无益也。……"（《春秋左传注》第26—27页）

周平王东迁后，郑武公、郑庄公皆为平王卿士，后来平王宠幸虢公，所以郑伯厌恨平王。平王急于澄清无此等之事，于是派王子狐为质于郑，郑伯则派公子忽为质于周。平王驾崩后，周桓王继位，欲委任虢公执政，取代郑庄公。郑庄公于是派郑卿祭足帅师先后收获周畿内的麦、禾，作为报复和制裁。《左传》所载"君子"对此事的评论，道出了周、郑最终由"交质"走向"交恶"的原因，在于"信不由中，质无益也"。就是说，周、郑虽然在形式上礼尚往来（交质），似乎双方都很尊礼重信，但实际上，这种形式上的重信并非源自双方内心的真诚，这样的交质对于改善双方的关系并无实质的意义。

确实，没有诚心和信任的会盟，只会被不断地打破，以至于一盟再盟，屡盟屡乱。《左传·桓公十二年》载"君子"之曰："苟信不继，盟无益也。《诗》云：'君子屡盟，乱是用长。'无信也。"在春秋中期，晋、楚争霸，相持不下，夹在晋、楚两大国之间的郑、宋两个小国，屡受其害。郑、宋两国往往是当晋人兵临城下，则与晋盟；当楚人兵临城下，则与楚盟。《左传·宣公十一年》载：楚子伐郑，及栎。子良曰："晋、楚不务德而兵争，与其来者可也。晋、楚无信，我焉得有信？"可见，大国无信，小国也只能抛弃信义，采取权宜之计。《左传·襄公九年》又载：

将盟，郑六卿……皆从郑伯。晋士庄子为载书，曰："自今日既盟之后，郑国而不唯晋命是听，而或有异志者，有如此盟。"公子𫘫趋进曰："天祸郑国，使介居二大国之间……自今日既盟之后，郑国而不唯有礼与强可以庇民者是从，而敢有异志者，亦如之。"（《春秋左传注》第968—969页）

……

楚子伐郑。子驷将及楚平。子孔、子𫒄曰："与大国盟，口血未干而背之,可乎?"子驷、子展曰:"吾盟固云'唯强是从'。今楚师至,晋不我救,则楚强矣。盟誓之言,岂敢背之? 且要盟无质,神弗临也。所临唯信。信者,言之瑞也,善之主也,是故临之。明神不蠲要盟,背之,可也。"乃及楚平。(《春秋左传注》第 971 页)

晋国与郑国结盟,晋国要求郑国唯晋马首是瞻,郑子驷(公子騑)则说郑国只听命于有礼而强且愿庇护郑人的一方。这个说法,既没有抗击晋国的要求,也为背弃盟约留下了一定的空间。果然,不久楚人来犯,晋人不救,于是郑国又与楚国结盟。这当然是小国政治家基于现实考量而不得不采取的权宜之计。然而,在此,子驷和子展对于"盟"和"信"的理解提出了一些新的看法。他们认为"要盟无质",服虔注:"质,诚也。"就是说要挟之盟,固无诚信可言。受神所保护的盟约,在德信而不在武力要挟。对于受制于武力要挟的盟约,神不会降临庇护,自然也不必遵守。所以,简单地践履诺言或盟约不一定为信,"复言,非信也","周仁之谓信"(《左传·哀公十六年》),信只有指向更上位的仁才有意义。实际上,郑国先后与晋、楚结盟,目的就是维护仁的价值,即尽可能造成不必要的人员伤亡。在此意义上,郑人也可谓实践了信的原则。如前所言,信不仅关乎一国之内政,而且更多地关乎一国之外交,乃内政外交之本。但外交终归是服务于内政的,而其最终目的则是保民与养民,也就是仁。

三、孝忠义

周公"制礼作乐"(《礼记·明堂位》),奠定了周代政治制度的基本框架和基调。这其中,最重要的建制莫过于宗庙祭祀制(宗法制)和封邦建国制(封建制)。居于宗法制之核心的道德观念是孝,居于封建制之核心的道德观念为忠。由于宗法制和封建制是周礼并行的两翼,所以,孝、忠经常交错在一起,构成了当时最为基础性和根本性的道德观念,"孝、敬、忠、贞,君父之所安也"(《国语·晋语一》),可谓一针见血道出了事实。如前所引,王国维把"尊尊、亲亲、贤贤、男女有别"视为周代最为重要的道德观念。实际上,这一说法实有其源,《礼记·丧服小记》云:"亲亲,尊尊,长长,男女之有别,人道之大者也。"不同的是,王氏把长长替换为贤贤。王氏之说实际上更符合周代(包括春秋时代)的实际,《礼记·大传》云:"上治祖祢,尊尊也;下治子孙,亲亲也。"可见,"尊尊"是下对上,是子孙对祖祢;"亲亲"主要是指父子关系而言,既可以是父对子,亦可以是子对父(《大传》之说乃相对"尊尊"而言);"贤贤"则逾出血缘关系,指向更为广泛的公共领域。概言之,与"尊尊"、"亲亲"搭配的道德观念是孝、忠,因为君、父一体,故孝、忠亦一体;与"贤贤"搭配的道德观念是义,它往往要求突破血缘亲情的限制。如此,由孝而忠而义,构成了由内而外、由亲而疏、由近而远的一套递进的伦理观念秩序。春秋以降,西周的礼乐制度虽然逐渐解体,但在解体的漫长过程中,这些道德观念依旧是春秋时人的基本观念。然而,由于这些道德观念所依附的制度在逐渐解体,这些道德观念的结构性矛盾和张力也就逐渐显露出来。

实际上,早期孝的对象是先祖先父而不及尚在世的父母,所以一般都是"追孝"、"孝享"连用,"西周孝为君宗之德,孝子、孝孙是君宗的专称"。①《国语·鲁语上》云:"夫祀,昭孝也,各致齐敬于其皇祖,昭孝之至也。"《左传·定公四年》云:"灭宗废祀,非孝也。"表明孝享(享者,祭祀先祖也)的观念在春秋时依旧存在。但与此同时,孝的重点由"尊尊"转移到"亲亲",并且春秋时孝的对象开始大量下移至尚在世的君父。虽然尊祖收宗的孝观念依然在春秋时为人们所实践着,但关于孝最激烈的争论却是发生在嗣子与尚在世的君父(诸侯)或家父(卿大夫)的关系上。

围绕晋太子申生的争论,最能彰显彼时孝观念的张力。《左传·闵公二年》载:晋献公受骊姬之谗,欲除太子申生而另立骊姬之子,于是命太子帅师伐敌,并责令其尽敌而还。围绕此次事件以及晋献公与太子之间的关系,谋臣纷纷议论,其中多言及"孝",但他们对孝的看法并不一致。里克认为太子"禀命则不威,专命则不孝",即是说,如果太子禀父之

---

① 查昌国:《先秦"孝"、"友"观念研究》,合肥:安徽大学出版社,2006年,第84页。

命,则无威权,但如果专命则是不孝。梁余子养认为晋献公废太子之意图明显,主张"死而不孝,不如逃之"。这一主张得到一些人士的赞同,但羊舌大夫认为"违命不孝,弃事不忠。虽知其寒,恶不可取,子其死之",建议太子一死了之。狐突则认为晋献公"内宠并后,外宠二政,嬖子配适,大都耦国,乱之本也","今乱本成矣",建议申生"孝而安民,子其图之,与其危身以速罪也"。但无论分歧如何,这里"孝"的主体都是太子,其对象是君父。太子申生终因走投无路而自杀。晋献公欲尽逐群公子,次子重耳、夷吾也遭遇与太子同样的处境而逃亡,但并无所谓孝与不孝的激烈争论,这表明在时人的观念中,"孝"乃是嗣君特有的义务与权利。

孝之于宗法封建制国家的重要性,我们可以通过一个实例来予以说明。齐桓公为春秋五霸之首,葵丘会盟又是其霸业的鼎盛。葵丘会盟,诸侯达成五项共识,第一项即是"诛不孝,无易树子,无以妾为妻"(《孟子·告子下》)。实际上,三条都是围绕政治继统和嗣嫡而言:若臣子不孝,君父以妾为妻、废嫡立庶,这些都会影响到一家一国的继统,进而影响到国际政治格局的变化。葵丘会盟之所以能就此达成共识,说明诸侯对此有清醒的认识。孝之于封建宗法制国家的重要性,由此亦可略见一斑。正因为如此,国君继位,首先得彰明孝道,因为一切宗法礼制皆由孝始,"凡君即位,好舅甥,修昏姻,娶元妃以奉粢盛,孝也。孝,礼之始也"(《左传·文公二年》);而公族大夫在教育子弟时,也必先训之以孝,"韩无忌为公族大夫,使训卿之子弟共俭孝弟"(《左传·成公十八年》)。

前文提及,在宗法封建制下,家、国实为一体,自然,孝、忠亦连为一体。《左传·桓公二年》载:"天子建国,诸侯立家,卿置侧室。"周代分封制形成了三级政治实体,即:周王室之"天下"、诸侯之"国"("公室")、卿大夫之"家"("私家")。天子建国,为的是屏藩周王;同理,诸侯立家,为的也是辅佐国君。基于这一基本的政治结构和社会结构,春秋时代(尤其是早期)忠于公室的卿大夫往往备受推崇,最典型的莫过于鲁国季氏家族的奠基者季友和季文子。季孙行父(季文子)于文公六年受室为卿,宣公八年主政,襄公五年卒,执鲁政共三十三年。《左传·襄公五年》载季文子卒时情形："季文子卒。大夫入敛,公在位。宰庀家器为葬备,无衣帛之妾,无食粟之马,无藏金玉,无重器备,君子是以知季文子之忠于公室也。相三君矣,而无私积,可不谓忠乎?"季文子的忠于鲁国公室,甚至曾经得到过异国之卿的称赞。《左传·成公十六年》载:

> 宣伯使告郤犨曰:"鲁之有季、孟,犹晋之有栾、范也……若欲得志于鲁,请止行父而杀之……。"晋人执季文子于苕丘。……范文子谓栾武子曰:"季孙于鲁,相二君矣。妾不衣帛,马不食粟,可不谓忠乎? 信谗慝而弃忠良,若诸侯何? ……"乃许鲁平,赦季孙。(《春秋左传注》第 893—894 页)

晋人本欲杀季文子,但是,晋国卿大夫范文子认为季文子廉洁奉公,忠于鲁国公室。如果杀了季文子,那无异于残杀忠良,很难取信于诸侯。最终,晋人赦免了季文子。由是可知,至少在春秋早中期,臣子尤其是执政卿大夫的忠德(忠于公室),是为人们普遍称赞的。再如,《左传·成公九年》载:

> (范)文子曰:"楚囚,君子也。言称先职,不背本也。乐操土风,不忘旧也。称大子,抑无私也。名其二卿,尊君也。不背本,仁也。不忘旧,信也。无私,忠也。尊君,敏也。仁以接事,信以守之,忠以成之,敏以行之。事虽大,必济。君盍归之,使合晋、楚之成。"公从之,重为之礼,使归求成。(《春秋左传注》第 845 页)

楚囚由于具有仁、信、忠、敏的品格,不但没有被晋人所杀,反而受到晋范文子的高度评价,并寄予合晋楚之好的重任。实际上,这里的四德即仁(不背本)、信(不忘旧)、忠(无私)、敏(尊君),都表现了楚囚对楚君和楚国的忠贞之情,因而此所谓四德皆可视为广义的忠德。楚囚由于对本国的忠贞,而得到了敌国(晋国)执政者由衷的欣赏,这也表明忠德实乃当时社会普遍认可和表彰的美德。

当然,对于何谓忠? 在一些事件中,并非那么清晰明白。典型的莫过于晋献公死后,他的几位执政大臣的言行和看法。《左传·僖公九年》载：

> 晋献公卒。里克、丕郑欲纳文公，故以三公子之徒作乱。初，献公使荀息傅奚齐。公疾，召之，曰："以是蓏诸孤辱在大夫，其若之何？"稽首而对曰："臣竭其股肱之力，加之以忠、贞。其济，君之灵也；不济，则以死继之。"公曰："何谓忠、贞？"对曰："公家之利，知无不为，忠也。送往事居，耦俱无猜，贞也。"及里克将杀奚齐，先告荀息曰："三怨将作，秦、晋辅之，子将何如？"荀息曰："将死之。"里克曰："无益也。"荀叔曰："吾与先君言矣，不可以贰。能欲复言而爱身乎？虽无益也，将焉辟之？且人之欲善，谁不如我？我欲无贰，而能谓人已乎？"……里克杀奚齐于次……荀息将死之，人曰："不如立卓子而辅之。"荀息立公子卓以葬。十一月，里克杀公子卓于朝，荀息死之。（《春秋左传注》第328—329页）

此所谓"三公子"即晋献公三子：申生、重耳、夷吾。晋献公受骊姬之惑，欲传位于骊姬之子奚齐，并使大夫荀息傅之，临死之际又托孤于荀息，荀息答之以忠贞。荀息也确实做到了忠贞不二，奚齐被杀，他又立奚齐之弟公子卓（骊姬之娣之子）为君。在里克再次杀了新君后，荀息实践了他的诺言，以死殉之。在此，荀息之言"且人之欲善，谁不如我？我欲无贰，而能谓人已乎？"很值得注意。杨伯峻注："其意亦不欲止里克之效忠于重耳等人也。"可见，时人认为，臣子各自效忠各自之主人，这乃人之常情。但是，并非所有的人都如此认为。《左传·僖公十年》载，由于里克杀了奚齐、卓子二君，晋惠公（夷吾）才得以继承君位。然而，晋惠公继位后的第一件事便是杀了里克，其理由是："微子则不及此。虽然，子弑二君与一大夫，为子君者，不亦难乎？"里克对曰："不有废也，君何以兴？欲加之罪，其无辞乎！臣闻命矣。"诚如里克的对辞，晋惠公很可能是欲加之罪，托辞杀他。但是，辞之所以为辞，之所以能被接受，说明它也有一定的道理在其中。《左传·僖公二十三年》载，晋惠公卒，其子"怀公立，命无从亡人。期，期而不至，无赦。狐突之子毛及偃从重耳在秦，弗召。冬,怀公执狐突曰:'子来则免。'对曰:'子之能仕,父教之忠,古之制也。策名委质,贰乃辟也。今臣之子,名在重耳,有年数矣。若又召之,教之贰也。父教子贰,何以事君?刑之不滥,君之明也,臣之愿也。淫刑以逞,谁则无罪?臣闻命矣。'"狐突在晋国为官,其二子狐毛和狐偃则常年跟随重耳流亡在外。晋怀公觉得重耳及其随从始终对其君位存在威胁,故以狐突作为人质以要挟其二子回国。狐突答之以"子之能仕,父教之忠",而且强调这是"古之制也"。既然狐毛、狐偃早已策名委质做了重耳的臣子,如果父亲再"教之贰",效忠新君,这反而是不忠。这再次表明,臣子策名委质,各自效忠各自的主子,这是当时社会的普遍观念。这里存在的张力在于,忠臣不事二主(这里的"主"不一定是国君)与国君要求臣子绝对效忠之间的张力。这种张力体现了封建制下"忠"观念的自相矛盾。在晋惠公杀里克的例子中,这种矛盾表现得最为突出:如果没有里克弑君,晋惠公就不可能继位(惠公所谓"微子则不及此");但当新君继位后,他又要求臣子绝对效忠。在这种不可化解的张力中,历史悲剧就一再上演。

这是封建制的结构性矛盾在道德观念上的体现;然而,更为深层的结构性矛盾,是忠于公室与忠于私家之间的张力。据《左传·昭公十二年》载,"季平子立而不礼于南蒯",南蒯与叔仲小、公子慭(子仲)谋划"出季氏,而归其室于公",然后以公子慭代季氏,自己则"以费为公臣"。南蒯本为季氏家臣,由于他没有受到季氏礼遇,所以他想"出季氏,而归其室于公"。这对鲁国公室而言,南蒯之举无疑是忠的一种表现(虽然杂有私意),但对季氏而言,却是不忠。南蒯欲从事此举时,时人谓之"家臣而君图";及至其失败奔齐后,齐景公甚至以"叛夫"呼之,南蒯答之以"臣欲张公室也"来辩解,子韩晳则评价道:"家臣而欲张公室,罪莫大焉。"再如,据《左传·昭公二十五年》载,鲁公室谋划一次更为精密的铲除季氏计划。鲁君伐季氏,进展似乎很顺利,甚至季平子也向昭公请罪。然而,叔孙、孟孙认识到,季氏亡,己必亡,因此二家公然与公室对抗,站到了季氏一边,三桓联合,反败为胜,昭公只得流亡齐国。在这次事件中起关键作用的叔孙氏家臣馲戾之言很能说明问题："我，家臣也，不敢知国。"可见，在他眼中，只有叔孙，没有鲁君；只有私家，没有公室。由是可知，在"诸侯—卿大夫—家臣"这种隶属格局中，身份决定了义务，对于家臣而言，忠即是忠于"私家"；如果家臣僭越身份而欲忠于公室，这并不为一般人所认可。[①]

忠的两难还在于，忠于君与忠于道义之间的张力。《左传·宣公二年》载：

> 宣子骤谏，公患之，使锄麑贼之。晨往，寝门辟矣，盛服将朝，尚早，坐而假寐。麑退，叹而言曰："不忘恭敬，民之主也。贼民之主，不忠。弃君之命，不信。有一于此，不如死也。"触槐而死。(《春秋左传注》第658页)

赵宣子乃晋国之忠臣，晋灵公却异常昏庸，赵宣子不断犯言直谏，晋灵公欲使锄麑刺杀之。但锄麑发现赵宣子实际上是一位良臣，乃民之主，如果杀了他，那是不忠；如果不杀他，那又违背了国君之命，是为不信。在君命与道义之间，锄麑无所是从，只好自杀身亡。值得注意的是，锄麑并不把"弃君之命"而是把"贼民之主"视为不忠。可见，虽然在春秋时代，一般言及忠，其效忠的对象大多为君主(广义之君，凡上下级关系皆可称君臣)；但是，除此之外，也出现了把超越于君命的道义作为效忠的对象。

孝、忠的两难很自然就引申出"义"的问题。实际上，义是春秋时代最为重要的道德观念，出现频率也很高。《国语·周语中》云："以义死用谓之勇，奉义顺则谓之礼，畜义丰功谓之仁。"勇、礼、仁都需要通过义来界定，这表明义是三德的实质内容，"义"在春秋时代的重要性亦可见一斑。

"义"首先是作为君父的道德义务而被要求的，前文提到的"六顺"之

[①] 参见陈乔见《公私辨：历史衍化与现代诠释》(北京：生活·读书·新知三联书店，2013年)第一章第二节"封建制度与公私观念"。

一便是"君义"，再如，《左传·文公十八年》云："父义、母慈、兄友、弟共、子孝"。这里的义，可简单地理解为贤能。当然，君义（或父义）只是一种道德要求或理想状态，现实情况往往是君父和道义的脱离甚至是背离。这就有了前文所述及的锄麑在忠于道义和终于君主之间的两难选择。锄麑的悲剧似乎表明，后来儒家所宣扬的"从道不从君，从义不从父"这种强烈的批判精神彼时尚未出现或得到普遍认可。

不过，抛开君臣关系这种狭隘的政治公共关系不论，春秋时人普遍认为政治公共领域应该遵循义的原则，尤其是在选拔人才方面。前文曾提及，在王国维所说的周代四大道德观念中，"尊尊"和"亲亲"特别与孝的观念相关，"贤贤"特别与义的观念相关，即是就此而言。《国语·晋语四》载："夫赵衰三让不失义。让，推贤也。义，广德也。"赵衰礼让推贤，被认为不失义。《左传·昭公二十八年》载：

> 魏献子为政……谓贾辛、司马乌为有力于王室，故举之；谓知徐吾、赵朝、韩固、魏戊，余子之不失职，能守业者也。其四人者，皆受县而后见于魏子，以贤举也。魏子谓成鱄："吾与戊也县，人其以我为党乎？"对曰："何也？戊之为人也，远不忘君，近不偪同，居利思义，在约思纯，有守心而无淫行，虽与之县，不亦可乎？……夫举无他，唯善所在，亲疏一也。……"……仲尼闻魏子之举也，以为义，曰："近不失亲，远不失举，可谓义矣。"（《春秋左传注》第1493—1496页）

晋韩宣子卒，魏献子（魏舒）为政，举用一批贤人为大夫，其中有他的儿子魏戊，魏献子把梗阳这个县分封给了魏戊。魏献子担心别人会认为他偏私，不够公正。成鱄在肯定魏戊之贤能的同时，提到了举用人才的标准是"唯善所在，亲疏一也"。孔子听到此事后，也给予魏献子高度评价，认为他举用人才遵循了"义"的原则，既不避讳与自己有血亲关系的魏戊，亦没失去与自己关系疏远的人才。与魏献子"近不失亲"相反的例子，是孔子对叔向的称赞："叔向，古之遗直也。治国制刑，不隐于亲。三数叔鱼之恶，不为末减，由义也夫，可谓直矣！……邢侯之狱，言其贪也，以正刑书,晋不为颇。三言而除三恶,加三利。杀亲益荣,犹义也夫!"
(《左传·昭公十四年》)叔向治国理政,不隐瞒弟弟的贪污等劣行,孔子
认为他遵循了"义"的原则("由义也夫")。所谓"治国制刑",表明"义"的
原则特别与政治公共领域相关,它是治国理政应当遵循的基本原则。虽
然这是孔子的评论,可以视为孔子思想的一个反应,但也不可否认,这应
是春秋时人的普遍观念。

"义"总是牵涉家国公私之间的张力,总是与公共事务有关。比如,
《左传》哀公五年载:范昭子(士吉射)之臣王生虽然厌恶张柳朔,但他还
是在范昭子面前推荐张柳朔为柏人宰。这引起了范昭子的困惑,"夫非
而仇乎?"王生的回答是:"私仇不及公,好不废过,恶不去善,义之经也。
臣敢违之?"这是说,私人恩怨不能用在公共事务上,不能因为喜好某人
而掩盖其过错,亦不能因为厌恶某人而去废弃其优点。王生把这归于
"义之经也",说明"义"的原则要求人们在公共事务中,不能掺杂私人恩
怨,这是当时的共识。又如《左传·隐公四年》中关于石碏"大义灭亲"一
事的记载:

> 四年春,卫州吁弑桓公而立。……州吁未能和其民,厚问定君
> 于石子。石子曰:"王觐为可。"曰:"何以得觐?"曰:"陈桓公方有宠
> 于王,陈、卫方睦,若朝陈使请,必可得也。"厚从州吁如陈。石碏使
> 告于陈曰:"卫国偏小,老夫耄矣,无能为也。此二人者,实弑寡君,敢
> 即图之。"陈人执之而请涖于卫。九月,卫人使右宰丑涖杀州吁于濮,
> 石碏使其宰獳羊肩涖杀石厚于陈。君子曰:"石碏,纯臣也。恶州吁而
> 厚与焉。'大义灭亲',其是之谓乎!"(《春秋左传注》第35—38页)

据《左传·隐公三年》载:"公子州吁,嬖人之子也,有宠而好兵。……
骄、奢、淫、泆,所自邪也。"州吁杀了庶兄卫桓公而自立为君,但未能和其
民。石厚从州吁游,因请教其父石碏如何安定民心,使州吁坐稳君位。
石碏以朝陈使请觐王之计,让陈人逮捕了州吁和石厚,卫人得以处死州
吁,而石碏也派家臣处死了自己的儿子石厚。如前所言,"君义"这是春

秋时人对君主的道德要求,显然,州吁并非义君。所以人们高度评价石碏,谓之"纯臣"和"大义灭亲"。

综上所述,"义"在春秋时代起初是作为君长的道德要求而被强调的,其基本含义就是贤能。当然,贤能这一品格自然包含了能够推举任用贤能之士。因此,在以后的发展过程中,义的观念更多地与王国维所谓周代四大道德观念中的"贤贤"有关。这一点,直接影响了儒、墨两家,为儒、墨两家所认可和继承,区别仅在于,儒家在崇尚"贤贤"的同时,犹尊重传统的"尊尊"和"亲亲";而墨家则似乎更为激进,以"尚贤"为唯一之原则,这也是墨家特别重视"义"的原因所在。

四、智仁勇

相对于古希腊时代所崇尚的"四枢德"而言,春秋时代的中国人崇尚的德目较多,比较丰富。《国语·周语下》提到敬、忠、信、仁、义、智、勇、教、孝、惠、让等十一种美德,并给予简要的界定:"象天能敬,帅意能忠,思身能信,爱人能仁,利制能义,事建能智,帅义能勇,施辩能教,昭神能孝,慈和能惠,推敌能让。"《国语·楚语下》讲到六种似是而非的"美德"和与之相对的真正的美德:"其为人也,展而不信,爱而不仁,诈而不智,毅而不勇,直而不衷,周而不淑。复言而不谋身,展也;爱而不谋长,不仁也;以谋盖人,诈也;强忍犯义,毅也;直而不顾,不衷也;周言弃德,不淑也。是六德者,皆有其华而不实者也,将焉用之。"这里所提到的六种真正的美德是:信、仁、智、勇、衷、淑。以上两者都提及后世儒家所谓的"智(知)仁勇"三达德。实际上,春秋时代智、仁、勇三德相提并论非常普遍。

首先,春秋时人在思考该如何行动时,总是会事先考虑是否符合智、仁、勇的标准。我们先看三段材料:

（1）子犯请击之,公曰:"不可。微夫人力不及此。因人之力而敝之,不仁。失其所与,不知。以乱易整,不武。吾其还也。"(《左传·僖公三十年》,《春秋左传注》第 482 页)

（2）王奔郧……郧公辛之弟怀将弑王，曰："平王杀吾父，我杀其子，不亦可乎？"辛曰："君讨臣，谁敢仇之？君命，天也。若死天命，将谁仇？……违强陵弱，非勇也。乘人之约，非仁也。灭宗废祀，非孝也。动无令名，非知也。必犯是，余将杀女。"（《左传·定公四年》，《春秋左传注》第1546—1547页）

（3）郤锜谓郤至曰："君不道于我，我欲以吾宗与吾党夹而攻之，虽死必败，君必危，其可乎？"郤至曰："不可。至闻之，武人不乱，智人不诈，仁人不党。……"是故皆自杀。（《国语·晋语六》）

在（1）中，晋、秦联合攻郑，后来秦私下与郑结盟，子范请求继续攻打郑国，但晋文公认为不可，原因在于这样做"不仁"、"不知"、"不武"。晋文公认为，恃仗武力不仁，这表明仁与武力、霸道相反；继续攻打郑国，势必失去先前的同盟秦国，这不明智；以战乱代替和平，这不是真正的勇武。可见，"武"或"勇"没有自身的价值，它必须以一个更为崇高的价值（在这里是和平）为目的，自身才有价值。在（2）中，吴、楚之战，楚人败北，楚昭王奔陨，陨公辛之弟欲借此机会杀掉昭王以报家仇，因为之前昭王之父楚平王杀死了他们的父亲。但是，陨公辛不赞成，除了"君命"难违的理由之外，其理由就是如此行动不符合勇、仁、孝、智：违强陵弱，不是真正的勇武；乘人之危，不够仁厚；这样做，很可能带来灭宗废祀的后果，这是不孝；杀掉楚昭王，只会带来弑君的恶名，这不明智。在（3）中，晋厉公欲除三郤之族，郤锜认为既然国君无道，主张以三郤族党还攻国君，郤至却不赞成，其理由亦在于不符合武、智、仁：犯上作乱绝非勇武的表现，欺诈也不等于智慧，结党营私、滥杀无辜更非仁德。实际上，在前面的论述中，仁隐约已有恻隐、仁爱之义，这里更加明显，而且这种仁爱恻隐指向的是更为广泛的人群而非某个党派。

实际上，春秋时人对如何行动才是智、仁、勇，在具体的情势中，总会有不同的看法。《国语·晋语三》载：秦、晋交战，秦获晋惠公，秦穆公合大夫而谋划，是杀了晋君，还是放逐之，抑或放其回国。公子絷主张杀了晋惠公,公孙枝则认为不妥,但两人的理由都关乎智、仁、勇三德。公子絷曰:"吾岂将徒杀之? 吾将以公子重耳代之。晋君之无道莫不闻,公子重耳之仁莫不知。战胜大国,武也。杀无道而立有道,仁也。胜无后害,智也。"公子絷主张杀了无道的晋惠公,另立公子重耳为晋君。他认为战胜了晋国,这是武;以有道代无道,这是仁;而且,这样也不会为秦国带来后患,这是智。公孙枝恶说:"耻一国之士,又曰余纳有道以临女,无乃不可乎? 若不可,必为诸侯笑。战而取笑诸侯,不可谓武。杀其弟而立其兄,兄德我而忘其亲,不可谓仁。若弗忘,是再施不遂也,不可谓智。"公孙枝认为,战胜晋国,杀一君,立一君,这必为诸侯所笑,算不上武;杀弟立兄,假若使其兄亲我而疏亲,这算不上仁;假若其兄不忘为亲报仇,必引起后患,那就不明智。这里的分歧不在于对智、仁、勇之内涵的理解不一,而主要在于如何做才是智、仁、勇。这实际上关乎审时度势与实践智慧。这就是为什么在春秋时代,"智"德较"仁"、"勇"两德更为重要,亦更为人们所重视的原因所在。

其次,春秋时代在选拔人才,尤其是主政卿大夫时,非常看重智、仁、勇三种美德。我们看几段材料:

> (1) 韩献子老,使公族穆子受事于朝。辞曰:"厉公之乱,无忌备公族,不能死。臣闻之曰:'无功庸者,不敢居高位。'今无忌,智不能匡君,使至于难,仁不能救,勇不能死,敢辱君朝以忝韩宗,请退也。"固辞不立。(《国语·晋语七》)
>
> (2) 悼公使张老为卿,辞曰:"臣不如魏绛。夫绛之智能治大官,其仁可以利公室不忘,其勇不疚于刑,其学不废其先人之职,若在卿位,外内必平。……"(《国语·晋语七》)

在(1)中,韩献子老而致仕,推荐公族大夫穆子执政,穆子辞却,其理由是在晋厉公之乱中,他没有做到智、仁、勇:"智不能匡君","仁不能救,勇不能死"。在(2)中,晋悼公请张老为卿,张老亦辞却,他力荐魏绛主政,其理由亦是魏绛具有智、仁、勇的品格,且博学于典章制度。

再次,所谓"国之大事,在祀与戎",战争是春秋时代一个国家的头等大事。如何才能有资格打仗乃至取得战争的胜利,春秋时人在讨论这些问题时也经常论及智、仁、勇三德。《国语·吴语》载包胥曰:"善哉,蔑以加焉,然犹未可以战也。夫战,智为始,仁次之,勇次之。不智,则不知民之极,无以铨度天下之众寡;不仁,则不能与三军共饥劳之殃;不勇,则不能断疑以发大计。"楚申包胥使于越,越王勾践咨询战何以可,包胥对之于"智、仁、勇",而且强调"智为始,仁次之,勇次之"。可见,是否能赢得胜利,勇武自然重要,却不是最重要的因素。无论是选拔人才还是取得战争的胜利,春秋时人都认为智、仁、勇三德最为重要,其中智尤为关键,居三德之首。

综上所述,知(智)、仁、勇(武)是春秋时代比较被推崇的三种美德,智与审时度势有关,在春秋战乱年代,其被重视程度远高于仁和勇。仁有恻隐、关爱之义,首先自然是与自己有血亲关系的父母,但在春秋时代,仁爱已经指向了更为广泛的人群,它与保障广大百姓人民的生命有关。勇与果断有担当精神有关,而不是狭隘的逞强和暴力。一般而言,勇自身无独立之价值,它只有以更为崇高的价值(比如仁、义)为目的才有价值。

五、和同之辨

"和"是中国古代最高之理想,一切礼制、伦理和道德,其最终目标都是为了达致"和"的状态。春秋时代,人们对"和"已经有了广泛的认识和深刻的理解。万物万事皆有"和",因此,"和"有不同层次:就个体修养而言,是"心平德和"(《左传·昭公二十年》);就夫妻关系而言,是"夫和妻柔"(《左传·昭公二十六年》);就一个国家而言,是"民和年丰"(《左传·桓公六年》)、"上下和睦"(《左传·成公十六年》);就天下秩序而言是"大和":"诸侯遂睦","百姓休和"(《左传·襄公十三年》)。

其中,春秋时人对宇宙秩序和政治秩序之和及其内涵,有非常深刻的讨论。《左传·昭公二十年》载:

齐侯至自田，晏子侍于遄台，子犹驰而造焉。公曰："唯据与我和夫！"晏子对曰："据亦同也，焉得为和？"公曰："和与同异乎？"对曰："异。和如羹焉，水、火、醯、醢、盐、梅，以烹鱼肉，燀之以薪，宰夫和之，齐之以味，济其不及，以泄其过。君子食之，以平其心。君臣亦然。君所谓可而有否焉，臣献其否以成其可；君所谓否而有可焉，臣献其可以去其否。是以政平而不干，民无争心。……声亦如味……君子听之，以平其心。心平，德和。故诗曰：'德音不瑕。'今据不然。君所谓可，据亦曰可；君所谓否，据亦曰否。若以水济水，谁能食之？若琴瑟之专壹，谁能听之？同之不可也如是。"（《春秋左传注》第1419—1420页）

齐景公说只有梁丘据"与我和"，因为梁丘据非常顺从齐景公，齐景公到哪他便到哪，齐景公说什么是他便说什么是。然而，晏婴驳斥了齐景公的说法，认为梁丘据的言行是"同"而非"和"。进而，晏婴对"和"与"同"展开了详细的辨析。晏婴首先以宰夫和羹作为比喻来解释何为"和"：和羹需要水、火、醯、醢、盐、梅、鱼等不同素材相均和，使各种味道适得其中，毋过或不及，如此才能做出美味的汤羹。君臣关系亦是如此：臣子不应对君主之言行马首是瞻，而应提出自己的不同看法和意见，劝谏君主，以致政平。这才是君臣相和。晏婴进而以和声为比喻来解释何为"和"以及"和"的重要性：和声如和味，需要不同的素材、不同的音律相济，才能调出优美的音乐。在晏婴看来，梁丘据一味无原则地苟同齐景公，唯君主之所是为是，君主之所非为非，这不是和；而且，这就好比以水济水，以火济火，对于政治而言有百害而无一利。

史伯关于"和""同"的内涵与辨析，较之晏婴之论更为深刻。《国语·郑语》载：

（郑桓）公曰："周其弊乎？"（史伯）对曰："殆于必弊者也。《泰誓》曰：'民之所欲，天必从之。'今王弃高明昭显，而好谗慝暗昧；恶角犀丰盈，而近顽童穷固。去和而取同。夫和实生物，同则不继。

以他平他谓之和，故能丰长而物归之；若以同裨同，尽乃弃矣。故先王以土与金、木、水、火杂，以成百物。是以和五味以调口，刚四支以卫体，和六律以聪耳，正七体以役心，平八索以成人，建九纪以立纯德，合十数以训百体。出千品，具万方，计亿事，材兆物，收经入，行姟极。故王者居九畡之田，收经入以食兆民，周训而能用之，和乐如一。夫如是，和之至也。于是乎先王聘后于异姓，求财于有方，择臣取谏工而讲以多物，务和同也。声一无听，物一无文，味一无果，物一不讲。王将弃是类也而与剸同。天夺之明，欲无弊，得乎？”

史伯认为周王朝将要败弊，因为周王远离和憎恶那些经常进谏的明德之臣和贤明之相，而喜好和亲近那些暗昧无德却能谄媚阿谀之徒。与晏婴评价齐景公一样，史伯认为周王这是“去和而取同”。可见，“同”实际上就是在政治上听不进别人的不同意见。在此，史伯也用春秋时人常见的和味和合声来做比喻，以说明和解释“和”“同”之别。不过，史伯还从更为根本的宇宙论的角度，论证了“和”的重要性与“同”的不可取。他提出一个重要命题，即“和实生物，同则不继”。从自然界来看，只有各种元素搭配才能生长万物；只有各种生物相互氤氲，自然界才能持续繁衍，繁荣发展。设若这个世界只有一种元素或一种生命，那么这个世界必将走向灭亡。这无疑是一个非常浅显易明而又非常深刻的哲学洞见。当然，这一原则落实到政治领域，那就是必须容许甚至欢迎持不同政见的声音的存在。

总之，在天道与人事、天命与德力、鬼神与民神观等方面，春秋时期继承和改造了西周的观念，极力渗透进理性主义、人文主义和民本主义的理解和解释，而且愈来愈强调后者的重要性。春秋时期尊礼、重信，对孝忠义、智仁勇等德目有所争论，有所深化，和同之辨也极有意义。这一时期是我国道德与政治伦理的奠基期。由于宗法制逐渐解体，春秋中后期出现了以法代礼的趋势，一些伦理道德观念自身及其相互之间的结构性张力开始呈现出来。

第四章　孔子的哲学

　　孔子(前 551—前 479 年)姓孔名丘,字仲尼,鲁国陬邑(今山东曲阜东南)人。据钱穆考证,孔子的先世是商代的王室,周灭商而封微子启于宋,四传至宋愍公,愍公长子弗父何让君于弟,弗父何曾孙正考父,至正考父子孔父嘉皆宋贤上卿,孔父嘉为孔子六代祖,从此称孔氏,孔父嘉曾孙孔防叔奔鲁而失卿位,为士大夫,至孔子父叔梁纥为鲁郰邑大夫,已经是最低等级的士大夫。① 孔子三岁丧父,由母亲颜徵在带回娘家所在地阙里生活,母亲又在他十五岁时去世。孔子从小知礼好学,学无常师,努力学习夏商周三代文化,特别是周代的礼乐。"孔子为儿嬉戏,常陈俎豆,设礼容"(《史记·孔子世家》),"十有五而志于学"(《论语·为政》),成长为当时最有学问的学者。成人后曾当过管仓库的"委吏"和管牛羊的"乘田"等小官,"吾少也贱,故多能鄙事"(《论语·子罕》),颇有实际才能。三十岁左右,他开始兴办私学,在社会上渐渐有了名声。五十岁时,他当上了鲁国的"中都宰"。中都是鲁国的公邑,邑宰的职位并不高。孔子在此任职一年,政绩颇佳,"四方皆则之"。第二年,孔子升任鲁国的

---

① 参见钱穆:《孔子传》,北京:九州出版社,2011 年,第 1—4 页。

"小司空"，是掌管土木的副官。后升任"大司寇"，这是负责国家司法、刑狱和治安的最高长官，爵位为大夫。孔子以司寇之职摄行相事，即代理鲁国最高行政事务。齐鲁夹谷之会，孔子以智谋使鲁国取得外交与军事胜利。不久因政局动荡、齐人离间，孔子不得已率弟子离开鲁国，奔走于卫、宋、陈、蔡、齐、楚等国，度过了十四年的流亡生涯。孔子重返鲁国时，已是六十八岁的老人了。他在生命的最后五年，专力从事讲学和整理古代文献典籍，删修六经。

孔子的哲学思想在清王朝结束之前一直是 2500 年中国传统文化的核心部分。随着儒学被国家和社会普遍接受，孔子成为中国文化精神的象征。然而进入民国之后，随着儒学不再作为国家指导思想和儒学教育剥离国家教育体制，以及把近代中国落后错误归因于传统和全盘西化的时风，使作为传统文化精神象征的孔子及其思想受到不正确的对待，从新文化运动时期的"打倒孔家店"，到极"左"时期的"破四旧"，既是一段中国传统文化蒙难史，也是孔子思想和地位急剧跌落到作为落后腐朽代名词、加以无情批评的历史地位最低谷的过程。直到改革开放时期文化领域的拨乱反正，孔子随着儒学研究的新开展逐渐恢复其本来面目。

第一节　孔子与儒家

自春秋末期孔子创立儒家学派，直至清代，儒学一直在不断发展和扩大之中。汉代以后的儒学，不仅仅局限于心性之学或者考据之学的范围，而是在社会政治事务、教育师道、经史博古、文章子集的各方面沿着先秦儒学的博大范围扩张，渗透到全社会，适应并指引人们的生活。儒学落实在政治制度、社会风尚、教育宗旨以及私人修养之中，是两千五百多年来中国人的生活方式、行为方式、思维方式、情感方式和价值取向的结晶，是朝野多数人的信念信仰或安身立命之道，乃至到了百姓日用而不知的程度。儒学所以成为中国社会与民间文化的主潮，是由儒学的基本精神、广博范围、历史发展客观地确立的,而不是什么人的一厢情愿。实际上,传统中国社会就是儒家型的社会,传统中国文化的底色和主流是儒家式的,传统中国人的主要性格也是儒家式的;反过来说,儒家或儒学在中国所起的作用或功能,类似于基督教、天主教之于西方,东正教之于俄国,印度教之于印度,伊斯兰教之于阿拉伯世界,都是族群文化自我认同的根基,伦理共识的核心。

儒学,今人亦称儒家或儒教。从学派、团体出发,称为"家";从学问、学术出发,称为"学";从信念、信仰出发,称为"教"。实际上,三者为一事,三个称谓可以互用。那么,究竟什么是"儒"? 孔子如何创立儒家学派? 儒学发展的历史如何呢? 知此方能明白孔子智慧之高明和影响之深远。

一、创立儒家学派

从字源上说,"儒"字有两个义项,一为"柔",一为"术士之称"。"柔"的意思并不是柔弱迂缓,而是"安"义、"和"义,即能安人、能服人,天地人相和谐。《礼记·儒行》陆德明《释文》云:"儒之言,优也,和也,言能安人能服人也。"孔颖达疏:"又儒者濡也,以先王之道能濡其身。"这是指儒家学问与儒家中人都主张谦虚和睦、宽裕待人,不恃强力、以德服人,使人心悦诚服。《汉书·司马相如传》注曰:"凡有道术皆为儒。""术士"或"有道术者",是"儒"的原义。大约汉代以前的人称"术士"为"儒"。汉代扬雄说:"通天地人曰儒"。这是指大儒、通儒。《后汉书·杜林传》说杜林"博洽多闻,时称通儒。"《风俗通》曰:"儒者,区也。言其区别古今,居则玩圣哲之词,动则行典籍之道,稽先王之制,立当时之事,纲纪国体,原本要化,此通儒也。若能纳而不能出,能言而不能行,讲诵而已,无能往来,此俗儒也。"或者我们可以说,广义的"儒"泛指有学问道术者。如道家的庄子也被人称为"儒"(见《史记·孟荀列传》),又如有"君子儒"和"小人儒"之称(见《论语·雍也》)等等。"儒"的后起义,或者说狭义的"儒",作为专用名词的"儒",则指儒家。

一般说来，"儒"乃通习六艺之士的通称。"六艺"指礼、乐、射、御、书、数。礼和乐是西周的等级秩序与生活方式，主要是社会生活规范，包含今天所谓宗教、政治、伦理、艺术、体育等内容。射、御相当于礼的节目。书、数则属于初级的技能。贵族大体上都必须通晓六艺。平民如果想到贵族家庭中去服务，也必须通习六艺或其中的一部分。早期的儒者属于"士"这个阶层。"士"原来多由贵族的庶孽子弟或比较低级的贵族子弟充任，后来渐渐落到平民社会里去。孔子就是将古代的贵族学传播到平民社会的第一人。"儒"大体上是保存、传授古代礼仪规范、典籍文化的教师。

《周礼·太宰》："四曰儒，以道得民。"郑玄注曰："儒，诸侯保氏有六艺以教民者。""保氏"指古代职掌教育贵族子弟的官员。《周礼·地官》："保氏掌谏王恶，而养国子以道，乃教之六艺。"保氏与师氏同，都是负责教育的官员，亦是教师。师儒即师保，保即以道安人者。《周礼·大司徒》："四曰联师儒。"郑玄注曰："师儒，乡里教以道艺者。"可见儒者原来是在上层社会掌教，后来是在民间设教授徒，有学识道术与技艺的人。其教育的主要内容为六艺之学。也就是说，儒与商周王朝中主管礼乐教化的官员有一定的关系，但后来文化下移，到民间去了或民间化了。

"六艺"，又指"六经"，即《诗》、《书》、《易》、《礼》、《乐》、《春秋》。《庄子·天下》论及儒家曰："以仁为恩，以义为理，以礼为行，以乐为和，薰然慈仁，谓之君子。"又曰："其在于《诗》、《书》、《礼》、《乐》者，邹鲁之士、搢绅先生多能明之。《诗》以道志，《书》以道事，《礼》以道行，《乐》以道和，《易》以道阴阳，《春秋》以道名分。"这里，邹作陬，或作聊，指孔子的家乡陬邑。邹鲁之士指孔子与孔门弟子，尚未包括孟子。如指孔孟，则应曰"鲁邹"①。搢绅，亦作缙绅、荐绅。搢，插；绅，束腰的大

---

① 详见蒋伯潜：《诸子通考》，杭州：浙江古籍出版社，1985年，第39页。

带。搢绅即插笏于绅。笏是记事记言的板子。古代做官的人，垂绅插笏，所以称士大夫为搢绅。上引《庄子·天下》之言的意思是：儒家君子按"仁爱"的原则施予民众、他人以恩惠，以相适宜的措施建立人事秩序，以礼仪规范约束行为，以音乐美感调和性情，总是表现出温润慈祥的状貌。邹鲁之地的士大夫多能通晓六经。《诗经》是抒发心志的，《书经》是讲述政事的，《礼经》是告诫行为规范的，《乐经》是陶冶性情的，《易经》是分析阴阳变化的，《春秋经》是指示尊卑名分的。儒家与六经有着不解之缘。

从《汉书·艺文志·诸子略》可知，刘歆《七略》对儒家的界定是："儒家者流，盖出于司徒之官，助人君顺阴阳明教化者也。游文于六经之中，留意于仁义之际。祖述尧舜，宪章文武，宗师仲尼，以重其言。于道最为高。孔子曰：'如有所誉，其有所试。'唐虞之隆，殷周之盛，仲尼之业，已试之效者也。"刘歆视诸子某家起源于某官，如儒家起源于司徒之官。据《周礼·地官》，司徒是主管教化的官。孔子以前，官师不分，政府某部门的官吏，即是与此部门有关的一门学术的传授者。周王室衰微之后，政府各部门官吏失去了职位，流落民间，成为私学之师。从刘歆《七略》和《汉书·艺文志》可知，儒家以"六经"为思想资源，以"仁义"为思想主旨，继承尧、舜、禹、汤、文、武、周公治国平天下的大本大源，以孔子为宗师。古代儒家圣贤，不仅坐而言，而且起而行，或者以事功垂诸百世，或者以言教传之千里。立德、立功、立言，是谓三不朽。《汉书·艺文志》谈到儒家之外的八家，介绍了"此其所长也"之后，接着是批评或贬抑，唯独对于儒家最为推崇，许之以"于道最为高"。这多少代表了汉代人以儒学居诸子之上的思想。

《淮南子·要略》曰："孔子修成康之道，述周公之训，以教七十子，使服其衣冠，修其篇籍，故儒者之学生焉。"《淮南子·俶真》高诱注曰："儒，孔子道也。"《淮南子·要略》重在肯定儒家对周代人文建制和人文精神的继承和发挥。

　　总之,儒的前身已不可考①,儒家的正式形成当在春秋末期的孔子时代。儒家是继承上古时期的文化遗产与周公孔子之道,讲述六艺之学的学者和教师,活跃于民间社会,他们是社会良知的代表,以其社会理想、道德价值、人文精神鞭笞、批判现实的污浊黑暗,关心老百姓的生计、疾苦,以礼乐文明的精神滋养社会道德,纯洁人们的心灵。战国时,各国当政者都不接受儒学,视其为迂阔之学,各学派也对儒学持批判态度。儒学正是在这种情况下渗透于全社会的。

　　孔子是儒家学派的创始人。孔子三十岁左右开始兴办私学,从此一直没有间断过"有教无类"的广泛授徒教学活动,逐渐形成完整的儒家学派主张,通过出仕、周游列国、归鲁删述六经等几个阶段,身体力行,把贵族垄断的王官之学散播到民间,贫穷百姓皆可"下学而上达",学为君子,从而把衡量君子的标准从血缘、出身改变为有无德行和能力。其号称三千、遍布各诸侯国的众多弟子追随弘扬,使儒家学派影响深远。汉代独尊儒术,儒家从先秦诸子之一上升为国家意识形态和学术思想正统,儒学从此成为中国传统文化的主流。

　　孔子创立的儒家学派影响广泛,和他周游列国和晚年整理六经关系很

---

① 近世许多学者争论儒之起源问题。章太炎《国故论衡·原儒》认为"儒"有广狭之义和时代之别。古儒为祝史卜巫一类术士,可以作法求雨。此广义的、包括一切方术之士的儒为"达名之儒"。"儒"后来演变为"祖述尧舜,宪章文武,宗师仲尼"等通晓六艺之儒,为"类名之儒"。学术范围更狭,略懂德行政教之儒,为"私名之儒"。胡适 1934 年作《说儒》,考证儒是殷民教士,被周征服之后仍在困难条件下从事治丧、相礼及其他宗教职业,如祈神、求雨、驱鬼、乐舞等等。冯友兰 1935 年发表《原儒墨》,不同意胡适的殷遗民之说,并综合王官说与职业说,认为儒是有知识有学问的专家,西周末年贵族政治崩坏之后,在官的专家或有知识的贵族,散在民间,以教书相礼为生。"后来在儒之中,有不止于以教书相礼为事,而且欲以昔日之礼乐制度平治天下,又有予昔之礼乐制度以理论的根据者,此等人即后来之儒家。"郭沫若 1937 年发表《借问胡适》一文(后改名为《驳〈说儒〉》),否定胡适"儒是殷民教士"的观点,认为秦汉以后称术士为儒,是儒名的滥用。"儒应当本来是'邹鲁之士缙绅先生'们的专号。那在孔子以前已经是有的,但是春秋时代的历史的产物,是西周的奴隶制逐渐崩溃中所产生出来的成果。"徐中舒 1975 年发表《甲骨文中所见的儒》,认为甲骨文中的"需"字即原始的"儒"字,像沐浴濡身之形。徐文据此认为儒为殷商时代为人相礼、祭祖事神的人,是一种职业。他们在办事前要斋戒沐浴,以示敬诚。但徐中舒所据甲骨片为孤证。另请参见陈来:《说说儒》,载《原道》第 2 辑,北京:团结出版社,1995 年;赵吉惠:《现代学者关于"儒"的考释与定位》,载《孔子研究》,1995 年第 3 期。

大。在周游列国的过程中,他的道德理想主义的政治主张不为各国执政者所采纳,凄凄惶惶,找不到一个容身之所,在陈蔡竟陷于绝粮的窘境。但他仍然"知其不可而为之",持守道义,席不暇暖,不畏辛劳,乐以忘忧,在困厄中与弟子"习礼大树下","讲诵弦歌不衰"(《史记·孔子世家》)。孔子重返鲁国后,以讲学和整理古代文献典籍为务。史载,"孔子以《诗》、《书》、《礼》、《乐》教,弟子盖三千焉,身通六艺者七十有二人"(《史记·孔子世家》)。"孔子闵王路废而邪道兴,于是论次《诗》、《书》,修起《礼》、《乐》"(《史记·儒林列传》)。"孔子之时,周室微而《礼》、《乐》废,《诗》、《书》缺。追迹三代之礼,序《书传》,上纪唐虞之际,下至秦穆,编次其事"(《史记·孔子世家》)。孔子对《诗》、《书》的内容加以取舍和编排,又对《礼》、《乐》作加工整理使之重新恢复。孔子晚年喜读《周易》,乃至"韦编三绝",并亲自为《周易》作《传》,后人称之为《易传》。他又依据鲁国史官所记的《鲁春秋》改写成《春秋》,以褒贬是非善恶,史称"春秋笔法"。孔子最大的贡献是创造性地奠定了中华民族人文精神的核心价值观。

要了解孔子,《论语》是重要的资料,该书搜集了孔子与门人及当时人的一些对话,平易亲切,耐人寻味,反复诵读,加上自己的生命体验,甚有裨益。要研究孔子,光靠《论语》、《左传》、《史记》是不够的,《孔子家语》、大小戴《礼记》①及汉代人编撰的一些书、出土简帛文献中都保留了不少七十子后学传述孔子思想的资料,应予以充分关注。孔子是世界著名的思想家、卓越的教育家,是中国文化的伟大代表者。他提出的仁学理论集三代思想之大成,开儒家思想之先河。他用极大的精力从事文化

---

① 《孔子家语》(简称《家语》)详细记录了孔子与孔门弟子的言行和思想,魏王肃注。宋代以来被疑为王肃的伪作。1973 年河北定州八角廊西汉中山怀王刘脩墓出土了《儒家者言》,与《家语》相近,1977 年安徽阜阳双古堆西汉墓也出土了内容相近的简牍。2002 年 12 月,上海博物馆藏战国楚竹书第二册公布的《民之父母》,内容同于《家语》的《论礼》篇和《礼记》的《孔子闲居》篇。李学勤、庞朴、杨朝明等先生的论著论证了今本《家语》的原型是可信的。《礼记》,又称《小礼记》,是解释《礼经》的书籍。西汉时,传习《礼经》的有十三家,只有戴德、戴圣叔侄二人所传之礼行于世。戴德传《记》85 篇,称为《大戴礼》;戴圣传《礼》(《礼经》)49 篇,称为《小戴礼》,即习称的《礼记》。

古籍的整理工作,对古代教育、文化的发展作出了重要的贡献。

二、七十子之徒

过去讲先秦儒学,只是孔子—孟子—荀子,这太简单化了。我们读郭店楚简、上博楚简,都可以深化关于先秦儒学史的认识。

有这样几个方面是值得注意的。首先是六经,这是先秦儒学之根。六经以下才是孔子,孔子以下,是我们注意的第二个重点,即七十子。七十子的材料可以从文献中勾稽,也有出土文献的支撑,比如定县出土的《儒家者言》与《说苑》、《孔子家语》的内容有关,涉及到七十子。七十子以下,各家学派发展,最后才有孟、荀两大宗。孟子从心性学说的路子由内圣撑开到外王,荀子从社会学或制度化礼学的路子全面撑开了儒学。

六经的材料,最近出土简帛有不少,如帛书简书的《周易》、《诗经》(逸诗与孔子论诗)、《尚书》的材料等等。解释六经的材料,与七十子有关。简帛资料中有一些是解经的传、解、说等。儒家多派,绝不只有八派。

关于七十子,李零先生在《读书》2002 年第 4 期发表了《重见七十子》一文。过去李启谦先生有《孔门弟子研究》,有孔子及其弟子资料汇编等。《论语》、《史记》(其中《孔子世家》、《仲尼弟子列传》等篇)仍然是基本材料。李学勤先生《简帛佚籍与学术史》等几部近著都说到七十子问题。李耀仙先生《先秦儒学新论》也说到这些问题。

《论语·先进》说到孔门情况:"从我于陈蔡者,皆不及门也。德行:颜渊、闵子骞、冉伯牛、仲弓;言语:宰我、子贡;政事:冉有、季路;文学:子游、子夏。"这就是广为人知的孔门"四科十哲",即:颜回(子渊)、闵损、冉耕、冉雍;宰予(子我)、端木赐;冉求(子有)、仲由(子路);言偃、卜商。

这里没有提到有子、曾子、子张,这三位重要的弟子当时年轻,未及赶上孔子困厄于陈蔡之际。子游、子夏虽列在这个行列,从年龄上看,也不可能在周游列国之前,进入孔门。

颜渊、冉伯牛、宰予、子路等，先孔子而死，闵子骞不求闻达，不可能创立学派。关于颜渊、子夏、曾子、子思等，请见拙著《诸子学志》。①

孔门早期弟子，年龄一般比孔子小三十岁以内，子贡是例外，小三十一岁。这一批弟子中最有可能创立学派的有仲弓（小孔子二十九岁）、商瞿、漆雕开三人；孔门晚期弟子，一般小孔子四十岁以上，有曾子、有子、子夏、子游、子张等人。除有子外，这四位是四大领袖。"子夏、子张、子游以有若似圣人，欲以所事孔子事之，强曾子。"（《孟子·滕文公上》）这遭到曾子强烈反对，拥立有子的事没有成功。但《论语》只对有若、曾参称子，可见有子的影响很大，门生也多。公孙丑说："昔者窃闻之：子夏、子游、子张皆有圣人之一体，冉牛、闵子、颜渊则具体而微……"（《孟子·公孙丑上》）这是指子夏、子游、子张各有孔子的一部分长处，而冉牛、闵子、颜渊则具有圣人之全体德行的苗头。

近年上海博物馆公布的购藏之楚竹书，有很多《孔子世家》、《仲尼弟子列传》中的人物，如颜回、仲弓、子路、子贡、子游、子夏、曾子、子羔、子思等人，有的甚至就是以他们的名字题篇。②

仲弓，这个名称与季路相似，仲、季是排行。子路姓仲名由字路行季，故称季路，后人尊为子路。仲弓，姓冉名雍字弓行仲，故称为仲弓，后人尊为子弓。仲弓长于西周礼制，"雍也可使南面"。孔子"为国以礼"。仲弓问仁，子曰："出门如见大宾，使民如承大祭。"仲弓长于此道，孔子引春秋时人的话为喻。荀子之学是礼学，所以荀子把孔子与子弓连举并尊。

荀子所尊的子弓是不是馯臂子弓（《仲尼弟子列传》作子弘）？馯臂子弓是商瞿的弟子，《汉书·儒林传》记为再传弟子，易学传人。荀子尚

---

① 郭齐勇、吴根友：《诸子学志》，上海：上海人民出版社，1998年。其中第二章郭著《儒家》，有专节谈孔门弟子与再传弟子。

② 郭店楚简、上博楚简都有与今大小戴《礼记》相同的篇章，如《武王践祚》、《内礼》，见于《大戴礼》，前者据《大戴礼》题篇，后者有自己的题篇，内容却相当于《大戴礼》中的《曾子立孝》。上博简还有《孔子闲居》和《缁衣》，见于小戴《礼记》，据《礼记》题篇。郭店楚简也有《缁衣》。

礼,于六艺主张"隆礼义而杀诗书"(《荀子·儒效》),更主"学至乎礼而止"(《荀子·劝学》),可能子弓是礼学大师,荀子这里指的可能是德行科的能继承孔子之道传于后世的大儒(李耀仙主此说)。但很多学者认为荀子之师的子弓不可能是冉雍或子张,《荀子》的易学来自传《易》的馯臂子弓。《荀子》之《非相》引《易经》,《大略》引《易传》,《天论》本于《系辞》加以发挥。馯臂子弓是楚人。关于子弓(冉雍)的材料,我们还要再发掘。

商瞿(子木),鲁人,小孔子二十九岁。《仲尼弟子列传》:"孔子传《易》于瞿,瞿传楚人馯臂子弘。"孔子五十岁左右学《易》,并把《易》所言"性与天道"传授给门人。商瞿是孔门"可与言《易》"的门人,早期弟子,可能属文学科。他传易学,代有传人,至汉不绝。《易传》可能是商瞿氏之儒一派。他未随孔子出游,早期都未随。

漆雕开,即漆雕启,名凭,字子修,鲁人或蔡人,小孔子二十一岁(一说十一岁)。《公冶长》篇记了一句:"子使漆雕开仕,对曰'吾斯之未能信',子说。"《韩非子·显学》儒家八派中有漆雕氏之儒。他重儒行,强调"强"的一面,但不会是《显学》篇所说的如北宫黝那样的武夫。[①] 他有著作传世,《汉志》有"《漆雕子》十三篇"。

曾子是孔门晚期弟子中的翘楚,在儒家孔门最早的分化中,不以有若似圣人。他有省察工夫,应属于德行一类。曾氏之儒应是儒家很大一个派别。曾子下开数个向度与学脉,他继承孔子的孝道思想,我们在定县八角廊竹简《儒家者言》看到类似孝经中的话,如:"肤受诸父母曾子","何谓身体发肤弗敢毁伤□乐正子","毁伤父不子也,士不友也□□","尊荣无忧,子道如此可谓孝"等,这是讲孝道、《孝经》的一派。还有讲省察工夫和忠恕之道的《大学》一派,还有由曾子开出的子思—孟子学一派,还有乐正子,乐正子春。子思氏之儒、乐正氏之儒都与他有关。

---

① 《显学》以"不色挠、不目逃"说"漆雕之议",这恰是《孟子·公孙丑上》说"北宫黝之养勇"的话。

子夏。六经多为子夏所传。后儒以子夏为传经之儒,汉儒宗子夏;以曾子为传道之儒,宋儒宗曾子。子夏是晚期弟子,小孔子四十四岁,以文学见长。孔子曾勉励他:"汝为君子儒,无为小人儒。"子夏又与夫子言诗,夫子许之曰:"起予者,商也,始可与言《诗》已矣。"《后汉书·徐防传》载:"《诗》《书》《礼》《乐》,定自孔子,发明章句,始于子夏。"《史记索隐》载:"子夏文学著于四科:序《诗》传《易》,又孔子以《春秋》属商,又传《礼》,著在《礼志》。"在传道方面,与曾子分庭抗礼,的确是十分重要的人物。

孔子有多个面相,子夏也有多个面相。孔子死后,"子夏居西河教授,为魏文侯师"(《史记·仲尼弟子列传》)。"七十子之徒散游诸侯,大者为师傅卿相,小者友教士大夫"(《史记·儒林列传》)。有很多长于言语、政事和文学者真正得志,参与列国社会政治改革。"子张居陈,澹台子羽居楚,子夏居西河,子贡终于齐"(同上)。

子夏对三晋地区的制度性建构、法术传统有影响,如荀子及其弟子韩非、李斯。战国晚期,流行刑名法术和阴阳五行,儒家与这类学者对话,主要是制度派而不是道德派。子夏不在儒家八派之中,可见八派之说有问题。

言偃,字子游,晚期弟子,小孔子四十五岁(一说三十五岁),以有若似圣人,是他提出拥立有子,参加孔门第一次分派的争论,后自立一派。他为武城宰,有弦歌之声(《论语·雍也》),通晓《曲礼》。《礼记·檀弓》上有他关于舞乐的记载:"人喜则斯陶,陶斯咏,咏斯犹,犹斯舞,舞斯愠,愠斯戚,戚斯叹,叹斯辟,辟斯踊矣。"我们在楚简《性自命出》中也读到同样的材料。《礼运》是他的门人所记。据《礼记·礼运》,子游独闻夫子的大同思想。后有颜氏之儒,李零说也可能是言游学派。郭店楚简出,对子游的重视日增。

颛孙师,字子张,陈人(鲁人),小孔子四十八岁,是孔子晚年最年轻的弟子,尚仪表,很帅,很酷(同学有"堂堂乎张也"的评价),言行有些过头,"师也过,商也不及"(《先进》)。他是气度恢弘之人,性情未免浮夸,子夏性情笃实,气度未免狭小。子张与曾子之母同时死,见《檀弓》,亦早逝。

荀子《非十二子》抨击子张、子夏、子游,说三派之贱儒,但未抨击曾子。《论语》今本所记孔子弟子发表己意之言,曾子凡十三见,子夏凡十二见,子张凡二见,子游凡四见。此四人在同门中年龄最小,为后期弟子的佼佼者。

前期弟子,颜子言仅一见,赞孔子,子贡言凡七见,赞孔五,已见二。

《显学》篇有说颜氏之儒、子思氏之儒、孟氏之儒、孙氏之儒、仲良氏之儒、乐正氏之儒。颜氏之儒不可能为颜氏所创。有说"颜"、"言"无别,可能指言偃子游。子思之学行与曾子可以媲美,其体认仲尼之道与曾子略有出入。从曾氏之儒分出,自立门户。郭店简有《鲁穆公问子思》的专篇,可见其为人为学。《中庸》思想渊源主要出于曾子,其中性与天道等思想,与《易传·系辞》有关。乐正氏为乐正子春,亦曾门俊彦,体道有殊,自成一派。据《檀弓》,曾子临终前,乐正子春坐在其床下,曾子的儿子曾元、曾申坐在曾子脚边。

仲良氏之儒,是仲梁子的学派,他也可能是曾子的学生。一说是陈良,《滕文公上》说他是"楚产","北学于中国"之前就"悦周公仲尼之道",可能受到澹台灭明的影响。澹台灭明居楚,据说有弟子三百人,陈良是其中佼佼者。

宓不齐,字子贱,鲁人,曾为单父宰,《汉志》有《宓子》。

孟子"受业子思之门人",公开宣称是孔子的"私淑"弟子,基本上是受曾子、曾氏之儒的影响。孔子—曾子—子思—孟子一系是儒学重要的一个发展走向,但不是全部。这一派后来为宋儒表彰,近人称为"思孟学派"。

孙氏(荀子)之儒。荀子在赵时,初识儒学,后游学于齐,经过长时间探索,才从子弓的路子深入孔子堂奥。他对思孟学派提出挑战,与曾氏之儒主省察的工夫取径不同,对子夏、子游、子张之儒无一好评,派性很强。

孔子前期弟子立派是共时性的，后期弟子立派是历时性的。七十子后学中，有大同小异者，有小同大异者，有并行不悖者，有水火不容者。小同大异，莫如子弓氏之儒与曾氏之儒，其后又衍为孟荀的分别。争论最激烈的是拥有派与反有派之争。指责最严厉的，莫如孙氏之儒之对思孟之儒。这是《显学》篇没有认识到的。

七十子弟子公孙尼子。《公孙尼子》一书已散佚，只有《乐记》尚有一部分保存在《礼记》之中。《乐记》有一大段文字类似《系辞》，可能来自《系辞》。《乐记》的文字颇为战国晚期以至汉初著作援用，如《荀子》、《吕氏春秋》等。当然，也有不少学者认为《乐记》抄《荀子·乐论》。《春秋繁露》引公孙尼子养气之论，以"中和"为中心观念，这一观念又见于《易传》和子思的《中庸》，说明公孙尼子同子思一派接近，也反映时代相若。可能《易传》的形成早于子思、公孙尼子，相当于七十子之世，与孔子相近。①

前面已说荀子与《易》有关。荀子学《易》源于馯臂子弓。馯臂子弓，楚人，久居楚，其学又传于楚人陆贾、穆生等，战国秦汉之际楚地的《易》学与他有关。帛书《易传》中的易学家有昭力、缪和（即穆和，兰陵人），都是楚人。帛书《易》是楚地易学的一个流派。

以上提到上博楚竹书《孔子闲居》，上海博物馆发表时在第二册定名为《民之父母》。整理者濮茅左先生说，此篇内容见于今本《礼记·孔子闲居》及《孔子家语·论礼》。《家语》之《论礼》则包含了《礼记》中《仲尼燕居》与《孔子闲居》的内容。《民之父母》是子夏与孔子的问答，子夏请教孔子《诗经·大雅·泂酌》的"岂弟君子，民之父母"，问如何才能成为"民之父母"。本篇可见孔子与子夏的关系以及孔子的仁政思想。此篇记载孔子激赏子夏："善哉！商也，将可教诗矣。"我们读《论语》可知，孔子称美子夏的"礼后乎"的问题意识，在"绘事后素"章讲可以与子夏言诗矣。由"言诗"而"教诗"，可见子夏的长进。

---

① 《史记》说"孔子晚而喜《易》，序《彖》、《系》、《象》、《说卦》、《文言》"，孔子与《周易》关系密切，《易传》或出其手，或为门弟子所记，成书约与《论语》同时（李学勤）。《中庸》、《荀子》都引《易传》，不是晚出之书。当然当时《易传》的面貌，不一定与今传本完全相同。

上博楚简第二册另有《子羔》篇，李零先生认为此与第一册的《孔子诗论》、第二册的《鲁邦大旱》为一篇。《子羔》记述了孔子回答子羔所问尧、舜和禹、契、后稷之事，二帝三王的远古帝王系统。

上博楚简第三册《仲弓》篇很有意思，记载了孔子与仲弓（冉雍）的对话。上博楚简的资料大大丰富了孔子与孔门弟子的思想内容。此篇记载冉雍为季桓子的家宰，请教孔子一些问题，可与《论语》中《子路》、《颜渊》等篇记载的孔子与冉雍的对话相比照，如"老老慈幼"一句就不见于《论语》。

三、儒家学派的发展和影响

孔子创立的儒家学派，在战国时代经过七十子之徒的传播，影响日益广大，绵延不绝。"自孔子卒后，七十子之徒散游诸侯，大者为师傅、卿相，小者友教士大夫，或隐而不见。故子路居卫，子张居陈，澹台子羽居楚，子夏居西河，子贡终于齐。如田子方、段干木、吴起、禽滑离之属，皆受业于子夏之伦，为王者师。是时，独魏文侯好学，后陵迟以至于始皇，天下并争于战国，儒术既绌焉，然齐鲁之间学者独不废也。于威、宣之际，孟子、荀卿之列，咸遵夫子之业，而润色之以学，显于当世。"（《史记·儒林列传序》）战国时代诸侯兼并战争越演越烈，各诸侯国以邻为壑，富国强兵是其关注的重心，故儒家提倡的王道理想不逢其时，除以继承孔子之职志为己任的七十子之徒如孟子、荀子努力弘扬儒家思想外，很多儒门弟子或为隐者避世，如庄周之属；或应时之需，转相以霸道法术事诸侯，如吴起、商鞅、韩非等，他们各持主张，著书立说，"道术将为天下裂"（《庄子·天下》），形成了战国诸子百家争鸣的学术繁荣局面。秦始皇统一全国，实行独用法家、焚书坑儒的文化专制政策，儒学退藏于民间。

汉初，刘邦改变了打天下时对儒生的痛恨，开始亲和儒学。刘邦过鲁，"以太牢祠焉"（《史记·孔子世家》）。太牢指以牛、羊、猪三牲来祭祀，是最高等级的祭祀。刘邦原不好儒，曾羞辱儒士，把尿撒在儒帽中，然而他在战后经过鲁国去曲阜祭祀孔子，预示着统治者从马上打天下到马下治天下的转化。[①] 当然,汉初六七十年间,即高、惠、文、景时期,主导思想为黄老之学,那是因为在战乱之后,民生凋敝,一定要实行"与民休息"的政策。汉武帝"表彰六经"之后,儒学地位上升。在成、平时期,为了治天下,统治者的目光转向儒学。由于儒家善于继承传统文化、典章制度并顺应时代加以因革损益,平易合理,使朝野都能接受。一张一弛,文武之道。为了长治久安,要改用文治为主,管理上路,更多以温和的方式,用制度化的方式来治理社会。特别是,儒家所强调的仁、义、忠、恕之道及其内在的价值使社会秩序得以维系,即所谓"序君臣父子之礼,列夫妇长幼之别",足以内裕民生而外服四夷。民生问题与外族入侵的问题,是汉代政府及以后历朝历代政府特别要认真对待的两件大事。使四夷信服,当然要文武交济,但以怀柔为主,以德服人,民族和亲。所以,在先秦诸子各家学说中,唯有儒学被大汉帝国最终选定为治国平天下的统治思想,尔后直至清代莫不如此。

汉代的中央政府,特别是东汉及以后的中央政府,实际是文治政府,彼时的文官制度已相当发达,为彼时全人类、全世界所仅有。参与政治甚至参与最高政治的,都是接受过儒学教育(它基本上是一种人文教育)而又来自民间下层的知识人。汉武帝以后,儒家典籍被尊为经,而治儒业、通经术者都成为政府重要官员。"自孝武兴学,公孙弘以儒相,其后蔡义、韦贤、玄成、匡衡、张禹、翟方进、孔光、平当、马宫及当子晏,咸以儒宗居宰相位,服儒衣冠,传先王语。"(《汉书·匡张孔马传赞》)西汉宣帝曾于甘露三年(前51)在石渠阁主持会议,讨论五经异同,制定了《石渠阁议奏》以期统一经学。东汉光武帝于建武五年"冬十月,还幸鲁,使大司

[①]《史记·郦生陆贾列传》:"陆生时时前说称《诗》《书》。高帝骂之曰:'乃公居马上而得之,安事《诗》《书》!'陆生曰:'居马上得之,宁可以马上治之乎?且汤武逆取而以顺守之,文武并用,长久之术也。昔者吴王夫差、智伯极武而亡;秦任刑法不变,卒灭赵氏。向使秦已并天下,行仁义,法先圣,陛下安得而有之?'高帝不怿而有惭色,乃谓陆生曰:'试为我著秦所以失天下,吾所以得之者何,及古成败之国。'"于是就有了陆贾的《新语》。这一段话很能代表汉初知识人的认识,他们促使当政者实现由乱而治,由马上到马下的转化。陆生仍是儒学特别是孟子学的传统,甚至语言都与孟子相似或相同。

空祠孔子"(《后汉书·光武帝纪》)。汉明帝于永平十五年(72)"幸孔子宅,祠仲尼及七十二弟子,亲御讲堂,命皇太子诸王说经"(《后汉书·明帝纪》)。汉章帝于建初四年(79)在白虎观主持经术大会,制定了《白虎议奏》。章帝于元和二年(85)亲到阙里,以太牢祠孔子及七十二弟子。孔子庙原为春秋鲁哀公初立于阙里。北魏时,因汉时尝封孔子为宣尼公,故改称宣尼庙。北齐时,各地郡学皆于坊内立孔颜庙,于是孔子庙遍及于北齐之外郡。唐贞观时,朝廷以仲尼为先圣,颁行《五经定本》与《五经正义》,诏各州县皆立孔子庙,于是孔子地位升格,孔子庙乃遍及于全国。其后有所反复,但玄宗上台后"依贞观故事",开元二十七年(739)追谥孔子为文宣王,孔子庙改为文宣王庙。宋真宗大中祥符元年(1008),加谥孔子为元圣文宣王,五年,改谥至圣文宣王。元大德十一年(1307)加号孔子为大成至圣文宣王。明永乐以来,孔庙又称文庙。明嘉靖九年(1530)厘正祀典,始为木主,题至圣先师孔子神位。清顺治二年(1645)定谥为大成至圣文宣先师孔子,顺治十四年(1657)改称至圣先师孔子。民国三年(1914)礼制馆规定,文庙恢复称孔子庙。庙中正殿中为孔子像,左右列四配十哲先贤像。四配指颜子、曾子、子思、孟子,配享祭祀。其弟子及历代大儒之祔祀者,均分列于东西两庑,岁时致祭,典礼隆重。自古以来,诸侯、卿相及地方长官,至必先行谒庙,然后从政。路过孔庙,百官深怀尊重与敬畏之情,文官下轿,武官下马。孔庙与州县学或书院一般建在一起,古代规制,左庙右学,左边是孔庙建筑,右边是州(府)县学或书院的建筑。长沙岳麓书院尚可管窥古代庙学并立的规模。

以上所说历代官方的尊孔祭孔的原因是非常复杂的,但总体来说是稳定社会的需要。当然,这并不意味着儒学只属于官方或精英,儒学具有草根性。历史上真正的儒学与儒家一方面是建设性的、建构式的,另一方面是批判性的,在体制内外批判执政当局的。官方视儒学为统治思想,并不意味着全面认同和接受儒学,故朱元璋当了皇帝一定要修改《孟子》。汉代以后统治阶级对儒学的需要和利用,使儒学具有了两重性。

儒学中确有与传统政治粘连的弊病,这是需要批判的,但儒学更多的作用与价值并不在此。

孔子创立儒家学派之后,儒学发展经历了四个时期,即四个大的历史阶段。[①] 儒学发展的每一个阶段,形成的有特色的儒家思想系统或社会人生观念,都是因应中国社会内部的需要而产生的。儒家或儒学有其一以贯之的常道,但也有因时而异、与时偕行的变道,这种变化发展主要源于中国社会内部的需要,源于中国社会文化内部的调适,同时它也是回应外部社会文化挑战的结果。

大体上,我们可以说,先秦是儒学的创立期,汉至唐代是儒学的扩大期,宋至清代是儒学的重建与再扩大期,清末鸦片战争以降直至今天是儒学的蛰伏期,也是进一步重建与扩大的准备期。儒学即将迎来第五期,即现代之大发展期。

这四个阶段的文化背景各不一样。第一时期(先秦)是中华人文价值理性的奠基期,是黄河、长江流域的文化与周边不同族群的文化大融合的时期,初步形成了中华多民族及其文化的融合体。第二时期(汉魏两晋南北朝隋唐)是中华多民族及其文化融合体的确立期,中华制度文明的建构已相当成熟的时期,与周边各民族及域外文化扩大交流的时期,也是印度佛教文化传入中国,与中国文化、思想、哲学、艺术、宗教不断融合的时期。第三时期(宋元明清)是士庶二元社会结构解体,文明在全社会下移、推开的时期,世俗化的时期,也是进一步消化印度佛学并重振中国文化及儒学的主体性的时期。此一时期的道学(或理学)是整个东亚文明的体现,它在朝鲜半岛、日本列岛和越南等地区和国家都得到深化与发展。第四时期(清末至今)是西欧与美国文化作为强势文化冲击中国文化的时期,也是东西文化、思想、哲学、宗教碰撞与交融的时期,中国文化及儒学在总体上处于劣势并蛰伏的时期,是消化西方文化及学

---

① 这与笔者有关整个中国哲学史的分期有关。请详见郭齐勇编著:《中国哲学史》"导言",北京:高等教育出版社,2006 年。

术,再建中国文化及儒学之主体性的准备或过渡的时期。这四个阶段的时代特征、社会场景不同,儒学自身的治学风格、问题意识与中心范畴既有延续性又有差异性,各有其重心与特色。

孔子所在的第一阶段,诸子峰起,百家争鸣,儒家不仅最先兴起,而且也最盛行。如钱穆先生所言,儒学是中国社会与中华文化的正宗与主干,二千五百多年以来,儒学适应并渗透在华夏社会的大群人生之中;孔子以前学在官府,儒学是春秋时代学术下移的产物,是由贵族学向平民学转化的产物;儒家最看重学校与教育,讲师道与君道的合一,即道与治的合一;君师合一则为道行而在上,即是治世,君师分离则为道隐而在下,即为乱世;儒家所讲的道,不是神道,也不是君道,而是人道;他们不讲宗教出世,因此不重神道,也不讲国家无上与君权至尊,因此也不重君道;他们只讲一种天下太平、世界大同的人生之道,即平民道;儒家是古代文化思想的继承者,另一方面也是新价值系统的创造者。①

孔子启其端的先秦儒家继承三代大传统的天、帝、上帝、天命、天道的终极信仰,以礼乐文明为背景,以“天人性命”问题为枢纽,肯定天道、天命下贯为人之性,创立了凸显人性尊严、人道自觉、人格独立的“仁”学系统,侧重解决天人之际中“人是什么”的问题及人之所以为人的问题,主张通过人文建构、人事活动,特别是道德活动上达天德,把宗教、哲学、政治、道德密切地结合了起来。儒道及诸子以“气”的传统与相对相关的“阴阳”观念,形成连续性、整体性的宇宙观及宇宙生成论。他们反思文明源头,思考天人性命问题以及文化制度对于人的限制问题,并环绕天人性命之学这一中心而展开论辩。特别值得注意的是,《易传》的天地人三才系统,其宇宙生命、气化流行、继善成性、德业双修论,是儒道思想的大综合。

---

① 详见钱穆:《中国儒学与文化传统》,载《中国学术通义》,北京:九州出版社,2011年。

第二节　孔子天命观

一、天的内涵

"天"在中国人心中并不仅仅是指自然界,而是会对人们的生活产生重要影响的根源性存在。自古以来就有"天佑大德"、"以德配天"之说。中国历朝历代的政权,都自认为来自天之所命,史书记载受命君主几乎在降生时均有种种神迹的出现。农业收获与作战之中,也屡屡有天相助。就儒家而论,"天"也是有意志的,它代表人所不能控制的神秘力量。孔子在面临困境和高徒颜回去世时,就发出对"天"的感叹。《礼记·郊特牲》云:"万物本乎天,人本乎祖,此所以配上帝也。"《礼记·礼运》认为人事是以天为本的:"礼必本于天","政必本于天",而且,"圣人作,则必以天地为本。"人的命运虽然有赖于人事修为,但能否实现以及实现的程度又不完全是由人自己所决定的。

在《尚书》、《诗经》、《左传》中,保留了不少宗教神性意义或权威意义的人格神的"天"的资料。在《诗经》中,也保留了不少人们怀疑权威意义的人格神的"天"的资料。

《论语》中有关"天"的看法,也比较复杂,既有宗教神性或主宰意义的"天",有形而上的"天",有道德义理的"天",有自然的"天",也有偶然命运的"天"。以下我们稍微详细地讨论《论语》中的"天"。

第一是命运的"天"。

"司马牛忧曰:'人皆有兄弟,我独亡。'子夏曰:'商闻之矣:死生有命,富贵在天。君子敬而无失,与人恭而有礼。四海之内,皆兄弟也——君子何患乎无兄弟也?'"(《论语·颜渊》)孔子学生司马牛忧愁地说,别人都有兄弟,而我独独没有。子夏说:我听人家说过,人的生死、富贵,听之于命运,靠天的安排。一个君子严肃敬业,谦恭有礼,在四海之内,到处都有兄弟,哪里会犯愁没有兄弟呢?从全章来看,子夏并不相信命运之说。但他引用的"死生有命,富贵在天"一句里的"天"与"命"都具有偶然命运的涵义。

第二是自然的"天"。

"子曰:'予欲无言。'子贡曰:'子如不言,则小子何述焉?'子曰:'天何言哉?四时行焉,百物生焉。天何言哉?'"(《论语·阳货》)孔子行不言之教。子贡说,老师要是不说话,我们做弟子的如何继承、传续老师的思想呢?夫子说,老天爷并不说话,不发号施令,然而四季照样运行,百物照样生长。天说了什么呢?在这里,"天"是指自然之天。

第三是道德义理的"天"。

"获罪于天,无所祷也。"(《论语·八佾》)卫灵公的权臣王孙贾暗示孔子,与其巴结卫灵公,还不如巴结他。于是孔子有此一说。孔子的意思是,若是做了坏事,得罪了上天,就不必再祈祷了,巴结谁都是不行的。在这里,孔子承认天的权威,同时,此句又有人的行为如不合于天(天理),祈祷也没有用的意思。故这里的"天",可以说是道德之天或义理之天。天不是一个可以取媚的对象,而是价值的源头。

"子曰:'天生德于予,桓魋其如予何?'"(《论语·述而》)这里的"其如予何?"意谓又能拿我怎么样呢?桓魋是宋国的司马向魋,宋桓公的后代。孔子师徒到了宋国,宋司马向魋想杀孔子,但孔子坦然自处,说:"老天既赋予我这样的美德,向魋又能对我怎么样呢?"此处的"天",已不是主宰之天的天帝,而是义理之天的天道。孔子自信有德,德来自天,故作此说。

第四是自然之"天"与道德义理之"天"的交叉整合,不是纯自然的也不是纯道德的"天"。

天有创造精神,是万物的创造之源,但采取的却是默运的方式,而不是强行干预的方式。"天"的这样一种品格,也赋予了人类,特别是圣人。"子曰:'大哉!尧之为君也。巍巍乎!唯天为大,唯尧则之。荡荡乎!民无能名焉。巍巍乎!其有成功也。焕乎!其有文章。'"(《论语·泰伯》)"子曰:'无为而治者,其舜也与!夫何为哉,恭己正南面而已矣!'"

《论语·卫灵公》）这是说,尧、舜都是以天为法则,无为而治的。孔子赞颂尧舜,发挥"天"的非人格性的观念。孔子回答鲁哀公问"君子何贵乎天道"时指出:"贵其不已……无为而物成,是天道也。"（《礼记·哀公问》）这里看不到天的意志对于自然人事的干预,"无言"、"无为"的自然之"天"与"天道"按自己的秩序运转,生成长养万物。同时,这种"天"是圣人的榜样,是道德的根源与根据。

第五是保留有宗教神性或主宰意义的"天"。

孔子也是凡人,也发脾气、发牢骚,呼天叹天。如一次孔子大病,子路私下让孔子门人筹组治丧处,但按当时礼制,只有诸侯身份的人才能由治丧处料理后事,有些卿大夫僭行此礼。孔子病好后,对子路弄虚作假、违背礼制的行为不满,说:"吾谁欺,欺天乎!"（《论语·子罕》）我欺骗谁呢? 欺骗上天吗? 有一次孔子去见卫灵公的夫人南子,南子名声不好,子路很不高兴,孔子就发誓说:"予所否者,天厌之! 天厌之!"（《论语·雍也》）我如有错的话,天厌弃我吧,天厌弃我吧! 子曰:"不怨天,不尤人,下学而上达。知我者其天乎!"（《论语·宪问》）皇侃曰:"下学,学人事;上达,达天命。我既学人事,人事有否有泰(有吉有凶),故不尤人(责备人)。上达天命,天命有穷有通,故我不怨天也。"孔子认为自己承担着替天传续斯文的使命。这种使命感在旁人眼中是"知其不可而为之"的迂阔,所以孔子慨叹"知我者其天乎!"

以上数条材料,孔子呼天叹天,当然有把天作为主宰、作为有意志的神灵的含义,但不一定就真以为天或天意在主宰其人,只是借天聊以自慰或宣泄情感。

"子畏于匡,曰:'文王既没,文不在兹乎? 天之将丧斯文也,后死者不得与于斯文也;天之未丧斯文也,匡人其如予何!'"（《论语·子罕》）孔子离开卫国去陈国时途经匡地。匡人受过鲁国阳货之虐而恨之,而孔子貌似阳货,故匡人误以孔子为阳货而囚禁之。孔子认为自己为天所命而传续文武周公之道。孔子不仅有"德"的自信,而且有"文"的自信,故敢说:周文王死了以后,文化精神遗产不都在我这里吗? 上天如要消灭这种文化,那我也不会掌握这种文化了;上天如果不要消灭这一文化,那匡人又会拿我怎么样呢?这是儒家"为往圣继绝学"的文化担当精神的典型表述。孔子一身系文化神州的安危,是文化托命之人!这里的"天",是天之所命的"天命"。华夏斯文不丧,自有其道理,故在这里是形而上的天的理命。

大概正是有这样的背景,孔子说:"志士仁人,无求生以害仁,有杀身以成仁。"(《论语·卫灵公》)这是一种任道救世的精神。两千五百多年来,中华民族的志士仁人都有这种献身精神。曾子说:"士不可以不弘毅,任重而道远。仁以为己任,不亦重乎?死而后已,不亦远乎?"(《论语·泰伯》)弘毅,宽广坚毅。朱熹说:"非弘不能胜其重,非毅无以致其远。"(《四书章句集注》)"仁以为己任",即以仁为己任,以人道自任。

二、终极关怀和价值信仰

人之为人,不能没有超越的向往,即终极的最后的关怀,支撑生命的信仰信念。孔子继承了三代大传统的天命观念。如说:"君子有三畏,畏天命,畏大人,畏圣人之言。"(《论语·季氏》)孔子一方面保留了天的神秘性和对于天、天命的信仰、敬畏,另一方面又修正了周代关于天帝、天命只与天子、诸侯、大夫等贵族阶级有关的看法,而使每一君子直接地面对天帝,在人生的道路上去"畏天命"进而"知天命",这就肯定了个人所具有的宗教性的要求。

孔子为什么要反复申言对天的信仰和对天命的敬畏呢?在这里,"天"关涉到人的类本质和类特性,首先是宗教性和道德性。孔子通过生命的途程与体验,来体悟天命与人之自由的关系:"吾十有五而志于学,三十而立,四十而不惑,五十而知天命,六十而耳顺,七十而从心所欲不逾矩。"(《论语·为政》)孔子对上古宗教的改造,正是把超越与内在结合起来了。如果说"命"只是外在的命运的话,那么"天命"常常关系到内在。一个能够驾驭生活、驾驭世间外在力量并全面发展人的内在本性的人,一个积累了一定的生命体验(例如五十岁左右)的人,才能逐渐体悟到天所禀赋给人的本性本分,直接面对每个人的命运或局限,并对天道、天命和道德人格典范有所敬畏,而又积极地去追求生命的意义和死亡的意义,勇于承担自己应承担的一切,包括救民于水火,博施济众,修己安人,杀身成仁。这就把天做主宰转化为人做主宰了。面对死亡的威胁,孔子心地坦然地说:"天生德于予,桓魋其如予何?""天之未丧斯文也,匡人其如予何!"这是天命论的题中应有之意。这说明在孔子那里,天命论不是被动、宿命的。相反,有道君子以天降大任大命为自我的担当,以一身正气系天下兴亡之责、文化神州的安危和人文传统的延续。这是孔子及孔子以后的大思想家、大儒和志士仁人的品格。这就是终极承担的意识!

孔子把对超越之天的敬畏与主体内在的道德律令结合起来,把宗教性转化为内在的道德性。天赋予了人以善良的天性,天下贯于人的心性之中。天不仅是人的信仰对象,不仅是一切价值的源头,而且也是人可以上达的境界。人本着自己的天性,在道德实践的工夫中可以内在地达到这一境界。这就是"下学而上达"。这基本上就是孔子的"性与天道"的思想。《论语·公冶长》所记"子贡曰:'夫子之文章,可得而闻也;夫子之言性与天道,不可得而闻也。'"子贡的意思是说,夫子关于文献上的学问,学生都听得懂,夫子关于"性与天道"的议论,学生不容易听得懂。"不可得而闻",是听到了,但还不理解,即平时我们说的"听而不闻"。

孔子强调要在人事活动中,特别是在道德活动中去体认天命。于此,才能"不怨天,不尤人"(《论语·宪问》)。正因为生命有了这一超越的理据,所以儒者才有了积极有为的担当意识和超越生死的洒脱态度:"人能弘道,非道弘人"(《论语·卫灵公》);"朝闻道,夕死可矣"(《论语·里仁》);"未知生,焉知死"(《论语·先进》);"三军可夺帅也,匹夫不可夺志也"(《论语·子罕》);"不降其志,不辱其身"(《论语·微子》)等等。由此我们可知儒家对于人格尊严的重视、强调与维护。孔子思想并不是如黑格尔在《哲学史讲演录》中所说,只是一些俗世伦理或常识道德。如上所说,孔子的人性、天命、天道的思想有深刻的哲学形上学与宗教的终极关怀的内容。

在孔子那里，"天"有超越之天(宗教意义的终极归宿)、道德之天(道德意义的秩序与法则)、自然之天(自然变化的过程与规律)、偶然命运之天等不同内涵。他在肯定天的超越性、道德性的同时，又把天看作是自然的创化力量。

李申的《中国儒教史》中说，历史上传说《河图》、《洛书》就是天的意志的表现，谁能接受《河图》、《洛书》，就意味着受了天命。在经受了种种颠沛与追求之后，直到晚年，孔子才发表感叹："凤鸟不至，河不出图，吾已矣夫!"(《论语·子罕》)孔子尽管修身增德，但仍然没有看到象征帝王权力的凤鸟和河图。但是，由于"天"代表不可控御的力量，始终会影响并决定人们的社会生活，所以在汉代儒术大盛之后，"天"便不时与人发生种种关系，左右着汉代的社会和政治生活。两汉之际大量出现的谶纬现象，李申认为，属于汉代儒学的有机组成部分。从汉代的整个思想和政治生活来看，谶纬是儒经的补充，它指示着儒经所未曾指出的东西，起到了儒经往往起不到的作用。孟子曾宣称"五百年必有王者兴"，《中庸》云"大德者必受命"、"大德必得其位"，但这仅仅只是预言，经书上并没有说明谁有德，也没指出谁该当皇帝。早在汉兴之前，陈胜便发出过"王侯将相宁有种乎"的疑问，而刘邦以一匹夫而君临天下，该当作何解释? 在这种背景中，儒生们既要对现实作出合理解释，不违背统治者的利益，又要遵循儒经的基本原则，便出现了轰轰烈烈的造神运动。于是，刘媪路遇神灵受孕而生刘邦的说法出炉了。其后，王莽篡汉、光武中兴，都是伴随着种种符命、神迹而出现的。连张角的农民军起义，也是奉有神谕的。事实上，两汉间充斥天下的图谶，大多为儒生所造。当然，"天"意不仅是为某人当皇帝而对现实发生重要影响，而且也要对当政的统治者过分的荒淫作出告诫，种种灾异也会频频出现。天意不断显灵，不仅在汉代，而且在充满内忧外患的北宋真宗、徽宗朝经常出现。当时，代表天意的"天书"屡次降临，一国君臣陷入一种狂热的精神状态中。这些现象在今人看来十分明白，为了对某一政权之更迭作出合理论证，或为了控制正在失控的政权，必须借助人之外的神秘力量。但是，对于今人而言更为重要的恐怕不是指出其愚昧和荒谬，而在于认识当时的人们难以自觉到的困境，因为他们所信奉的经书在理论和实践上常常无法解释许多历史的、人生的奥秘。"大德者必受命"不失为政治上美好的理想，但谁是大德者？用什么方法来检验其德行高下？大德者面临失德之君如何取而代之？失德之君有几位自觉到其无德且甘愿退出皇帝的宝座？这些问题都是经书不可能给予回答的。在实践上，既有为儒家所尊奉的汤武之逆取，便为王莽、曹丕、司马昭、赵匡胤等人开了先河。儒生出身的王莽，勤勉好学，孝母尊寡嫂，不属于一般纨绔子弟之斗鸡走狗，至少从外在行迹上看不出他是小人，相信他是以修身增德自居的。在汉廷日益衰败的形势下，他所需要的只是天意的显示。当然，天意是会显灵的。那么，在这里我们就有一个如何看待他与这种显灵的"天意"之关系的问题。我们是否就可以轻易怀疑造作图谶的人对图谶本身的虔诚信仰呢？

于此，《中国儒教史》给出了令人信服的分析：对于这些试图代天立言的人来说，"谁都不怀疑天命，但是对于具体的祥瑞符命如何解释，相互矛盾的符命谶言究竟信奉哪些？则决定于本人的利益。相信有利于自己的神谕，否认不利于自己而有利于他人的神谕，是常见的宗教信仰现象。……这种状况，是信奉者自身利益相互矛盾的产物，而不是信仰是否虔诚或信仰是否真实的表现。"①宗教信仰本质上就是人类为自己的需要，为实现自己的追求和利益所制造的幻影。所以，信教者对自己伪造的有关事件也信以为真，王莽临死时还怀抱着他的符命，宋徽宗在沦为异族阶下之囚时仍身着道袍，头顶羽巾，一幅"天书"的虔诚信奉者模样。

谶纬与儒教是一种什么关系？其实，谶纬不过是儒家天人之学的极端发展，是作为政治学说的儒学的一种延伸。董仲舒高唱"天人感应"，司马迁亦云"天人之际"，其实，他们所云之"天"，亦和先秦儒家所云之

---

① 李申：《中国儒教史》上卷，上海：上海人民出版社，1999年，第440页。

"天"一样,既具有自然义,又具有神性义。① 这两层意思不是相互平行没有交叉的。具有神性的天有时不得不根据形势的需要而通过自然之天表现出来。恰恰是通过自然(其实是对自然现象的某种解释,当然也有伪造的事件),天人才可能真实地发生相互的影响。儒家关注天人之际是因为他们信仰"天人合一",虽说儒家"尽人事以听天命",一方面谈"尽心、知性、知天"(《孟子·尽心上》),但另一方面又说"思知人,不可以不知天"(《中庸》)。从人到天,又从天到人,是否就构成了逻辑上的完全闭合呢? 显然没有。因为,从人到天是一个无穷的实践过程,其理想状态只能是"心向往之"。既然如此,从天又回到人,就不得不表现出非常复杂的情况。孔子禀承修身增德的原则,但同时又"知之为知之,不知为不知",谨守天命人事,虽竭尽身心,仍不见凤鸟、河图,故叹"吾已矣夫"。但孔子确是圣人,由他的生命的真实性可以得到说明。孔子之后,也有儒者以他为楷模,不轻信种种神迹显灵。即使在汉代,也有如郑兴、桓谭、张衡等人明确反对谶纬,斥之为妖妄之说。桓谭因上表反对谶纬差点掉了脑袋。他们不相信作为神的天会通过自然现象来表达自己的意志。但是,这并不等于说他们根本反对儒教的天人之学。张衡一方面反对谶纬,另一方面却也讲天人感应,又心仪于卦侯、九宫、风角等等。虽说他的这些喜好,又被后儒斥之为小道末枝,但就是这些小道末技,仍然说明,"作为儒者,天人之学也是他的灵魂和思想核心"②。

三、赋天命以仁

西周天命观发展出许多迥异于殷商天(帝)命观的内涵。殷商之"帝"为至上神,帝自有意志,人不能通过德行努力与帝命发生直接的关联,虽然可以通过虔诚祭祀帝与祖先乞求福佑,但只能消极接受难以把

---

① 李杜认为先秦天道观中的"天"具有自然义和神性义。参见李杜:《中国古代天道思想论》,台北:蓝灯文化事业股份有限公司,1992 年。
② 李申:《中国儒教史》上卷,上海:上海人民出版社 1999 年,第 561 页。

捉的上帝的命令和奖惩,故有较浓厚的命定论色彩。以周公阐释为代表的西周天命观则很少有命定论意味,人可以自做主宰的人间事务决定着是否得到、失去和保持天命,其衡量标准是统治者德行和民情民意。"西周的天命观是'无常'和'有常'的统一,'无常'是指天所命赐给某一王朝的人间统治权不是永恒的,是可以改变的;'有常'是指天意天命不是喜怒无常,而有确定的伦理性格。很明显,这里的天命都是一种'历史中的上帝'(缪勒)的意志体现,而不是指自然的秩序与法则。从此,天不再是喜怒无常的暴君,而是善恶有则的裁判。"①在西周天命观指导下,周公制礼作乐,使西周制度变革为中国传统宗教、政治和社会文化奠定了丰厚的基础。"天概念的新义,无疑在于重点从神权到德治的转移。德治理想表现于'天命'观念,并体现于周文王身上。道德成为君王的首要条件,甚至唯一条件。君王受尊为'天子',代天为民父母。"②

然而在两周之际,平王东迁之后西周转入衰落期,礼制败坏、淫奢暴政有作。恭王没懿王立,"王室遂衰,诗人作刺"③。先是王位继承违背了周公制定的立子立嫡制:"懿王崩,共王弟辟方立,是为孝王。孝王崩,诸侯复立懿王太子燮,是为夷王。"④接着,厉王侈傲,民不堪命,防口弭谤,召公谏而不听,乃有周召共和,王室衰微已极,不复能"怀德而畏威"⑤。宣王中兴却已经不能挽回颓势。幽王更为昏庸奢靡,为博美人一笑而烽火戏诸侯,失信于天下,断送了西周事业。平王东迁之后,虽然有周之名,诸侯各自为政,征伐争霸,王室形同虚设。"是后或力政,强乘弱,兴师不请天子。然挟王室之义以讨伐为会盟主,政由五伯,诸侯恣行,淫侈不轨,贼臣篡子滋起矣。"⑥对天命信仰的动摇导致孔子所面对的"礼崩乐坏"的春秋时代。

① 陈来:《古代宗教与伦理》,北京:生活·读书·新知三联书店,1996年,第193页。
② 傅佩荣:《儒道天论发微》,北京:中华书局,2010年,第56页。
③ (汉)司马迁:《史记》,北京:中华书局,1982年,第140页。
④ (汉)司马迁:《史记》,北京:中华书局,1982年,第141页。
⑤ (汉)司马迁:《史记》,北京:中华书局,1982年,第135页。
⑥ (汉)司马迁:《史记》,北京:中华书局,1982年,第509页。

　　在此政治社会背景下，天命观也发生了微妙的变化。春秋时代的"天道"（或天命）观念大致分化为三种涵义：一种是继承《周书》中周公阐释的"道德之天"的用法，一种是宗教的命运式的理解。还有一种是对"天道"的自然主义理解，这三个"天"的维度，在周公"以德配天"的"天命"观念之外，生长出多种天命观念的可能性。对"天命"的不同新理解，是战国诸子的先声，也是春秋"天命"观念怀疑论思潮的重要体现。"天命"怀疑论是春秋人道思想发展的重要触发点，当君王不能履行承诺的天子德业责任，当"天命"成为德不配位的君王诸侯淫侈行恶和攻伐战争的借口，逐渐失去了原来至高无上的地位，不再值得虔敬，不再成为正义的标准，于是人们的正义诉求从天上转向他处，寻求新的可以代行天命之功能的替代者，如"神"、"礼"等。一旦沦为统治者为自身谋取利益的借口，天命、神和礼本身也会失去政治正当性的价值意义。

　　孔子在这样的礼崩乐坏的时代，为了挽救逐渐跌落的天命信仰的神圣性和周礼的道德价值，对天命观进行了重要转换，即赋予"天命"以"仁"的内涵。就如古希腊苏格拉底把哲学从天上拉回人间一样，孔子把人人可以自主的"仁"赋予"天命"之中，既突出了"天"的道德意义，也把我们可以把控的"仁"作为人间美好秩序的形上根据。孔子"祖述尧舜，宪章文武"（《礼记·中庸》），《论语》中有关尧舜禅让的文献征引可能是最早涉及尧舜禹禅让故事的可靠文献内容。

　　　　尧曰："咨，尔舜，天之历数在尔躬。允执其中。四海困穷，天禄永终。"舜亦以命禹，曰："予小子履，敢用玄牡，敢昭告于皇皇后帝：有罪不敢赦。帝臣不蔽，简在帝心。朕躬有罪，无以万方；万方有罪，罪在朕躬。"周有大赉，善人是富。"虽有周亲，不如仁人。百姓有过，在予一人。"谨权量，审法度，修废官，四方之政行焉。兴灭国，继绝世，举逸民，天下之民归心焉。所重：民、食、丧、祭。宽则得众，信则民任焉，敏则有功，公则说。（《论语·尧曰》）

这段文字，分别引用《古文尚书》中的《大禹谟》、《汤诰》、《武成》、《泰誓》等篇原文或文意,突出尧禅让舜、舜禅让禹和汤武革命的共同特征是授仁人、尚德政之"天命"使然,德政的内容包括实行善政、重视传统和敬德保民。这是孔子继承周公天命观的基础上,把传说时代上推到唐虞之世的新构想,其凸显的是尧舜作为实践"仁"德的楷模。对夏商周三代,孔子也很称许,然而对周公损益夏商二代而制作之礼乐制度最为推崇,而其毕生理想正在于恢复以"仁"为内核的周礼:

> 子张问:"十世可知也?"子曰:"殷因于夏礼,所损益,可知也。周因于殷礼,所损益,可知也。其或继周者,虽百世,可知也。"(《论语·为政》)

> 子曰:"周监于二代,郁郁乎文哉,吾从周。"(《论语·八佾》)

> 克己复礼为仁。一日克己复礼,天下归仁焉。为仁由己,而由人乎哉?(《论语·颜渊》)

> 仁远乎哉? 我欲仁,斯仁至矣。(《论语·述而》)

孔子一生志在周公典礼,欲复修西周之政,行于东方。"如有用我者,吾其为东周乎?"(《论语·阳货》)"甚矣吾衰也! 久矣,吾不复梦见周公。"(《论语·述而》)傅佩荣认为:"孔子的终极关怀就在于承'礼'启'仁',为中国人奠下生存所需的文化理念。"[1]在春秋"礼崩乐坏"之际,日益形式化的周礼已经不足以承载周公"敬德保民配天"的内涵。"人而不仁,如礼何? 人而不仁,如乐何?"(《论语·八佾》)"为仁"才是孔子赋予德治之人道的重点所在。

孔子勉力为仁,以"仁"代替"天命"意识,有其"知天命"而"畏天命"的天命观背景。"五十而知天命"(《论语·为政》),"不知命,无以为君子也"(《论语·尧曰》),对天命的历史渊源和信仰机制了如指掌的孔子,大约在五十岁就彻悟天命,对"天命靡常"的深刻领悟使他"畏天命",对待鬼神,孔子以敬畏而搁置判断的态度,譬如:"子不语:怪、力、乱、神。"

---

① 傅佩荣:《儒道天论发微》,北京:中华书局,2010 年,第 80 页。

(《论语·述而》)"敬鬼神而远之。"(《论语·雍也》)天命中的多种涵义带有不可捉摸的神秘色彩,而孔子注重其中人道之"仁"本身可以由德配天的可控之天命部分,而搁置不可把控的天命其他部分。"子贡曰:'夫子之文章,可得而闻也;夫子之言性与天道,不可得而闻也。'"(《论语·公冶长》)孔子之"仁"即周公之"敬德保民配天",是天命内涵中人可以勉力为之、自作主宰的德行,而周道衰败以来神与天命中人所不能把控的自然之天和命运之天内涵,则留给自然之"天"概念和命运之"命"概念之中,非不得已不予谈论。孔子对天保持着敬畏,以体悟的形式去把握,勇往直前,尽人事而顺天命。"君子之仕也,行其义也。道之不行,已知之矣。"(《论语·微子》)孔子要行周公之道于乱世,"知其不可而为之"(《论语·宪问》)。孔子勉力为之的,是要为有志行天道者立下履仁行义的楷模。"文王既没,文不在兹乎?"(《论语·子罕》)孔子正是以躬行"仁"道,来承担天命,守先待后,立法师表万世。[①]

第三节 仁学和礼学

一、"仁"的基本内涵

"仁"是孔子思想的中心观念,也是中国哲学的中心范畴之一。孔子一般不直接说"仁"是什么,正如老子一般不直接说"道"是什么一样。这也是中国哲学的方式。我们可以通过孔子与当时人的对话体悟"仁"的多重意涵。

第一,以"爱人"为"仁"。"樊迟问仁。子曰:'爱人'。问知。子曰:'知人'。樊迟未达。子曰:'举直错诸枉,能使枉者直。'"(《论语·颜渊》)孔子主张仁智双彰,以爱人为仁,知人为智。把这两方面综合起来,体现在用人上,所谓知人善任,即把正直的人提拔起来放在邪曲的人之

---

① 参见吴龙灿:《天命、正义与伦理——董仲舒政治哲学研究》,武汉大学博士学位论文(2012 年5 月),第一章"天命"。

上。关于"爱人",孔子继承周公以来的人道主义传统,不仅反对人殉人牲,甚至对用像人形的土俑木俑去陪葬都表示厌恶。"仲尼曰:'始作俑者,其无后乎!'为其象人而用之也。如之何其使斯民饥而死也?"(《孟子·梁惠王上》)推而论之,怎么可以让老百姓活活饿死呢?据《论语·乡党》,有一次退朝,孔子闻知马厩被烧了,他首先问"伤人乎",不问马。孔子关心的是人,而不是马(及马所代表的财产)。他关心的人,包括饲养马的普通劳动者。这种爱人、同情人、关切人,包括爱、同情、关怀下层百姓,是"仁"的主旨。

孔子和早期儒家主张的"爱"是有差等的爱,孔子主张"泛爱众",但他认为下手处是爱自己的亲人,再把对亲人的爱推出去,爱别人,爱众人。这与基督的"博爱"、墨子的"兼爱"是有区别的。爱有差等是人之常情。人对自己父母兄弟姐妹的爱是自然真挚的情感,这是泛爱众的基础与前提。泛爱众是把爱自己的父母兄弟之情推而广之,将心比心,推己及人,爱周围的人、社会上的人。《中庸》中记载孔子答哀公问政的一段话说:"仁者人也,亲亲为大。义者宜也,尊贤为大。亲亲之杀,尊贤之等,礼所生也。"杀,降等、减杀之意。这就是说,"仁"是人的类本质,是人之所以为人之道,是以亲爱亲人为起点的道德感,是孝敬父母等亲情的扩大,即推己及人。"义"是合宜、恰当,尊重贤人是社会之义的重要内容,这是敬爱兄长之心的扩充。"亲亲之杀"是说"亲亲"有亲疏近远等级上的差别,"尊贤之等"是说"尊贤"在德才禄位上也有尊卑高下的等级。"礼"就是以"仁"(亲亲为起点)和"义"(尊贤为起点)的秩序、等第的具体化、形式化。以上说明,"仁"的第一义是"爱人"。

第二,以"克己复礼"为"仁";仁德是礼乐文化的真实内涵。"颜渊问仁。子曰:'克己复礼为仁。一日克己复礼,天下归仁焉。为仁由己,而由人乎哉?'颜渊曰:'请问其目。'子曰:'非礼勿视,非礼勿听,非礼勿言,非礼勿动。'颜渊曰:'回虽不敏,请事斯语矣。'"(《论语·颜渊》)"克己"是约束、克制、修养自己。"复礼"是合于礼,实践礼。"为仁"是实践仁道。"克己复礼为仁"是孔子以前古代的思想与讲法,志书有记载。据

《左传·昭公十二年》："仲尼曰：'古也有志：克己复礼，仁也'，信善哉。"礼是一定社会的规矩、规范、标准、制度、秩序，用来节制人们的行为，调和各种冲突，协调人际关系。所以孔子回答颜回的提问，指出视、听、言、动都要合于礼。一个稳定和谐的人间秩序总是要一定的礼仪规范来调节的，包括需要有一定的等级秩序、礼文仪节，这是古今中外概莫能外的事情。礼随着时空的变化而变化。孔子重礼执礼，发掘礼的让、敬的内涵，一方面肯定"克己复礼"，主张"博学于文，约之以礼"（《论语·雍也》），即以礼修身，强调教养的重要性；另一方面则转向内在的道德自我的建立，强调"为仁由己"。儒家的学问是"为己之学"，而不是做样子给别人看的"为人之学"。

就礼乐文化制度、规范与仁德的关系而论，"子曰：'人而不仁，如礼何？人而不仁，如乐何？'"（《论语·八佾》）仁是仁德之心、仁义之行。"如礼何？"礼的本质如何呈现出来呢？人没有内在的仁德，对礼乐制度、规范或习俗，会怎么样呢？意思是，或者会违背礼乐，或者只是拘守外在的形式，没有内心世界与礼仪、音乐的交融。

"子曰：'礼云礼云，玉帛云乎哉？乐云乐云，钟鼓云乎哉？'"（《论语·阳货》）玉帛与钟鼓，为礼乐的器具。人有敬心奉献玉帛，有和气而演奏钟鼓，即有礼乐。没有内在的心灵，礼物与乐器都不能称为礼乐。

"林放问礼之本。子曰：'大哉问！礼，与其奢也，宁俭；丧，与其易也，宁戚。'"（《论语·八佾》）林放是鲁国人。"本"是本质、根本。"大哉问"，这是一个非常好的问题，用现在的话来说，林放有很强的问题意识。"易"指丧事的整个仪节十分周全，符合丧礼的规定。"戚"，发自内心的悲哀之情。这是说，礼仪，与其讲形式的奢华、排场，不如崇尚俭朴；料理后事，与其形式周全，不如内心悲伤，真情悼念。

"子夏问曰：''巧笑倩兮，美目盼兮，素以为绚兮。'何谓也？'子曰：'绘事后素。'曰：'礼后乎？'子曰：'起予者商也！始可与言诗已矣。'"（《论语·八佾》）倩，美貌。盼，黑白分明。"素以为绚兮"，白底子上画着花卉。"绘事后素"，先有白底子，再有图画。这三句诗，前两句出自《诗经·卫风·硕人》,第三句为逸诗。"礼后乎",礼(乐)的产生在仁(义)之后。"起"是启发。孔子认为卜商子夏有举一反三的能力,从《诗经》中体悟到儒家的真谛,甚至对孔子自己都有启发,故说可以与子夏讨论《诗经》了。孔子激赏子夏由"绘事后素"而悟及"礼后"(礼形式背后的人的真性)。这表明,仁是礼乐背后的精神。没有仁的礼乐,只是形式教条,虚伪的仪节,支配性的社会强制,使人不成其为真实的人。这正是孔子要批评的。

"仁远乎哉?我欲仁,斯仁至矣。"(《论语·述而》)这里指出了礼乐形式背后的是生命的感通、人的内在的真情实感和道德自觉。"仁道"及其标准并不远离我们,现实的人只要有自觉,只要想去行仁,仁就在这里了。"为仁由己,而由人乎哉?""我欲仁,斯仁至矣。"这两句话在全世界道德哲学思想资料中,是最早最有理性的论断。这表明,道德是真正显示人之自我主宰的行为,道德是自己对自己下命令;不仅如此,是自觉而且自愿,是"由己",而不是"由人",即不是听任他律的制约或他力的驱使。孔子是世界上最早认识道德主体性和道德自由的文化伟人之一。当然,这并不抹杀礼的积极意义,礼是社会的节与度,礼使君子的行为保持一定的节与度,亦有助于道德的主体性、自律性原则的建立。合于礼、实行礼的过程是人性化的过程,是"仁"(内在性的道德)在特殊社会条件下的外在表现。孔子维持了仁与礼之间的创造性紧张,这是培养君子人格,从事道德的自我修养的很好的方法。由上可知,"仁"的第二义是"修己",通过实践礼的工夫而有教养,同时不执定于礼,努力体认礼之内核,达到实践仁德的自觉、自愿、自律,挺立道德的主体性。

第三,"忠"与"恕"接近于"仁"。"子贡曰:'如有博施于民而能济众,何如?可谓仁乎?'子曰:'何事于仁,必也圣乎!尧舜其犹病诸!夫仁者,己欲立而立人,己欲达而达人。能近取譬,可谓仁之方也已。'"(《论语·雍也》)这句是说,似尧舜这样的圣人恐怕还担心做不到呢。己欲立而立人,己欲达而达人,是说一个有仁德之人善于推己及人,自己在社会上站得住,同时启发、帮助别人,让人家自己也在社会上站得住;自己通达了，同时启发、帮助别人，让人家自己去通达起来。能近取譬，指能够从自己身边选择（人和事作为）榜样。仁之方，践履仁道的方法。从这一章我们可知，在孔子心目中，"圣"（或圣人）是最高境界或层次（的人），"仁"（或仁人）是次于"圣"的。这一章重点讲的是"仁"的内涵的"忠"的一面。

什么是"仁"呢？仁就是自己要站得住，同时也启悟别人，让别人自己站得住；自己通达了，也要帮助别人，让别人自己去通达。人们都可以从自身、从当下的生活中一点一滴地去做，这是实践仁道的方法。孔子的意思不是外在强加地使别人立或达起来，而是创造一种气氛或环境，让人家自己去挺立自己的生命，在社会上站得住并通达人间。这才是仁人的品格。

"仁"的内涵的另一面是"恕"。"出门如宾，承事如祭，仁之则也。"（《左传·僖公三十三年》）这是孔子以前的讲法，春秋时人即以"敬"为"仁"的原则之一，敬事与尽忠有关。孔子进而指出，"己所不欲，勿施于人"的"恕"道也是"仁"的原则之一。"仲弓问仁。子曰：'出门如见大宾，使民如承大祭。己所不欲，勿施于人。在邦无怨，在家无怨。'仲弓曰：'雍虽不敏，请事斯语矣。'"（《论语·颜渊》）大宾，公侯之宾，指最尊贵的客人。大祭，郊禘之祭，指过去在郊外祭天的仪式。当然，按《周礼》，只有天子才有资格祭天。出门如见大宾，使民如承大祭，是敬；己所不欲，勿施于人，是恕；克己复礼，主敬行恕，皆求仁之工夫。"子贡问曰：'有一言而可以终身行之者乎？'子曰：'其恕乎！己所不欲，勿施于人。'"（《论语·卫灵公》）君子终身奉行的"恕道"是：自己所不想要的东西，决不强加给别人。例如我不希望别人羞辱自己，那我决不要羞辱别人。尊重别人，是别人尊重自己的前提。这里强调的是一种宽容精神与沟通理性，设身处地地为别人着想。

什么是孔子的一以贯之之道？曾子说："夫子之道，忠恕而已矣。"（《论语·里仁》）"忠"就是"中"，讲的是人的内心。"人之生也直，罔之生也幸而免。"（《论语·雍也》）人的生存由于正直，不正直的人也可以生存,那是他侥幸地免于祸害。孔子讲内在的"直"德,就是内不自欺,外不欺人,反对巧言令色,虚伪佞媚。"忠"又是尽己之心,"己欲立而立人,己欲达而达人"。这是内心真诚直德的不容已的发挥。"恕"讲的则是待人接物。"恕"是推己之心,"己所不欲,勿施于人"。综合起来就叫忠恕之道或絜矩之道。实际上,"忠"中有"恕","恕"中有"忠","尽己"与"推己"很难分割开来。这不仅是人与人之间关系的仁道原则,推而广之,也是国家与国家、民族与民族、文化与文化、宗教与宗教的相互关系的准则,乃至是人类与自然之普遍和谐之道。"仁"的内涵包括物我之间、人人之间的情感相通、痛痒相关。孔子之言"己所不欲,勿施于人",镌刻在联合国大厦,又在1993年被世界宗教领袖大会通过的《全球伦理宣言》推尊为人类相处之道的最重要的规则。

《中庸》曰:"忠恕违道不远。"这里,道指人道,即仁。忠恕未足以尽"仁",是为仁之方,所以说违道不远。以上说的是"仁"的第三义——忠恕。

二、"仁"的道义原则和生命境界

孔子提出的道义原则、仁爱忠恕原则,以及仁、义、礼、智、信等价值理想,是以"仁"为中心的。孔子仁学是中国人安身立命、中国文化可大可久的依据。这些价值理想通过他自己践仁的生命与生活显示了出来,成为千百年来中国知识分子的人格典型。这是"仁"的第四层涵义。

"子曰:'里仁为美。择不处仁,焉得知?'"(《论语·里仁》)"里仁",即处在仁的境界之中。我们居住在哪里呢?居住在仁里面。老汉口就有居仁门、居仁里。择,古人讲择业、择友、择邻。自我选择、追求生命的境界,不选择仁,哪能叫智慧的选择呢?

"子曰:'不仁者不可以久处约,不可以长处乐。仁者安仁,知者利仁。'"(《论语·里仁》)"安仁",认识到仁是人安身立命的根据,不管生活是穷困抑或安乐,都以仁为人生的最高追求。"利仁",认识到仁对于人生的长远而巨大的益处,由此而将仁作为人生的目的。没有仁德的人,经不起困顿、贫贱的考验,也经不起安逸、富贵的考验。不仅逆境是考验,顺境也是考验。人的一生,会遇到无数坎坷,也会遇到安乐,这是锻炼自己的心志、人格的机会。孟子所谓"富贵不能淫,贫贱不能移,威武不能屈,此之谓大丈夫",所谓"生于忧患,死于安乐",都是这个意思。

"子曰:'唯仁者能好人,能恶人。'"(《论语·里仁》)"好人",喜爱应该喜爱的人;"恶人",厌恶应该厌恶的人。仁者有一种直觉即当下的判断,有是非之心;仁者的好恶得乎其中(中道)。"子曰:'苟志于仁矣,无恶也。'"(《论语·里仁》)如果志于仁,坚定行仁的志向且实践之,邪念恶行也不能产生。可见立志的重要性。

"子曰:'富与贵是人之所欲也,不以其道得之,不处也;贫与贱是人之所恶也,不以其道得之,不去也。君子去仁,恶乎成名?君子无终食之间违仁,造次必于是,颠沛必于是。'"(《论语·里仁》)不用正当的手段摆脱贫贱,君子也不接受。发大财,做大官,这是人人所盼望的;然而不用正当的手段去得到它,君子也不接受。君子即使在吃完一顿饭的短暂时间,也未离开过仁德,就是在仓卒匆忙、颠沛流离的时候,都与仁德同在。人生存的价值就在于他能超越自然生命的欲求。

樊迟问仁。"子曰:'仁者先难而后获,可谓仁矣。'"(《论语·雍也》)有仁德的人以勇于担当艰难困苦为先,以有所收获为后,亦即后来范仲淹所说的"先天下之忧而忧,后天下之乐而乐"。

仁道的价值理想,尤其体现于人在道义与利欲发生冲突的时候。孔子不贬低人们的物质利益要求和食色欲望的满足,只是要求取之有道,节之以礼。"君子喻于义,小人喻于利。""士志于道,而耻恶衣恶食者,未足与议也。"(《论语·里仁》)"君子食无求饱,居无求安,敏于事而慎于言,就有道而正焉,可谓好学也已。"(《论语·学而》)

最后,仁德是生命的意境。孔子有自己的终身之忧和终身之乐:"君子谋道不谋食"、"忧道不忧贫"(《论语·卫灵公》);"德之不修,学之不讲,闻义不能徙,不善不能改,是吾忧也。"(《论语·述而》)他的快乐,是精神的愉悦。他赞扬颜渊穷居陋巷,箪食瓢饮,"人不堪其忧,回也不改其乐"(《论语·雍也》)。"饭疏食饮水,曲肱而枕之,乐亦在其中矣。不义而富且贵,于我如浮云。"(《论语·述而》)同时,孔子提倡追求人生修养的意境,游憩于礼、乐、射、御、书、数六艺之中,"兴于诗,立于礼,成于乐"(《论语·泰伯》)。

"子曰:'知者乐水,仁者乐山;知者动,仁者静;知者乐,仁者寿。'"(《论语·雍也》)乐,喜爱之义。此句意为:智者达于事理而周流无滞,有似如水,故乐水;不滞一隅,无所迷惑,故快乐。仁者安于义理而厚重不迁,有似如山,故乐山。内省不疚,无所忧伤,故高寿。

据《论语·先进》篇第二十六章,有一次孔子与几位弟子交谈,孔子说,如果有人愿意用你们,那你们打算怎么办呢? 刚强果敢的子路抢着说,自己愿去治理一个有一千辆兵车那样规模不大的诸侯国,如果它处在几个大国的夹缝中,外有强敌,内有灾荒,大约三年,我可以使该国生存下来,能让国民个个有勇气且懂方略。孔子听后,微微一笑;又问多才多艺的冉求,你有什么打算呢? 冉求说,若有一个方圆六七十里或五六十里的小国请我去治理,三年时间,我可以使人人富裕,至于礼乐制度文化方面的建设,则要另请高明。孔子接着问喜爱礼仪的公西华,你打算怎么样呢? 公西华说,我不一定能拿得下来,但愿学习而已。宗庙祭祀活动,国与国间的外交盟会之事,我愿穿礼服戴礼帽,做个司仪。孔子问曾参的父亲曾点,你怎么样呢? 曾点弹瑟正近尾声,铿的一声把瑟放下,站起来说,我与他们三位不同。孔子说,没有关系,不过是各人说自己的志向而已。曾点说,暮春三月,穿着春装,与五六个青年同学,六七个孩子,一道在沂水河边洗澡,又到祈雨的舞雩台上吹风,然后一路歌声,走回家来。孔子感叹说:"吾与点也。"我同意曾点的主张呀! 从这个故事里,我们可以领略到孔子的意境。孔子平日鼓励学生们积极到家国天下去从事管理工作,可在这特殊的场合,却认同曾点的情怀。这表明孔子儒家在入世的追求中,也有潇洒自在的意趣。儒家宗师孔子自强不息,努力奋斗,乃至知其不可而为之。另一方面,孔子也自得其乐,随遇而安,他有从容气象,悠然胸次,直与天地万物上下同流。曾点深知夫子之志,是使老者安之,朋友信之,少者怀之,人人各遂其志。孔子的人生境界有其超越层面。

生命境界是"仁"的第五层涵义。我们不妨把上述五层涵义融会贯通地加以理解,从不同角度理解"仁"。

广义的"仁"兼包"五常"、"四维"诸德目,狭义的"仁"则是"五常"之一。仁、义、礼、智、信"五常"以"仁"为内核。儒家的仁爱,是推己及人,即把亲爱亲人之心一层层向外推,即孟子所说的"老吾老以及人之老,幼吾幼以及人之幼","亲亲而仁民,仁民而爱物",也即张载《西铭》所说的"民吾同胞,物吾与也"。"仁"是天、地、人、物、我之间的相互感通和相互润泽。《中庸》引孔子的话说:"仁者,人也。"孟子说:"仁也者,人也。合而言之,道也。"(《孟子·尽心下》)在儒家看来,"仁"是人的最高精神境界,也是人之所以为人的本质属性与最高标准,是最高的道德原则。

至于仁、义、礼、智等德目的内容与关系,孟子说:"仁之实,事亲是也;义之实,从兄是也;智之实,知斯二者弗去是也;礼之实,节文斯二者是也;乐之实,乐斯二者,乐则生矣。"(《孟子·离娄上》)即是说,仁发端于侍奉父母,义发端于敬顺兄长。扩而充之,爱别的老人是仁,敬所有的年长者是义。仁兼义,但义不兼仁。仁义高于礼智。它们所处的层次不同。明白仁、义的道理而坚持下去是智。智是人对于仁、义、礼的了解。对仁、义的重要内容能合宜地加以调节,适当加以修饰是礼。礼是社会的行为规范。从侍奉父母、尊敬兄长中得到快乐,就是乐。孟子又说:"孔子曰:'里仁为美,择不处仁,焉得智?'夫仁,天之尊爵也,人之安宅也。莫之御而不仁,是不智也。不仁、不智、无礼、无义,人役也。"(《孟子·公孙丑上》)仁是天最尊贵的爵位,是天下之广居,是人最安逸的住宅(境界)。真正智慧、明智的选择,是生活在仁的境界中。

我们实际上讲到了仁、义、礼、智、信的相互制衡。例如仁与礼,仁为礼之内容,礼才不致流于形式。另一方面,礼为仁之节度,以礼节仁,过其所爱曰侵。故仁爱、亲情,不是没有节制的。孟子说:"言非礼义,谓之自暴也;吾身不能居仁由义,谓之自弃也。仁,人之安宅也;义,人之正路也。旷安宅而弗居,舍正路而不由,哀哉!"(《孟子·离娄上》)"夫义,路也;礼,门也。惟君子能由是路,出入是门也。"(《孟子·万章下》)扬雄进而指出:"或问仁义礼智信之用?曰:仁,宅也;义,路也;礼,服也;智,烛也;信,符也。处宅,由路,正服,明烛,执符,君子不动,动斯得矣。"(《法言·修身》)仁是内在精神,义是行事的准则,礼是外观,智是照明的蜡烛,信是使人相信的符节。儒家讲仁者安仁、居仁由义,居住在仁里,把仁作为最佳处(里、宅),即以仁为境界,行走在义的道路上。人人都走的路是大路。义是路,礼是门。礼把仁与义的秩序、节度规定下来,而仁、义、礼、智、信之间有张力,君子人格的养成,正在此张力中实现。

三、"仁礼"体用不二

孔子重"礼"重"仁",继承春秋时期及以前的文化成就,尤其是周公开启的中华人文精神的传统。我们可以从孔子有关礼的阐释、仁礼关系、恢复周礼等方面理解孔子礼学思想。

"礼"起于民间习俗和原始宗教活动(对自然神灵与祖宗神灵的祭祀)。这些礼文仪节,除日常应事接物外,重大的如冠、婚、丧、祭、朝、聘、乡、射等,都有其具体含义。周代的礼乐,是当时的社会制度、等级秩序与生活规范,其中不乏维护周天子与各诸侯统治秩序的内容。孔子生当春秋末期礼崩乐坏之际,对王室衰微、诸侯纷争、臣弑其君、子弑其父、陪臣执国命等现象,对激烈的社会冲突与动荡,深感不安。礼是用来整饬社会生活秩序,确立名分等级,维护长幼之序,规定官员权力、职责、义务,节制骄奢淫欲,调节财物之用,甚至保护自然生态的。周代的礼乐制度,当然有时代的限制。但孔子并不固执于过时的礼,他主张因时制宜,随时损益,力图拯救礼乐中所包含的信念信仰与道德精神。

孔子重点揭示了"礼"的内涵、本质与功能。孔子说:"人而不仁,如礼何?人而不仁,如乐何?""林放问礼之本。子曰:'大哉问!礼,与其奢也,宁俭;丧,与其易(易在这里是铺张的意思)也,宁戚。'"(《论语·八佾》)没有仁德、没有真情实感的礼乐,只是形式教条、虚伪的仪节,甚至会变成支配性的社会强制，使人不成其为真实的个体的人，这正是孔子要批评的。在孔子看来，更为重要的是尊重人，是礼貌、礼敬与礼让，这是"礼"的内涵与本质。孔子主张依礼而行，每个人与别人相处，既不侮辱别人，也不与人亲昵失敬。君子待人接物时态度恭敬，凡事有节制，谦逊礼让。"子曰：'能以礼让为国乎？何有？不能以礼让为国，如礼何？'"（《论语·里仁》）以礼治国，是以内在的敬、让为实际内容，在行为上以遵循一定的仪节表现出来。但这不是拘守礼文仪节，而是以敬、让为本质，做到内容与形式的统一。孔子又说："君子义以为质，礼以行之，孙（逊）以出之，信以成之。君子哉！"（《论语·卫灵公》）君子对待事业或一件事情，以合宜为原则，以礼来实行，用谦逊的语言表达，用诚信的态度完成。这表明：义在内，礼在外；仁义是内容，礼文是形式。孔子批评有的为政者对百姓"动之不以礼"，强调爱惜民力，包括对弱者的尊重和对等的施报关系。孔子又说："乡射之礼，所以仁乡党也；食飨之礼，所以仁宾客也。"（《礼记·仲尼燕居》）通过各种"礼"来"亲"邦国、万民、朋友，"仁"乡党、宾客等。可见，"礼"的功能在整饬秩序、节制欲望、增进交往、和谐社群、培养君子人格。

孔子答鲁哀公问政："仁者人也，亲亲为大。义者宜也，尊贤为大。亲亲之杀，尊贤之等，礼所生也。"（《礼记·中庸》）这里说的是仁、义、礼的关系。"仁"与"人"可以打等号，相互界定。可见孔子是把"仁德"作为人之所以为人的本质规定性的。"亲亲之杀"，是说爱亲有差等，有亲疏、远近、层次上的差别；"尊贤之等"，说的是对待贤人，依德才而在社会地位、俸禄上有高下的等级差别。"礼"就是"仁"与"义"的具体化、形式化，以此体现亲亲、尊贤为内容的社会秩序。

孔子曾经论述礼发展是一个世代传承损益的过程：

> 子张问："十世可知也？"子曰："殷因于夏礼，所损益，可知也。周因于殷礼，所损益，可知也。其或继周者，虽百世，可知也。"（《论语·为政》）

子曰:"夏礼吾能言之,杞不足征也。殷礼吾能言之,宋不足征也。文献不足故也。足,则吾能征之矣。"(《论语·八佾》)

子曰:"周监于二代。郁郁乎文哉,吾从周。"(《论语·八佾》)

颜渊问为邦。子曰:"行夏之时,乘殷之辂,服周之冕,乐则韶舞。放郑声,远佞人。郑声淫,佞人殆。"(《论语·卫灵公》)

由是而知,孔子之时殷商之礼皆能言之,又知"郁郁乎文哉"之周礼,如何从夏商因革损益而来,前代礼乐制度之遗存仍然为孔子津津乐道。然而春秋时代,王室衰微,礼崩乐坏,逐渐跌落到孔子所称的无道叔世:

孔子曰:"天下有道,则礼乐征伐自天子出;天下无道,则礼乐征伐自诸侯出。自诸侯出,盖十世希不失矣。自大夫出,五世希不失矣。陪臣执国命,三世希不失矣。天下有道,则政不在大夫。天下有道,则庶人不议。"(《论语·季氏》)

孔子不满意当时日益增加的僭越和破坏礼制的情况,故志在"克己复礼为仁"(《论语·颜渊》),但是他也只能表示一种担忧和谴责而已。"孔子谓季氏:'八佾舞于庭,是可忍也,孰不可忍也!'"(《论语·八佾》),周礼规定天子八佾,诸侯六佾(鲁国作为周公封国,成王念周公功德,特赐可用天子之礼仪,故鲁公可用八佾),诸侯国大夫四佾,鲁国政在大夫,执政大夫季氏僭越礼制,孔子只有谴责而已。春秋末年,周礼逐渐失去了社会制约作用和个人道德规范力量,原先互动共制、融为一体的德礼体系开始分离。孔子面对德礼分离现实,只有提倡形式化的礼背后的内在精神,并称之为"仁"的德:

子曰:"人而不仁,如礼何! 人而不仁,如乐何!"(《论语·八佾》)

子曰:"礼云礼云,玉帛云乎哉? 乐云乐云,钟鼓云乎哉?"(《论语·阳货》)

礼的内在精神是仁、德,如果失去了仁、德的精神,不再实施和规范公平的权利分配和良好的社会秩序,那么繁琐的礼仪、行礼所用的玉帛钟鼓,就成了徒具形式的仪式,失去了礼的社会价值和道德意义。

德礼分离的原因是多方面的。首先,西周中期以来周礼体系逐渐系统化和制度化,整个统治系统对制度统治的依赖性增强,而周公"皇天无亲,惟德是辅"(《左传·僖公五年》引《周书》)那样的忧患意识在减弱,兵甲武力、庆赏刑罚等统治手段日益忽视,于是统治者之"德"望下降,尤其经过幽厉之衰,平王东迁,王室威望已失,仅存象征性而无实际约束诸侯的能力,以周礼系统对诸侯的统治已经失去直接作用。其次,周礼体系是建立在宗法血缘系统的封土建国基础之上,经过几百年的延续,宗族力量衰落而卿大夫势力崛起,世卿世禄制度受到挑战,宗法政治结构的优势渐失,难以适应宗教、政治、经济、社会和文化变化产生的社会变革需求,而周礼系统自身的保守性日益凸现,很难推动自身的变革,于是新的政治力量兴起,改革势在必行。第三,随着周代社会数百年的变迁,尤其是铁器的使用、小农经济模式的确立、诸侯兼并战争的增加、华夏民族的融合,以及王官之学流落民间导致的士阶层逐渐兴起,使得繁琐不堪的周礼体系难以适应社会文化生活实际状况,礼逐渐政治化和伦理化。"所谓礼的政治化,就是指,'礼'由礼乐文明的体系愈来愈被理解为、强调为政治的合理性秩序,强调为伦理的原则和规范。"①而起着社会教化作用的其他领域之礼日益简弃,原先周礼体系的价值内核"德"也逐渐抽象化、内在化为社会伦理价值和个人道德修养。春秋战国时期,随着宗法政治社会体系的解体,德礼分离在所难免。

因此,孔子强调以仁的精神充实礼,一生志愿恢复内容和形式兼备的周礼。"子曰:'克己复礼为仁。一日克己复礼,天下归仁焉。为仁由己,而由人乎哉?'"(《论语·颜渊》)一旦都做到抑制自己,使言行合于礼,大家就会称许你为仁人。一个人,遇事是做道德的选择还是做非道德的选择,都是自己给自己下命令的结果,而不是由他人或环境所决定

---

① 陈来:《古代思想文化的世界——春秋时代的宗教、伦理和社会思想》,北京:生活·读书·新知三联书店,2009年,第253页。

的。可见,"仁"与"礼"之间有着创造性的张力,君子守礼、执礼,即是修养自己的过程,在这一过程中,可以丰富自己内在的德性。君子通过实践礼而有教养,同时又不执定于礼仪,努力体认礼之内核——"仁德"。

第四节　为政之道

一、德治思想

孔子强调德治、礼治,其政治学说中有不少内容如主张民富、富而后教等,把为政之道的核心精神归结为"德"字。孔子为政以德的思想,可从以下三方面来理解:

首先,强调为政以德与中平正直。

孔子说:"君子之德风,小人之德草。草上之风,必偃。"(《论语·颜渊》)主政者的人格风范好比风,老百姓的风气好比草,风往哪里吹,草就向哪边倒。孔子又说:"为政以德,譬如北辰,居其所而众星共之。"(《论语·为政》)为政者如果能以道德人格来主持、治理政务,就会像北极星被众星拱卫一样而得到众人的拥护。管理者不是以权势、地位,而是以德养、人格,使人心悦诚服,为同僚、下属所拥戴。孔子说:"道(导)之以政,齐之以刑,民免而无耻;道(导)之以德,齐之以礼,有耻且格。"(《论语·为政》)"格"是来的意思。整句是说,如果治政者用政令来引导,用刑罚来整治老百姓,老百姓可以免于犯罪,但却没有羞耻之心。而如果治政者用道德来引导,用礼乐文化来教化老百姓,老百姓不但会懂得廉耻,而且会心悦诚服地归服于你。光靠政令与刑罚行不行呢?当然可以,但只能治标,不能治本,不能唤起民众的羞耻之心。孔子主张宽政,反对酷刑,认为宜以内在的道德诱导人民,用成文或不成文的规范、制度来训练他们,使之有羞耻感,有耻德。

德政是儒家式的"无为而治"。孔子说:"无为而治者其舜也与?夫何为哉,恭己正南面而已矣。"(《论语·卫灵公》)传说中的舜的德行很高,既善于修己,又善于用人,只要任用得当,具体事务有人负责,故不必亲力亲为,只要端正地南面而坐,就可以治理好国家、天下。这是通过层层主要治政者的道德风化,上行下效的结果。这里倡导的是以自我管理为中心的方略。

孔子一贯提倡中正平和的治政理念。孔子以"正"来讲"政",强调平正。"季康子问政于孔子。孔子对曰:'政者,正也。子帅以正,孰敢不正?'"(《论语·颜渊》)"苟正其身矣,于从政乎何有? 不能正其身,如正人何?"(《论语·子路》)这里,第一层讲为政的中正平直,不偏不倚;第二层讲主政者带头做到中正平直,不循私情;第三层讲只有正己,才能正人。孔子认为,治世者要"安民""平正""同仁""无私",在管理工作中做到公平、公正,反对过度地恶恶、亲亲、贵贵,强调正身、正国、正天下,以爱心与德政来化解矛盾,诱导上下相亲,慈爱和睦;又主张教育感化,德刑并举,不杀无辜,不释罪人,善于区分并适度处置违法犯罪现象,使得政平而人和。

其次,提出正名学说,强调名实、权责相符。

"子路曰:'卫君待子而为政,子将奚先?'子曰:'必也正名乎!'子路曰:'有是哉,子之迂也! 奚其正?'子曰:'野哉,由也! 君子于其所不知,盖阙如也。名不正则言不顺,言不顺则事不成,事不成则礼乐不兴,礼乐不兴则刑罚不中,刑罚不中则民无所错(措)手足。故君子名之必可言也,言之必可行也。君子于其言,无所苟而已矣。'"(《论语·子路》)孔子强调正名。子路认为老师太迂腐了。其实孔子并不迂腐。他的意思是,管理者既负有责任,就一定获得某种授权。而一定的名分就标志着他获得了相关职位的授权,因而有了一定的责任。一定名分规定了其职责,规定了所管理事物或对象的范围、界限与责任。权与责,名分与实务要一致。我们说话要恰如其分,这样才能办好事,才能振兴礼乐文明,使刑罚公正合理适当,这样老百姓就不至于手足无措了。官员要名实相符,言行一致,说话不能太随意。人主、官吏必须"取信于民"(《汉书·楚元王传》),这是一条治国的原则,也是对从政者的要求。"道(治理)千乘之国,敬事而信"(《论语·学而》),即使治理一个当时不大的诸侯国,尚且都要严肃认真,信实无欺,何况更大的国家呢?

孔子又说:"君使臣以礼,臣事君以忠。"(《八佾》)君臣关系,今天已经没有了,但管理事业总有上下级关系,这种关系不是单向度的要求,所谓"君惠臣忠"、"君仁臣忠",即彼此尊重、相互对等的要求。

第三、主张富民教化,"举贤才",倡导五种美政。

孔子继承周公"明德慎罚""敬德保民"和管仲"仓廪实则知礼节、衣食足则知荣辱"的思想,主张德主刑辅,教化为先。孔子认为,良好的政治是富民的政治,故其治政方略是三个大字——"庶"、"富"、"教":"子适卫,冉有仆。子曰:'庶矣哉!'冉有曰:'既庶矣,又何加焉?'曰:'富之。'曰:'既富矣,又何加焉,'曰:'教之。'"(《论语·子路》)庶而后富,富而后教,肯定民生,强调藏富于民,把维护老百姓的生存权与受教育权看作是为政之本。孔子所重在"民、食、丧、祭"(《论语·尧曰》),重视百姓的吃饭与生死问题,主张如子产那样"养民也惠","使民也义"(《论语·公冶长》)。孔子说"节用而爱人,使民以时"(《论语·学而》),希望统治者不违农时,做到"恭、宽、信、敏、惠"(《论语·阳货》),"因民之所利而利之,斯不亦惠而不费乎? 择可劳而劳之,又谁怨?"(《论语·尧曰》)这都是孔子"仁爱"思想与"仁政"学说的题中应有之义。孔子注意到分配正义、社会公正问题,反对贫富差距过于悬殊,指出:"不患寡而患不均,不患贫而患不安。盖均无贫,和无寡,安无倾。"(《论语·季氏》)他对冉求说的这番话,是针对春秋末期季孙氏等新贵之暴富而提出的,意思是说,各诸侯或大夫,不必着急自己的财富不多,而需要顾虑的是财富分配的不均,那会导致诸侯之国与大夫之家的颠覆。若是财富平均,消灭了贫穷,境内团结、平安、和睦,不仅不会倾危,而且会有远处的人来归服于你。儒家还关注养老、救济弱者、赈灾与社会保障的制度设计及其落实,强调整个社会应关注鳏、寡、孤、独等弱势群体。孔子的"富民"说、"均富"论和"教化"论,从根本上说也就是以仁爱思想为中心的政治主张。

孔子主张"有教无类","举贤才",主张从民间的平民中提拔德才兼备的人才,知人善任,尤其强调:"举直错(措)诸枉,能使枉者直"(《论语·颜渊》),即把正直的人提拔出来,位置在邪曲的人之上,能使邪曲的人正直。子夏对樊迟解释老师的这句话,说:舜有了天下,从众人中挑选、任用了皋陶。汤有了天下,从众人中挑选、任用了伊尹。这样,坏人都难以存在了。舜、禹都善于访求、考察、选拔并放手任用贤德的臣子,当然也要考核他们。孔子主张,对于人才,不要求全责备,可以"赦小过",即不计较人家的小错误,强调德、位、禄、用的相称。

"子路问政。子曰:'先之劳之。'请益,曰:'无倦。'"(《论语·子路》)"先之劳之","无倦",或"先有司"(《论语·子路》),即治政者带头,不知疲倦地服务大众,忠于职守,公正廉洁,勤政爱民,劳而无怨。

孔子认为,治国的目的是使百姓生活安定、安康。他强调以严肃庄敬的态度合理合法地动员百姓的重要性。"修己以敬"、"修己以安人"、"修己以安百姓"(《论语·宪问》);"博施于民而能济众"(《论语·雍也》);"节用而爱人,使民以时"(《论语·学而》)。治政者谨慎地使用权力,修养自己,自己良心安了,才能使百姓安宁。他回答子张怎样才能管理政事的提问时,提出了五种美政:"君子惠而不费,劳而不怨,欲而不贪,泰而不骄,威而不猛。""因民之所利而利之,斯不亦惠而不费乎?择可劳而劳之,又谁怨?欲仁而得仁,又焉贪?君子无众寡,无小大,无敢慢,斯不亦泰而不骄乎?君子正其衣冠,尊其瞻视,俨然人望而畏之,斯不亦威而不猛乎?"(《论语·尧曰》)五种美政的核心是顺着人民的利益使人民得到幸福的"利民"思想,是从安民济众的根本出发的。"仁者安仁,知者利仁。"(《论语·里仁》)安定天下,主要是使百姓平安。而最使百姓不安的就是官员利用职权与民争利,贪污腐败,不能"修己",以及"动之不以礼"(《论语·卫灵公》),使民不以时,即官府以随意的态度滥用权力,任意扰民,践踏民意,不顾民生,不能济众施惠,不以庄敬的态度尊重老百姓,爱护老百姓。孔子的主张是"以德服人",而且不断提升治政者的人生境界。

二、公私观和正义论

春秋时代，"公"一般指天子、诸侯，"公家"、"公室"、"公事"一般与天子、诸侯国君有关。处于春秋末期的孔子，无疑是在对周礼因革损益的基础上，面对诸侯、大夫及其与家臣、家宰之关系的变异，来讨论"公"与"私"的问题的。然而西周初年以降的人文主义传统是孔子思想的文化土壤，孔子在思考公私之辨时，更有一种人文的自觉。故孔子在讨论公私、义利时，也有超越于时代的思想火花，值得当代人记取。

除了上面论述中提到的中正平和的治政理念和有教无类举贤才的教育理念外，孔子的公私观与为政学说中公共性、公正性的意涵还有以下几项内容。

第一，孔子肯定、尊重老百姓的生存权与私利，强调民生问题，并以之谓为"公"。良好的政治必须保证老百姓的生存与利益。《诗·小雅·天保》："民之质矣，日用饮食。"质，成平也。孔子主张"富民"、"教民"，孔子治国安民的主张是"庶之"、"富之"、"教之"，庶而后富，富而后教，肯定民生，强调藏富于民，把维护老百姓的生存权看作是为政之本。《礼记·礼运》："饮食男女，人之大欲存焉。"故理想的政治是：体民之情，遂民之欲，此即王道、仁政。

孔子说："所重：民、食、丧、祭。宽则得众，信则民任焉，敏则有功，公则说（悦）。"（《论语·尧曰》）据杨伯峻释，"信则民任焉"为衍文，是因《阳货》篇"信则人任焉"的误增。但不管怎么样，这里至少强调了治政者必须重视老百姓的事，尤其是吃饭、安葬等生死之事，要宽厚待民，提到"公"（即公平、公正）的原则，指出办事"公正"才能使老百姓高兴。孔子重视百姓及其吃饭与生死问题。民以食为天。在孔子看来，人在社会中的生存和生活状况很重要，而死后的安葬与祭祀也很重要。孔子希望统治者不违农时，使百姓维持生活、生产，有一定的生活保证。故我们尤其要重视"公则说（悦）"的"公"的意涵。

孔子论五种美政、四种恶政，特别反对暴政苛政，不教而诛，把"因民之所利而利之"作为首要的原则,反对以傲慢的态度对待小民,又强调了为政者的庄重、宽厚、廉洁、施惠及责任与信用,实已触及对待公权力的态度、公权力运用的正当性,以及公权力对小民私利的保护。孔子在礼治秩序下提出"因民之所利而利之",是一个有积极意义的命题。施恩惠于民,养育人民,按正路有道义地使用民力,珍惜民力,不浪费资源。防止公共权力的滥用是珍惜民力、保护民生的重要内容。孔子说:"知及之,仁不能守之,虽得之,必失之。知及之,仁能守之,不庄以莅之,则民不敬。知及之,仁能守之,庄以莅之,动之不以礼,未善也。"(《论语·卫灵公》)这里强调了仁德高于聪明才智,强调了严肃庄敬的态度和合理合法地动员百姓的重要性。孔子提出以"敬"的态度谨慎地使用公共权力的问题,以安民济众、百姓平安为根本目的。孔子重视为政者不与民争利,强调公权力应维护民利,给人民以好处与实惠。治政者的智慧是,从实际出发,因顺人民能得利益之处而使他们有利,这就是给人民以好处而政府却可以不耗费或少耗费资源。因为传统社会的治政者常违背农时,征调老百姓服劳役,有大量旷夫怨女。农业社会使老百姓不能种不能收,那以什么为生呢?故孔子讲,选择可以劳动的时间、条件与人员,再去使他们劳动,又有谁来怨恨呢?孔子强调民生问题,老百姓吃饭问题,主张藏富于民并教化人民。从社会、政治、经济、文化、道德、教育的综合性来考虑,孔子提出了"庶"、"富"、"教"三个字的治国方略。在人口稀少、生产力水平低下的当时,人是主要的生产力。人口多一点,是社会稳定繁荣的标志。没有战乱的地方,容易招徕百姓。民生好一点,社会秩序好一点,人口蕃衍,人的再生产也繁荣一些。首先使老百姓安宁、富裕起来,然后使老百姓受到良好的教育,提升人民的素质。对此处庶而后富,富而后教,"因民之所利而利之"(《论语·尧曰》),足见孔子并不抹杀民众、百姓之私利,特别是基本的生存权,这应该是清楚无疑的。我们讨论儒家、孔子的公私观,怎么能把这一个基本点都抹杀而不论呢?

有子在税收政策上,主张十一税(彻),批评鲁哀公的横征暴敛,提倡藏富于民。"百姓足,君孰与不足?百姓不足,君孰与足?"(《论语·颜渊》)良好的政治是让百姓富足,有安全感的政治,是得到人民信任的政治。人主、官吏必须"取信于民",这是一条治国的原则,也是对从政者的要求。"道千乘之国,敬事而信"(《论语·学而》),即治理一个国家,要严肃认真,信实无欺。孔子说治理政事,一定要做到粮食充足,军备充足,百姓对政府有信心。如果人民对政府缺乏信任与信心,国家是站不起来的。这一层意义的"信",是儒家为政思想的一个重要内容,涉及公权力的合法性问题。为政者修养自己来使所有的老百姓安乐,这是政治理想,虽不能至,心向往之。"子贡曰:'如有博施于民而能济众,何如?可谓仁乎?'子曰:'何事于仁!必也圣乎!尧舜其犹病诸!'"(《论语·雍也》)广泛地给人民以利益,使老百姓生活得更好,不仅是"仁"的境界,简直更升进到"圣"的境界了!

第二,孔子不反对私利,但反对以权谋私。孔子不仅不反对老百姓的私与富,也不反对社会上层人士的私与富。如说:"富而可求也,虽执鞭之士,吾亦为之。"(《论语·述而》)又说子贡:"赐不受命,而货殖焉,亿则屡中。"(《论语·先进》)"邦有道,贫且贱焉,耻也。"(《论语·泰伯》)孔子肯定"富与贵,是人之所欲也";"贫与贱,是人之所恶也",强调取之(或去之)以道,得之(或去之)以礼(《论语·里仁》)。

冉求做季氏的家宰,为之搜括、敛财,孔子让学生批判他。"季氏富于周公,而求也为之聚敛而附益之。子曰:'非吾徒也。小子鸣鼓而攻之,可也。'"(《论语·先进》)此指鲁哀公十一至十二年间,季氏要增加赋税,派冉求征求孔子的意见,孔子主张"施取其厚,事举其中,敛从其薄"。但冉求仍听从季氏,实行田赋制度,加重盘剥百姓。

对于社会上层官员,以及准备做官的弟子,孔子说:"奢则不孙(逊),俭则固。与其不孙(逊)也,宁固。"(《论语·述而》)戒奢以俭,宁可贫寒,不可富而骄纵。孔子讲:"放于利而行,多怨"(《论语·里仁》);"君子喻于义,小人喻于利"(《论语·里仁》)。这并不是他不肯定私利,他只是告诫在位者不要利用职位、权力去谋取个人利益,希望官员晓明道义,"见利思义"(《论语·宪问》),以义来指导利。当时的卿大夫不但贪污,而且奢侈成风,孔子"以廉风贪,以俭风侈",故以卫国公子荆来讽喻在位者。"子谓卫公子荆,善居室。始有,曰:'苟合矣。'少有,曰:'苟完矣。'富有,曰:'苟美矣。'"(《论语·子路》)

第三,儒家的责任伦理、信用品性,主要是要求为政者、士大夫的。儒家资源中的责任伦理、人格信任、廉洁奉公,是作为公共事务中的道德品格。

"樊迟问仁。子曰:'居处恭,执事敬,与人忠。虽之夷狄,不可弃也。'"(《论语·子路》)严肃认真地从事公务,忠实于职守,这已经近乎"仁"德。"子路问政。子曰:'先之劳之。'请益。曰:'无倦'。"(《论语·子路》)"先之劳之",即"先有司"(《论语·子路》),有职务的、管事的人必须勤劳,带头。"先之劳之"、"无倦",即服务大众,忠于职守,公正廉洁,勤政爱民,劳而无怨。"子谓子产,'有君子之道四焉:其行己也恭,其事上也敬,其养民也惠,其使民也义。'"(《论语·公冶长》)这是借歌颂子产申言官德,强调的仍是庄严恭敬,认真负责。"子张问仁于孔子。孔子曰:'能行五者于天下为仁矣。''请问之。'曰:'恭,宽,信,敏,惠。恭则不侮,宽则得众,信则人任焉,敏则有功,惠则足以使人。'"(《论语·阳货》)这里把恭、宽、信、敏、惠等五个方面,即庄敬自重、宽宏大度、诚实守信、勤劳敏捷、慈心施予,作为"仁"的内涵与官德。孔子讲"仁",主要是针对有禄位的诸侯、卿、大夫、士,用现在的话来说,主要是对官员、干部和知识分子的要求。因此他说,庄敬自重,才有威严,不会遭致侮辱;宽厚宽容、有大气度,会得到大家的拥戴;诚信无欺,会得到任用;勤劳敏捷,效率高,会贡献大;施恩惠于人,才能用人。严肃、宽厚、信用、勤敏、施惠,至今仍是为政者之德。

他还提出要顺着人民的利益使人民得到幸福的"利民"思想。孔子进一步对于官员、君子,提出了德、才、禄、位相统一的要求,而且都是从安民济众的根本出发的。安定天下,主要是使百姓平安。而最使百姓不安的就是官员贪瘝腐败,不能"修己",以及"动之不以礼"、"使民不以时",即官府以随意的态度使用民力,滥用权力,任意扰民,践踏民意,不顾民生，不能济众施惠，不以庄敬的态度尊重老百姓，爱护老百姓。

"子曰：'君子义以为质，礼以行之，孙（逊）以出之，信以成之。君子哉！'"（《论语·卫灵公》）对君子品行、人格的要求，乃是因为君子承担着公共事业。而相互"信任"，讲求"信用"，尤为重要。故"子曰：'人而无信，不知其可也。大车无輗，小车无軏，其何以行之哉？'"（《论语·为政》）"敬"、"忠"、"信"当然都有具体的历史的内涵，但"敬"（严肃认真）、"忠"（忠于职守）、"信"（真诚信实）并非只是君子之私德，而恰好是公共事务中的工作伦理与品性，结合现代性的内涵，仍可转化为今天公共政治的工作伦理。

第四，君臣的权责，相互的要求，含有政治分工与制约的萌芽。

"齐景公问政于孔子。孔子对曰：'君君，臣臣，父父，子子。'公曰：'善哉！信如君不君，臣不臣，父不父，子不子，虽有粟，吾得而食诸？'"（《论语·颜渊》）孔子对齐景公说，君要像个君，臣要像个臣，父要像个父，子要像个子。这也是正其名，使名与实匹配，权利与责任、义务相符合，以及管理的层次性与秩序性。孔子在这里就有层次、秩序、原则、规范的管理思想，要求不越权，层次分明，分级管理。这都是公共性的内涵。

就臣道而言："子曰：'事君，敬其事而后其食。'"（《论语·卫灵公》）"子路问事君。子曰：'勿欺也，而犯之。'"（《论语·宪问》）此即"事君有犯而无隐"的先导。以臣事君，不欺骗他，但可以犯颜直谏。

孔子提出"以道事君，不可则止"的原则。"季子然问：'仲由、冉求可谓大臣与？'子曰：'吾以子为异之问，曾由与求之问。所谓大臣者，以道事君，不可则止。今由与求也，可谓具臣矣。'曰：'然则从之者与？'子曰：'弑父与君，亦不从也。'"（《论语·先进》）季氏专权、僭窃，冉有、子路仕于其家而不能纠正。孔子对此一直有所批评。此章则再次强调以合于人道、仁义的内容与方式对待君主或所服侍的大夫、臣子，如果行不通，宁可坚持原则而辞职。所谓大臣，不从君之欲，必行己之志。子路、冉有达不到大臣的标准，但仍具备为臣的一般标准，明白君臣大义。此章也表明了孔子对子路、冉有的基本信任,即认为他们也不会顺从季氏去做弑父杀君之事,主要指不会顺从权臣去弑鲁君,仍有不可夺之大节。孟子、荀子都强调了"从道不从君"的原则。

综上所述,孔子为政思想中包含有非常丰富的正义观、公私观与公共事务伦理方面的资源。我们把孔子放在春秋末期的政治事务中恰如其分地予以评价,不难看出其仁政思想中所蕴含的公平、正义的理念。当时的"公"虽不能等同于今日所谓的"公共性",但在当时大夫家、诸侯国的事务中仍有超越于家国涉及老百姓的事务。孔子一再向治政者强调民众私利,提倡"富民"与"惠民",在一定意义上肯定小民的生存权与私领域,同时也肯定士人及以上等级的人之私利,但反对以权聚敛财富,又主张向下层人民及其子弟开放教育与政治,实为我国文官制度与教育制度之先声。孔子对从政者的敬业、忠诚、信用品性等提出了具体的要求,从责任伦理上奠定了公共伦理的基础,而在君臣关系的处理上也包含了区分职权、责任及相互制约的萌芽。这些都是探讨公共哲学的重要资源。值得注意的是,在官德上,孔子反对"徇私",因为这是与仁义爱民原则相悖的。但孔子不反对个体隐私与亲亲等合理之私。

第五节 奠定中华民族精神和核心价值观

一、树立人格典范

孔子是中国文化的代表,是中国乃至世界最伟大的思想家、教育家之一。西方有识之士把他与苏格拉底、释迦牟尼、耶稣并列为大哲学家与思想范式的创造者。钱穆说:"然于中国学术具最大权威者凡二:一曰孔子,一曰六经。孔子者,中国学术史上人格最高之标准,而六经则中国学术史上著述最高之标准也。孔子以来二千四百年,学者言孔子必及六经,治六经者亦必及孔子。"[1]孔子是"继天立极"(《四书章句集注·中庸

---

[1] 钱穆:《国学概论》,北京:九州出版社,2011年,第2—3页。

章句序》)的人格楷模,说他是中国人格的最高标准恰如其分。

周游列国时,孔子的道德理想主义的政治主张不为各国执政者所采纳,凄凄惶惶,找不到一个容身之所,在陈蔡竟陷于绝粮的窘境。但他仍然持守道义,席不暇暖,不畏辛劳,乐以忘忧,在困厄中与弟子"习礼大树下","讲诵弦歌不衰"(《史记·孔子世家》)。

孔子一生"学而不厌,诲人不倦","发愤忘食,乐以忘忧"(《论语·述而》),"笃信好学,守死善道"(《论语·泰伯》),活到老,学到老,教到老。他主张立志有恒、内省不疚、改过迁善、言行一致。他倡导的是一种学习型的文化,是德性的教育、性情的教育、人格成长的教育与终身的自我教育。他把教育开放到民间,使农家、平民子弟可以通过接受教育而参与政治,甚至最高的政治。尤其是,他为道德理想、社会理想的实现,"知其不可而为之"(《论语·宪问》),开辟了以理想批判现实的先河。孔子以仁爱、仁德为中心的价值观念,通过他自己的生命与生活显示了出来。他是千百年来中国士人知识分子的人格典型。

在儒学的话语系统中,说到人格,是不讨论自然人,而只讨论道德人的。儒家不排斥功利,但批评仅仅以个人功利作为生活总目标的人,并称之为小人。君子与小人之辨,是人格与非人格的区分。道德人当然首先是自然人,道德人并非不讲功利(在一定的时空场合反而更讲族群、整体的功利),但人格境界是从价值上说的。孔子所提示的人格,是君子人格,其最高的境界是"圣"即圣人的境界,次高的境界是贤人的境界,然后是君子的境界。孔子继承先哲所提倡的道义原则、仁爱忠恕原则以及仁、义、礼、智、信等价值理想,是中国人安身立命、中国文化可大可久的依据。这些价值理想通过孔子自己践仁的生命与生活显示了出来。

先说君子。《论语》多处记载孔子及其高弟讨论君子与小人之辨的文字。据《雍也》篇孔子曾提醒子夏,要做君子儒,不做小人儒。孔子指出,君子的人格境界、修养进路和行为准则是:"志于道,据于德,依于仁,游于艺。"(《论语·述而》)"君子义以为质,礼以行之,孙(逊)以出之,信以成之。"(《论语·卫灵公》)君子与百姓是有差别的。作为管理者的君子与被管理者的百姓的关系是："君子惠而不费，劳而不怨，欲而不贪，泰而不骄，威而不猛。""因民之所利而利之，斯不亦惠而不费乎？择可劳而劳之，又谁怨？欲仁而得仁，又焉贪？君子无众寡，无小大，无敢慢，斯不亦泰而不骄乎？君子正其衣冠，尊其瞻视，俨然人望而畏之，斯不亦威而不猛乎？"（《论语·尧曰》）孔子肯定君子的物质利益要求和食色欲望的满足，只是要求取之有道，节之以礼。"君子喻于义，小人喻于利。""富与贵，是人之所欲也，不以其道得之，不处也。贫与贱，是人之所恶也，不以其道得之，不去也。君子去仁，恶乎成名？君子无终食之间违仁，造次必于是，颠沛必于是。"（《论语·里仁》）发大财，做大官，这是人人所盼望的；然而不用正当的手段去得到它，君子也不接受。君子即使只在吃完一餐饭的时间里也没有离开过仁德，就是在仓卒匆忙、颠沛流离的时候，都与仁德同在。① 人生存的价值就在于他能超越自然生命的欲求。"君子食无求饱，居无求安，敏于事而慎于言，就有道而正焉，可谓好学也已。"（《论语·学而》）在这个意义上，"君子谋道不谋食"、"忧道不忧贫"（《论语·卫灵公》）。以上是孔子对君子人格的基本描述，也是君子内在自觉的要求。

再说圣人。历史上被尊奉为圣或圣人的，都是后死者对前人的追封。孔子说："圣人，吾不得而见之矣；得见君子者，斯可矣。"（《论语·述而》）有操守的君子是现实人，而圣人则是理想人。孔子不敢说自己是圣人，不敢说自己达到了圣人的境界。"昔者子贡问于孔子曰：'夫子圣矣乎？'孔子曰：'圣则吾不能，我学不厌而教不倦也。'子贡曰：'学不厌，智也；教不倦，仁也。仁且智，夫子既圣矣。'夫圣，孔子不居……"（《孟子·公孙丑上》，又见《论语·述而》）

郭店楚简《五行》指出，"圣"德是圣与仁、义、礼、智五德之所和，属于天之道的境界；仁、义、礼、智四德之所和，属于人之道的范畴。又说："闻

---

① 参见杨伯峻：《论语译注》，北京：中华书局，1980 年，第 36 页。

君子道,聪也。闻而智(知)之,圣也。圣人智(知)天道也。"①按,这里"闻君子道"的"君子",实指圣人。现实的人们与理想的圣人有时空的阻隔,二者相接,是通过耳的听闻、气的感应、心的沟通。"聖"字(圣的繁体)从耳,不仅凸显圣人的听德,指能够容受逆耳之言(耳顺),而且表示人们与圣人相感通的路径——接受音乐、乐教的熏陶,通过耳闻,进入心灵。听是天赋的能力,胎儿在娘肚子里就有听觉。

关于仁人。孔子思想的核心范畴是"仁"。"仁"字的内涵有层次的区别,高一层次的"仁"可以统摄与"义"、"礼"、"智"、"信"并列的低一层次的"仁"。就前者而言,《中庸》引述孔子的话说:"仁者,人也。"在儒家看来,"仁"和"仁人"是人的最高精神境界,也是人之所以为人的最高标准,是最高的道德原则。孔子从不轻许人(包括他自己)为"仁":"若圣与仁,则吾岂敢?"(《论语·述而》)在特定的语境中,孔子视"圣"与"仁"为同一境界。他答子张之问,指出令尹子文只能算是"忠",陈文子只能算是"清",尚未达到"仁"之境(见《论语·公冶长》)。对于他的学生,如子路、冉有、公西华,他肯定其才,但未期许为"仁"(同上),评价他最称道的颜回亦只到这种程度:"其心三月不违仁"(《论语·雍也》)。对于政治家,他只肯定管仲"如其仁"(《论语·宪问》)。他对管仲之违礼有严厉的批评,但承认管仲帮助齐桓公"九合诸侯,不以兵车",避免了生灵涂炭,在这个意义上接近了"仁",然并不许管子为仁人。有的论者批评孔子,既提倡"仁",又说这个人没有达到"仁",那个人没有达到"仁",那么"仁"有什么普遍性和现实性呢?产生这种误解,是不懂得"仁"在孔子那里,是有层次区别的。以上所引,是与"圣"等值等价的"仁"。至于"仁"的原则的普遍性和实践"仁"的现实性,如:"樊迟问仁,子曰:'爱人'";"为仁由己,而由人乎哉"(《论语·颜渊》);"仁远乎哉?我欲仁,斯仁至矣"(《论语·述而》)等等,都是显例,兹不赘述。

"仁"与"圣"有什么区别与联系呢?仁者的境界以"圣"(圣人、圣王)

---

① 荆门市博物馆编:《郭店楚墓竹简》,北京:文物出版社,1998年,第150页。

为最高。"子贡曰:'如有博施于民而能济众,何如? 可谓仁乎?'子曰:
'何事于仁,必也圣乎,尧舜其犹病诸? 夫仁者,己欲立而立人,己欲达
而达人,能近取譬,可谓仁之方也已!'"(《论语·雍也》)孔子的意思
是,广泛地给百姓以好处,帮助大家,使他们生活得更好,让他们自己
尊重自己,自己挺立自己的生命,这已经达到了圣人的境界了,尧舜恐
怕还做不到呢。有的论者不解"立人达人"之意,以为是外在性地施
予。孔子强调"为仁由己",强调儒家的学问是"为己之学",因此所谓
"己欲立而立人,己欲达而达人",不是外在强加似地使别人立或达起
来,而是创造一种气氛或环境,让人家自己站立起来,通达起来。我们
不能代他人立、为他人达。我们想要通过自己挺立生命、通达人间,也
要尊重别人,让他自己去挺立生命,通达人间。就这一点来说,尧舜都
还没有做到。① 郭店楚简《尊德义》:"民可使道(导)之,而不可使智(知)
之。民可道(导)也,而不可使强也。"②由此可以印证孔子所谓"民可使由
之,不可使知之"(《论语·泰伯》),也是强调对民众的引导而不是强迫。
过去人们认为这是孔子的愚民政策,提倡奴性云云。也有人使用不同的
断句方法,来作不同的理解,如"民可,使由之;不可,使知之"或"民可使,
由之;不可使,知之"等。庞朴认为,"不可使智之",是不可强加于人,强
调为政者哪怕有再好的政令、主张,也只有在老百姓理解了以后才能慢
慢推行。③ 这与孔子的外王学主张是一致的。由此可见,就人格境界而
言,仁与圣是统一的,圣是仁之极至的境界,仁是圣的内在精神,圣通过
仁而下贯。

　　所谓"成人",顾名思义是指完美的人。"子路问成人。子曰:'若臧
武仲之知,公绰之不欲,卞庄子之勇,冉求之艺,文之以礼乐,亦可以为成
人矣。'曰:'今之成人者何必然? 见利思义,见危授命,久要不忘平生之
言,亦可以为成人矣。'"(《论语·宪问》)这是说,智慧像臧武仲,清廉像孟

---

① 参见王邦雄等:《论语义理疏解》,台北:鹅湖出版社,1994年,第30页。
② 荆门市博物馆编:《郭店楚墓竹简》,北京:文物出版社,1998年,第174页。
③ 参见庞朴:《使由使知解》,载《文史知识》,1999年第9期。

公绰，勇敢如卞庄子，多才多艺如冉求，再以礼乐来成就他的文采，也可以说是全人了。朱熹注："成人，犹言全人。……言兼此四子之长，则知足以穷理，廉足以养心，勇足以力行，艺足以泛应，而又节之以礼，和之以乐，使德成于内，而文见乎外。则材全德备，浑然不见一善成名之迹；中正和乐，粹然无复偏倚驳杂之蔽，而其为人也亦成矣。"（《论语集注》卷七）"成人"是德才技艺兼备、全面发展的人。这是不是至善至美的圣人呢？按朱子的理解，孔子这里的一个"亦"字是大有文章的。此不是指极至之境，只是对子路因材施教，应机说法，就子路所可达到的人格目标加以点醒。上引文本本身也可以证明。孔子并不把"成人"等同于至上境界的圣人，相反，他提醒子路注意，"成人"是在现实性上通过努力可以达到的贤人人格。由此，孔子把"成人"的标准修订为三条："见利思义，见危授命，久要不忘平生之言"。"要"是"约"的借字，指穷困的意思。由程子和朱子的解释，可知理想的"成人"，再进一步成为集大成者，近乎完美无缺的圣人；而现实的"成人"指并不纯全完备者，例如"有忠信而不及于礼乐"者（《论语集注》卷七）。

后者可视之为"贤人"。从《论语》中不难看出，"贤人"是富于道德或者才能的人，是人们在现实上可以"见"得到的人格榜样。所谓"见贤思齐"就是这个意思。孔子表彰颜回与柳下惠，许之为"贤"，可知他们即是"圣"的标准之下的"成人"。前面我已说过，圣人是"见"不到的人格典范，人们只能通过"耳"接受传闻、诗歌、乐教来体认。而贤人则不同，是可以"见"得到的人格典范。郭店楚简《五行》："见贤人，明也。见而智（知）之，智也。智（知）而安之，仁也。"①人们可以通过"目"直接接触贤人的德行，并以此为榜样。当然，人们对于圣人，可以听而不闻，对于贤人，可以视而不见，关键就是人的心灵能否感应，是否有觉识、觉解。综上所述，孔子的人格境界论本是在因材施教中的方便说法，意在启迪不同谈话对象的觉悟，其内涵十分丰富。如果以化约论的方式表

① 荆门市博物馆编：《郭店楚墓竹简》，北京：文物出版社，1998年，第150页。

达,约略相当于:

> 理想的至上境界:圣人(超越于贤人人格,理想的仁人与成人)——天道层
>
> 现实的理想境界:贤人(超越于君子人格,现实的仁人与成人)——人道层
>
> 现实的道德境界:君子(超越于自然人的道德人)——人道层

但是圣人并不是遥不可及的,我们可以通过贤人体验、仿效圣德。凡圣之间并没有不可逾越之鸿沟。儒家传统中的"人皆可以为尧舜"、"涂之人可以为禹",是就凡人也具有圣贤的潜能来说的。只要有觉识觉解,只要有一点仁心,当下即可达到君子、贤人、圣人的境界。故孟子启导人皆具有的恻隐、羞恶、辞让、是非等"四端"之心,或所谓"不忍人"之心,让人们以"推恩"的方法,"老吾老以及人之老,幼吾幼以及人之幼","以其所爱及其所不爱",扩而充之,足以养育父母妻儿,并且有益于社会,仰无愧于天,俯不怍于人。这其实是十分平实的道理。

二、奠定中华民族核心价值观

孔子最大的贡献是创造性地奠定了中华民族人文精神的核心价值观念。要了解孔子,《论语》是重要的资料,该书搜集了孔子与门人及当时人的一些对话,平易亲切,耐人寻味。人们反复诵读,加上自己的生命体验,于身心甚有裨益。

儒家是继承周公孔子之道,讲述六经之学的学者和教师,活跃于民间社会,他们是社会良知的代表,以其社会理想、道德价值、人文精神鞭笞、批判现实的污浊黑暗,关心老百姓的生计、疾苦,以仁爱礼乐文明的精神滋养社会道德,纯洁人们的心灵。春秋末到战国时,各国当政者都不接受儒学,视其为迂阔之学。汉初,刘邦改变了打天下时对儒生的痛恨,开始亲和儒学。在承平时期,为了治天下,汉武帝以后的统治者将目

光转向儒学。由于儒家善于继承传统文化、典章制度并顺应时代加以因革损益,平易合理,使朝野都能接受。为了长治久安,汉代逐步改用文治为主,更多以温和的方式,用制度化的建设来治理社会。特别是,儒家所强调的仁、义、忠、恕之道及其内在的价值使社会秩序得以维系,足以内裕民生而德服周边。所以,在先秦诸子各家学说中,唯有儒学被汉帝国最终选定为治国平天下的统治思想。

孔子开创的儒学在战国、两汉、魏晋至唐宋元明清,从不同的方面得到发展,其中包括诸种风格、流派与不同的代表人物及思想内容。儒学成为中国文化的主要的思想形态之一,又与诸子百家、佛教、道教相互批评并不断融合。

南宋以后,以《四书》为代表的儒学思想影响到东亚,成为整个东亚共有的精神文明。自明末传教士来华之后,中学西传,四书五经、孔子的仁爱思想、和平主义、文治理念与中国文官制度在西方启蒙时代前后对西方思想界有较大的影响。今天,"己立立人,己达达人"、"己所不欲,勿施于人"等理念作为全球伦理的黄金律,在世界上的影响越来越大。孔子不仅属于中国,也属于世界,孔子思想的现代意义与价值逐渐为世人所重视。

孔了启其端的儒学史与社会义化史是相辅相成、相交相融的。儒家发挥了周公、孔子以来的人文主义精神,在中国传统民间社会中,影响最大。儒学的最高信仰和终极理想,可以用"天人合一"、"性道合一"的命题来加以表达。儒学是一个不断与时俱进的活传统,是中国现代化的重要精神资源和现代人安身立命的根据。

中国文化精神与民族性格主要是由儒家奠定和陶养的。就整部中国历史来说,中国社会是四民(士农工商)社会,士为四民之首。士的变动可以影响到整个社会的变动。士代表、弘扬、实践、坚守了中国人的人文理想,担当着中国社会教育与政治之双重责任。钱穆先生说:"此士之一流品,惟中国社会独有之,其他民族,其他社会,皆不见有所谓士。士流品之兴起,当始于孔子儒家,而大盛于战国,诸子百家皆士也。汉以后，遂有士人政府之建立，以直迄于近代。"①钱穆指出，中国古代社会有一个很特殊的地方，不需要教堂牧师和法堂律师，而形成一种绵延长久、扩展广大的社会。这靠什么呢？主要靠中国人的人与人之道，靠"人"、"人心"、"人道"等等观念，靠士在四民社会中的作用及士之一流品的精神影响。"孔子之伟大，就因他是中国此下四民社会中坚的士的一流品之创始人。"②中国古代社会，从乡村到城市乃至政府都有士。这个士的形成，总有一套精神，这套精神维持下来，即是"历史的领导精神"。"中国的历史指导精神寄在士的一流品。而中国的士则由周公、孔、孟而形成。我们由他们对于历史的影响，可知中国历史文化的传统精神之所在。"③指导中国不断向前的精神被钱穆称为"历史的领导精神"。他通过详考历史、对比中外，肯定地指出，士是中国社会的领导中心，一部中国历史的指导精神寄托在士的一流品，一部中国历史主要是由儒家精神——由周公、孔子、孟子培育的传统维系下来的。

中国历史的"领导精神"即是人文精神，重视历史的精神，重视教育的精神和融和合一的精神。

钱穆认为，中国传统人文精神源于五经。周公把远古宗教转移到人生实务上来，主要是在政治运用上；孔子进而完成了一种重人文的学术思想体系，并把周公的那一套政治和教育思想颠倒过来，根据理想的教育来建立理想的政治。经周、孔的改造，五经成为中国政（政治）教（教育）之本。经学精神偏重在人文实务，同时保留了古代相传的宗教信仰之最高一层，即关于天和上帝的信仰。中国人文精神是人与人、族与族、文与文相接相处的精神，是"天下一家"的崇高文化理想。中国文化是"一本相生"的，其全部体系中有一个主要的中心，即以人为本位，以人文为中心。传统礼乐教化代替了宗教的功能，但不与宗教相敌对，因此不妨称之为"人文教"。中国文化精神，要言之，只是一种人文主义的道德精神。

---

① 钱穆：《民族与文化》，北京：九州出版社，2011年，第12页。
② 钱穆：《民族与文化》，北京：九州出版社，2011年，第97页。
③ 钱穆：《民族与文化》，北京：九州出版社，2011年，第117页。

中国传统注重历史的精神源于五经。周孔重视人文社会的实际措施,重视历史经验的指导作用。尤其孔子具有一种开放史观,并在新历史中寄寓褒贬,这就是他的历史哲学与人生批评。孔子促使了史学从宗庙特设的史官专司转为平民学者的一门自由学问,倡导了经学与史学的沟通。钱穆指出,中国历史意识的中心是人。中国人历史意识的自觉与中国先民,特别是周公、孔子以来的人文自觉密切联系在一起。在中国,特别在儒家,历史、民族与文化是统一的。民族是文化的民族,文化是民族的文化,而历史也是民族和文化的历史。民族与文化只有从历史的角度才能获得全面的认识。中国人对历史的重视,对史学的兴趣及史学之发达,特别是"经世明道","鉴古知今","究往穷来",求其"变"又求其"常"与"久"的精神,来源于儒学。

中国传统注重教育的精神源于五经。钱穆认为,中国古人看重由学来造成人,更看重由人来造成学。中国人研究经学,最高的向往在于学做周公与孔子的为人,成就人格,达到最高的修养境界。中国古代文化及其精神是靠教育薪火相传、继往开来的。中华民族尊师重道的传统由来已久,而儒家则把教育推广到民间,扎根于民间,开创了私家自由讲学的事业,奠定了人文教育的规模和以教立国的基础。中国人教育意识的自觉不能不归功于儒家。

中国传统注重融和合一的精神源于五经。中国古人的文化观,以人文为体,以化成天下为用。五经中的"天下"观,是民族与文化不断融凝、扩大、更新的观念。中国文化的包容性、同化力,表明中国人的文化观念终究是极为宏阔而适于世界性的。这源于儒家的一种取向,即文化观念深于民族观念,文化界限深于民族界限。中国文化与中国人的性格中的"和合性"大于"分别性",主张宽容、平和、兼收并蓄、吸纳众流,主张会通、综合、整体、融摄,这些基本上都是儒者所提倡和坚持的价值。①

① 以上详见钱穆:《中国学术通义》,台北:台湾学生书局,1984 年,第 2—6 页;《民族与文化》,北京:九州出版社,2011 年,第 3、29、48 页;《中国历史精神》,1964 年香港增附三版,第 136 页;《中国文化史导论》,上海:上海三联书店,1988 年影印本,第 19、120 页。

钱穆得出中国历史文化的指导精神即为儒家精神的结论，是有其可靠的根据的。他极其深入地考察了中国古代思想史，十分肯定地说："中国思想以儒学为主流"，"儒学为中国文化主要骨干"。[①] 在先秦思想史上，开诸子之先河的是孔子。孔子的历史贡献，不仅在于具体思想方面的建树，更重要的在于他总体上的建树。他既是王官之学的继承者，又是诸子平民之学的创立者，是承前启后开一代风气的人物。正是这一特殊历史地位，决定了他在先秦诸子学说中的重要作用。整个说来，诸子学标志春秋以来平民阶级意识的觉醒，是学术下移民间的产物。钱穆认为，中国古代，是将宗教政治化，又要将政治伦理化的。换言之，就是要将王权代替神权，又要以师权来规范君权的。平民学者的趋势只是顺应这一古代文化大潮流而演进，尤其是以儒家思想为主。因为他们最看重学校与教育，并将其置于政治与宗教之上。他们已不再讲君主与上帝的合一，而只讲师道与君道的合一。他们只讲一种天下太平、世界大同的人生人道，这就是人道或平民道。在孔孟仁学体系的浸润下，儒家完成了政治与宗教的人道化，使宗教性与神道性的礼变成了教育性与人道性的礼。

钱穆认为，先秦学术思想的总结是在秦始皇到汉武帝这一段历史时期内完成的。学术思想的统一伴随着政治上的统一。在政治上，李斯为代表的以法家为轴心的统一，历史已证明是失败的，其标志是秦王朝的灭亡；而董仲舒为代表的以儒家为轴心的统一，则是适应并促进当时社会发展的，是成功的，其标志是汉唐大业。当时在学术上的调和统一有三条路：一是超越于儒墨道法诸家之上，二是以道家为宗主，三是以儒家为宗主。第一条路的代表是吕不韦及其宾客，但他们没有超越诸家之上更高明的理论，没有吸收融和诸家的力量，因此《吕氏春秋》只是在诸家左右采获，彼此折衷，不能算是成功的。第二条路

---

① 钱穆：《中国思想史》，台北：台湾学生书局，1985 年，第 171 页；《新亚遗铎》，台北：东大图书公司，1989 年，第 417 页。

的代表是刘安及其宾客。由于道家思想本身的限制，不可能促进当时历史大流向积极方向前进，因此《淮南子》也不是成功的。第三条路的代表是儒家，即是这一时期出现的《易传》及收入《礼记》中的《大学》、《中庸》、《礼运》、《王制》、《乐记》、《儒行》诸篇的作者们。他们以儒家思想为主，吸收墨、道、名、法、阴阳诸家的重要思想，并把这些思想融化在儒家思想里，成为一个新的系统。例如《易传》、《中庸》，弥补了儒家对宇宙自然重视不够的毛病，吸纳了道家，建构了天道与人道、宇宙界与人生界、自然与文化相合一的思想体系。《易传》、《中庸》吸取老庄的自然观来阐发孔孟的人文观，其宇宙观是一种德性的宇宙观。《大学》、《礼运》仍以德性为本论，把孔孟传统以简明而系统的方式表达了出来，提高了道的地位，融合了道家观念及墨家重视物质经济生活的思想。这不仅表明了儒家的涵摄性，而且表明了儒家在中国思想史上的主干地位，并不是自封的，并不是靠政治力量支撑得来的，而是中国历史与中国社会选择的结果，是自然形成的。其原因在于儒学的性质与中国社会历史实际相适应。①

钱穆用两大命题来概括儒家哲学精义，其一为"天人合一"，其二为"性道合一"。他说："人心与生俱来，其大原出自天，故人文修养之终极造诣，则达于天人之合一。"又说："中国传统文化，虽是以人文精神为中心，但其终极理想，则尚有一天人合一之境界。此一境界，乃可于个人之道德修养中达成之，乃可解脱于家国天下之种种牵制束缚而达成之。个人能达此境界，则此个人已超脱于人群之固有境界，而上升到宇宙境界，或神的境界，或天的境界中。但此个人，则仍为对于人的境界不能脱离，而更能超越之者。亦惟不脱离人的境界，乃能超越于人的境界。"②"性道合一"其实也是"天人合一"，因为性由天生，道由人成。中国人讲道德，都要由性分上求根源。换句话说，道德价值的源泉，不仅在人心之中，尤

---

① 以上详见钱穆《中国思想史》，北京：九州出版社，2011年，第80—103页。
② 钱穆：《民族与文化》，北京：九州出版社，2011年，第48、51页。

其在天心之中。

综合"天人合一"、"性道合一"之论,可知儒家人文的道德精神是有其深厚的根源与根据的。其特点有三:第一,这种人文主义是内在的人文主义,由此可以说,"中国文化是人本位的,以人文为中心的,主要在求完成一个一个的人。此理想的一个一个的人,配合起来,就成一个理想的社会。所谓人文是外在的,但却是内发的。"①中国文化是性情的,是道德的,道德发于性情,这还是性道合一。第二,中国的人文主义又不是一种寡头的人文主义,"人文求能与自然合一。……中国人看法,性即是一自然,一切道从性而生,那就是自然人文合一。换句话说,即是天人合一。"②中国人文主义要求尽己之性、尽人之性、尽物之性,使天、地、人、物各安其位,因此能容纳天地万物,使之雍容洽化、各遂其性。第三,这种人文主义深深地植根于中国原始宗教对于天与上帝的信仰,对于天命、天道、天性的虔敬至诚之中,说人不离天,说道不离性,因而这种人文主义的道德精神又是具有宗教性的。综上所述,内在与外在的和合、自然与人文的和合、道德与宗教的和合,是中国人精神不同于西方人文主义的特点。不了解这些特点,亦无从界定中国民族精神。

钱穆说,中国人的最高信仰,乃是天、地、人三者之合一。借用西方基督教的话来说,就是天、地、人三位一体。天地有一项工作,就是化育万物,人类便是万物中之一。但中国人认为,人不只是被化育,也该能帮助天地来化育。这一信念也是其他各大宗教所没有的。世界上任何一个民族或宗教的信仰,总是认为有两个世界存在,一个是人的、地上的或物质、肉体的世界,一个是神的、天上的或灵魂的世界。中国人则只信仰一个世界。他们认为,天地是一自然,有物性,同时也有神性。天地是一神,但同时也具物性。天地生万物,此世界中之万物虽各具物性,但也有

---

① 钱穆:《中华文化十二讲》,北京:九州出版社,2011年,第15—16页。
② 钱穆:《中华文化十二讲》,北京:九州出版社,2011年,第16页。

神性,而人类尤然。此世界是物而神、神而物的。人与万物都有性,此性禀赋自天,则天即在人与万物中。人与物率性而行便是道。中国人的观念中,人神合一,人即是神,也可以说人即是天。人之善是天赋之性,人能尽此性之善,即是圣是神。这就是性道合一、人天合一、人的文化与宇宙大自然的合一、神的世界与人的世界的合一。人的一切代表着天,整个人生代表着天道。因此,天人合一是中国文化的最高信仰,文化与自然合一则是中国文化的终极理想①。

儒家学说,不仅是天、地、人、物、我协调发展的理论,不仅有助于保护人类生存的生态环境,而且在人文沉沦的今天,有助于解决人的精神安顿与终极关怀的问题。现代人的心灵缺乏滋养,人们的生命缺乏寄托。而现代化的科技文明并不能代替现代人思考生命与死亡等等的意义和价值的问题。儒学,特别是仁与诚的形上本体论与宇宙论、心性论、人伦关系论、理想人格论、身心修养论、人生价值论等,可以扩大我们的精神空间,避免价值的单元化和平面化,避免西方"现代性"所预设的价值目标的片面性,批判工具理性的恶性膨胀。儒学的安身立命之道可以丰富我们的人生,提升我们的人格,活化性灵,解脱烦恼,缓冲内心的紧张,超越物欲的执著,复活人文理想的追求,使人真正过着人的生活。儒家精神对21世纪的社会和人生,肯定会起着愈来愈大的作用。

儒学的生命力仍在民间。儒学本来就具有平民性格,是民间学术。几千年来,它代表着社会的良知,担当着社会的道义,以道统,即以其"领导精神",制约、指导着政统与治统。其依托或挂搭处则是民间自由讲学。随着我国工商现代化的发展,民间书院、民间研究所、民间同人刊物的兴盛已是必然的趋势。儒学一定能适应现代生活的发展,返回于民间,扎根于民间。今天,我们亦需要作类似于由五经传统向四书传统转移那样的努力。儒学精神的现代转化一定会取得成功。

---

① 详见钱穆:《中华文化十二讲》,北京:九州出版社,2011年,第98—102页。

　　孔子所开启的儒学在现代社会的创造性转化有助于促进自然、社会、人生协调和谐地发展，克服民族及人类素质的贫弱化和族类本己性的消解。一个人，一个族类，必然有自己的精神根源与根据，必然有自己终极的信念信仰。

第五章　老子的哲学

　　道家是先秦诸子百家中的重要一家,在中国哲学史上占据着十分重要的位置。然而早期道家又带有浓厚的神秘主义色彩,因为无论是道家人物,还是道家文献,都存在着不少疑问,老子则首当其冲。纵观 20 世纪的老子研究,前半叶大致以传统文献为基础,注重老子其人其书的考证,兼及思想的研究。代表性的研究者有梁启超、胡适、冯友兰、钱穆、马叙伦、蒋锡昌、罗根泽、高亨、唐兰、张岱年、陈柱、奚侗、劳健等等。后半叶在延续前期考证的基础上,偏重于老子文本的校释及思想的研究。从 20 世纪 50 年代至 70 年代中期,这一时期的代表性研究者有朱谦之、侯外庐、严灵峰、任继愈、李泰棻、张起钧等,现代新儒家的代表人物如方东美、牟宗三、徐复观、唐君毅等对老子亦有深入研究。从 1974 年长沙马王堆汉墓帛书《老子》公布开始,最近四十年来,借助帛书《老子》与 1993年湖北荆门郭店楚简《老子》等地下出土文献,学界对老子展开了全面的研究,取得了较大进展,涌现了一大批研究成果。以考证、校释为主的有陈鼓应的《老子注译及评介》、张松如的《老子校读》、许抗生的《帛书老子注译与研究》、张扬明的《老子考证》、黄钊的《帛书老子校注析》、高明的《帛书老子校注》、郑良树的《老子新校》、孙以楷的《老子通论》、廖名春的《郭店楚简老子校释》、丁四新的《郭店楚竹书〈老子〉校注》、李水海的《帛

书老子校笺译评》等等。以思想研究为主的有詹剑峰的《老子其人其书
及其道论》、王邦雄的《老子的哲学》、袁保新的《老子哲学之诠释与重建》
等等，兼具文本考证与思想研究的有古棣的《老子通》、刘笑敢的《老子：
年代新考与思想新诠》、《老子古今：五种对勘与析评引论》、王博的《老子
思想的史官特色》等等。由此可知，简帛《老子》的面世对 20 世纪的老子
研究起着十分重要的推动作用。2009 年，北京大学获得了一批从海外回
归的西汉竹简，其中就有汉代古本《老子》，现存竹简 280 余枚，保存近
5300 余字（含重文）。① 这是继马王堆帛书本、郭店楚简本之后出土的第
三个《老子》古本，也是迄今为止保存最为完整的汉代古本。北大竹简
《老子》必将进一步推动老子的研究。

第一节　老子与早期道家

老子被奉为道家学派的创始人，然而历史上关于老子其人其书存在
着很多争议，近百年来，对老子的研究更是众说纷纭，莫衷一是。老子其
人与《老子》一书关系紧密，固不可分，然鉴于问题的复杂性，本书采取分
开讨论的方式。

一、老子其人

关于老子身世，最早最详细的记载见于《史记·老子韩非列传》：

老子者，楚苦县厉乡曲仁里人也，姓李氏，名耳，字聃，周守藏室
之史也。

然而，由于存在不同的《史记》版本，这段记载有不少分歧，再加上司
马迁交代完老聃的简单身世后，又提及了另外两个人物：

或曰：老莱子亦楚人也，著书十五篇，言道家之用，与孔子同时云。

___

① 北京大学出土文献研究所编：《北京大学藏西汉竹书》（贰），上海：上海古籍出版社，2012 年，
　第 121 页。

或曰儋即老子，或曰非也，世莫知其然否。

据此，学界认为，汉初的学者们已经无法详知老子的身世，博学如司马迁也只能无可奈何地使用了三个"或曰"，而正是他的这种游移不定，直接开启了后世对老子身世的持久纷争。北魏的崔浩便已开始怀疑老子，宋代以降，对老子身份的怀疑日益增多，陈师道、叶适、罗璧等均提出了质疑。清代的毕沅①、崔述②、汪中③也质疑了《史记》中老子的身份。进入20世纪，学界对老子的身世展开了全面考证，旁征博引，条分缕析，洋洋洒洒，蔚为大观。罗根泽、刘笑敢④又对这些考证成绩进行了总结，本文以此为基础，简略归纳评述如下：

1. 关于老子的生活时期及其与孔子关系的考证。第一种观点为"早期说"，主张老子即老聃，为春秋末期人，与孔子生活在同一时代或稍早，孔子曾向老子问礼。基本持这一观点者有胡适、马叙伦、唐兰、郭沫若、高亨、詹剑锋、任继愈、徐复观、陈鼓应、黄钊、孙以楷、崔大华、牟钟鉴等，梁启超初作《老子的传记》亦持此说。张岱年晚年亦持此观点⑤。第二种观点为"中期说"，主张老子为战国时代人，如钱穆、谭戒甫、冯友兰、罗根泽、张西堂、侯外庐、熊伟、武义内雄等人，其中罗根泽认为老聃即太史儋，谭戒甫持"二老说"，即老聃即太史儋，老子即老莱子。⑥ 冯友兰则采取刘汝霖之说，分老聃、李耳为两人。张岱年早年认为老子为战国初期人，老子即太史儋亦有可能。⑦ 第三种观点为"晚期说"，认为老子为秦汉

① （清）毕沅：《老子道德经考异序》，载《道德经考异》卷首，《经训堂丛书》本。
② （清）崔述：《崔东壁遗书·洙泗考信录》，顾颉刚编订，上海：上海古籍出版社，1983年，第270—271页。
③ （清）汪中：《老子考异》，载《述学·补遗》，扬州书局重刊本。
④ 罗根泽：《历代学者考证老子年代的总成绩》（附：跋），载《罗根泽说诸子》，上海：上海古籍出版社，2001年，第202—229页。刘笑敢：《关于老子考证的历史考查与分析》，载《中国文哲研究通讯》第五卷·第四期，1995年。
⑤ 王博：《张岱年先生谈荆门郭店竹简〈老子〉》，载陈鼓应主编《道家文化研究》第十七辑，北京：生活·读书·新知三联书店，1999年，第23页。
⑥ 谭戒甫：《二老研究》，载《古史辨》第六册，上海：上海古籍出版社，1982年，第474—477页。
⑦ 张岱年：《关于老子年代的一假定（附识）》，载《张岱年全集》第一卷，石家庄：河北人民出版社，1996年，第20页。

时期人，以顾颉刚、刘节等为代表。第四种观点否认老子其人的存在，以孙次舟、杨荣国等为代表①，不少日本学者亦持此说②。

2. 关于老子姓氏的考证。历史上有葛玄的"因母姓"或"指李树以为姓"之说，固不足信。姚鼐在《老子章义序》中认为老子为子姓，老乃其氏，"'子'之为'李'，语转而然"③，近人马叙伦颇能发挥之。近百年来，关于老子姓氏问题的研究，争论很多，尚无定论，主要观点有：胡适的"老为字或姓说"④，钱穆、张扬明、陈景超等人主张的"姓李老为寿考或尊称说"⑤，高亨、陈鼓应等人主张的"姓老音转为李说"⑥，古棣等人主张的"姓李老为假借他称说"⑦，孙以楷、刘尧汉、李延良等人主张的"姓老李为方言音转说"⑧，张松辉等人主张的"老、李均为姓氏说"⑨，李水海等人主张的"姓偃氏李说"⑩，陈广忠主张的"姓李氏老说"⑪等等。

3. 关于老子故里的考证，国籍上存在着楚国、陈国、宋国之争，县籍上存在着"相县"与"苦县"之争。大致有"楚苦县人"、"陈苦县人"、"陈相人"、"宋相人"、"楚相人"等几种观点。学界通常认为老子为陈国人，春秋末年楚灭陈，故《史记》称老子为"楚人"。然而这一结论引发了诸多争

---

① 杨荣国：《中国古代思想史》，北京：人民出版社，1973 年，第 241 页。
② 刘笑敢：《关于老子考证的历史考查与分析》，载《中国文哲研究通讯》第五卷·第四期，1995 年。
③ （清）姚鼐：《老子章义序》，载《惜抱轩诗文集》卷三，上海：上海古籍出版社，1992 年，第 31 页。
④ 胡适：《中国哲学史大纲》，上海：上海古籍出版社，1997 年，第 35 页。
⑤ 钱穆认为"李耳"为"离耳"之转，于是老子变成了名耳字聃姓李氏，参见氏著《庄老通辨》，北京：生活·读书·新知三联书店，2005 年，第 21—22 页。张扬明：《老子考证》，台北：台湾黎明文化事业公司，1985 年，第 33—34 页。陈景超：《老子新证》，香港：春秋图书有限公司，1984 年，第 31—32 页。
⑥ 高亨：《重订老子正诂》，北京：北京古籍出版社，1956 年，第 157 页。
⑦ 古棣、周英：《老子通论》，载《老子通》（下部），长春：吉林人民出版社，1991 年，第 16 页。
⑧ 孙以楷：《老子通论》，合肥：安徽大学出版社，2003 年，第 20—25 页。刘尧汉《中国文明源头新探——道家与彝族虎宇宙观》，昆明：云南人民出版社，1985 年，第 115—117 页。李延良：《破译千古之谜——以民族学诠释老子的姓氏、身世与归宿》，载《西南民族学院学报》（哲学社会科学版），1998 年第 5 期。
⑨ 张松辉：《老子研究》，北京：人民出版社，2009 年，第 22—25 页。
⑩ 李水海：《老子姓氏考辨》，载《无锡教育学院学报》，2001 年第 1 期。
⑪ 陈广忠：《中国道家新论》，合肥：黄山书社，2001 年，第 29—31 页。

议,因为不同的《史记》版本曾出现过不同的老子国籍与县籍。罗根泽等认为相、苦原是一地,春秋时曰相,春秋后曰苦,老子乃楚国苦县人。张扬明则认为苦相非一地,老子乃陈之相人。马叙伦、孙以楷、陈振川等认为老子实为宋之相人。关于老子故里的现代位置,主要存在着鹿邑与涡阳之争。一种观点认为老子故里在今河南省鹿邑县,以崔大华、刘庞生、李水海、袁祖亮、李玉洁、杨宝顺、王珏等为代表。刘庞生分别考证了陈之相和宋之相,认为"相邑属陈不属宋",老子是"陈、楚苦县厉乡人",今河南鹿邑人①。另一种观点认为老子故里在安徽省涡阳县,以孙以楷、陈广忠、王振川、李玉成等为代表。孙以楷对《史记·老子传》进行质疑,考证出老子不是楚苦县人,而是宋国相人,即今安徽涡阳县境内②。王振川亦认为"汉苦县也就是隋谷阳县,唐宋时的真源县,现在的涡阳县"③。

综合以上观点不难看出,老子身世十分复杂,从已有的材料显然很难得出一个学界公认的结论,简帛《老子》的出土也没有从根本上改变这一境况。基于此,我们主张将一些争议较大的疑难问题暂时悬置起来,在缺乏新材料的条件下,不作武断之结论,而基本上认可《史记》关于老子的叙述。

首先,老聃、太史儋、老莱子为三人。司马迁虽然列举了"老莱子"、"太史儋"两个人物,但他谨慎地使用了"或曰",亦即当时有这样一种说法而已,我们不妨将之看做是"附录"④。那么司马迁为何要列举这两个人物呢?我们认为很可能在司马迁的时代,这两个人物经由历史的演变而与老聃相混淆,而造成混淆的主要原因在于"太史儋"之"儋"字及其史官身份与西入秦的事实,以及老莱子之"老"字、楚国人身份及其"言道家之用"的思想特征。据钱穆之说,则"耼"、"聸"、"儋"相通,乃垂耳之貌,

---

① 刘庞生:《老子故里生地新考辨》,载《西北大学学报》(哲学社会科学版),1998 年第 2 期。
② 孙以楷:《老子通论》,第 3—65 页。
③ 王振川、蒋门马:《老子庄子故里考》,北京:宗教文化出版社,2009 年,第 18—35 页。
④ 徐复观:《中国人性论史·先秦篇》,上海:上海三联书店,2001 年,第 431 页。

乃寿者之相,故高年寿者老子称老聃老耽,亦得称老儋①。故《礼记·曾子问》郑玄注曰:"老聃,古寿考者之号也。"据毕沅之说,老莱子应是莱子而称老,以寿考而称老莱子②,汪中则指出"老莱子之称老子也旧矣"③。据此,我们认为很有可能此三人在先秦时都曾被称作"老子",但显然三人有各自的身份与生活年代,不容混淆④。司马迁显然将主要笔墨放在老聃正传的叙述上,他认为李耳才是撰写五千言的作者,故他总结曰:"李耳无为自化,清静自正。"⑤

其次,老聃非太史儋。太史儋与孔子相距一百多年,如老聃即太史儋,则孔子不可能见老聃,而孔子见老聃这一事件在《孔子世家》和《老子韩非列传》中均有提到,并且不仅出现在《庄子》道家文献中⑥,还出现在很多儒家文献中,如《孔子家语》、《礼记》、《韩诗外传》、《说苑》等,此外,《吕氏春秋》中亦提及。其实,老子与孔子并非严格的师徒关系,先秦学者之间相互请教、共同探讨学术问题是很常见的现象,只因"世之学老子者则绌儒学,儒学亦绌老子"⑦,各持狭隘的道统观念,才导致否认这一事实。而先秦儒道之间虽互相批判,却还不至于否认孔老相会的事实。总之,我们认为孔子见老子基本上可信,如此则老聃与太史儋绝非同一人。

再次,老聃非老莱子。老聃与老莱子两个名字同时出现在《庄子》、《史记》、《汉书》等文献中,且都有明确的区分。如《史记·仲尼弟子列传》曰:"孔子之所严事:于周则老子;……于楚,老莱子。"《汉书·艺文志》单独指出《老莱子》十六篇,另外则使用"老子"或"老聃"来指称《老子》的作者,显然区分了老子与老莱子。故老聃非老莱子,明矣。

① 钱穆:《老子辨》(影印本),北京:中国书店,1988年,第9页。
② (清)毕沅:《老子道德经考异序》,载《道德经考异》卷首,经训堂丛书本。
③ (清)汪中:《老子考异》,载《述学·补遗》,扬州书局重刊本。
④ 周绍贤于此有分析,参见《老子要义》,台北:中华书局,1977年,第1—2页。
⑤ (汉)司马迁:《史记·老子韩非列传》,四部备要本。
⑥ 《庄子》中多次提及孔老相会,陈撄宁认为,孔老相见之事,是庄子的"重言",孔老见面是实有其事,孔老问答之语,却是庄子借题目做文章,未必靠得住。参见《道教与养生》,北京:华文出版社,1989年,第11页。
⑦ (汉)司马迁:《史记·老子韩非列传》,四部备要本。

最后,关于老聃之姓氏。司马迁明言老子姓李,而不言姓老,应该有所据,恐不能轻易否定。此外,先秦文献中最早称"老聃"的是《庄子》与《礼记·曾子问》。《说文》曰:"聃,耳曼也。"耳曼即长耳朵,是长寿的象征。但"聃"既为老子之字,则弱冠后即有,因此称呼李耳或李聃并不体现年老寿考之意。而"老"字在上古本就系寿考、尊敬等义,结合司马迁关于老子长寿的说法,我们认为在"聃"前加一个"老"字,很可能不是偶然。李耳在年老时才写出《道德经》,这时的他两耳下垂,年事很高,同时又是博学之人,因此才加"老"于"聃"前,称为"老聃",亦尊称为老子。

综上所论,我们认为,老子即老聃,姓李名耳,字聃,"老"表示寿考,亦是一种尊称,春秋末年陈国(今河南鹿邑)人,做过周守藏史,孔子曾见过老子,请教过礼制方面的问题。

二、《老子》一书

老子复杂的身世又直接导致《老子》一书迷雾重重,《老子》一书作者是谁,成书于何时,长期以来困扰着学术界。1973 年,长沙马王堆汉墓出土了帛书《老子》,20 世纪的《老子》研究从此开启了一个新时代。20 年后,1993 年在湖北荆门郭店出土的楚简《老子》,直接促使学界重新检讨20 世纪以来的老学研究,并对《老子》的成书有了新的认识。按照对《老子》成书时代的不同认识进行分类,主要形成了以下几种观点。

第一种观点认为《老子》一书是老聃所作,春秋末年的作品。詹剑峰、陈鼓应、张扬明、孙以楷、刘笑敢等持这种观点。刘笑敢通过对《诗经》、《老子》、《楚辞》的句式、修辞手法和韵式进行比较,认为《老子》与《诗经》在多方面相似,而与《楚辞》相差较远,"《老子》与《诗经》的相似性的确是那个时代的产物,而《老子》与《楚辞》及其同时代的作品的不同也足以说明《老子》不可能是《楚辞》时代的作品,从而肯定《老子》应该是春秋末年的作品,而不应该是战国时期的作品。"[1]

---

[1] 刘笑敢:《老子:年代新考与思想新诠》,台北:东大图书出版公司,1997 年,第 50 页。

第二种观点认为《老子》是战国时代的作品。但关于《老子》的作者及具体成书年代又有分歧。这一观点下又可分为战国早期说、中期说和晚期说。（1）战国早期说。唐兰认为《老子》是春秋后期老聃的语录，由战国初年人整理而成。① 张岱年早年认为《老子》的作者是老聃，即李耳，《老子》一书非纯粹的辑纂书，有一部分是原著，一部分是后添，并且该书不太可能是战国中期以后的作品，而是战国初作品。②（2）战国中期说。汪中将孔子所见之老子与《老子》一书作者老聃分开，认为太史儋即老聃，《老子》一书为战国中期的太史儋所作，这一观点曾得到梁启超、罗根泽等人赞同，王明早年亦赞同此说③，近有何炳棣④等持此说。罗根泽和冯友兰主张战国前无私家著述，因而认为《老子》不可能形成于春秋时期。冯友兰认为《老子》是一部哲学格言汇编，有些思想出自老莱子，有些出自太史儋，后经李耳搜集整理，加上自己的创作而成《老子》一书。⑤（3）战国晚期说。梁启超、罗根泽、钱穆、杨荣国、武义内雄、池田知久等认为是战国晚期作品。钱穆认为《老子》一书晚于《庄子》，或为詹和所作。⑥ 池田知久认为《老子》的编纂在《庄子》的某些部分成书以后，在战国末期至西汉初期，郭店竹简《老子》不是已经完成了的《老子》五千言节略本，而是正在形成过程中的《老子》的最早期文本。⑦

第三种观点认为《老子》为秦汉时期作品，以顾颉刚、刘节、翟理斯（Herbert Allen Giles, 1845—1935）、张荫麟等为代表，日本和欧美的很多学者

① 唐兰：《老子时代新考》，载《古史辨》第六册，上海：上海古籍出版社，1983年，第606页。
② 张岱年：《关于老子年代的一假定》，载《张岱年全集》第一卷，石家庄：河北人民出版社，1996年，第17页。
③ 王明：《道家和道教思想研究》，北京：中国社会科学出版社，1984年，第6页。
④ 何炳棣：《有关〈孙子〉〈老子〉的三篇考证》，台北："中央研究院"近代史研究所，2002年，第90—93页。
⑤ 冯友兰：《中国哲学史新编》第二册，载《三松堂全集》第8卷，郑州：河南人民出版社，2001年，第273页。
⑥ 钱穆：《老子辨》（影印本），北京：中国书店，1988年，第28页。
⑦［日］池田知久：《道家思想的新研究：以〈庄子〉为中心》（上），郑州：中州古籍出版社，2009年，第52—73页。

亦持此观点①。顾颉刚认为《老子》成书于《吕氏春秋》与《淮南子》之间②。张荫麟据英国人翟理斯的考证，认为《老子》成书于《淮南子》之后③。

　　第四种观点出现在楚简《老子》出土后，主张将楚简《老子》与通行本《老子》（包括帛书《老子》）分开处理，郭沂、尹振环、张吉良等改进了汪中之说，主张将老聃与太史儋分别作为《老子》不同传本的作者，简本出自老聃，今本出自太史儋④。但这种观点显然还缺乏足够的证据。

　　此外，关于《老子》文本的结构，学界亦多有研究⑤。从文本内容上来看，有"语录说"、"纂辑说"、"专著说"等。从章句结构上来看，马叙伦、古棣、刘殿爵、韩伯禄等主张"分章说"，而高亨、饶宗颐、严灵峰、张松如、尹振环、郑良树、池田知久等主张"不分章说"。很多学者还尝试重新对《老子》进行分章整理，然而郭店楚简《老子》中的诸多符号使得"不分章说"遭到了挑战。从文本形成过程来看，有罗浩的"辑选"模型、"来源"模型、"并行文本"模型三种模型说⑥，刘笑敢则从"版本歧变"与"文本趋同"的角度分析了老子文本的演变特征⑦。丁四新则着重考察了《老子》文本的演变，指出早期《老子》文本经历了从"自然分章"到"人为设计和裁划"，由此逐渐发展为帛书二本的"成型"和北大汉简的"定型"⑧。

---

① 刘笑敢：《关于老子考证的历史考查与分析》，载《中国文哲研究通讯》第五卷·第四期，1995年。

② 顾颉刚：《从吕氏春秋推测老子之成书年代》，载《古史辨》第四册，上海：上海古籍出版社，1983年，第517页。

③ 素痴：《老子的年代问题》，载《古史辨》第四册，上海：上海古籍出版社，1983年，第416页。

④ 郭沂：《郭店竹简与先秦学术思想》，上海：上海教育出版社，2001年，第518页。尹振环：《楚简老子辨析》，北京：中华书局，2001年，第47—52页。张吉良：《老聃〈老子〉太史儋〈道德经〉》，济南：齐鲁书社，2001年，第1—3页。

⑤ 新近研究有：聂中庆的《郭店楚简〈老子〉研究》，北京：中华书局，2004年。宁镇疆的《〈老子〉"早期传本"结构及其流变研究》，北京：学苑出版社，2006年。刘晗的《〈老子〉文本与儒道关系演变研究》，北京：人民出版社，2010年。

⑥ 罗浩：《郭店〈老子〉对文中一些方法论问题》，载陈鼓应主编《道家文化研究》第十七辑，北京：生活·读书·新知三联书店，1999年，第198—202页。

⑦ 刘笑敢：《老子古今：五种对勘与析评引论》，第4、10页，北京：中国社会科学出版社，2006年，第4、10页。

⑧ 丁四新：《早期〈老子〉文本的演变、成型与定型——以出土简帛本为依据》，载《中州学刊》，2014年第10期。

综上所析，首先，关于《老子》文本的形成时间，我们基本赞同第一种观点。简、帛本《老子》的出土，解决了老学史上许多聚讼不已的问题，使我们对《老子》一书的编排次序和文字的衍变，有了新的认识。帛书《老子》已经推翻了《老子》晚至秦汉始出的观点，而郭店楚简《老子》表明《老子》的抄本在战国中期就已经流传①，甚至可以推进到战国早期和春秋末年②。上个世纪各种《老子》晚出的结论不攻自破。

其次，关于《老子》文本篇幅与篇章顺序。《老子》一书最初写成时篇幅多大？司马迁认为老子应关尹之请而写下五千余言，似乎《老子》文本最初即具通行本之规模，而这一点实缺乏先秦文献证据。在先秦文献中，韩非最早注释《老子》，然《解老》、《喻老》两篇加上其他篇目总共涉及今本《老子》23 章，约占四分之一的内容。而楚简《老子》甲乙丙三组，是目前所见最古老的版本，但也只有今本《老子》五分之二的内容。关于老子的分篇及篇序，今本多是《道经》在前，《德经》在后，而由韩非子注《老》可知其所见《老子》为《德经》在前，《道经》在后，这一顺序正好与帛书《老子》、北大汉简《老子》相同③。但郭店楚简《老子》甲乙丙三组，并无《道经》、《德经》之分。关于《老子》的分章及章序，帛书本、郭店楚简以及北大汉简与今本在分章及章序上均有差异，从简、帛、今本的比较中，可知今本的一些章，例如第 46 章、第 64 章等等，是由相对独立的几部分逐渐拼合成一章。而北大汉简《老子》甚至提供了一些新的分章迹象，如《上经》《下经》一共 77 章，较今本少了四章，再如《下经》第 60 章相当于王弼本 17、18、19 三章的内容④。因此，我们认为郭店楚简《老子》并非原始文本，而是《老子》编纂过程中的一个摘抄本。今本《老子》不是一人一时之

---

① 陈鼓应、白奚：《老子评传》，南京：南京大学出版社，2002 年，第 9 页。

② 丁四新：《郭店楚墓竹简思想研究》，北京：东方出版社，2000 年，第 7 页。

③ 据整理者介绍，北大简《老子》保存了"老子上经"和"老子下经"的篇题，分别对应今本的《德经》和《道经》，参见韩巍的《西汉竹书〈老子〉的文本特征和学术价值》，载北京大学出土文献研究所编《北京大学藏西汉竹书》（贰），上海：上海古籍出版社，2012 年，第 209 页。

④ 北京大学出土文献研究所编：《北京大学藏西汉竹书》（贰），上海：上海古籍出版社，2012 年，第 152 页。

著作,但其主体部分以及基本的思想观念来源于春秋末年的老聃,后经不断编辑与整理,最迟在战国末期基本定型,传至秦汉之际,其代表就是帛书《老子》甲本。总之,《老子》上下篇的分立以及分章和章序还有待进一步的研究。

再次,关于《老子》文本内容的变化。在《老子》文本的形成过程中,战国中后期的道家学者们对文本进行了加工,因而今本《老子》中往往带有战国中后期的语言与思想特色,如"绝圣弃智"、"绝仁弃义"之说,与《庄子》外杂篇中的"攘弃仁义"等观念相同。此外,郭店楚简《老子》似乎保存了一些较早的观念,如今本第16章的"守静",楚简作"守中",结合今本第5章的"守中",可知早期《老子》文本特别强调"中道"观念。

最后,《老子》对早期思想观念的继承与发展。《老子》的某些思想观念源于当时流行的一些谚语或箴言,如《老子》书中有"建言有之"、"是以圣人云"、"用兵有言"、"盖闻"、"古之所谓"等直接或间接引用古语的言说方式。有些观念在同时代以及较早的文献中均可以找到旁证,如《论语·卫灵公》曰:"无为而治者,其舜也与?"此处明确提出了"无为"的观念。再如《国语·晋语》曰:"吾闻之,天道无亲,唯德是授。"《老子》则曰:"天道无亲,常与善人。"①但老子显然对这些观念进行了概括与提炼,尤其是从哲学角度进行了提升,如《左传·哀公十一年》曰:"盈必毁,天之道也。"《老子》中则有"持而盈之,不如其已"、"多藏必厚亡"等经文,同时老子将这种变化的规律概括为"反者道之动"。总之,《老子》中的某些思想在老聃以前就已经相当流行,只是还没有概括为哲学的普遍原则。②

三、老子与道家学派

关于老子与先秦道家人物及学派之间的关系,学术界一直存在着争

---

① 本书所引《老子》为王弼注四部备要本,以下只注书名与章。同时参考帛书、郭店楚简以及北大汉简《老子》,有重要的异文则稍作校正,并在正文或脚注里略加分析。

② 参见任继愈主编:《中国哲学发展史》(先秦卷),北京:人民出版社,1983年,第243页。

论。冯友兰以杨朱为道家创始人，认为"老庄皆继杨朱之绪"①。杨荣国亦以杨朱为道家之始，庄子等继其后②。钱穆则以庄子为道家思想之开山大宗师③，顾颉刚认为老聃系杨朱、宋钘后的人④。但这些观点大都应者寥寥，非学界主流观点。

　　先秦不少文献提及老子，然而这些文献大都属于战国中后期。尽管《论语》中有孔子之言："窃比于我老彭。"(《论语·述而》)然"老彭"是否即老子仍有争议。战国中期的孟子批判杨、墨，却不及老子。战国后期的荀子虽批判老子"有见于诎，无见于信"(《荀子·天论》)，但在集中批判各个学派的《非十二子》中，竟不提及老子。荀子的学生韩非写过《解老》、《喻老》，显然熟知老子之学，然他在《显学》中明确指出："世之显学，儒墨也。"亦不提及老子与道家。真正将老子作为道家学派的重要人物列举出来的是《庄子》。《庄子·天下篇》曰："以本为精，以物为粗，以有积为不足，澹然独与神明居。古之道术有在于是者，关尹、老聃闻其风而悦之。"然考察《天下篇》所列学派的顺序，亦是先儒墨，然后才是道家与名家。其中道家又根据思想倾向不同分为宋钘、尹文一派，彭蒙、田骈、慎到一派，老聃、关尹一派以及庄周一派。由此可知，道家学派的发端时间实有不少疑问。

　　萧萐父先生曾指出，"单就道家，论其起源，似可概括地表述为出于史官的文化背景而基于隐者的社会实践"⑤，而老子正是兼具之。我们认为老子尽管为周朝太史，但他为官之时很可能并没有撰写著作，只是以熟知周朝礼制、博学而闻名。晚年"免而归居"，始有《老子》一书之形成。

① 冯友兰：《中国哲学史》上册，载《三松堂全集》第 2 卷，郑州：河南人民出版社，2001 年，第 373 页。
② 杨荣国：《中国古代思想史》，北京：人民出版社，1973 年，第 188—189 页。
③ 钱穆：《庄老通辨》，北京：生活·读书·新知三联书店，2005 年，第 3 页。
④ 顾颉刚：《从吕氏春秋推测老子之成书年代》，载《古史辨》第四册，上海：上海古籍出版社，1983 年，第 517 页。
⑤ 萧萐父：《道家·隐者·思想异端》，载萧萐父、罗炽主编《众妙之门：道教文化之谜探微》，长沙：湖南教育出版社，1991 年，第 14—15 页。

然而作为一个隐士,老子的思想在当世的流传与影响并不大。① 后世编造"老子西出化胡说"固然荒诞,而老子回乡授徒讲学创立具有重大影响的道家学派之说恐亦难以成立。② 果真如此,则司马迁"二十而南游江、淮"(《史记·太史公自序》),为何对于老子的授徒讲学只字未提,而曰"莫知其所终"、"隐君子也"。因此,我们认为道家显然在老子之时代还不是完整意义上的学派,老子作为一个隐者,显然没有专注于学派的创立,也没有像孔子那样广收门徒,带领学生周游列国,宣扬自己的政治主张。正如司马迁所言,老子"其学以自隐无名为务"(《史记·老子韩非列传》),这种隐逸的风格使得老子思想的传播有所限制,故即便老子创立了道家学派,其影响亦不很大,远不能和当时的儒墨相抗衡。

但老子被尊为道家学派之始祖,其思想实有传承,道家学派的影响力逐渐扩大主要得益于老子之后的其他道家学者,如关尹、杨朱、列子、文子、庄子等人。

关尹,即老子出关时强要老子著书的关令尹,是老子之学的直接传人。《庄子·天下篇》将两人并称曰:"关尹、老聃乎,古之博大真人哉!"此外很多文献均提及关尹,郭沫若、钱穆、冯友兰等认为关尹即环渊。毫无疑问,关尹是战国早期道家的重要代表人物。

杨朱,即《庄子》中的"阳子"、"阳子居",《吕氏春秋》中的"阳生",《淮南子》中的"杨子"。近人顾实的《杨朱哲学》、陈此生的《杨朱》,都对杨朱的思想有详细的探讨。杨朱是先秦文献中提及最多的道家人物之一,《庄子》中的《应帝王》、《寓言》篇均提到杨朱问学于老子,且自称弟子。③ 杨朱发展了老子的重生养性思想,主张"贵己","全性保真",但较为极

---

① 有学者指出,由于老聃是一位隐者,他的学术见解未能像儒、墨学派那样,及时得到传播,因此道家在春秋末年到战国初期一直未能成为世之"显学"。参见黄钊主编《道家思想史纲》,长沙:湖南人民出版社,1990年,第12页。熊铁基亦认为,老子时很难说有一个学派,他死后道家才逐渐形成。参见氏著《秦汉新道家》,上海:上海人民出版社,2001年,第10页。
② 张松辉:《老子研究》,北京:人民出版社,2009年,第40页。
③ 蒙文通认为杨朱之学源于列子,是北方道家的代表人物。参见《杨朱学派考》,载《古学甄微》,成都:巴蜀书社,1987年,第243—267页。

端。据孟子介绍，"杨子取为我，拔一毛而利天下，不为也。"(《孟子·尽心上》)由此可知，杨朱实属道家学派中的激进派，与墨子摩顶放踵利天下的兼爱思想分属两极，在当时思想界广为流传，故孟子曰："杨朱墨翟之言盈天下，天下之言不归杨则归墨。"(《孟子·滕文公下》)可见杨朱在宣扬道家思想并扩大其影响力方面起着十分重要的作用。但杨朱之说，也只是极盛一时，其衰则应在孟子之后，《天下篇》时代之前。①

列子，即列御寇，《庄子》中多次提到，尤以《逍遥游》中塑造的"御风而行"形象最为突出。列子为关尹弟子，《庄子·达生》提及列子问学于关尹，又学道于身份不详的壶子(《庄子·应帝王》、《列子·仲尼篇》)。《吕氏春秋·审分览·不二》同时提到了老子、关尹、列子和杨朱，并且评价道："老聃贵柔……关尹贵清，子列子贵虚……阳生贵己。"而《战国策·韩策》则认为列子"贵正"。大体说来，列子的贵虚或贵正基本上都可以在老子思想中找到类似来源，列子是先秦道家学派的一个重要代表人物。此外还有文子，《汉书·艺文志》曰："《文子》九篇。老子弟子，与孔子并时。"1973年河北定州出土的竹简《文子》多称引老子之言。② 庚桑子，即庚桑楚，或亢仓子，老子弟子。《庄子·庚桑楚》曰："老聃之役有庚桑楚者，偏得老聃之道，以北居畏垒之山。"《列子·仲尼篇》亦曰："老子之弟子有亢仓子者，得聃之道，能以耳视而目听。"此外据《庄子》、《汉书·艺文志》等文献记载，还有一些向老子问道的人，如柏矩、崔瞿、士成绮、南荣趎、蜎渊等，然身份已不可考。

庄子是老子之后先秦道家的最重要代表，司马迁论庄子曰："其学无所不窥，然其要本归于老子之言。"(《史记·老子韩非列传》)可知庄子继承和发展了老子的思想。今本《庄子》分为内外杂篇，学界一般认为是庄学学派的创作，但与老子的思想有紧密联系。《庄子》是提及老子最多的

---

① 劳思光：《新编中国哲学史》第一卷，桂林：广西师范大学出版社，2005年，第157页。
② 关于文子及其与道家流派关系的新近研究，可参看葛刚岩的《〈文子〉成书及其思想》，成都：巴蜀书社，2005年；张丰乾的《出土文献与文子公案》，北京：社会科学文献出版社，2007年。

先秦文献,一方面直接引用《老子》之言,批判诸子百家;另一方面通过寓言故事,塑造老子为得道之人的形象,并借老子之口批判了孔子等儒家学者,此即太史公所谓的"作《渔父》、《盗跖》、《胠箧》,以诋訿孔子之徒,以明老子之术",冲击了儒家的价值观念,扩大了道家的影响力。基于此,自汉代始,言先秦道家则多以老庄并称。[1]

第二节　道　论

道家哲学最基本的一个观念就是"道",作为道家哲学的始祖,老子最早将"道"确立为最高的哲学范畴。

一、"道"的观念溯源

从已有的材料来看,"道"字最早出现在金文中,通常由首、行两部分组成,作"𤕟"("衜",貉子卣),或由行、首、止三部分组成,作"𧗆"(散盘)。《说文解字》曰:"道,所行道也,从辵,从首。一达谓之道。"由此可知,从字源学角度考察,"道"的原义指人所行之道路。

近几十年来,不少学者从人类学、文化学、神话学、社会学等角度考察了"道"的原型意象,对道的原初含义提出了一些不同的观点:第一种观点认为"道"的初义是指女性或雌兽的生殖道[2],或指分娩[3]。第二种观点认为道的原型意象为太阳或太阳运行之道[4]。第三种观点认为道的原型是月亮或月行之道[5]。

我们认为,从字形上考察,道的初始含义应该是指道路,但同时"道"

---

[1] 将老庄合称,大概始于司马迁的《史记》以及刘安组织人编撰的《淮南子》,司马迁在《老子韩非列传》中已将老子庄子并称,而《淮南子·要略》则明确提出"考验乎老庄之术"。

[2] 文达三:《老子新探》,长沙:岳麓书社,1990年,第43页。

[3] 陈榴:《"道"字初义与老子哲学思想的渊源》,载《社会科学辑刊》,2008年第6期。

[4] 萧兵、叶舒宪:《老子的文化解读:性与神话学之研究》,武汉:湖北人民出版社,1994年,第468页。

[5] 杜尔未:《庄子宗教与神话》,台北:学生书局,1985年,第35页;王博:《老子思想的史官特色》,台北:文津出版社,1993年,第160—166页。

又有行走的意思，《释名·释道》曰："道，蹈也；路，露也，言人所践蹈而露见也。"综合起来看，"道"应是指人这一特定行为主体的行走活动及其带来的结果，即形成了道路。在此之后，"人之一切有所取向之行事或活动，以至任何存在之物之有所取向之任何活动，其所循之道路，皆是道。"①

"道"作为一个抽象的观念，早在春秋时期就已经流行，考察《易经》、《诗经》、《尚书》、《左传》等春秋时期的文献，除了《易经》中的"道"均指道路外，其他文本中的"道"已经有了一定程度的抽象，引申为规律、原则、秩序、方法等，如《尚书·洪范》："无有作好，遵王之道。无有作恶，遵王之路。无偏无党，王道荡荡。无党无偏，王道平平。无反无侧，王道正直。"《诗经·大雅·生民》："诞后稷之穑，有相之道。茀厥丰草，种之黄茂。"这里的"道"已经带有规则、规律、方法等意涵。而老子的贡献是把"道"抽绎出来，使之成为一个独立的哲学形上学的范畴。

二、万物存在的本根之道

关于老子之道的哲学意蕴，学界研究很多，刘笑敢曾总结学界对道的诸多解释，大体划分为四类②：第一为本体或原理类，如胡适认为老子之道是"天地万物的本源"③，冯友兰认为道是天地万物之所生的总原理④。第二为综合解说类，如方东美从道体、道用、道相、道征四个方面阐述了道的意蕴⑤，陈康、严灵峰、唐君毅、傅伟勋、陈鼓应等亦提出了道的多重意蕴。第三为主观境界类，主要以牟宗三为代表。第四为贯通解释类，主要以袁保新、刘笑敢为代表，认为老子之道贯通了存有与价值。在

---

① 唐君毅：《中国哲学原论·原道篇》，台北：学生书局，1978年，第27页。
② 刘笑敢：《老子之道：关于世界之统一性的解释》，载陈鼓应主编《道家文化研究》第十五辑，北京：生活·读书·新知三联书店，1999年，第85页。
③ 胡适：《中国哲学史大纲》，上海：上海古籍出版社，1997年，第40页。
④ 冯友兰：《中国哲学史》上册，载《三松堂全集》第2卷，郑州：河南人民出版社，2001年，第406页。
⑤ 方东美：《原始儒家道家哲学》，台北：台湾黎明文化事业公司，1983年，第168—170页。

对"道"的诸多解读中,最大困境是老子之道的诸种涵义之间如何实现贯通。基于此,我们尝试从道家哲学产生的历史背景中去探寻"道"这一观念的内涵。

考察《老子》文本,不难发现,老子多次使用了"母"、"宗"、"生"、"养"等表达生成的观念来阐述道的功能与作用,老子为何要让"道"承担着"生"天地万物的重任并成为天地万物之"母"来长养万物呢?我们认为老子之"道"深受上古时代浓厚的宗祖观念影响,而宗祖观念蕴含着人类对生命存在之根源的追问与敬仰,同时亦包含了对一切存在者当下生存状态的关注。我们不能完全放弃老子之道的宇宙生成论意义,尽管探讨宇宙的生成演化并非老子哲学的最终目的,这一点正如徐复观所言:"老学的动机与目的,并不在于宇宙论的建立,而依然是由人生的要求,逐步向上面推求,推求到作为宇宙根源的处所,以作为人生安顿之地。"①老子之道的宇宙生成论意蕴首先是基于强烈的现实审视,同时又带有浓厚的生命终极关怀。是故,我们不妨结合冯友兰的道之观念源于观察说与徐复观的道之观念源于推求说,重新考察道之意蕴。冯友兰认为"常道"的把握来自于事物的观察,老子静观万物的生存演变,发现"夫物芸芸,各复归其根",而此一恒常规律即宇宙演变之常道。②徐复观认为,老子觉得现象界无一不变,无一可长久,于是便从现象界中追索上去,发现在万物根源的地方,有个创生万物、以虚无为体的"常道"。③综此二说,我们认为,从经验事物的观察中得出恒常的变化规律,这是老子哲学观念的一个来源,"道"是对经验生活的哲学提升。但同时老子认为"道"为万物之宗,则又是基于一种"推求",即从当下一切存在者推求生命的本原,进而为生命存在的合理状态寻求价值根据或原则。从这两方面

---

① 徐复观:《中国人性论史·先秦篇》,上海:上海三联书店,2001年,第287页。
② 冯友兰:《中国哲学史》上册,载《三松堂全集》第2卷,郑州:河南人民出版社,2001年,第409页。
③ 徐复观:《中国人性论史·先秦篇》,上海:上海三联书店,2001年,第290页。

来解释"道"①，我们可以实现道的诸种涵义之贯通，下面详述之。

1. 道为天地万物的终极本原

老子首倡"道"的生生之功，强调"道"作为万物之母的地位，体现了"道"的宇宙本根涵义：

> 有物混成，先天地生。寂兮寥兮，独立不改，可以为天下母。吾不知其名，字之曰道，强为之名曰大。大曰逝，逝曰远，远曰反。（《老子·第二十五章》）②

"有物混成"郭店楚简作"有🅇混成"，整理者认为："🅇，从'爿''百'声，疑读作'道'。"③然学界有不同解读，有人认为读作"状"，有人认为读作"象"。但显然不能读作"道"④，因为下文明确提出"吾不知其名"，按照逻辑，显然不可能先"命名"再说"不知其名"，而只能是先使用一个普通名词泛指，然后再为之具体命名。尽管读作"状"更符合字形，但不管是"状"，还是"象"，或"物"，都不能将其具象化，因为老子说："是谓无状之状，无物之象，是谓惚恍。"（《第十四章》）⑤显然"状"、"象"、"物"都只是一个抽象指代，表示那样一个"物"的真实的存在，而非指具体的形象或形状。这个"物"的特征是"混"、"先"、"独"、"无名"。"混"，《说文解字》曰："丰流也。"段玉裁训为"水浊"、"杂乱"。《荀子·非十二子》："使天下混然不知是非。"杨倞注曰："混然，无分别之貌。"《庄子·缮性》："古之人在

---

① 值得指出来的是，我们诠释"道"的两个方面，并非就是老子最初所设想的两方面，"存在论"与"宇宙生成论"的"两方面"之说主要是基于现代哲学的研究框架与方法，正如刘笑敢所说，在老子的时代，古代圣哲们还没有认识到要区分实然与应然，也不认为形而上与形而下之间有什么不可逾越的界限。参见《老子：年代新考与思想新诠》，台北：东大图书出版公司，1997年，第 201 页。

② "周行而不殆"一句，通行本皆有，丁四新认为"非原本必有，简帛本可以为证"。参见《郭店楚竹书〈老子〉校注》，武汉：武汉大学出版社，2010 年，第 181 页。但北大汉简《老子》有此句，作"偏（遍）行而不殆"，参见北京大学出土文献研究所编：《北京大学藏西汉竹书》（贰），上海：上海古籍出版社，2012 年，第 156 页。今从帛书及郭店楚简本。

③ 荆门市博物馆编：《郭店楚墓竹简》，北京：文物出版社，1998 年，第 116 页。

④ 裘锡圭：《中国出土古文献十讲》，上海：复旦大学出版社，2004 年，第 188—229 页。

⑤ 以下所引《老子》通行本，均仅括注章名。

混芒之中。"崔撰注曰："混混芒芒，未分时也。"可知"混"意味着没有分化，不能辨析，超越人的感觉经验，因而不可名。"混"字与"寂"、"寥"、"恍"、"惚"、"冥"、"昏"、"夷"、"希"、"微"等一些不可表达具象的词，共同表明"先天地生"的"物"模糊、含混、无法辨析与区分的状态。"独"即意味着无对，是自本自根的存在。这个混成之物又可勉强名之曰"大"，"大"即"太"，亦即初始之义。这个万物之本根通过分化而生生不息，永不匮竭，绵绵不断地产生了现实经验之物。作为万物本根的"道"确实不是现实的实体性存在物，而是基于对天地万物终极本原的一种推求，故曰"逝"，曰"远"，即本根是终极的存在，而非经验物的存在。但经验之物不管如何演化，始终都是本根之"道"的分化结果，而本根之"道"又以一种"反"的方式在当下之"物"中呈现。综此可知，"道"首先是天地万物之本根，是一种终极本原，但"道"同时又内在关联着当下存在物，贯穿古今始终，没有时空的限制。故老子曰："执古之道，以御今之有。能知古始，是谓道纪。"（《第十四章》）①"执古之道"，意即把握古代的"道"，驾驭当下的现象世界，能推知万物的本原，这就可以体认"道"的规则了。

为了阐明道生万物的方式，体现道的生生之功，老子以各种比喻来解读"道"的作用。

> 道冲而用之或不盈。渊兮，似万物之宗；……湛兮，似或存。吾不知谁之子，象帝之先。（《第四章》）②

> 谷神不死，是谓玄牝。玄牝之门，是谓天地根。绵绵若存，用之不勤。（《第六章》）

> 天地之间，其犹橐籥乎！虚而不屈，动而愈出。（《第五章》）

"冲"，傅奕本作"盅"，《说文》曰："盅，器虚也。""冲"可训为"虚"，正好与"盈"相对。"谷"即山谷，亦是中虚的存在，可包容万物。"橐籥"，王弼注曰："橐，排橐也。籥，乐籥也。橐籥之中空洞，无情无为，故虚而不

---

① 马王堆帛书甲乙本均作"执今之道"，王弼本等通行本、北大汉简本均作"执古之道"。
② 通行本有"挫其锐，解其纷，和其光，同其尘"四句，疑羼误，故省。

得穷,屈动而不可竭尽也。"由此可知,道是以空虚的方式来生成万物,唯其虚,所以不竭,因而才能永远存在并具有神妙莫测的功能。"道"又被形象化地比喻为"玄牝","牝"是雌性牲畜的生殖器,是生命诞生之处。"玄"意味着幽深、玄妙。玄牝,意为万物最早的始祖,并且这个始祖具有玄妙、幽深的生化作用。"谷"、"牝"的门户,是天地的发生、发源之地,绵绵不绝好像存在着,其作用无穷无尽。

关于道生万物的过程,老子曰:

> 道生一,一生二,二生三,三生万物。万物负阴而抱阳,冲气以为和。(《第四十二章》)
> 天下之物生于有,生于无。(《第四十章》)①

这两段经文正好体现了道生万物的两个不同的层次,一是宇宙生成论层面的"生",一是存在论层面的"生"。前一方面,道产生原始混沌的气体。原始混沌的气体又产生阴阳两种气。阴阳两种气产生中和之气。中和之气则产生万物。万物各自具有阴阳二气,阴气阳气相互摇荡就成为和气。"和"是气的流通状态。道在展开、实现过程中,生成长养万物。从宇宙生成论的进路来看,个体事物的成立有一个过程,如气化、凝聚的过程。在这一生成过程中,万物以气为本质内容,其形成过程由简而繁,前后相续的几个"生"字表明了万物的共同起源。后一方面,老子借助"有"、"无"从更为抽象的层次阐述了道生万物的关系。首先要辨析下《老子》文本差异问题。王弼本作:"天下万物生于有,有生于无。"通行本多同王本,唯"万"字作"之"。马王堆帛书乙本作:"天下之物生于有,有[生]于无。"②而郭店楚简《老子》作"天下之勿(物)生于又(有),生于亡"③。郭店楚简本第二句无"有"字,一字之差,哲学意蕴迥别,学界在此

---

① 通行本的"生于无"为"有生于无",今从郭店简本。
② 马王堆汉墓帛书整理小组编:《马王堆汉墓帛书老子》,北京:文物出版社,1976年,第37页。
③ 荆门市博物馆编:《郭店楚墓竹简》,北京:文物出版社,1998年,第113页。

问题上争议颇大①。如果说"道生一,一生二,二生三,三生万物"的过程论表明道是万物之本根,主要是一种宇宙生成论的话,那么道统有无论则主要是一种存在论。老子之道是生成万物的超越根据,它涵括了"无"与"有"之两界、两层:就道体而言,道是无限的真实存在实体;就道用而言,周溥万物,遍在一切之用。正如方东美所言:"道之全体大用,在'无'界中即用显体,在'有'界中即体显用。"②有界是相对的现象世界,无界是超越的精神世界绝对的价值世界。相对的"有"与绝对的"无"相互贯通。由此,"生"表明了万物存在的根据,这种根据正是通过"有"与"无"在"道"与"物"之间建立的。

总之,"生"不能简单地理解为经验世界中的"生育"或"生成",我们也不应该把"生"看成一个严格的时间观念,其真实的内涵应该是呈现"道"与"物"之间的亲缘关系。"道"是宇宙万物的根源。既然"道"是天地之"母",万物之宗,那么天地万物就理所当然地被认为是道之"子"了。从"生"的经验层面来看,母子总是相对而言的,那么"道"自身是否也有作为"子"的可能呢? 老子以"吾不知谁之子"予以否认。而"象帝之先"之"先"再次表明了"道"作为万物之本根的观念,并且还是上古时期一直奉为最高神灵的上帝之先祖。总之,老子基于对天地万物之本原的不断推求,而设置了"道"的观念,表达了"道"作为天地万物之根源的结论。

2. 道为天地万物的存在根据

老子认为"道"既是宇宙的终极本原,同时又是天地万物的现实存在根据。那么道是如何成为天地万物的现实存在根据的? 老子对道与物的关系有详尽的阐述。

首先,考察老子的各种象喻,可知"道"非独立于物的实体性存在。老子常以各种经验物象来比拟"道",如"水"、"母"、"朴"、"婴儿"、"赤子"、"根"等等。但老子也明确指出"道"是"无状之状,无物之象",因而

① 诸家争议可参看丁四新的《郭店楚竹书〈老子〉校注》,武汉:武汉大学出版社,2010 年,第245—247 页。今从郭店楚简《老子》。
② 方东美:《原始儒家道家哲学》,台北:台湾黎明文化事业公司,1983 年,第 168—169 页。

不可能具象化。因此要理解老子的"道"，必须要超越经验物象，而不能以老子所借用的"象"来框住"道"，以有形之物来代替道。下面我们以"母子之喻"、"朴器之喻"为例进行简要分析。

关于"母子之喻"。老子曰："天下有始，以为天下母。既得其母，以知其子；既知其子，复守其母，没身不殆。"（《第五十二章》）"母子之喻"显然出于经验的观察，但又超越于经验，因为"母"与"子"并非指两个独立的实体，而是蕴含着对生命存在的根据以及生命之间关系的思考。老子借用"母"喻"道"，"子"喻"万物"，旨在说明"道"是天地万物的存在根据，是一切生命存在的源泉。"母子之喻"可以转化为"守母以存子"与"存子以显母"。"母"孕育了生命，但同时"母"又内在于"子"之中，是"子"得以存在的内在根据，而"子"就是"母"的当下呈现。既然已经拥有这个母，那么就要将这个"母"以"子"的形式永远延续下去，这样才是"复守其母"，才能"没身不殆"。至此，我们也就不难理解"大曰逝，逝曰远，远曰反"这三句话。终极本根之道以"反"的方式存在于现实物之中，并成为其存在的根据。现实存在物（子）似乎在历时性上与终极本原之"道"渐行渐远，但万物之中内在之道时刻都在不断地涌现，其现实品格体现为"德"，只有守护这份内在的根据，才能在当下活动中展现"道"（母），最终回归"道"。由此可知，这三句话连同"母子之喻"实现了老子之道的宇宙本根论向存在论的转向。

关于"朴器之喻"。老子说："朴散则为器。"（《第二十八章》）何谓朴？《说文》曰："朴，木素也。""朴"是未加工成器的木头，象征事物原初性状。"朴"是一个无分化、无对待之物，即"朴"没有任何相对待的性状，既不是大也不是小，既不是美，也不是丑。朴散之后形成了各种器具，有了一定的用途与性状，有大小、好坏、美丑等等区分与辨析。"朴"不是"器"，但"朴"又寓于器之中，"器"根源于"朴"。与"朴"的存在状态相类似的是"婴儿"：

知其雄，守其雌，为天下溪。为天下溪，常德不离，复归于婴

儿。……知其日(荣),守其辱,为天下谷。为天下谷,常德乃足,复归于朴。(《第二十八章》)①

初生的婴儿只是一个鲜活的、充盈着精气的生命体,并无雄雌之辨②,更无所谓美丑、善恶、高贵低贱的区分。婴儿无知无欲,体虽柔弱,但精气充盈,正是道所赋予的内在生命力之彰显。赤子没有性的欲望与冲动,"未知牝牡之合而全作,精之至也"(《第五十五章》)。这里的"精"就是"其中有精,其精甚真"之"精",亦即内在于生命体中的"道",体现在物中,即为"德",婴儿赤子的一个重要特征便是"含德之厚"。但婴儿逐渐会长大为成年男女,这和"朴散则为器"一个道理。"朴"、"婴儿"、"赤子"都表达了一种原初性、根源性的观念,老子以之喻"道",意在表明"道"是一切生存个体的生命本原与存在根据,但这个本原并非独立于生存个体之外的实体,而是内在于其中。一切生存个体只有持守了这个本原才能生存,丧失了这个本原则灭亡。③ 老子提出"始制有名",显然他并非反对"朴散则为器",在老子看来,社会的伦理生活、文明制度,按自然条理生成并无害处,害怕的是,人为作用的强化,或执定于种种区分,将其固定化、僵化,则会破坏自然之道。因而老子对"器化"、"物壮"、"兵强"、"木强"的过程提出了警醒,因为这个过程就是一个不断人为分析与辨别的过程,而我们往往又不能认识到"器化"过程中物之各种性状的相对性、非根源性,却一味地去追逐。这样就与生命本原渐行渐远,舍本逐末,最终在追逐外物过程中偏离了生命的本原之"道"。所以老子特别强调"知止"、"归根"、"复归于朴",主张天地万物等一切生存个体都要回归本根,持守本性。

---

① 通行本有"知其白,守其黑,为天下式,常德不忒,复归于无极",疑窜入,今据帛书删。详见高明:《帛书老子校注》,北京:中华书局,1996年,第370—374页。

② 叶秀山认为,从母体生长出来的是一个"婴儿",还不是"孩童"。"婴儿"已是"人",但你不能问"是""什么""人"?"婴儿""是",但却"不是""什么"。"婴儿"是"人"之"朴"、"人"之"本"、"人"之"根",以后的"'什么'人",是从这里"生长"出来的。参见《我读〈老子〉的一些感想》,载陈鼓应主编《道家文化研究》第二辑,上海:上海古籍出版社,1992年,第137页。

③ 丧失本原在《老子》中表述为"大道废"、"失道"、"不道"等。

其次,道与天地万物一体相融。老子认为道作为天地万物之本根,其自身是完满的、永恒的、永不匮竭的,故曰:"道冲,而用之或不盈。"道既是天地万物之根源,同时又内在于天地万物之中,老子曰:

> 大道泛兮,其可左右。万物恃之而生而不辞,功成不名有。衣养万物而不为主,常无欲,可名于小;万物归焉而不为主,可名为大。以其终不自为大,故能成其大。(《第三十四章》)
>
> 譬道之在天下,犹川谷之于江海。(《第三十二章》)

对"大道泛兮,其可左右"一句,王弼注曰:"言道泛滥无所不适,可左右上下周旋而用,则无所不至也。"[1]"泛"字表明道就如同水一样,周流六虚,无所不盈,万物恃之而生,却不能脱离它而独存,道存在于天下,就好比川谷最终与江海相贯通。道既是天地万物之母,又在现实天地万物之中,这便是道的一体融贯性。而通常所认为的有一个时序上先在的作为宇宙本根的实体之道,然后才有天地万物,或道生天地万物又屹然独存的观点,都误将老子之"道"独立化,将"道"与"物"割裂为两截。这种解读,一方面可能与老子的言说方式有关,因为老子常言"有物混成,先天地生"、"独立而不改"、"道生一"[2],而另一方面可能与我们的经验思维相关,易将《老子》中的母子之喻具象化,这样"道"便成为具体的母体。

综上所述,老子推求天地万物之终极本原,设置道为天地万物之本根,因而发展了一套宇宙生成演化的思想。而通过静观万物之演变,老子又发现宇宙间事物之变化的背后有着一以贯之的根据与通则,此一根据实际上是终极本根之道在当下存在物中的呈现,是事物存在的根据。

---

[1] 楼宇烈校释:《老子道德经注校释》,北京:中华书局,2008 年,第 85 页。

[2] 李杜认为,造成此种误解,原因之一便是"为老子说道的一些抽象词语所困惑,而不辨别此为第二层次的抽象话,而即把它们实体化作为说道的第一义"。参见《中西哲学思想中的天道与上帝》,台北:联经出版事业公司,1978 年,第 127 页。

至此,道的宇宙生成论意蕴与存在论意蕴共存①,终极本原同时又是现实根据,终极本根之道即是人类安生立命的价值原则与基础。道是整体性的,在本质上既不可界定也不可言说,不能以任何对象来限定,也不能将其特性有限地表达出来。所以,老子常以"无"、"无名"、"朴"、"一"、"大"等来说"道"。但"道"绝不是一个抽象的共相,而是一个流转与变迁的过程。大道周流万物,即在循环往复、不断返回本根的运行中,实现有形有象的器物世界,即"有名"的世界。"道"是"有名"与"无名"、流变与不变、整体与过程的统一。在一定意义上,老子之"道"是有与无、神虚与形实的整合。"有"指的是有形、有限的东西,指的是现实性、相对性、多样性;而"无"则是指的无形、无限的东西,指的是理想性、绝对性、统一性、超越性。

三、自然的天道观

道为天地万物之本根,但同时又内在于天地万物之中,通过天地万物的现实活动来呈现。老子论道,既有形上的探求,亦有形下的考察。既然本根之道内在于经验之物中,则"道"实际上就是天地万物自身存在演变之道②,因而老子常以"天道"或"天之道"来论说。"天道"一词,据学者们的研究,无论在遗物中,还是在文献中,出现都很晚,直到周人才开始使用③,在《左传》、《国语》中早已出现,如《左传·昭公十八年》:"天道远,人道迩,非所及也,何以知之?"然而这种"天道"多指"天象运行规律之说"或"人生吉凶祸福规律之说"④,大都受原始宗教的影响,包含有占

---

① 学界对此多有论及,只是表述略有差异,"存在论"多以"本体论"或"存有论"等概念出现。如张立文认为,道在老子哲学逻辑结构中既具有生成论的性质,又具有本体论的性质,是生成论与本体论的互相统一。参见《中国哲学逻辑结构论》,北京:中国社会科学出版社,2002年,第146页。

② 崔大华认为,道的非实体性表明,道作为本体,其实就是世界万物自身,道的生成万物,实际上是宇宙万物的自生、自化。参见《道家与中国文化精神》,郑州:河南人民出版社,2003年,第13页。

③ 庞朴:《原道》,载《庞朴文集》第4卷,济南:山东大学出版社,2005年,第198页。

④ 陈鼓应:《老庄新论》(修订版),北京:商务印书馆,2008年,第44—45页。

星术的成分①，并且这里的"天"多带有主宰性、神秘性②，直接与天帝的观念接壤。而老子所谓"天道"，此"天"指代天地万物，是一个总括名词，代表一种自然的存在物，老子"不但取消天之道德的意义，且取消其唯心的意义"③。"天道"表明此"道"乃是天地万物自身之道，亦即自然之道。老子哲学的一个重要贡献在于消解了天（帝）的神秘性、主宰性，赋予天以自然义，从而瓦解了西周时期天帝、上帝的主宰地位④，将天地万物自身的生存演变之道尊奉为宇宙的最高规范，同时也蕴含了作为万物之一的人有充分的主体性与自由。

当然，值得指出的是，老子以"天"来修饰"道"，仍然吸取了"天"在春秋时期所包含的超越的、至上的意蕴，从而表达了对自然界内在规则与秩序的尊重，对天道的敬畏。由于老子已经将"道"提升为一个抽象的哲学概念，再加上"天"的观念，"天道"即天地万物具体存在状态所呈现的各种规则与秩序的抽象概括，"天道"是一个完美的应然秩序，也是最高的原则。然而，道在天地万物中的本然呈现效果与在人类社会中的现实状况相差甚远，前者体现得完美无缺，后者则大道废弃、秩序失衡。是故，老子常将"天道"与"人道"对照，如"天之道，利而不害；圣人之道，为而不争。"（《第八十一章》）"天之道，损有余而补不足；人之道则不然，损不足以奉有余。"（《第七十七章》）这一方面表明圣人之道与天道秩序保持了一致，另一方面则以天道原则来批判人类社会中践踏天道、秩序失衡的现象。

老子的天道不仅是一个规范性概念，同时又是一个价值概念，是人

---

① 冯达文、郭齐勇主编：《新编中国哲学史》，北京：人民出版社，2004 年，第 46 页。
② 张智彦认为这一时期"天道"的内涵还存在模糊性和随意性，天道在谈论者的心目中也还存在神圣性。参见《老子与中国文化》，贵阳：贵州人民出版社，1996 年，第 97 页。
③ 冯友兰：《中国哲学史》上册，《三松堂全集》第 2 卷，郑州：河南人民出版社，2001 年，第 406 页。
④ 郭沫若认为，老子的最大的发明便是取消了殷周以来的人格神的天之至上权威，而建立了一个超绝时空的形而上学的本体。参见《青铜时代》，北京：科学出版社，1957 年，第 36 页。

类行为的最高价值原则。这一价值原则体现在天道是至善的[1]，公正无私，不容违背。老子曰："天地不仁，以万物为刍狗。"（《第五章》）天地万物只是按其本性生存发展，并没有人的道德情感在其中，即"天道无亲"，公正无私，不偏不袒。但这种看似冷冰冰的天地万物本性的呈现，即自然法则，为何"常与善人"呢？原来，作为自觉的存在者，人类只有通晓天道并在现实中遵循天道秩序，才能实现天人之间的和谐共处，人类才能真正地安身立命，长生久视，而这正体现了天道至善的原则。相反，违背天道，则亡生失性，所谓"不道早已"。老子之天道观根源于整体的世界观，故笼括天地，范围万物，就像一张网，无物可以逃避，此所谓"天网恢恢，疏而不失"（《第七十三章》）。由此可知，天道作为宇宙万物生存的法则，是一切存在者的共同价值原则。

第三节　政治论

韩非作《解老》、《喻老》，多阐发君臣相处之道，以及圣人治理天下之术。班固在《汉书·艺文志》中曰："道家者流盖出于史官，历记成败存亡祸福古今之道，然后知秉要执本，清虚以自守，卑弱以自持，此君人南面之术也。"可知汉代老子之学已被冠以"君人南面之术"之名，成为一套治术。[2] 这种说法固然不能引起普遍的赞同，但不可否认的是，《老子》一书确实充满了对现实政治秩序的批判，体现了强烈的现实关怀。老子的政治哲学思想以天道观为基础，围绕自然与无为这两个重要的概念展开。

一、自然与自由

何谓自然？自然作为一个古汉语词汇，由"自"和"然"两个词构成，

---

[1] 侯外庐等认为"自然秩序是超时代的，所以是无善恶的"。参见《中国思想通史》第一卷，北京：人民出版社，1957 年，第 299 页。我们认为"无善恶"只能说是无人类社会之善恶，老子的天道秩序是至善的。

[2] 张舜徽认为自汉以上学者皆知"道德"二字谓主术，为君道，"古初之所谓道家，亦实专指修南面术者而言"。参见《周秦道论发微》，北京：中华书局，1982 年，第 32 页。

"自"主要有四层含义:"始"、"从"、"自己"、"自然"。"然"的含义很多,但在"自然"这个合成词中,主要作"如此"、"这样"、"样子"解。合起来看,"自然"中的"自"首先应当理解为"根源、原初","然"理解为"样子"或"状态"。"自然"即"初始的样子"、"原初的状态",指的是一种根源性状态、原初性状态,是为自然的第一层内涵。这层内涵是我们将自然诠释为本性的基础。但同时"自"还可以作反身代词,指代自身、自己,"然"则是一个指示代词,指代如此的状况,通常指代动作、行为带来的状况。"然"的这种用法在短语和句中可以作谓语成分。这样"自然"就是"自己如此"、"自己而然",这是一个表示事物自主实施行为的主谓结构,是为自然的第二层内涵。

在"自然"这个词语中,"然"所指代的种种状态引发了我们对"所以然"的进一步追问。因为任何一种状态或结果终有其原因,追问这种状态或结果产生的原因使我们将焦点集中到"自"身上,"自"所指代的对象正是"然"的原因。因此,"自然"概念的关键在于"自",没有"自",也就无所谓"然"。如果说"然"的原因是"自"所指代的对象,那么"自"的原因又何在?按照因果关系,我们似乎可以继续追问。但在"自然"一词中,"自"同时表示原初性、根源性,意即"自"所指代的对象本身就是开始、本原,这样"自然"便以一种近乎独断论的方式,截断众流,将造成"然"的终极原因归结为"自"所指代的那个对象本身,从而避免了无穷的因果追问。至此,我们可以看到"自然"概念两层内涵之间的融贯性。

进一步来看,在《老子》中,"自然"主要是指事物的"原初状态",强调一切事物本性的根源性,我们不妨称之为"根源性自然",亦即"物之自然"。老子认为天地万物各有其本性,并应按照自己本性来发展,这就是物之自然。老子借用了"无名之朴"(《第三十七章》)、"珞珞如石"(《第三十九章》)、"婴儿"、"赤子"等比喻,旨在推崇这种原初本性的存在价值。但当"物之自然"之"物"指向"人"这一特殊物时,即反身代词"自"指向人自身时,"自然"就是"自己如此"的意思,强调了人的自由意志与自觉而为的状态,我们不妨称之为"自觉性自然",亦即"人之自然"。老子认为统治者应当尊重老百姓的主体性,认可他们的自主能力,尊重他们的选择,从而达到自化、自正、自富、自朴等存在状态。考察老子"自然"的这一层意蕴可知,人类"发自本性的活动是自然的,也是自由的,被外力胁迫,是不自由的,也是不自然的"①。"自然"的第二层内涵强调了人这一特殊存在物的自觉理性与对自由的向往②。

然而,通常我们只看到自然的"物之自然"内涵,认为道家之自然就是要回归纯粹的原初性状、崇尚本性,却忽视了"人之自然",忽视了自然概念中蕴含着人对自身的反思与追问:人的本性是什么?老子认为人是一种拥有自觉理性的存在者,其本性是自由的,能够自觉而然,反抗外在的压制,追求自由自在的发展,自然观念体现了老子对人之主体性的尊重与对自由价值的追求。

从治理层面来看,"自然"的两层内涵都有重要意义。老子说:"古之善为道者,非以明民,将以愚之。民之难治,以其智多。故以智治国,国之贼;不以智治国,国之福。"(《第六十五章》)这段文字通常被用来论证老子有愚民主义倾向,殊不知这里的"愚"和"我愚人之心也哉"(《第二十章》)中的"愚"一样,并非指愚昧,而是一种质朴的本性,体现了一种根源性自然。老子认为百姓的质朴本性有着重要价值,是社会和谐的基础。"智"是"戕贼人性的机巧"③,意味着运用心机智巧去追逐个体欲望的满足,以这种智巧诈伪的方式来治理国家,则上下相欺,尔虞我诈,国家焉有不乱?老子认为理想的治理状态应当是统治者与百姓均能实现真正的自然,而要达到这一状态,作为统治者的"王"无疑承担着重大的责任,由此他强调了"王"的重要地位,并进而提出"道法自然"的命题。

---

① 陈嘉映:《哲学 科学 常识》,北京:东方出版社,2007年,第188页。
② 叶秀山认为,《老子》书中的"自然",就和希腊巴门尼德所谓"必然性"的"大箍"完全不同,而是从"生命"(生长)的"可能性"这个角度把"自然"与"自由"结合了起来。参见《我读〈老子〉书的一些感想》,载陈鼓应主编《道家文化研究》第二辑,上海:上海古籍出版社,1992年,第138页。
③ 胡哲敷:《老庄哲学》,上海:中华书局,1935年,第89页。

　　道大，天大，地大，王亦大。域中有四大，而王居其一焉。人法地，地法天，天法道，道法自然。（《第二十五章》）

　　"王亦大"与"王居其一焉"中的"王"，傅奕本、范应元本均作"人"，陈柱、奚侗、严灵峰、陈鼓应皆从其说，然考之帛书与楚简《老子》，则作"王"是。只是郭店楚简和北大汉简《老子》均作"天大，地大，道大，王亦大"，顺序与诸本不同，有学者认为"应视为不同于帛书本的另一系统，而不是偶然的改动或笔误"①，但总的来看并未造成文本歧义。"道法自然"命题蕴含着重要的政治哲学智慧。老子将"王"与天、地、道并举，显然十分看重王的地位与责任。他认为作为治理天下的王，其行为影响到天地万物的生存与发展，尤其是直接关系到老百姓的生存状态，因此"王"应该时刻警醒自己的行为方式，要效法地、天、道的存在方式。那么作为终极本原，"道"的存在方式是什么呢？或曰"道"应当效法什么呢？"道法自然"实际上是"道法（道）自然"。"然"是对反身代词"自"所指代的"道"之存在状态的描述，这种状态是"道"自己产生的，因而"道"所效法的对象正是道自己的根源性状态。"效法自己"的说法实际上是以主客同一的方式，表明道是自本自根的存在，正好印证了道的"独立不改"。至此，我们发现"道法自然"实际上表明道无所法，道只是自己而然，本性如此。那么道自己的存在状态究竟是什么？道如何效法自身的存在状态？如前文所述，作为终极本根之道确实独立不改，然作为现时存在之道则并非独立实体，而是内在于天地万物之中，是万物存在之根据。"道"并无独立的实体化自身，而是以天地万物为体，道自身的存在状态通过天地万物的存在状态来呈现，其实质是天地万物生生不息的过程，是谓"道之自然"。由"人法地，地法天，天法道，道法自然"的次序进行推论，则"道"是天地万物的终极本原，天地人都效法道，效法道其实质就是效法自然，效法自然的实质就是天地万物充分彰显各自本性，自生自长，自己而然。

① 韩巍：《西汉竹书〈老子〉的文本特征和学术价值》，载北京大学出土文献研究所编《北京大学藏西汉竹书》（贰），上海：上海古籍出版社，2012年，第218页。

通过"道法自然"的命题，老子阐述了天地万物均应自然存在的结论，也就为老百姓自己而然奠定了基础。作为统治者，在治理过程中，应当尊重老百姓的自由，不应该干涉其按照本性的发展。

二、无为与规范

老子哲学标榜"自然无为"，那么"自然"与"无为"究竟有何关联？研究者通常将此两个观念等同或互诠，谓"自然就是无为"，"无为即顺其自然"，这种互诠便产生了一个概念循环论证。要走出这种循环论证的困境，我们应该重新考虑"自然"与"无为"两者之间的关系及其它们在《老子》哲学中的地位问题。"自然"强调了事物的"原初性状"以及事物"自己如此"，至于"自"的主词是否受到外在力量的约束与影响，我们并不能从"自然"中直接推导出来。但如此则很有可能产生以下情形：假设行为者受到外力压迫丧失了自由意志，实施某些行为，造成了一种状态，或者行为者有意选择实施一些破坏性的行为，直接影响到他人的生存状况，这些是否"自然"呢？如果这些情形都是自然，那么《老子》中的自然观念并无特别的价值，相反还存在巨大的缺陷。然而老子之自然并不会导致此情形，因为老子对"自然"进行了规范，这就是无为。① "无为"在这里是一个规范性的观念，所谓"规范"，即不是一个可自由选择的观念，而是一个必要的观念。

"无为"作为一个哲学概念，显然不能简单地按照字面来理解。"为"并不指某一具体的行为或动作，而是所有行为动作的抽象指代。"为"之前的"无"表示对后面"为"的否定。尽管无为并非完全放弃作为或彻底不作为，但"无"所形成的否定意义表明"无为"倾向于对行为进行节制与规范。作为一个抽象的概念，"无为"并不特指某一具体行

---

① 陈鼓应认为，老子主张允许每个个人都能依照自己的需要去发展他的禀赋，因此他提出了"自然"的观念，为了使不同的意愿得到和谐平衡，他又提出"无为"的观念。参见《老子今注今译》，北京：商务印书馆，2006年，第54页。

为,老子往往通过一些具体的否定性行为来描绘"无为"的图像,如"不尚贤,使民不争;不贵难得之货,使民不为盗;不见可欲,使民心不乱。"(《第三章》)"吾不敢为主,而为客;不敢进寸,而退尺。"(《第六十九章》)"不尚"、"不见"、"不敢"等这些否定性行为共同表达了"无为"的观念。考察《老子》中的这些否定性行为的实施者,我们大致可以归纳出以下三类。

首先是道。老子曰:"道常无为而无不为。"(《第三十七章》)马王堆帛书《老子》此章作"道恒无名",郭店楚简《老子》作"衍(道)恆(恒)亡为也"①。老子认为"道"生天地万物,但"道"的"生"乃是"生而不辞,功成不名有"(《第三十四章》),而不是干涉与主宰,因而万物得以自生自长。同时老子也提出了"道法自然",道自身的存在状态便是自然,道法自然其实质是万物自生自长,自己而然,这表明道的存在方式是无为。是故"道法自然"与"道常无为"保持了融贯,从形而上的高度为天地万物以无为的方式达到自然奠定了基础。②

其次是天地万物。《老子》曰:"天地不仁,以万物为刍狗。"(《第五章》)天地万物并没有人类的恩情意志,不会有意识地行动,只是按照其内在本性而为,因而保存了其原初本性的发展趋势,形成完美的秩序。从形而下的角度来看,天地万物皆按照各自的本性来发展,这种源自本性的存在方式正是无为,而所达到的状态正是自然。由此可见,在天地万物那里,自然与无为是一致的。

最后是人类。天地万物按照其内在本性来发展,本应是自然的,但是现实中天地万物的本性往往遭到人类活动的破坏,人与天地万物之间、人与人之间均出现了激烈的对立,结果秩序失衡,社会陷入混乱。老子反思人类的生存状态,主张人类应该理性地规范与制约自己的行为,不应破坏事物的内在本性,因而提出了无为。但老子又不是泛泛地谈所

① 荆门市博物馆编:《郭店楚墓竹简》,北京:文物出版社,1998年,第112页。
② 刘笑敢指出,"把无为作为形而上之道的特质,这就为圣人无为提供了形而上的根据"。参见《老子:年代新考与思想新诠》,台北:东大图书出版公司,1997年,第116页。

有人的无为,而主要针对统治者而言。在老子所处的时代,统治者拥有生杀予夺的权力,其行为直接影响到天地万物的生存与发展,而老百姓更是首当其冲。

> 民之饥,以其上食税之多,是以饥。民之难治,以其上之有为,是以难治。民之轻死,以其上求生之厚,是以轻死。(《第七十五章》)

在春秋乱世之中,百姓自身并无过高追求,因为他们常以无为的方式求得安身立命而已,故曰百姓并不难治,甚至根本不需要积极地去治理。而统治者们横征暴敛,为一己之私利而穷兵黩武,涂炭生灵,直接造成了老百姓生存的艰难。老子目睹世道的衰退,对统治者的行为方式提出了警告,主张他们的权力应该受到节制①,故多以否定性的方式来规范统治者的行为,如"是以圣人处无为之事,行不言之教;万物作焉而不辞,生而不有,为而不恃,功成而弗居。"(《第二章》)"是以圣人无为,故无败;无执,故无失。"(《第六十四章》)这些否定性行为体现了无为的观念,具有强烈的现实批判性。

综上所论,人之自然不同于物之自然,物之自然源于事物内在的本性,而人之自然本质上是一种自由。但人的自由并非不受限制,绝对的自由不仅不存在,亦不可能。如果人人皆按照自己的意志行事,则人与人之间的关系很难得到合适的调控,往往陷入紊乱之中。老子提出无为,旨在对人之自由意志进行规范,尤其是对掌握权力的统治者的行为进行控制。无为是对自然的规范与制约,对"自然"观念的诠释必须借助"无为"②。从治理层面来看,《老子》对两者的关系进行了深刻的论说。

> 太上,下知有之;其次,亲而誉之;其次,畏之;其次,侮之。信不

---

① 王博:《权力的自我节制:对老子哲学的一种解读》,载《哲学研究》,2010 年第 6 期。
② 刘笑敢指出:"自然是老子哲学的中心价值和根本理想,无为则是实现这一理想和价值的原则性手段。"参见《老子:年代新考与思想新诠》,台北:东大图书出版公司,1997 年,第 120 页。

足焉,有不信焉。悠兮其贵言,功成事遂,而百姓曰:"我自然也。"
(《第十七章》)①

"下知有之"一句,唯吴澄本、焦竑本等少数几个版本作"不知有之",
恐误。有注家认为于义则作"不"为善②。一字之差,意蕴迥别。最后一
句,王弼本作"百姓皆谓我自然";而傅奕本、范应元本、徽宗本、邵本、司
马光本、彭本、志本均作"百姓皆曰我自然"③。郭店楚简作"而百姓曰我
自然也"④,北大汉简作"百姓曰我自然"⑤,今从郭店楚简。老子总结了
统治者治理天下的不同层次,认为最好的治理状态是老百姓仅仅知道有
个统治者而已,但感受不到统治者的压制,因而可以自由地生活。那么
要如何才能达到这种理想的治理状态呢? 老子认为统治者必须以无为
的方式来治理天下,所谓"贵言",也就是"希言",意即很少发号施令,不
以繁杂的政令措施来控制老百姓,只有这样才能达到"功成事遂"。那么
老百姓如何看待这种状况的形成呢? 此章最后一句的理解向来有分歧,
"我"究竟指谁? 刘笑敢认为是指圣人⑥,而传统注解通常认为"我自然"
乃百姓自谓也。如河上公注曰:"百姓不知君上之德淳厚,反以为己自当
然也。"⑦王弼注曰:"居无为之事,行不言之教,不以形立物,故功成事遂,
而百姓不知其所以然也。"⑧高亨曰:"我者,盖百姓自谓也。功成事遂,百
姓皆曰'我自然',不知其君之力也。"⑨蒋锡昌则认为,"功成事遂",百姓
皆谓我自然,谓人民功成事遂,百姓皆谓吾侪自成,此即古时所谓"帝力

---

① 最后一句据郭店楚简本改。
② 马叙伦曰:"论义则作'不知'为长。"参见《老子校诂》,北京:中华书局,1974 年,第 203 页。朱
　谦之曰:"作'不'义亦长。"参见《老子校释》,北京:中华书局,1984 年,第 69 页。
③ 高明:《帛书老子校注》,北京:中华书局,1996 年,第 309 页。
④ 荆门市博物馆编:《郭店楚墓竹简》,北京:文物出版社,1998 年,第 121 页。
⑤ 北京大学出土文献研究所编:《北京大学藏西汉竹书》(贰),上海:上海古籍出版社,2012 年,
　第 152 页。
⑥ 刘笑敢:《老子古今:五种对勘与析评引论》,北京:中国社会科学出版社,2006 年,第 208—
　209 页。
⑦ 王卡点校:《老子道德经河上公章句》,北京:中华书局,1993 年,第 69 页。
⑧ 楼宇烈校释:《老子道德经注校释》,北京:中华书局,2008 年,第 41 页。
⑨ 高亨:《重订老子正诂》,北京:中国书店,1988 年,第 42 页。

何有于我哉"也。① 根据郭店楚简的"而"字,我们认为这里的"我"是指老百姓。统治者以无为的方式治理天下,最终达到百姓安居乐业、上下相安无事的状态。但是老百姓并不认为是统治者使之而然,而是自己而然。换言之,在此状态中,统治者并没有对老百姓进行积极的控制与管理,老百姓也没有把自己与统治者对立起来,他们按照自身的需求努力自由自在地工作与生活,任何成就的取得都被看做是自己努力的结果,因而不需要来自任何方面的恩赐或施舍。② 由此可知,首句"下知有之"表明老子的政治主张并非无政府主义,但他明显强调最小的政府,最小的干涉,其实质是一种自治型社会③,只有在这种社会中,个体的自由才能得到最大的保障。

老子既然承认统治者的存在,则功成事遂的理想状态的实现显然离不开统治者的无为方式,或曰,统治者的无为而治是老百姓能够真正实现自然的必要条件。从《老子》经文的形式上来看,确实存在着"主体→客体"、"原因→结果"的模式,即主体(圣人)的无为才能实现客体(老百姓)的自然④。如:

> 故圣人云:"我无为,而民自化;我好静,而民自正;我无事,而民自富;我无欲,而民自朴。"(《第五十七章》)

老子主张统治者应规范自己的行为,不应放纵自己的欲望,将自己的意志强加于老百姓。只有这样老百姓才能真正按照他们自己的愿望来谋求生存与发展,自己而然。但同时我们也应该看到,这种"圣人无为"促成"百姓自然"的"原因→结果"模式只是形式上的,而自然的真实

---

① 蒋锡昌:《老子校诂》,成都:成都古籍书店,1988年,第113页。
② 萧汉明:《道家与长江文化》,武汉:湖北教育出版社,2005年,第85页。
③ 萧公权曾指出,老子的政治主张倾向于"虚君民治"。参见《中国政治思想史》,沈阳:辽宁教育出版社,1998年,第160页。王中江曾以"自治主义"、"政治自治"来分析老子的政治哲学。参见《道家自由思想的两种形态》,载陈明、朱汉民主编《原道》第7辑,贵阳:贵州人民出版社,2002年,第99、104页。
④ [日]池田知久:《道家思想的新研究:以〈庄子〉为中心》(下),郑州:中州古籍出版社,2009年,第547—561页。

意蕴恰恰是超越这种主客对立式的二元归因。自然作为一种理想的治理状态，作为一种普遍的价值追求，绝不仅仅是老百姓的自然，同时也是统治者的自然。即统治者通过无为的方式来治理天下，一方面客观上促成了老百姓的自然，另一方面他们自身亦实现了真正的自然。老子批判现实政治状况，主要强调统治者的无为，实际上是警醒统治者自身的责任，主张规范统治者的自由意志与行为，尊重老百姓的自由意愿。

三、小国寡民的理想社会

儒家的政治理想是"大道之行，天下为公"的大同社会；墨家所标榜的是人与人"兼相爱，交相利"的理想生活状态；道家所设想的是"小国寡民"的理想社会。老子的理想社会模型基于其强烈的现实批判。

> 天下多忌讳，而民弥贫；民多利器，国家滋昏；人多伎巧，奇物滋起；法令滋彰，盗贼多有。（《第五十七章》）

天下禁忌越多，老百姓的生活就越容易陷入贫困，如果老百姓纷纷使用各种利己之器物，国家就会动荡不安。"人多伎巧"，帛书《老子》甲本作"人多知"，郭店楚简和北大汉简《老子》均作"人多智"，可见"伎巧"也就是"智巧"、"机巧"的意思。在智巧之心的驱使下，各种巧伪、邪僻的物事纷纷涌现。"法令"，河上公本、帛书甲本、郭店楚简本均作"法物"，珍好罕见之物滋生，盗贼也就兴起。在老子看来，人类社会的发展积累了日益繁杂的名物制度，人心也被各种欲望遮蔽，各种智巧诈伪之术盛行，人与人之间的关系恶化，国家动荡不安。在批判现实社会的基础上，老子设计了一个小国寡民的理想社会。

> 小国寡民，使有十百人器而勿用，使民重死而远徙。又（有）周（舟）车无所乘之，有甲兵无所陈之。使民复结绳而用之。甘其食，美其服，乐其俗，安其居。邻国相望，鸡犬之［声相］闻，民至老死不相往来。①

---

① 马王堆汉墓帛书整理小组编：《马王堆汉墓帛书老子》，北京：文物出版社，1976 年，第 44 页。

何谓小国寡民？河上公注曰："圣人虽治大国，犹以为小，俭约不奢泰。民虽众，犹若寡少，不敢劳之也。"[1]可见"小国寡民"的真实含义应理解为"小其国，寡其民"[2]，这是从治理者的角度来理解的，体现了统治者的"慈"、"俭"的修养。在这段理想社会的设计中，老子集中表达了简化人与人之间以及人与物之间复杂的交往方式的主张。在他看来，正是因为人与人之间的频繁交接，使用各种技巧、器具，才使得人的欲望膨胀，人心紊乱，从而导致各种纷争。所以老子反复强调不崇尚贤良，不贵难得之货，不见可欲，其目的就在于止息人们的争名逐利之心，使人性复归于质朴。具体做法是，放弃十倍百倍于人力的器械而不用[3]，使老百姓珍视生命，远离迁徙。虽有舟车、甲兵等便利的器具，但已不再作为处理人与人之间以及人与物之间的工具，因而闲置不用，也就不会危害人与物的生存。老百姓安于各自的生活方式，不会因为饮食、服饰、住所、习俗等问题而产生欲望与纷争。在这样的社会里，治理者"恒无心，以百姓之心为心"[4]，"为天下浑其心"（《第四十九章》），摒弃了文明发展中累积的智伪诈巧之术，使得百姓都归于质朴的状态，此正所谓"其政闷闷，其民淳淳"（《第五十八章》）。显然，"小国寡民"的理想社会是老子批判现实社会的产物，其价值并不在于真正实现这种社会，而在于反思人类文明进程中的种种弊端，检讨人性，为病态社会疗伤，从而促成人类文明的健康发展。

第四节 知识论

知识论有一些基本问题，如我们能知道什么？我们可否认识外部世界？语言在认识外部世界过程中有何作用？知识的价值何在？等等。

---

[1] 王卡点校：《老子道德经河上公章句》，北京：中华书局，2008年，第303页。
[2] 参见白奚："小国寡民"与老子的社会改造方案——〈老子〉八十章阐微〉，载《安徽大学学报》（哲学社会科学版），2000年第4期。
[3] 参见高明：《帛书老子校注》，北京：中华书局，1996年，第152页。
[4] 《老子·第四十九章》。王弼本作"圣人无常心，以百姓心为心"。今从帛书本。

具体到先秦哲学的背景中，《老子》一书探讨了名与实的关系，批判经验知识的局限性，主张超越对物的知识性把握，去体认万物之本原的"道"。

一、道与名

名实问题是先秦诸子学派常常探讨的一个哲学问题，其实质触及语言在描述外部事物过程中的作用，老子通过对道与名的关系的探讨，深入地考察了名实关系。

首先，我们看《老子》第一章的"道可道，非常道"。此句的理解向来众说纷纭。当我们第一次遭遇"道"时，显然存在着多种理解，而通过考察第 25 章可知，被称作"道"的那个"物"原本是混沌未分的，"道"首先是老子"命"出来的一个"名"。关于"名"，《说文解字》曰："名，自命也。从口夕，夕者，冥也，冥不相见，故以口自名。"所谓"冥不相见，故以口自名"，大概意指"在天黑得彼此都看不见对方的情况下，大家只能采取以口发号的方式来互通其信息，使彼此互知其对方存在的情况。"[①]进而言之，"名"从口，意味着"名"必须通过言说，以口自明之后，自命者便有了固定的"名"。换言之，"名""就认识论而言，是表现内在观念的外在声音或符号，乃讲述思想的工具"[②]。《释名·释言语》曰："名，明也。名实事使分明也。"《荀子·正名》曰："名定而实辨。""故知者为之分别，制名以指实。"《庄子·逍遥游》曰："名者，实之宾也。"王弼《老子注》亦曰："名以定形。"由此可知，在中国古代哲学语境中，"名"总是与"实"或"形"相对而言。"名"意味着对"实"的辨析与区分，通过"命名"使"实"（形）界限分明。因此，"名"的功能恰恰是为了避免"混"的出现，是对"混"的存在状态的一种反抗。在经验世界里，当我们以"名"来指称一个对象时，此对象必然可以为我们的经验所感知。然而，一旦我们去为一个经验之外的

① 周可真：《"体道"的必要性、原理及方法——〈老子〉道篇首章新解》，载《江南大学学报》（人文社会科学版），2011 年第 6 期。
② 张振东：《中西知识学比较研究》，台北："中央文物供应社"，1983 年，第 46 页。

混成之物命名时，我们就越界了，所以老子为"道"命名时却表现出了勉强，因为老子"不知其名"①。不知其名而又去为之命名，必然会遭遇以下困境之一：其一，被命名者本有其名，但老子不知其名，那么重新命名就面临与其本名是否一致的问题，以及可否"异名同谓"的问题；其二，被命名者从未被命名，即无名，那么第一次为之命名，则面临着"名"是否符合其"实"的问题，甚至"名"下是否有"实"的问题。对于第一个问题，老子曰："道常无名"（《第三十二章》）。可知被命名者本无名。对于第二个问题，老子说："道之为物，惟恍惟惚。惚兮恍兮，其中有象；恍兮惚兮，其中有物。窈兮冥兮，其中有精；其精甚真，其中有信。"（《第二十一章》）可见他真诚地相信被命名者的真实存在，这就保证了老子将要给出的"名"不是一个空洞的概念。但被命名者自身本无名，因而老子不仅"不知其名"，甚至也无法通过一个合适的"名"来进一步"知"其"实"。但为了要讲清楚被命名者，老子勉强借用"道"这个词来指称那个"物"，并且将之作为天地万物之始，于是"道"自此成为一个专名。

回到"道可道，非常道"。此两句仍然是围绕着传统的名实关系在进行讨论，同时名实关系在老子的哲学中又集中体现为人为与自然的关系，认知与存在的关系。第一个"道"指什么？学界多认为是通名，指人们习称之道，即今人所谓"道理"②，或一般之道理③。我们认为此"道"正是老子哲学的核心概念，但这个"道"是作为"名"（哲学概念）的"道"，而非"道本身"。第二个"道"作动词解，为言说④，作为"名"的"道"当然可以"道"（言说），并且正是言说（道）的产物。"道可道"从认知的角度展开，表明"道"首先是"名"，在言说中生成。"可"是对言说（道）的一种肯定，不通过言说，"道"这个"名"无法形成，其背后的自然之道（实）更无法为

---

① 帛书与郭店楚简《老子》均作"未知其名"。
② 陈鼓应：《老子今注今译》，北京：商务印书馆，2006 年，第 73 页。
③ 高明：《帛书老子校注》，北京：中华书局，1996 年，第 222 页。
④ 也有一些学者主张将第二个"道"解读为"行走"，"可道"即"可行"，从共相与殊相角度来解读首句。参见田文军：《〈老子〉"道"论新探》，载《社会科学》，2011 年第 8 期。黄克剑亦提出老子之"道"有"导"和"导向"的意蕴，参见《孔老之辨》，载《哲学研究》，2007 年第 9 期。

人所"知"。因此,"道"可言说,为了知"道",我们必然要去"道"(言说)。哲学必然要通过言说,离开语言,就没有可能讲出任何真理,而作为哲学文本的《老子》正是言说的产物。

但老子提醒我们要警惕命名活动的局限性①,即所命之"名"并不是"名"所指之"实"。"非"意味着作为"名"的"道"并非"常道"。何谓"常道"?通常认为"常道"即永恒不变之道。其实这是对"常"的一种误解。"常"并非不变化,而是从存在角度而言,常道即真实存在却不可名状的永恒之道,亦即自然之道。换言之,虽然"常道"也只是一个"名",但其实质是指"道自身"。"非常道"表明"言说之道"是从认知角度确立的"道",非自然实存之道,自然之道是指恒常自存的不依赖于"名"的本真之"实"。"非"是对以"名"言"道"之"实"的一种否定,表明言说并不能完全真实无碍地呈现道自身。

如果说"道可道"表明言说是一种必然,"道"首先在"言说"中生成,那么"非常道"则是对"道可道"这种人为活动的一种反思,表明言说之道(作为名的"道")并不是自然之道(常道),即"名"并非"实"。老子开篇即指出言说之道(名)与自然之道(实)之间的张力,这种张力实质上又是认知与存在之间的张力,完全是因为人的言说活动造成的。由于我们执着于追求万物之始,并且试图通过言说来讲清楚这回事,结果适得其反,我们通过言说设置的"名"("道")划开了与自然之道之间的鸿沟。既然常道存在,而言说之"道"又不是自然之道(常道),那么我们注定只能以"非常"的方式去认知"道","道"的神秘性自此而出。

其次,我们看"名可名,非常名"。北大汉简《老子》作"名可命,非恒名也"②。"名"亦通"命",但也有学者认为北大汉简"名"作"命",意

① 王邦雄认为,依老子的反省,认为可以言说的道,已经过人的语言概念所规定,其真精神,真生命就在语言概念中被限制住了。参见《老子的哲学》,台北:东大图书公司,1983 年,第 15 页。
② 北京大学出土文献研究所编:《北京大学藏西汉竹书》(贰),上海:上海古籍出版社,2012 年,第 144 页。

味深远。① "可命"凸显出命名活动的主体色彩,因此"名"作为一种活动必然是人为。"名可名"表明不仅"道"这个"名"源于人之所命,一切"名"都是人为创设的结果。那么人为创制的各种"名"是否就是"名"之所指呢?"非常名"是一种否定。那么何谓"常名"? 通常认为"常名"即永恒不变之名。既然"名"源于人之所命,是人为创造出来的,则必然有其存续的时段,因而不存在所谓的"永恒不变之名"。事实上,"常名"虽然也是一个"名",但其意义却是指自然之名,而自然之名实质不是言说出来的"名",而是指自然存在之"实"。这个结论的得出实受河上公注的影响。河上公注释"非常名"曰:"非自然常在之名也。常名当如婴儿之未言,鸡子之未分,明珠在蚌中,美玉处石间,内虽昭昭,外如愚顽。"②河上公注表明"常名"其实是一种自然的、浑然一体的本真状态,"常名"虽然也是一个"名",但在句中的意义却是通过其意谓来呈现的,实质上是自然之"实"。一旦我们辨析了这种浑然一体的状态,并为之命名,则明珠与蚌相分,美玉与石相别,各种繁杂的"名"得以形成。通过命名的方式去认知事物,虽然使事物清晰可见,界限分明,但同时又损害了事物的本真存在状态,正如《庄子·应帝王》中的混沌开窍而死。由此可知,老子提出"非常名",其实已经蕴含了对事物自然存在状态的向往,一切人为创制之名并不能表达自然本真之实,自然与人为之间的对立由此产生,名与实之间的张力亦再次彰显。如果说"道可道,非常道"具体阐明了作为哲学概念的"道"(名)与自然之"道"(实)之间的张力,那么"名可名,非常名"则从一般意义上阐明一切事物通过言说所产生的"名"与事物自然本真状态(实)之间的张力。

最后,"道"以"名"的形式存在。既然"道"只是老子所命之"名",那么道本身是否可名? 老子说:"绳绳不可名,复归于无物。"(《第十四章》)

---

① 曹峰、廖名春持此说。参见曹峰:《〈老子〉首章与"名"相关问题的重新审视——以北大汉简〈老子〉的问世为契机》,载《哲学研究》,2011 年第 4 期;廖名春:《〈老子〉首章新释》,载《哲学研究》,2011 年第 9 期。
② 王卡点校:《老子道德经河上公注》,北京:中华书局,2008 年,第 1 页。

老子认为"道"不是像"物"一样的存在者，通过感官无法把握"道"，因此"不可名"乃是指不能以为"物"命名的方式来为"道"命名。正是在这个意义上，老子认为"道常无名"。在这个命题中，"道"形式上仍然是一"名"，但实质上是指"道"本身，道本身无名。道虽无名，但道本身恒常存在，故老子曰："自今及古，其名不去，以阅众甫。吾何以知众甫之状哉，以此。"（《第二十一章》）[1]这里的"名"显然是指"道"之名，和"道常无名"之"道"一样，仍然是指道本身[2]。此句的理解，借用胡适的说法是，个体的事物尽管生死存灭，那事物的类名却永远存在。[3]但在老子看来，"类名"也仍然是"名"，因此真正亘古长存的不可能是"名"，而只可能是未被命名却不能质疑其存在的"实"。进而言之，万物虽然生灭变化，但万物之本根的道自身亘古长存，无时空之限制，我们正是借助"道"之名来解释天地万物的存在依据。

　　总之，道本身虽然无名，但并不意味着道本身不可名，如果道本身完全不可名，那么老子就无法言说。但老子还是为之命名，只是在为道命名时很谨慎，因为命名本身即意味着分析，而"道"这个名已经不符合道自身，如果再进一步分析这个"名"，我们就会离"道"本身越来越远。而人类文明的进程就是一个不断命名的过程。命名意味着辨析与区别，人类通过命名活动使得天地万物不断地呈现，这一过程就是老子所说的"朴散则为器"。"朴"借喻为无名之"道"，"道""散"为各种有形之"器"，由"道"向"器"的转变过程其实正是由无名向有名的转向过程。"名"不断生成，物不断被分析，为物命名的活动使得我们遗忘了"道"，本根之道就隐于器物之中，故老子曰："道隐无名。"通常我们循名责实，只有当我们追问万物的本原以及存在依据时，我们才以"道"之名去探求"道"之

---

① 王弼本作"自古及今"，今据马王堆帛书本、北大汉简本改。

② 严灵峰认为，此"不去"之"名"者，乃"混成"之"先天的"本质，为老子哲学中之另一特有术语，也就是"常名"之"名"，它的确切的意义是"存在"。参见《老庄研究》，台北：中华书局，1979年，第 66 页。

③ 参见胡适：《中国哲学史大纲》，上海：上海古籍出版社，1997 年，第 43 页。

实。而《老子》一书旨在通过为"道"命名并进而言说"道"来提醒我们道自身真实地存在着,是天地万物得以可能的根据,更是人类生存活动的原则。

二、体"道"的工夫与境界

既然"道"真实存在,那么我们要如何才能知"道"呢？这就必然涉及认知"道"的工夫以及方式问题。老子在第一章中明确地提出认知"道"的两种方式:"故恒无欲也,以观其眇;恒有欲也,以观其所噭。"①我们将这两种方式分别概括为"虚静以观"与"名言以析"。

首先,虚静以观的方式。在"故恒无欲也,以观其眇"这句话中,"欲"在此处不应简单理解为贪欲,而应指认知欲,即通过命名的方式来认知事物,"欲"的主体与"观"的主体一致,都是指认知主体。"其"是指万物之初始阶段,即自然之道。"妙",马王堆帛书本、北大汉简本均作"眇",马叙伦曰:"妙为眇譌,字当作杪,《说文》:'杪,木标末也。'"②引申为微妙。"妙"是承上文"无名万物之始"而言,只有在虚静的心灵状态下,自然之道的本真状态才得以呈现,这是一种十分微妙的存在。这种"妙"实际上是不可形容的,因为形容就必须借助语言,而语言必定会形成各种概念,各种概念只会肢解与限制这种"妙"。因此,"常无欲"就是要摒弃言说,放弃各种概念的、分析的认知方式,而是以虚静的心灵直观自然之道,具体而言就是通过"涤除玄鉴"、"致虚守静"等方法。

在老子看来,"道"本身是原始浑朴、混沌未分、深远精微、连绵不绝的状态。故老子曰"道常无名"、"道隐无名"、"大象无形"。道无名、无知、无欲、无为,无形、无象、无声、无体,乃"无状之状"、"无物之象"。用"无"来描述本体的"道",除表明"道"与现象世界的差别之外,更表明"道"以虚无为用,亦表明老子的表述方式是否定式的、负的方式,不是肯

---

① 王弼本作:"故常无欲以观其妙,常有欲以观其徼。"今据马王堆帛书本。
② 马叙伦:《老子校诂》,北京:中华书局,1974年,第90页。

定式的、正的方式。因此，对于道的体认，务必要使心灵减负：

> 涤除玄鉴，能毋有疵乎？……明白四达，能毋以知乎？（《第
> 十章》）①

"鉴"，通行本多作"览"，马王堆帛书乙本作"监"，通"鉴"，北大汉简本作"鉴"。高亨认为"览"读为"鉴"，"览"、"鉴"古通用。②"鉴"亦即镜子，"玄鉴"即幽深的镜子。扫除心中的任何成见、知识与欲望，使心灵像一块幽深的镜子那样，观照万物而无私见，无瑕疵。这就是庄子所说的"顺物自然而无容私焉"③。宇宙万物作为一个整体存在状态，印入人的心灵，个体与宇宙万物融贯为一体，老子称这种状态为"明白四达"，这是一种直观宇宙万物的存在状态，不需要借助任何具体知识。在达到这种状态后，就可以实现"不出户，知天下；不窥牖，见天道"（《第四十七章》）。所谓"不出户"、"不窥牖"就是"塞其兑，闭其门"，圣人隔断与外界的感觉认知途径，不再借助直接的经验知识，但却能达到知天下的效果。值得指出的是，这并非神秘直觉，而是经过长期的修炼，逐步地意识到"人"（小宇宙）与"天"（大宇宙）、个体小生命与自然大生命乃是同质同构、互涵互动的。④老子认为经验知识是不完整的认识，因而积累再多仍然是片面的，只有从整体上体认了宇宙万物的一体性，才能达到对道的体认。圣人达到这种天人相通的状态后，能够通过对自身的认知推及天地万物的存在状态，因而畅行无阻，事半功倍。

关于致虚守静，老子曰：

> 致虚极，守静笃。万物并作，吾以观复。夫物芸芸，各复归其
> 根。归根曰静，是谓复命。复命曰常，知常曰明。不知常，妄作，凶。

---

① 王弼本"明白四达，能无为乎"，通行本多作"明白四达，能无知乎"，马王堆帛书乙本作"能毋以知乎"，今据改。
② 高亨：《重订老子正诂》，北京：中国书店，1988年，第24页。
③《庄子·应帝王》，四部备要本。
④ 参见萧萐父：《吹沙二集》，成都：巴蜀书社，1999年，第190页。

知常容,容乃公,公乃王,王乃天,天乃道,道乃久,没身不殆。(《第十六章》)

郭店楚简《老子》此章作:"至虚,恒也。守中,笃也。万物方作,居以须复也。天道云云,各复其根。"尽管文本上有差异,但此章所反映的基本思想差异不大。老子主张让人的内心恒常处于虚静状态,不让太多现存的、人云亦云的知识、规范、利害、技巧等等充塞了头脑,要用否定的方式排除这些东西,使自己保持灵性、敏锐,有自己独立运思的空间。"守中"也是"守虚"、致虚。"守静"即保持闲静的、心平气和的状态,排除物欲引起的思虑之纷扰,实实在在地、专心地保持宁静。在此精神状态下,我们才能从"万物并作"的现象中观察到宇宙间循环往复的规律,在物极必反的归途和去处中来体会、把握道的真理。① "观"就是整体的直观、洞悉,身心合一地去体验、体察、观照。"复"就是返回到根,返回到"道"。体悟到"物"的运行其实正是大道流行的体现,才能叫"明"。反之,不识常道,轻举妄动的,必然有灾凶。体悟了"道"的秉性常则,就有博大宽容的心态,可以包容一切,如此才能做到廓然大公,治理天下,与天合德。与"道"符合才能长久,终身无虞。通过"致虚"、"守静"的修养工夫,人们达到与万物同体融合、平等观照的大智慧,即与"道"合一的境界。故"至虚"、"守静"、"观复"等,既是修养工夫,又是人生境界。

其次,"名言以析"的方式。"常有欲"意味着人在自觉追问万物之本原,对万物之初始阶段进行命名。"有欲"的状态就是一种知性认知方式,已经开始命名并且尝试通过"名"去把握对象。这时我们首先接触的只是通过"名"所呈现的"初始",而非无名的自然之始(实)。帛书本的"噭",王弼本作"徼",朱谦之认为"徼"当从敦煌本作"曒","曒"者,光明之谓,与"妙"为对文,理显谓之曒也。② "常有欲"意味着通过为无名的天地万物之始命名的方式去认知"道",命名的结果当然是使认知对象清晰

---

① 参见郑开:《道家形而上学研究》,北京:宗教文化出版社,2003年,第217页。
② 朱谦之:《老子校释》,北京:中华书局,1984年,第6—7页。

化、明确化,将对象的各种性状(边际、界线)充分呈现,然而命名只会造成"名"与"实"的分立,这种认知方式呈现的只是人为设置的"名"的边界,而非自然之"道"(实)的本真状态。那么这种名言以析的认知方式对于认知自然之道是否有效呢? 如果完全放弃言说,即各种命名活动,那么我们如何可能认识本根之道呢?《老子》五千言本身实际上表明对道的言说是可能的,关键是如何去言说。

老子采取的是一种特殊言说方式。《老子·第一章》曰:"此两者,同出而异名,同谓之玄,玄之又玄,众妙之门。"如果说"常无欲"与"常有欲"是指在两种不同的心境下观万物之初始阶段,因而分别有"妙"与"徼"之分,那么这几句显然是承接上文的不同命名而来。"妙"与"无名之始"相对应,"徼"与"有名之母"相对应,故此两者应是指"始"、"母"两名。此两者之"同"源于"始"、"母"两名的意谓相同,这种"同"是本原之同。正是因为人的命名才导致"异名",这种差异体现为老子借用"始"与"母"两个不同的"名"来指称宇宙万物的自然之始。既然差异源于人为,而非自然,那么在命名之前的自然之始应当是无名的混沌之"一"①,由此老子消解"始"、"母"两名,而同谓之"玄"。② "玄",《说文解字》曰:"幽远也。""玄"意味着自然之始是一种幽远混沌的存在。那么老子为何要放弃"始"、"母"两个名? 为何不使用"初"、"元"、"祖"、"首"、"基"、"胎"③等能够清晰表明初始、开端的词呢? 显然,万物之初始超越经验,无法辨析,一旦我们勉强使用各种表意清晰的概念(名)去标明这个开始,那么我们终究会陷入《庄子·齐物论》中所提到的困境。④ 但是我们不禁还要追

①《庄子·齐物论》曰:"既已为一矣,且得有言乎?"这里的"一"是实存之"一",是从存在论角度而言,其意义是指万物本源的统一性,亦即无名的自然之始。
②《庄子·齐物论》曰:"既已谓之一矣,且得无言乎?"这里的"一"是作为名的"一",是从认识论角度而言,也就是老子混同"始"、"母"而所给出的"称谓":"玄"。
③《尔雅·释诂》曰:"初、哉、首、基、肇、祖、元、胎、俶、落、权舆,始也。"
④《庄子·齐物论》曰:"有始也者,有未始有始也者,有未始有夫未始有始也者。"如果为万物之始命名,按照知性的追问方式,我们还可以不断地去追溯这个开始之前的状态,这一过程永无尽头,由此必然陷入知性的悖论。

问,老子使用"玄"这个"名"去统称"始"与"母",不也是在命名吗?不也是在言说吗?那么这一言说又有何特别呢?诚然,"玄"也是一个"名",被老子借用来指称"始"、"母"之所指,但"玄"这个"名"的意义模糊不清,老子使用"玄"这个名看重的正是它的意义,而不是它的意谓。"玄"的意义恰恰在于消解"玄"这个名对"玄"的意谓(无名的自然之始)可能造成的辨析、区分作用,而还自然之道本身以幽远玄妙、混沌不分、不可言说的本来面目。故他又曰"玄之又玄",进一步削弱"玄"这个"名"对无名之始的命名功能,强化自然之始的幽远、混沌意义。这种不可言说的幽远玄妙之始是万物之所出,故曰"众妙之门"。

总之,"常道"(自然之道)必须要"道"(言说),如果完全放弃言说(名),保持沉默,则自然之道无法彰显。但"道"(名、言说)这种方式所具备的辨析功能又使得言说只会造成对道本身的割裂,那么老子如何面对这种两难困境?老子终究还是选择了言说,这才有了《老子》一书的形成。那么老子如何看待言说本身的局限呢?一方面,老子采取了一种特殊的言说方式,即使用很多意义模糊、含混不清的"名"(词汇)来描绘道或体道的境界①,试图在言说中,通过"名"的模糊含混意义来弱化"名"的区分、辨别功能,从而保存自然之道的浑然一体性,这就意味着言说可以达到"常道",或者说常道可以在言说中被认知。另一方面,老子明确主张"不言"、"希言"、"贵言",同时提出"涤除玄鉴"、"致虚守静"等超越言说的体道方式,或许在老子看来,静默直观才是体道的理想方式。但言说是沉默的前提,正如冯友兰在探讨形上学的方法论时所说:"人必须先说很多话然后保持静默。"②

① 纵观《老子》,以下词汇都可视为表意模糊、晦涩:"寂"、"寥"、"渊"、"湛"、"恍"、"惚"、"冥"、"昏"、"夷"、"希"、"微"、"玄"、"绳绳"、"无状之状"、"无物之象"、"混"、"妙"、"奥"、"绵绵"、"几"、"豫"、"犹"、"涣"、"浊"、"澹"、"荒"、"泊"、"沌沌"、"闷闷"、"珞珞"、"昧"、"冲"、"浑"、"玄鉴"、"玄德"、"玄同"、"恢恢"等。
② 冯友兰:《中国哲学简史》,北京:北京大学出版社,1996年,第295页。

三、知识的价值

人类文明的进展必然伴随着知识的增加,知识解决了人类生存发展中的诸多问题,但知识能否最终解决人生的问题? 知识是否必然带来幸福? 拥有知识是否就拥有智慧? 老子对这些问题实抱怀疑的态度,因为现实生活中到处充斥着知识的消极作用。老子批判曰:

> 五色令人目盲,五音令人耳聋,五味令人口爽,驰骋田猎令人心发狂,难得之货令人行妨。(《第十二章》)

通过辨析各种颜色、味道以及声音,我们获得了不同声色味的知识,但知识分化越繁杂,积累越多,人们往往沉溺于知识所直接导向的无穷物欲之中而不知返,进而危及生命与健康。既然知识会带来这些消极作用,那么应该如何避免知识的消极作用呢? 老子主张从知识根源上进行解决。人类知识从何而来? 老子认为人类获得知识靠积累,要用加法或乘法,一步步肯定,由此他提出了"为学日益"的命题。"学"多指经验性的学习,如儒家主张学习六艺,包括各种技艺、道德规范、历史文献等。通过学习不断增加知识与技能,以适应社会的发展,如孔子曰:"不学礼,无以立。"(《论语·季氏》)但这种经验知识的增加并不能真正解决人生问题,庄子就明确提出:"吾生也有涯,而知也无涯。以有涯随无涯,殆已。"(《庄子·养生主》)要解决人生困惑,必须要体验道,或曰从道的角度来观照人生,才是智慧的人生。老子认为体验或把握"道"要用减法或除法,要一步步否定。在他和他的后学看来,真正的哲学智慧,必须从否定入手,一步步减损掉对外在之物占有的欲望及对功名利禄的追逐与攀援,一层层除去表面的偏见、执着、错误,穿透到玄奥的深层去。由此老子提出了"为道日损"的命题。为道要以"损"的方式,减损知、欲、有为,才能照见大道。"损",是修养的工夫,是一个过程。我们面对一现象,要视之为表相;得到一真理,要视之为相对真理;再进而层层追寻真理的内在意蕴。宇宙、人生的真谛与奥秘,是剥落了层层偏见之后才能一步步见到的,最后豁然贯通在我们人的内在的精神生命中。因此"为道日损"意味着不再崇尚经验知识的增加,而是强调心灵的减负,降低各种成见的干扰,从而以虚灵的心境达到对宇宙人生的整体性认知。要体悟道,就不能停滞在经验知识的认知方式上,故老子主张:"塞其兑,闭其门,终身不勤。开其兑,济其事,终身不救。"(《第五十二章》)关闭获取感觉经验知识的渠道,则终生不会疲敝,开启各种感官经验的门户,则终身不可救治。"为道日损"发展到庄子那里便是坐忘与心斋。庄子曰:"堕肢体,黜聪明,离形去知,同于大通,此谓坐忘。"(《庄子·大宗师》)"唯道集虚。虚者,心斋也。"(《庄子·人间世》)放弃一切聪明智巧之知,甚至忘记自己的形体,使内心达到虚静的状态,虚以待物,则近于道。

此外,老子明确提出"绝学无忧"。这是老子对知识之价值的怀疑与批判,要求摒弃各种智巧之学及其带来的各种知识。

> 绝学无忧。唯之与阿,相去几何? 善之与恶,相去若何?(《第二十章》)

值得注意的是,"绝学无忧"一章在郭店楚简《老子》中紧接着"为学日益"章,可见《老子》早期文本在逻辑上确实有一些考虑。"绝学"就是要摒弃礼乐政教之学,反对知识的积累。知识来源于人对物的不断辨析与划界,强调事物之间的严格界限,于是繁杂的"名"得以产生。如"唯"与"阿",两者本质上都是一种应答声,然而我们却辨析出前者为敬诺之词,后者为慢应之词,然后再进一步区分"唯"与"阿"应答声调的高低、应答对象的身份贵贱、应答场合的差异等等,名目繁杂,自此以往,巧历不能得也。再如"美"与"恶",老子说:"天下皆知美之为美,斯恶已。"(《第二章》)事物本身无所谓美丑,"及人类有了分别心,然后斤斤然分别此为善,彼为不善"[1],始有美与恶之"名"的形成。美丑之名具有相对性,同一事物因参照的对象不同,既可能是美好的,又可能是丑恶的。然而常人

---

[1] 胡哲敷:《老庄哲学》,上海:中华书局,1935 年,第 84 页。

却不知名的相对性，为此辨析不止，进而陷入无穷的纷争之中，带来各种人生困惑。故老子说："俗人昭昭，我独昏昏。俗人察察，我独闷闷。"（《第二十章》）大多数人都拘执于这种经验知识，并自认为很明晰、很严密，铢分毫析，分星擘两，然而老子采取的是暗昧不明，质朴混沌的处理方式，并且认为只有尽可能地减少"名"的干扰，我们才能更好地认识物自身，才能接近道。针对现实中的各种智巧诈伪之术盛行，老子批判道：

> 绝智弃辩，民利百倍；绝伪弃诈，民复孝慈；绝巧弃利，盗贼无有。此三者以为文，不足，故令有所属：见素抱朴，少私寡欲。（《第十九章》）

郭店楚简《老子》的"绝智弃辩"、"绝伪弃诈"，通行本多作"绝圣弃智"、"绝仁弃义"。楚简《老子》可能是受到邹齐儒者影响的《老子》文本，或者最早的《老子》文本处于儒道两家并未分化的时代，其"道德"的主张，可以融摄"仁义"。以庄子为代表的道家哲学，批评儒家把"仁义"放在"道德"之上，主张"道德"统摄"仁义"。庄子以后，道家意识越强，对《老子》文本则愈加强了"绝圣弃智"、"绝仁弃义"的说法。老子提出"绝智弃辩"旨在批判各种知识的负面作用，尤其是反对通过智巧、辨析方式获得的各种技术知识，因为这种知识在现实中极易将人导入虚伪、欺诈的状态。《庄子》中描写的"抱瓮而出灌"的丈人就是对技术知识进行怀疑与批判之人，其言曰："有机械者必有机事，有机事者必有机心。……吾非不知，羞而不为也。"（《庄子·天地》）这是对老子思想的继承。

当然值得指出的是，老子并不绝对地排斥圣、智、仁、义、学问、知识，但显而易见的是，他十分警惕知、欲、巧、利、圣、智、仁、义对于人之与生俱来的真正的智慧、领悟力、德性的损伤与破坏，他害怕小聪明、小知识、小智慧、小利益的计较以及外在的伦理规范影响了人之天性的养育，戕害了婴儿赤子般的、看似懵懂无知实则有大知识、大智慧、大聪明、大孝慈、大道德的东西。这是我们在理解老子对待知识的态度问题上必须留意的地方。

第五节　人生智慧

《老子》一书既有玄之又玄的形而上学，又有对现实政治的批判，同时也有深层的生存智慧，直接反思人生问题，是为老子的人生哲学。

一、反者道之动

老子通过静观万物之生成演化，总结出归根复命的恒常规律，这种规律被他概括为"反者道之动"。所谓"反"，通"返"，指的是返回，回归。返回的方向往往又是与先前的发展方向相反，因此"反"又有相反的意蕴。老子认为事物发展到一定的阶段，总会向生命的原初状态回归，即"复归于朴"。这与"归根"、"复命"表达的意思一致。可以说，"反"是所有创造力之源泉[①]，举凡自然、社会、人生，各种事物现象，无不向相反的方向运行。既如此，柔弱往往会走向雄强，生命渐渐会走向死亡。但老子认为死亡并非走向虚无，而是一种回归，向自然回归，向生命之道回归。[②] 换言之，万物的演变没有终点，根据天道循环反复的发展规律，万物的发展始卒若环，人的生命亦复如此。由此可见，老子在生命观上体现出一种超然的精神旨趣，并且直接影响到庄子的生命观。

作为史学家的老子，通过考察人类社会的历史发展，观察到事物相互依存、彼消此长的状况，由此总结出很多有益的法则。老子说：

> 图难于其易，为大于其细；天下难事，必作于易，天下大事，必作于细。（《第六十三章》）

> 其安易持，其未兆易谋。其脆易泮，其微易散。为之于未有，治之于未乱。合抱之木，生于毫末；九层之台，起于累土；千里之行，始于足下。（《第六十四章》）

[①] 参见[英]葛瑞汉：《论道者：中国古代哲学论辩》，张海晏译，北京：中国社会科学出版社，2003年，第262页。

[②] 参见李霞：《生死智慧：道家生命观研究》，北京：人民出版社，2004年，第163页。

老子主张从细小、容易的事情做起,注意观察事物发展变化的征兆、程度,把握契机,以免招致大的困难和祸患。老子认为,当事情还在稳定时,容易维持;事情还未显露出迹象时,容易打主意;事情在脆弱时,容易分解;事情在微小时,容易消散。要在事情还未发生时进行预防;要在事情还在未紊乱之前进行整治。合抱的大树,生于细小的嫩芽;九层的高台,起于第一筐泥土;人生的道路,从脚下第一步开始。在现实的生活中,老子更是洞察出祸福相倚的规律:

> 祸兮福之所倚,福兮祸之所伏。孰知其极? 其无正。正复为奇,善复为妖。人之迷,其日固久。(《第五十八章》)

祸福相依,没有恒常的祸,也没有不变的福,变化才是正道。老子批评俗世之人看不到事物发展中的这种规律,因而容易迷失在光怪陆离的现象世界中。只有洞悉"反者道之动"的规律,才能在运动变化中把握事物的真实存在,才能"深根固柢,长生久视"(《第五十九章》),这正是老子哲学中的高深智慧。

既然万物的发展都要遵循这一规律,那么人作为万物之一,也必然要循此规律,否则便是违背了天道,难以持久。人类的生存必须要效法天道,放弃过分的欲求,不去追逐事物发展的顶峰以及亢奋状态,而是适时地保持一种中道状态,这就是"守中"。守中就是要反对持盈:

> 持而盈之,不如其已;揣而锐之,不可长保;金玉满堂,莫之能守;富贵而骄,自遗其咎;功遂身退,天之道。(《第九章》)

老子提出不应持守盈满的状态,而应保持一种虚的状态,过于盈满,往往容易向相反的方向转化,真正的生存智慧在于"功遂身退",这才是符合天地万物生存演化的恒常之道。这种守中、不盈的观念集中体现在早期《老子》文本中,郭店楚简《老子》甲篇曰:"至虚,恒也;守中,笃也。"[1]

---

[1] 荆门市博物馆编:《郭店楚墓竹简》,北京:文物出版社,1998年,第112页。

二、上善若水

道家特别注重"水"这一特殊事物的存在状态,郭店楚简中,与《老子》一起出土的文献《太一生水》明确将水确定为宇宙演化过程中的一个重要阶段。水是最能代表道家哲学特点的物质形态,如果《太一生水》真是关尹遗说①,则道家对水的重视确实一脉相承,乃固有的传统。《老子》中一书多次提及水,主张效法水之德。水的本性及其存在状态在老子看来主要是"柔弱"与"不争",而这两种品格都是老子的无为观念的体现。

首先,老子主张柔弱胜刚强。

> 天下莫柔弱于水,而攻坚强者莫之能胜。(《第七十八章》)
> 天下之至柔,驰骋天下之至坚。(《第四十三章》)

在现实经验中,我们往往可以发现水滴石穿,洪水所至,无坚不摧。老子显然对这些经验现象有深入的观察与思考,他认为柔弱并不等于软弱,柔弱是一种德性。"弱者道之用",表明柔弱的存在状态恰恰是"道"发挥作用之处,柔弱蕴含着至刚至强之力。从万物生存演变之道来看,柔弱的存在状态正好是生命发展最为兴盛的时机,而刚强则意味着生命走向了终结,他说:"人之生也柔弱,其死也坚强。草木之生也柔脆,其死也枯槁。"(《第七十六章》)柔弱代表着新事物发展的初始阶段,尽管呈现出柔弱的特征,但内在的生命力十分强大。通过观察人与物的存在状态,他得出一个结论:"故坚强者死之徒,柔弱者生之徒。"(《第七十六章》)老子进一步提出了婴儿之喻。他说:"含德之厚,比于赤子。"(《第五十五章》)"专气致柔,能婴儿乎?"(《第十章》)婴儿是人的最初发展阶段,保持着一种纯朴的原初本性,蕴含着强大的生命力。老子主张通过修炼,保持像婴儿那样旺盛的生命力。

其次,老子主张不争而善胜。

---

① 李学勤等学者持此说,参见《荆门郭店楚简所见关尹遗说》,载《中国文物报》,1998 年 4 月 29 日。

上善若水。水善利万物而不争，处众人之所恶，故几于道。
（《第八章》）

最好的善乃是像水一样，无私利人，不与人相争。老子认为水的存在特性之一是处下不争，人应效法水的这种存在方式。"争"这个词本身即意味着至少存在对立的两方，并且形成了对待。而老子主张不争，实际上是要消解对待，不让这种对待形成。故他主张"不自见"、"不自是"、"不自伐"、"不自矜"。因为自见、自是、自伐、自矜等均以贬低其他对象为前提，意味着自己与他人进行比较，处于对待之中，从而形成相争的双方。如果主体不凌驾于他者之上，不与他者形成对立，则主客对立消解了，而超越主客对立的存在者自身的真实存在状态得以呈现①，这是一种无对的卓然独立的状态，故老子曰："夫唯不争，故天下莫能与之争。"（《第二十二章》）这种生存智慧有很强的现实价值，所以老子说："是以圣人后其身而身先，外其身而身存。非以其无私邪？故能成其私。"（《第七章》）统治者如果不与民争利，不将自身放置于老百姓之上，而是以言下之，以身后之，反而能够得到百姓拥护，这正体现了"善用人者为之下"的道理。圣人没有狭隘的一己之私，将自己与天下百姓连成一体，故反而能成就自己的私。一直以来，这些都被看做是老子的君主南面之术，其实都忽视了老子的这些主张有普世的价值，是具有深厚哲学基础的生存智慧。

三、有余以奉天下

道家哲学既反对役物，又反对役于物。如前所述，天地万物总是处在一个不断地生成变化的过程，因此任何事物的当下存在状态都只是暂时的，这一思想后来被庄子发展成"物化"的观念。而老子明确指出，外物变化不已，人不应追逐外物而丧失自我。他说："故物或行或随，或歔

---

① 刘笑敢认为，老子的这种思想，可理解为一种"超二元的一元论"。参见《老子：年代新考与思想新诠》，台北：东大图书出版公司，1997年，第201—202页。

或吹,或强或羸,或挫或隳。是以圣人去甚,去奢,去泰。"(《第二十九章》)圣人生存在世,不拘执于外物,摒除对外物的过分欲望与要求。老子认为,人的各种欲求与人自身的精神生命相比较,应有不同的取舍:

　　名与身孰亲?身与货孰多?得与亡孰病?是故甚爱必大费,多藏必厚亡。(《第四十四章》)

各种名誉、财货都是身体的附属物,而非生命的本真,得到更多只会更加迷惘,老子主张珍惜生命的本真,进而提出了两种生存策略,首先是知足。

　　知足不辱,知止不殆,可以长久。(《第四十四章》)
　　咎莫大于欲得,祸莫大于不知足。故知足之足,常足矣。(《第四十六章》)

现实中往往由于不知足而导致各种纷争及灾难,只有知足才能保持生命本身的东西,才能长久。不知足,贪求财货,厚积聚,横征暴敛,往往损失也多。老子认为我们不应陷入到物欲之中而不可自拔,"得与亡孰病",老子显然主张"亡"。损失或许并不是坏事,但在这个语境中的"亡"还只是被动的亡失财货,而老子更是明确地提出主动地奉献。这便是老子主张的第二种生存策略。他说:

　　天之道,其犹张弓与?高者抑之,下者举之。有余者损之,不足者补之。天之道,损有余而补不足。人之道则不然,损不足以奉有余。孰能有余以奉天下?唯有道者。(《第七十七章》)

老子提出,天道始终保持着一种均衡,就像"飘风不终朝,骤雨不终日"(《第二十三章》),有余与不足之间总能通过变化来进行调整,从而保持大致的均衡,而不会导致两极分化。"损有余以补不足",体现了天道的公正与常态,也是老子提出"多藏必厚亡"的根据。老子主张"有余以奉天下",其实质正是依据这种天道观,主张积极地奉献,付出,而不是一味地索取,占有。只有这样才能消除人类社会中的种种不平等,才能符合天道均衡的原则,也才是长久之道。同时老子亦指出,这种奉献与付出并不会导致个体生存的艰难,相反从整体世界的角度来看,个体正是在不断地付出之中积聚生存发展的条件,他认为:"圣人不积,既以为人己愈有,既以与人己愈多。"(《第八十一章》)圣人不是为一己之私而聚敛财富,而是不断地施舍付出,不断地帮助他人,通过这种方式,自己最后才能收获更多。"有余以奉天下"连同"报怨以德"的思想,是老子哲学中极富宗教精神的部分,后世道教正是继承了老子的这一思想。

第六节　老子哲学的历史影响

老子是中国重要的哲学家之一,由他开创的道家学派是中国传统文化中的重要一支,他留下的五千言《道德经》不仅是道家哲学的经典,更是中国传统哲学中的瑰宝,对后世道家哲学乃至整个中国传统哲学的发展起过十分重要的作用。

在中国古代哲学中,老子哲学较早进行了形而上的探索,确立"道"作为最高哲学范畴,并构建一套完整的哲学体系,形成了中国古代哲学中颇具特色的形而上学。在老子哲学中,"道"不仅仅是宇宙论的范畴,更是一个存在论范畴,"道"贯通了宇宙论与存在论,打通了形上之无与形下之有。

老子洞察到人类文明进程中积累的弊端,尤其是深切感受晚周礼乐文明的崩塌,这些促使老子哲学必然以批判为主题。他深刻地反思了礼乐文明的繁荣中隐藏着人性的失落与异化,进而怀疑并批判了知识的价值,因而采取了"绝智弃辩"之类的极端批判之词,这些需要现代人的理性分析与辩证解读,我们绝不能简单地否认这种批判哲学的价值。

老子哲学对人性修养提出了一些重要主张,反对人类沦为物的奴隶,主张人应理性节制欲望,为精神减负,通达宇宙万物的生存之道,从而保证人与自然的和谐共处,长久发展。庄子哲学进一步探讨了人的精神自由以及天人合一境界,后世道教则对人性修养提出更为详细具体的戒规，皆以不争、节俭、崇善、"报怨以德"等为核心，主张过一种自然质朴的生活，这些思想无不肇始于老子哲学。

老子的政治哲学思想同样影响深远。老子有强烈的现实关怀，对现实政治的混乱状况深有感受，尖锐地批判了统治者穷奢极欲的心态，主张对统治者的权力进行节制，倡导无为而治，反对过多地干涉，主张尊重老百姓的自主权利，从而保障最大限度的自由。这一思想对庄子以及黄老学派影响深远，黄老道家在汉初积极地推行无为而治的政策，促成了汉初政治的清明与社会的安定。在当代政治实践中，海内外的一些著名政治家，如里根、潘基文等都表达了对老子政治哲学思想的极大兴趣，并主张将这些积极的古训贯彻到现实政治活动中去。

《道德经》一书在先秦已开始流传，历朝历代注疏不断。韩非是历史上最早注解《老子》的人，今有《解老》、《喻老》传世。据《汉书·艺文志》记载，汉代有《老子邻氏经传》、《老子傅氏经说》、《老子徐氏经说》，以及刘向《说老子》，可惜都已亡佚。流传下来的汉代《老子》注本最重要的当属河上公的《老子河上公章句》以及严遵的《老子指归》，三国时期魏国的王弼注《老子》，影响深远，成为流传最广的老子版本之一。隋唐之后，老子注本日益增多，元朝张与材在杜道坚的《道德玄经原旨·序》中曰："道德八十一章，注者三千余家。"现代学者丁巍搜集整理了二千五百年来中外老学典籍文献，仅汉语言体系的老学典籍就有 2048 种[1]，由此可见老子及其思想在中国文化中的地位与影响。

老子哲学在海外影响深远。大概从 16 世纪开始，西方人就开始将《道德经》翻译成了拉丁文、法文、德文、英文等。[2] 据西方学者的统计，从 1816 年到上个世纪 80 年代末，《老子》的西语译本超过了 250 个。[3] 据

---

[1] 丁巍：《老子典籍考：二千五百年来世界老学文献总目》，详见 http://hxd. wenming. cn/kyjjcg/2005 - 07/12/content_39819. htm.

[2] 苏联学者杨兴顺曾综述了西方学者对《道德经》的研究，认为罗马的天主教士波捷是《道德经》的第一个译者。参见《中国古代哲学家老子及其学说》，杨超译，北京：科学出版社，1957年，第 80 页。

[3] 北辰：《老子在欧洲》，载《宗教学研究》，1997 年第 4 期。

联合国教科文组织统计,《道德经》成为仅次于《圣经》而被翻译成他国文字最多的经典。西方哲学史上一些重要哲学家都曾论及老子及其哲学,如康德、黑格尔、谢林、尼采、罗素、雅斯贝尔斯、海德格尔等①,尤其是海德格尔还曾一度与中国学者萧师毅一起尝试翻译老子。此外,他的一些著作中都曾引用《老子》②,体现了对老子哲学的极大兴趣。

---

① 可参看 R. 艾尔柏菲特:《德国哲学对老子的接受——通往"重演"的知识》,朱锦良译,载《世界哲学》,2010 年第 6 期。
② 马琳:《圣人不远游——海德格尔对〈道德经〉的征引》,载冯俊主编《哲学家》2008 年卷,北京:人民出版社,2009 年。

第六章 墨子的哲学

第一节 墨子与墨家

一、墨子其人

墨子,名翟,是战国前期思想家,墨家学派的创始人。与历史上对孔子记述详备的情形不同,墨子生卒年月、里籍、事迹均无确切记载,甚至连其名字也颇有争议。《史记》无墨子传,只是在《孟子荀卿列传》后附了寥寥二十四个字:"盖墨翟,宋之大夫,善守御,为节用。或曰并孔子时,或曰在其后。"《汉书·艺文志》班固注曰:"名翟,为宋大夫,在孔子后",也语焉不详。我们只能从十分有限的文献记录中,稽考出墨子言行的大致情形。清人孙诒让推定墨子的生卒年,按公历计,约为公元前 468 年至公元前 376 年。[①] 其后,梁启超、胡适、钱穆、侯外庐、冯友兰、任继愈等诸家之说[②],略有差异,但确认墨子生活在战国前期,则大致相同。学术

---

① 详见孙诒让:《墨子年表》,载《墨子间诂》,北京:中华书局 1986 年,第 642 页。

② 详见梁启超《墨子学案》、胡适《中国哲学史大纲》(卷上)、钱穆《先秦诸子系年考辨》、侯外庐主编《中国思想通史》、冯友兰《中国哲学史新编》、任继愈主编《中国哲学发展史》对墨子生卒年代的考辨。

界现在比较通行的看法是,墨子生于公元前 476 年左右,卒于公元前 390 年左右。墨子的里籍,也有争议。《史记·孟子荀卿列传》说他是"宋之大夫",《吕氏春秋·当染》认为他是鲁国人,也有的说他原为宋国人,后来长期住在鲁国。据清末孙诒让与近人张知寒的详尽考订①,墨子为鲁人无疑。

墨子自称"上无君上之事,下无耕农之难"②(《墨子·贵义》,以下引《墨子》只注篇名),但他又以"贱人"自许。其身分可能是有一定文化知识,接近"农与工肆之人",并具有相当丰富的生产工艺技能的"士"。墨子早年"学儒者之业,受孔子之术",后因不满周礼的繁文缛节,"故背周道而用夏政"③,从儒家中分化出来,创立了墨家学派。和孔子一样,墨子也曾周游列国,"日夜不休,以自苦为极"④,奔走于齐、鲁、宋、楚、卫等国,宣传自己的主张,但也始终未被当权者所重用。他同样也从事授徒讲学活动,师徒之间组成了准宗教性与政治性的团体。其弟子弥众,著名的有禽滑釐、县子硕、公尚过、随巢子、耕柱子、胡非子等。⑤ 墨家是战国时期的一个重要学派,徒属遍天下,与儒家一道被称为"显学"。

据《墨子·公输》记载,公输般为楚国制造了攻城云梯,准备攻打宋国。墨子听到这一消息后,从齐国出发,裂裳裹足,星夜兼程,十天赶到楚国郢都,与公输般辩论,并向楚王宣传"兼爱"、"非攻"思想。他在楚演示了自己的守城方法,公输般比不过他。墨子告诉楚王:"臣之弟子禽滑釐等三百人,已持臣守圉之器,在宋城上而待楚寇矣。"(《公输》)最后楚王不得不放弃了攻宋的打算。这就是历史上著名的"止楚攻宋"的故事。

---

① 详见孙诒让:《墨子传略》,载《墨子间诂》,北京:中华书局 1986 年,第 630 页。又见张知寒等著:《墨子里籍考论》,济南:山东人民出版社,1996 年。
② 《墨子》引文均据孙诒让著《墨子间诂》,北京:中华书局,1986 年。
③ 高诱注:《淮南子》,载《诸子集成》第七册,北京:中华书局,1954 年,第 375 页。
④ 王先谦:《庄子集解》,载《诸子集成》第三册,北京:中华书局,1954 年,第 466 页。
⑤ 关于墨子弟子、再传弟子、三传弟子,详见孙诒让:《墨学传授考》,载《墨子间诂》(下册),北京:中华书局 1986 年。又见方授楚:《墨学源流》第七章"墨学之传授",中华书局、上海书店联合出版,1989 年。

此外,他还阻止了鲁阳文君攻郑、攻宋。墨子后又南游至楚,献书楚惠王,惠王赞叹为"良书",然不用其道。他拒绝了惠王的封赐而去,并说"道不行不受其赏,义不听不处其朝"①(《贵义》)。晚年到齐国,企图劝止项子牛伐鲁,未成功。越王邀墨子做官,并许以五百里封地。他以"听吾言,用我道"为前往条件,而不计较封地与爵禄,目的是为了实现他的政治理想。他曾向各国统治者举荐弟子出仕,也是为了同样的目的。不难看出,墨家不避危难困苦,积极救世,具有高度的献身精神。连孟子也承认:"墨子兼爱,摩顶放踵利天下,为之。"(《孟子·尽心上》)《淮南子·泰族训》篇也说:"墨子服役者百八十人,皆可使赴火蹈刃,死不还踵。"②

二、墨子思想的渊源

儒墨两家同样尊崇尧舜,都以《诗》、《书》为经典,但取舍不同。孔、墨的弟子在当年充满天下,皆以仁义之术教导百姓。与孔子不同,墨子作为平民阶级的代表,批判周代礼乐制度奢侈靡财的负面,"背周道而用夏政",发掘原始夏文化中的博爱、互利、民主、平等、节俭为公的精神,创造了与当时农民、手工业者等劳动民众生活相协调的"兼相爱,交相利"、"志功合关"、"贵义"、"兴利"统一等重要思想。

面对"三代圣王既没,天下失义"的大背景,老子、孔子、墨子追溯着不同的思想根源,创造了不同的思想范型,以应对当时的社会和思想危机。就思想的回溯而言,老子回溯得最远,是结绳记事、小国寡民的伏羲、神农的时代。墨子回溯得次远,是古朴勤力、生不歌死无服的夏禹之世。孔子回溯得最近,乃人文发皇、礼乐鼎盛的文王、周公之"周文"。他们心中的榜样,诉诸的权威,各不相同。这种资源借取,来自他们对人文、对文明的态度:老子取一种批判文明或超越人文的态度,孔子取一种张大文明或弘扬人文的态度。墨子介乎二者之间,取一种扬弃文明与人

---

① 《贵义》篇原无此句,据孙诒让补。
② 高诱注:《淮南子》,载《诸子集成》第七册,北京:中华书局,1954年,第357页。

文的态度,即从平民阶级的利益出发,对文明或人文做出选择,既拥抱又批评,既肯定又否定,既保留又克服。

三、《墨子》其书

墨子有著作传世。《汉书·艺文志》著录《墨子》有七十一篇,后亡佚十八篇,故今本《墨子》仅五十三篇。学术界一般认为《墨子》是由墨子的弟子及其后学在不同时期记述编纂而成,反映了前期墨家和后期墨家的思想。其中较能代表墨子学说和思想的有《尚贤》、《尚同》、《兼爱》、《非攻》、《节用》、《节葬》、《天志》、《明鬼》、《非乐》、《非命》、《非儒》等二十四篇。《耕柱》、《贵义》、《公孟》、《鲁问》、《公输》等五篇,记述墨子及其弟子的言行,体裁类似儒家的《论语》。研究墨子和前期墨家思想当以这两组文献为主要依据。《亲士》、《修身》、《所染》、《法仪》、《七患》、《辞过》、《三辩》等七篇,头两篇颇有些儒家的韵味,且《亲士》、《所染》又谈及墨子身后之事,不可能是他所自著,疑为墨家后学中某些受儒家思想影响之人所作。《经上》、《经下》,《经说上》、《经说下》,《大取》、《小取》等六篇,一般称为《墨辩》,亦称《墨经》,以讨论认识论和逻辑学等问题为主,集名辩之大成,为后期墨家所作。《备城门》至《杂守》等十一篇,专论器械与城守之术,记录了墨家善守御的事证,但与墨子哲学思想关系不大。[①]

四、墨子与墨家

墨家学派并不是一个松散的学术派别,而是一个组织严密、纪律严明的政治团体。墨家首领由精于墨理者担任,号曰"巨子"。"巨子"在墨家学派内享有绝对的权威,徒属若有过犯,"巨子"可依墨家之法处置。"巨子"死则另传他人。《庄子·天下》篇说,墨者"以巨子为圣人,皆愿为

[①]《墨子》五十三篇的"五组"分类法,源自胡适与梁启超,他们相继以此为依据,考证《墨子》诸篇的真伪,详见胡适《中国哲学史大纲》、梁启超《墨子学案》。

之尸。冀得为其后世，至今不决。"①从先秦典籍中可考证的墨家巨子有三人，即孟胜、田襄子和腹䵍，见于《吕氏春秋》的《去私》篇与《上德》篇。② 楚悼王死后，阳城君反对吴起而失败，孟胜效忠于阳城君，其徒属八十三人都和他一道殉难。但是，在墨子故后，特别是孟胜死于阳城后，墨家学派出现分化，东方有田襄子一系的墨者，西方则有"秦墨"。孟胜死后，田襄子匆匆继任。其后，"秦墨"声势渐大，腹䵍成为墨家巨子。③

　　墨家在发展演变的过程中，不仅思想取得了突破，他们的群体也日益壮大，而且活动范围也更加广泛。其中有不少墨家徒属得到了君王的信任和看重，"显荣于天下者众矣，不可胜数"④。鼎盛之时，他们的行踪所及甚广，据《吕氏春秋》记载："孔墨之弟子徒属充满天下"⑤，"从属弥众，弟子弥丰，充满天下"⑥。墨家的影响之大，由此可见一斑，以至于孟子不得不站出来力辟杨墨，说"杨朱、墨翟之言盈天下"，"天下之言，不归杨则归墨。"（《孟子·滕文公下》）显荣天下的状况，也加剧了墨家学派的分化，此前思想统一、组织统一、行动统一的情形被打破。代之而起的是各地徒属自立派系，争相"维利为求"，甚至自相排斥、自相倾轧的局面。《庄子·天下》篇说墨家分成几派："相里勤之弟子，五侯之徒，南方之墨者苦获、已齿、邓陵子之属，俱诵墨经而倍谲不同，相谓别墨，以坚白同异

① （清）王先谦：《庄子集解》，载《诸子集成》第三册，北京：中华书局，1954年，第467页。
② 《上德》记载孟胜传"巨子"位于田襄子；《去私》篇说："墨者有巨子腹䵍居秦。"分别见（汉）高诱注：《吕氏春秋》，载《诸子集成》第六册，北京：中华书局，1954年，第243、10页。方授楚认为，墨子是墨家第一任巨子，禽滑釐是第二任巨子，孟胜为第三任弟子，见氏著《墨学源流》第七章"墨学之传授"，中华书局、上海书店联合出版，1989年，第118页。冯友兰也认为，"墨子是第一个'巨子'"，见氏著《中国哲学史新编》（上卷），北京：人民出版社，1998年，第226页。但此说并无确凿的证据，仅是据理推测的结果，参见张永义：《墨—苦行与救世》，广州：广东人民出版社，1996年，第128页。
③ 墨家学派的分化与演变，详见孙诒让：《墨学传授考》，载《墨子间诂》（下册），北京：中华书局，1986年；方授楚：《墨学源流》第六章"墨家之组织"，中华书局、上海书店联合出版，1989年；郑杰文：《中国墨学通史》第一章"墨学的形成与墨家的发展"，北京：人民出版社，2006年。
④ （汉）高诱注：《吕氏春秋》，载《诸子集成》第六册，北京：中华书局，1954年，第21页。
⑤ （汉）高诱注：《吕氏春秋》，载《诸子集成》第六册，北京：中华书局，1954年，第321页。
⑥ （汉）高诱注：《吕氏春秋》，载《诸子集成》第六册，北京：中华书局，1954年，第20页。

之辩相訾,以觭偶不仵之辞相应。"①韩非子也说墨子死后,墨家分为三派,"有相里氏之墨,有相夫氏之墨,有邓陵氏之墨",三家"取舍相反不同",而皆自谓真墨。② 学术界通常将由墨家分化而产生的,活动于战国中后期的学术流派,称为后期墨家,用以区分战国前期以墨子为代表的前期墨家。③

第二节 墨学的研究

一、墨学的衰微

墨家在先秦时期是显学,曾盛极一时,秦汉之后却迅速衰微,以致完全归于沉寂。秦始皇统一中国之后,以吏为师,以法为教,禁百家之学,墨家亦未得幸免。逮至汉代,文禁松弛,墨学稍有复苏的迹象。淮南王刘安生时,"山东儒墨,咸聚于江淮之间"④。武帝后期,罢黜百家,独尊儒术,法、道、阴阳等学派被儒学吸收改造,惟有墨学被当成异端邪说而遭摒弃,墨学的学术传统即告中断。

墨家衰微的原因,可以概括为如下几个方面:就学术思想而言,墨学倡言功利主义,历来对儒家持批判态度,与已升为正统的儒家学说多有抵牾。就政治现实而言,墨者尚游侠之风,重个人义气,均为宗法专制制度所不允许。就社会环境而言,秦汉以后,上层文化的主流有重政轻技、重道轻器的倾向,致使墨家的自然科学思想,尤其是几何学、力学、光学、机械制造原理和技术,以及逻辑学等没有发展的适宜土壤。就内部原因而言,墨家自身有很多缺陷使它中绝:第一,墨子去世后,墨家缺乏德业

---

① (清)王先谦:《庄子集解》,载《诸子集成》第三册,北京:中华书局,1954 年,第 467 页。
② (清)王先慎:《韩非子集解》,载《诸子集成》第五册,北京:中华书局,1954 年,第 351 页。
③ 此说亦发端于胡适,他最早提出"墨辩"六篇为战国中后期的墨者所作,详见氏著《先秦名学史》、《中国哲学史大纲》(卷上)。冯友兰继之在氏著《中国哲学史》(1930 年版)中,第一次把墨家分为前期墨家与后期墨家。
④ (汉)恒宽:《盐铁论》,载《诸子集成》第七册,北京:中华书局,1954 年,第 10 页。

兼备的领袖,缺乏像孟、荀之于儒家,庄子之于道家那样的大师级人物。第二,墨家组织内部缺乏民主,加上它的苦行主义、自我牺牲,使人们难以接受,其理想也很难实现。第三,墨家后世的墨侠集中在秦国,有"拥秦"的嫌疑,在士人中名声不好。第四,墨家后学有的诡辩过于微妙。①从这几个方面,我们不难看出墨学式微乃至湮没的历史必然性。

墨家思想的中绝,并不意味着墨学精神的彻底消亡,其实它仍在历史中潜在地发生作用。在科学方面,《墨经》对魏晋时期的数学家刘徽影响颇深。在道德方面,墨家刻苦耐劳、勤俭节约、兼爱互利思想也为我国劳动人民所继承与发扬,其救世献身精神和意志的磨练,构成了中华民族对理想人格追求的有机组成部分。墨家重视实践、强调践履的作风也影响了清初颜元、李塨学派。此外,墨子思想对我国道教的兴起和农民起义也有一定的影响。但是墨家作为一个学术派别,已经不复存在了。

二、墨学的兴起

魏晋时期,随着玄学的兴起、佛教的输入及道教的勃兴,儒术独尊的局面被打破。西晋时期的鲁胜首为《墨经》作注,创其滥觞。唐人乐台曾为《墨子》作注,据郑樵载:"《墨子》十五卷,又三卷,乐台注。"但此注今日只字无存。赵蕤作《长短经》,其中论墨或引他人论墨12则,虽较为重视墨学,但所论仅寥寥数语。韩愈多次论及墨学,并作专文《读墨子》一篇,他同情墨家,但对墨家思想并不真正了解,对墨家的认识亦多有矛盾之处。在其后漫长的历史过程中,墨学几乎无人问津,长期湮没无闻。直到清朝中叶,至乾嘉之世,墨学研究才开始活跃起来,踏上复兴之途。这一时期墨学研究的兴盛,主要在于《墨子》文本的整理,它与整个乾嘉时期以校注、考据为代表的学术繁荣是一致的。近代以来,在西学的剧烈冲击下,儒学独尊的局面日渐松弛,长期遭受压制的子学悄然兴起。墨

---

① 参见韦政通编:《中国哲学辞典》,台北:水牛出版社出版;北京:世界图书出版公司北京公司重印,1993年,第712—715页。

学正是在这样的思想文化背景下,以其特有的思想魅力而广受关注,由潜而显,由微而著,在近代文化大潮中占据着重要的地位。

考据学兴起前,明清之际的思想家傅山撰有《大取篇释义》,他是近代以来注释《墨经》的第一人,为乾嘉时期《墨经》乃至《墨子》全书的校注开创了先河。汪中是乾嘉时期校注《墨子》全书的第一人,此书虽亡佚,但序文却在,从中我们不难勾勒出汪中墨学思想的大致情形。据汪中《述学·墨子序》所载,他对墨学推崇备至,认为"孔子鲁之大夫也,而墨子宋之大夫也,其位相埒"①,在他看来,孟子诬墨过枉,墨子乃是真正积极救世的仁人才士。汪中的此番褒墨之论,也引发了一些学者的反弹,如翁方刚指斥汪中是名教的罪人。这种或褒或贬的争论一直延续到嘉庆、道光年间。与汪中差不多同一时期的著名学者毕沅,在卢文弨、孙星衍二人所校《墨子》的基础上,"遍览唐宋类书、古今传注所引,正其讹谬,又以知闻疏通其惑"②,为《墨子》全书作注,并指出《墨子》作为一种古代典籍,不可轻忽,公开为墨子辩护。到了同治、光绪时期,中国学者较多地接触到了西方的自然科学、逻辑学,因此对《墨子》的研究有了新的视角,对其评价也大为改观。有清一代,《墨子》校注的集大成者是孙诒让。梁启超说,孙诒让"'覃思十年',集诸家说,断以己所心",特别是其《附录》和《后语》"考订流别,精密闳括,尤为向来读子书者所未有",此书一出,"然后《墨子》人人可读。现代墨学复活,全由此书导之。"③当然,《墨子间诂》也存在一些不足,特别是孙氏对西学缺乏系统的了解,因此在《墨经》的校释中,遗漏和错误之处颇多。墨学研究新范式的开创,只能由其后精通西学的梁启超、胡适等人来完成。

清末至民国,随着时代对科学、论理精神的日益推崇,墨家思想特别是其逻辑学思想备受关注。这一时期的墨学研究者中,最有影响的当推梁任公与胡适之。梁氏是对墨家思想及其影响做出全面、系统研究的第

---

① （清）汪中:《述学·墨子序》,载《墨子间诂》,北京:中华书局,1986 年,第 620 页。
② （清）毕沅校注,吴旭民标点:《墨子》,上海:上海古籍出版社,1995 年,第 1 页。
③ 梁启超:《中国近三百年学术史》,北京:东方出版社,1996 年,第 255 页。

一人。他于 1904 年在《新民丛报》上陆续发表《子墨子学说》和《墨子之论理学》两文,尝试用西方近代社会科学方法来阐释墨学,把墨学研究推向新的阶段。在《子墨子学说》一文中,梁启超根据西方近代社会科学,将墨子学说分为宗教思想、实利主义、兼爱主义、政术、墨学之实行及其影响等几个方面,对墨学做了较为完整和系统的研究。虽然梁氏多将西方近代思想同墨学作机械的比附,但他毕竟开了风气之先,影响深远。《子墨子学说》后又扩展为《墨子学案》出版。

到了五四时期,科学被推上了至高无上的地位,墨学中的科学与逻辑思想,因与当时的时代精神契合颇多,因此成了这一时期墨学讨论的焦点与核心。胡适是新文化运动时期中国思想界鼓动风潮的人物。氏著《先秦名学史》和《中国古代哲学史》中,墨学研究均占很大的篇幅,前者原为胡适留学美国哥伦比亚大学时用英文写成的博士论文,后者初刊于五四运动前夕的 1919 年 2 月。胡适的墨学研究以实用主义哲学思想为指导,以西方近代社会科学体系为参照系,不仅以历史的眼光将先秦墨家分为"宗教的墨学"和"科学的墨学",而且还以逻辑的方法,剔除其中外在的成分,将墨家思想演化的脉络梳理出来。显然,正是胡适完成了墨学研究方法的近代化转向。新的研究方法决定了新的学术思想的产生,在这个意义上,近代墨学研究的历程也就是墨学研究方法由传统方法向近代方法转变的历程。如果说孙诒让的墨学研究代表传统墨学研究方法的终结,那么,梁启超则初步奠定了近代墨学研究方法,而胡适最终完成了这种方法的转化。[1] 20 世纪 30、40 年代的墨学研究,大体上是沿着梁启超、胡适所确立的方向和开启的研究路径而进行的,研究的重心主要放在对墨家逻辑思想的发掘和探究方面。这一时期墨学史研究的代表性著作,是方授楚的《墨学源流》,1937 年由上海商务印书馆印行。

新中国成立后,墨学研究不仅在规模和数量呈现出繁荣之势,而且

---

[1] 参见解启扬:《近代墨学研究简论》,载《广西师范学院学报》(哲学社会科学版),2004 年第 3 期。

在研究的广度和深度上也取得了显著的进展,不断有高质量的论著刊行。除了各种关于《墨经》逻辑思想的研究论著之外,众多系统研究墨家的论著也不断涌现。其主要成就可以概括为以下几个方面:

首先是以哲学为中心墨子思想的系统性研究。任继愈1956年出版的《墨子》一书,是第一部用马克思主义的观点和方法来研究墨子的专著,该书全面论述了墨学产生的社会历史条件、墨学的阶级性及墨子的历史地位,对其思想及其价值进行了具体的评析;詹剑峰的《墨子的哲学与科学》(人民出版社,1981年)一书,着重对墨家的哲学和科学思想进行了详尽的探究;孙中原先后出版了系统全面地研究墨家各个方面思想的《墨学通论》(辽宁教育出版社,1993年)、《墨者的智慧》(生活·读书·新知三联书店,1995年)和从文化学的视野透视墨学及其现代意义的《墨学与现代文化》(中国广播电视出版社,1998年)等多部论著;张永义著有《墨:苦行与救世》(广东人民出版社,1996年),讨论了墨子到墨家再到墨学的演变过程。此外,还有谭家健的《墨子研究》(贵州教育出版社,1995年)、邢兆良的《墨子评传》(南京大学出版社,1993年)、徐希燕的《墨学研究》(商务印书馆,2001年)、杨俊光的《墨子新论》(江苏教育出版社,1992年)等。

其次表现在墨学研究的方法论自觉,墨学学、墨学史得到全面的回顾和系统的梳理。郑杰文的《中国墨学通史》(人民出版社,2006年)就是这方面的代表性论著。此书将"学案式"研究和"通论式"研究结合起来,在充分掌握大量原始文献的基础上,系统梳理了从墨子到墨家的形成发展过程,钩稽出墨学形成史,通过对汉代至清代墨学流传史的详尽考证,以及对近百年来《墨子》整理和墨学研究史的系统清理,勾画出墨学流传和影响的历史轨迹,并深入探讨了墨学演变的规律,对今后墨学的研究走向也做出了预测,是我国第一部系统研究墨学史的专著。薛柏成的《墨家思想新探》(黑龙江人民出版社,2007年),探讨了墨家思想的渊源与历史影响。

第三是关于墨学现代化的探讨。如何在继承批判前人成果的基础上,顺应新的时代要求,在更广阔的视域中,实现墨学的现代化,这是当今墨学研究所关切的主题之一。孙中原在《墨学与现代文化》等一系列论著中指出,所谓墨学现代化的实质,就是要实现墨学研究范式的现代转型。墨学研究者的使命就在于,在认识把握墨学原典的基础上,将其原用的古代汉语创造性地转化为作为当今人类思维工具和知识载体的现代语言,继之以现代哲学和现代科学为工具性元理论,对其展开现代诠释、引申和发挥,超越其局限性,发掘其所隐含的积极的启示意义,并最终使之融入现代文明体系之中,服务于当今社会。在以《近代〈墨辩〉复兴之路》为代表的墨学论著中,张斌峰认为现代新墨学,既要突破将墨学比附于西方逻辑的近代墨学研究模式,也要超越当代墨学研究中依然占主导地位的文字校勘、校注、白话今译和分类辨析的"传统汉学"的老路,而转而以对墨家文献的文化上的整体把握和语义上的深层透视为基础,展开创造性解释,以阐发、引申、激发出其所蕴涵的现代意义,将墨学中潜存的抽象的和普遍的文化价值和具体的文化价值转化为现实价值,最终实现科学精神与人文价值、价值理性与工具理性的有机统一,在更新、更高的层面上,达到古代墨学与现代社会价值追求的"视域融合"。

最后是大型墨学研究文献集成出版。任继愈主编的《墨学大全》,收录了战国至 2002 年间有关墨学著作 210 种,分为古代部分、近代部分、现代部分三编,共计 100 册。第一编古代部分(战国至清末)20 册,第二编近代部分(1911—1949)30 册,第三编现代部分(1949—2002)50 册。《墨子大全》汇辑历代《墨子》版本及墨学研究学术成果之精华,是后继者研究墨学的文献基石。在台湾地区,严灵峰编有《无求备斋墨子集成》46 册,古墨学论著 17 册 35 种,今墨学论著占 29 册 56 种。蔡尚思主编的《十家论墨》(上海人民出版社,2004 年)将墨学大家们的论墨文章编集在一起,是研究墨学和墨学学的重要资料之一。

第三节 墨子思想的核心

一、兼 爱

墨子生当战国前期礼崩乐坏的年代,"诸侯力政,强侵弱,众暴寡,兵革不休,士民罢敝"(贾谊《过秦论》),与春秋末期相比,诸侯国之间的战争更加频仍和残酷,民众的生活愈发困苦,"天下无道"的混乱局面有过之而无不及。为了救治列国社会病态,墨子以"兴天下之利,除天下之害"为主旨,提出了尚贤、尚同、节用、节葬、非乐、非命、兼爱、非攻、天志、明鬼等十大主张。针对某国某地,视其具体情况对症下药。墨子曾教导弟子:"凡入国,必择务而从事焉。国家昏乱,则语之尚贤、尚同;国家贫,则语之节用、节葬;国家憙音湛湎,则语之非乐、非命;国家淫僻无礼,则语之尊天、事鬼;国家务夺侵凌,即语之兼爱、非攻。故曰择务而从事焉。"(《鲁问》)不难看出,墨子的五项、十事并非平列的,亦非同时使用的,而是以兼爱为本。①

墨子针对当时国与国互相攻伐,家与家互相抢夺,人与人互相残害,强凌弱、富侮贫、贵傲贱、智诈愚等一系列罪恶的社会现象,认为这些都是"天下之大害",决心加以救治。他认为,"凡天下祸篡怨恨",都是由于"不相爱"引起的。人人都知道自爱其身、自爱其家、自爱其国,而不爱他人之身、他人之家、他人之国。"相爱"指国与国、家与家、人与人之间相互爱护,所以又叫"兼相爱",即不分人我、彼此,一同天下之利害、好恶。墨子以爱人若己、为人犹为己的"兼爱"思想解释仁德,将"兼相爱"看成是"仁者"所追求的最高道德观念。在墨子看来,"仁者"就是能够"兴天下之利,除天下之害"之人。

---

① 这是基于墨子思想的内在逻辑,以问题为中心而得出的结论,而不是对墨子思想产生、演变的历史考察。本节的论述均遵循前一研究思路。就后一思路而言,郑杰文认为:"墨子从儒家分化出来时首先关注社会经济问题,欲在民间纠正儒家'三年之丧'和繁礼淫乐对社会生产的阻滞和社会资财的浪费,因而墨子提出'节葬'、'节丧'、'非乐'诸'节用'学说。又因主'节用'而取得社会支持并形成学派后,墨家首先针对世人最为关注的社会问题——攻占侵夺而提出'非攻'学说。非攻学说自墨子中年从事'非攻'活动起,经过了以'义'游说,以'义'、'利'游说,以'义'、'利'、'天志'游说三个阶段,至晚年才最终形成今《墨子·非攻》所载的完善理论。墨子提出'节用'学说和'非攻'学说的基本出发点是'兼爱'众生,由此生发出墨家的'兼相爱,交相利'学说。为贯彻'节用'和'非攻'学说,墨子提出'天志'说;为威慑弟子内部加强纪律性以洁身自好,墨子提出'明鬼'说。"见氏著《中国墨学通史》"绪言",北京:人民出版社,2006年,第2页。

墨子反对战争，反对亏人以自利，认为一切灾害都产生于"别"。所谓"别"，即偏爱、自私。人人都从偏爱出发，亏人以遂其私，所以导致了"交相恶"的不良局面。墨子提出的拯救办法是"以兼易别"。所谓"兼"，即每个人都毫无分别地爱一切人。"兼"字在金文中像手持二禾，《说文解字》释"兼"为"并"，即隐喻平等之意。"兼爱"不同于孔子的"仁爱"。儒家"仁爱"是有差等的爱，如对父母的爱与对兄长的爱不同，对自己父母的爱与对别人父母的爱不同。儒家主张从亲情出发，推己及人，并主张"亲亲而仁民，仁民而爱物"。墨子的"兼爱"是"爱无差等"。他要求人们对别人的爱与对自己父母的爱、对自己亲人的爱，没有差别，一视同仁。"故圣人以治天下为事者，恶得不禁恶而劝爱？故天下兼相爱则治，交①相恶则乱。故子墨子曰：'不可以不劝爱人者，此也。'"（《兼爱上》）"子墨子言曰：'以兼相爱，交相利之法易之。'然则兼相爱，交相利之法将奈何哉？子墨子言：'视人之国若视其国，视人之家若视其家，视人之身若视其身。'是故诸侯相爱则不野战，家主相爱则不相篡，人与人相爱则不相贼，君臣相爱则惠忠，父子相爱则慈孝，兄弟相爱则和调。天下之人皆相爱，强不执弱，众不劫寡，富不侮贫，贵不敖贱，诈不欺愚。凡天下祸篡怨恨，可使毋起者，以相爱生也，是以仁者誉之。"（《兼爱中》）由是可见，"兼相爱"与"交相利"是一体两面的，此乃墨子主张重建社会秩序和道德准则的首要思想。

墨子以兼为善，以兼为仁义，其"兼爱"的背景是"互利"。"夫爱人者，人必从而爱之；利人者，人必从而利之；恶人者，人必从而恶之；害人者，人必从而害之。"（《兼爱中》）墨子出生贫贱，他站在下层民众的立场上，将小生产者互爱互利的道德原则推广为天下普遍的原则，提倡互利互惠的功利主义交换原则。与儒家的"己所不欲，勿施于人"相比，实际上他主张的是"己所欲，施于人"。显然墨子的主张融合了义利，因此易被人接受。墨子劝诫"有力者疾以助人，有财者勉以分人，有道者劝以教

---

① 旧本脱"交"字，据王念孙补。

人"(《尚贤下》),盼望建立一个"饥者得食,寒者得衣,乱者得治"(《尚贤下》)的公平合理社会。他不满于王公大人的骄奢淫逸,控诉了争夺战乱给人民带来的痛苦,表达了劳动者要求自食其力、过安定生活的愿望。墨子"兼爱"带有绝对平均主义的原始平等思想的痕迹。

二、非 攻

墨子"兼爱"思想在社会政治方面体现为"非攻"说。他详细分析了攻战的"不义"、"不利"。在墨子看来,杀一人谓之不义,必有一死罪,杀百人,百重不义,必有百死罪。然而,"今至大为不义攻国,则弗知非,从而誉之,谓之义";"知义与不义之辩乎?是以知天下之君子也,辩义与不义之乱也。"(《非攻上》)墨子揭露无义的攻伐"夺民之用,废民之利"。"春则废民耕稼树艺,秋则废民获敛。今唯毋废一时,则百姓饥寒冻馁而死者,不可胜数。"(《非攻中》)在准备武器装备,筹集、运送粮草或辎重的过程中,百姓死者不可胜数。开战之后,兵士死者不可胜数。"攻伐无罪之国,入其国家边境,芟刈其禾稼,斩其树木,堕其城郭,以湮其沟池,攘杀其牲牷,燔溃其祖庙,到杀其万民,覆其老弱,迁其重器……夫无兼国覆军,贼虐万民,以乱圣人之绪,意将以为利天乎?夫取天之人,以攻天之邑,此刺杀天民,剥振神之位,倾覆社稷,攘杀其牺牲","百姓离散","竭天下百姓之财用","则此上不中天之利矣","中不中鬼之利矣","下不中人之利矣"(《非攻下》)。墨子谴责武力兼并的战争是"不义"的,其根据是对人民、百姓"不利"。他同时又借助于天、神来说服王公大人、诸侯,指出战争也扰乱了天、神,影响了天、神之利。

三、尚贤尚同

在"兼爱"的原则下,墨子提出了"尚贤"的主张。墨子的"尚贤"要求冲破"王公大人骨肉之亲无故富贵"的世袭制度,主张政权向"农与工肆之人"开放。他提出"官无常贵,而民无终贱,有能则举之,无能则下之"(《尚贤上》),认为凡有才能者都可以得到官禄,以德就列,任之以事,以劳行赏，量功分禄。在"尚贤"的前提下，墨子又设计了"尚同"的社会蓝图。他主张"选择①天下之贤可者，立以为天子"（《尚同上》）。天子以下，从三公、诸侯到乡长、里长，也都选拔贤者担任。选出各级政长是为了克服天下之乱，克服一人一义，十人十义，自以为是，以人为非的"交相非"状态。人们要以上级政长的是非为是非，自下而上地逐层统一，做到"天下之百姓皆上同于天子"（《尚同上》）。墨子提出"上同而不下比"的原则，"上之所是必皆是之，所非必皆非之"（《尚同上》）。他主张"一同其国之义"，"一同天下之义"（《尚同中》），"天子又总天下之义，以尚同于天"（《尚同下》）。这反映了小生产者对社会统一安定的希望，但这种"尚同"，反对多元多样，必然导致"伐异"。因此，在先秦诸子的"和"与"同"之辩中，史墨、晏子、孔子"和而不同"、"和实生物，同则不继"的主张，比之"尚同"有更大的意义。当然，墨子的"尚贤"、"尚同"主张是针对国家昏乱而言的。

四、节用节葬

本着兴利除害的功利主义原则，墨子还主张在经济和社会生活中"节用"（反对奢侈浪费）、"节葬"（反对"厚葬久丧"）、"非乐"（反对"弦歌鼓舞，习为声乐"），并将人民基本物质需求的满足放在首位。有鉴于当时的统治阶层穷奢极欲，而民众生活苦不堪言的局面，墨子提倡"节用"。他认为"用财不费，民德不劳，其兴利多矣"，又主张"去大人之好聚珠玉鸟兽犬马，以益衣裳、宫室、甲盾、五兵、舟车之数，于数倍乎！"（《节用上》）墨子还注意到了儒家提倡的"厚葬"、"久葬"所造成的危害，因此又提出"节葬"的主张，尤其是对"天子杀殉，众者数百，寡者数十；将军大夫杀殉，众者数十，寡者数人"（《节葬下》）的殉葬制度，持激烈的批评态度。

---

① 今本脱"择"字，据王念孙补。

五、非　乐

关于"乐",儒墨两家形成了重乐与非乐的对立。儒家重视音乐的审美功能和道德教化功能的统一,主张以"尽美""尽善"作为评价标准,孔子教授弟子的"六艺"之中就包括"乐"。而墨子之所以非乐,"非以大钟鸣鼓、琴瑟竽笙之声,以为不乐也,非以刻镂华文章之色,以为不美也",而是以"万民之利"的标准衡量之,制造钟鼓琴瑟等乐器以及供养歌舞队伍"将必厚措敛乎万民","亏夺民衣食之财",而且君子听之有碍政事,百姓听之有碍生产,所以"为乐非也"(《非乐上》)。这种尚俭抑奢的价值观正是他的"兼相爱,交相利"平民哲学的反映,但显然也带有质朴、狭隘的历史局限性。荀况曾经批评墨子,说他"蔽于用而不知文"(《荀子·解蔽》)。

第四节　墨子思想的矛盾

墨子思想的主旨是"兴天下之利,除天下之害",具有明显的功利主义思想倾向。但是,如果以狭隘的功利眼光来看待政治伦理与社会道德,可能会导致在理论上不相容的观点同时存在,显示出其思想的不周延性。在墨子的思想中,一方面,他肯定"天志"和"鬼"的存在及其作用,以"天"的意志作为衡量统治者的最高准则和尺度来规范其行为,以鬼神之"明智"的赏善罚恶来警戒统治者行善除恶,藉以保证社会理想的实现。另一方面,墨子又强调"非命"、"尚力",激烈地批判命定论,认为决定人们不同遭际的不是"命",而是"力"。在墨子看来,人之异于禽兽者,"赖其力者生,不赖其力者不生",充分肯定"人力"作用,表现出了冲破传统天命思想束缚的倾向。此外,他出于现实功利的考量,极力反对"厚葬久丧",主张"节葬"。这两方面的矛盾正是墨子思想自相乖舛的主要体现。

一、天 志

墨子肯定意志之天的存在,认为天是自然、社会和人民的主宰,能赏善罚恶。墨子亦肯定鬼神的存在,认为鬼神能在冥冥之中监视人们的行为,能赏贤罚暴。墨子"尊天事鬼"的主张,源于夏殷周的文化。他说:"昔三代圣王禹汤文武,欲以天之为政于天子明说天下之百姓,故莫不犓牛羊,豢犬彘,洁为粢盛酒醴,以祭祀上帝鬼神,而求祈福于天。"(《天志上》)

墨子的宗教观与前代的宗教观相近之处,是把宗教政治化与道德化。他指出:"顺天意者,义政也;反天意者,力政也。"(《天志上》)符合天意的"义政"就是处大国不攻小国,处大家不篡小家,强不劫弱,贵不傲贱,诈不欺愚;违逆天意的"力政"则是相反。前者上利于天,中利于鬼,下利于人,谓之圣王;后者上不利于天,中不利于鬼,下不利于人,谓之暴王。墨子说:"今天下之君子之欲为仁义者,则不可不察义之所从出。"(《天志中》)他指出:"义不从愚且贱者出,必自贵且知者出。"因为"义者,善政也"。"天下有义则治,无义则乱,是以知义之为善政也。"(《天志中》)"义"就是"善政",它从哪里来的呢?它来自"贵且知者"——天。墨子在这里把高贵而全知的"天"作为"义政"或"善政"的根源。"天为贵、天为知而已矣。然则义果自天出矣。是故子墨子曰:'今天下之君子,中实将欲遵道利民,本察仁义之本,天之意不可不慎也。'""吾所以知天之贵且知于天子者,有矣。曰:天子为善,天能赏之;天子为暴,天能罚之。"(《天志中》)

就"天"作为"仁义"、"善政"的终极源头、"天"是良好的政治和良好的道德行为的终极根据而言,就"天"能主宰天子、"天"的意志即是"民"的意志,以"天"能赏善罚恶来警告、控制为政者而言,就仁义道德包括有"君臣上下惠忠,父子弟兄慈孝",子之事父、弟之事兄、臣之事君、天下仁祥等内涵而言,墨子思想和早期儒家思想并没有多大的区别。两家的区别在于:第一,墨子的"天志"主要反映了劳动人民的利益和要求,是平民意志的外化;第二,墨子的论证方式,是以"利"为枢纽的。"天必欲人之相爱相利,而不欲人之相恶相贼也。""爱人利人者,天必福之;恶人贼人者,天必祸之。"(《法仪》)"爱人利人,顺天之意,得天之赏者有矣;憎人贼人,反天之意,得天之罚者亦有矣。"(《天志中》)前者如三代圣王尧、舜、禹、汤、文、武者,后者如三代暴王桀、纣、幽、厉者。

墨子以"天"为宇宙和人类社会的最高主宰,以"天志"为最高准则和尺度,用以衡量天子、王公大人、卿、大夫、士的刑政和言论。在"天志"面前,人人平等。"子墨子置立天之,以为仪法,若轮人之有规,匠人之有矩也。今轮人以规,匠人以矩,以此知方圜之别矣。"(《天志下》)他试图借助于"天志"迫使为政者心存敬畏,随时警戒自己,规范自己的行为,"为天之所欲,而去天之所恶"(《天志下》),给予天下百姓以生存的可能和起码的利益。

"天"的意志是道德判断、品评的最高权威。王公大人乃至天下万民的言行、举止、政事,是善是恶,一切由天的意志来裁决。"观其行,顺天之意谓之善意[1]行,反天之意谓之不善意行;观其言谈,顺天之意谓之善言谈,反天之意谓之不善言谈;观其刑政,顺天之意谓之善刑政,反天之意谓之不善刑政。故置此以为法,立此以为仪,将以量度天下之王公大人卿大夫之仁与不仁,譬之犹分黑白也。"(《天志中》)以天的意志为法为仪,衡量裁判一切。而天的意志是"仁也、义也、爱人、利人"。墨子不仅在寻找"天"作为道德的根据,道德的评价标准和道德的赏罚力量,而且在观照天、地、人、物、我的关系时,明确表示了以天为宗,以天为法的思想。天是人之道的源头。天善良无私,滋养万物。天创造了日月、星辰、大地、四时,促进五谷麻丝生长,为人类提供衣食之财,"天兼天下而爱之,撽遂万物以利之"(《天志中》)。法天,首先因为天的性格为"仁",天最公平、公正。墨子认为,父母、君、师都有不仁者,不可以为法。最可靠的"莫若法天。天之行广而无私,其施厚而不德,其明久而不衰,故圣王

---

[1] 孙诒让说:"'意'疑当作'惪',与'德'通。"

法之。既以天为法，动作有为必度于天，天之所欲则为之，天所不欲则止。"(《法仪》)墨子"尚同"思想最后也追溯到"天"，强调天子总天下之义，以尚同于天。墨子意在效法天之道来治理人事，规定人之道。

二、明　鬼

墨子"明鬼"论的目的也是如此。他论证鬼神实有，认为鬼神有除暴安良、主持正义、威慑警戒的功能。"是以吏治官府之不洁廉，男女之为无别者，鬼神见之；民之为淫暴寇乱盗贼，以兵刃毒药水火退无罪人乎道路，夺人车马衣裘以自利者，有鬼神见之。是以吏治官府不敢不洁廉，见善不敢不赏，见暴不敢不罪。民之为淫暴寇乱盗贼，以兵刃毒药水火退无罪人乎道路，夺车马衣裘以自利者，由此止。是以莫放幽间拟乎鬼神之明显，明有一人畏上诛罚，是以天下治。"(《明鬼下》)墨子以鬼神之无所不在，无所不能，赏贤罚暴，使百官和小民都心存畏惧，不敢胡作非为，因此肯定祭祀活动"上以交鬼之福，下以合欢聚众，取亲乎乡里"(《明鬼下》)。总之，"天志"、"明鬼"之说，是借用超越的神秘的力量来治理现实社会的病态，以"兴利除弊"，并塑造、规范一个合理化的、理想化的社会。墨子论证鬼神的存在，也是为他的兼爱理论作张本。

三、尚力非命

墨子相信意志之天说，又主张"尚力"、"非命"。他说："执有命者之言曰：'命富则富，命贫则贫，命众则众，命寡则寡，命治则治，命乱则乱，命寿则寿，命夭则夭。命，虽强劲何益哉？'上以说王公大人，下以阻①百姓之从事，故执有命者不仁。"(《非命上》)他认为，命定论是帮助暴君来欺骗百姓的，使百姓安于接受现实，无所作为；决定社会治乱和人们命运的，不是"命"，而是"力"。"世不渝而民不易，上变政而民改俗"。"天下之治也，汤武之力也；天下之乱也，桀纣之罪也。若以此观之，夫安危治

---

① "阻"原作"咀"，据毕沅校改。

乱,存乎上之为政也,则夫岂可谓有命哉?"(《非命下》)从王公大人的听狱治政到农夫农妇的稼穑织纴,都靠各尽其力,因为"强必治,不强必乱","强必贵,不强必贱","强必饱,不强必饥"(《非命下》)。人必"赖其力者生,不赖其力者不生"(《非乐上》)。在这里,他又肯定了人有能力掌握自己的命运。墨子曾批评儒家"以命为有,贫富寿夭,治乱安危有极矣,不可损益也"(《公孟》)。其实,儒家所讲的天命,具有道德价值的根源与不可抗拒的非道德性命运两个含义。在前一点上,儒墨两家是相同的,正如上文所言。在后一点上,两家是有分歧的。墨子"非命",反对的正是儒家认为有"贫富寿夭,治乱安危"不可改变的命运。墨子认为,如果执此命定说,那么,"为上者行之,必不听治矣;为下者行之,必不从事矣。此足以丧天下。"(《公孟》)

四、节 葬

墨子一方面相信鬼神,祭祀鬼神,肯定人鬼同利,另一方面他又主张"薄葬",这表现出了墨子思想中右鬼与薄葬的矛盾。[①] 王充在《论衡·薄葬》中指出:"墨家之议,自违其术,其薄葬而又右鬼,右鬼引效,以杜伯为验。杜伯死人,如谓杜伯为鬼,则夫死者审有知。如有知而薄葬之,是怒死人也。情欲厚而恶薄,以薄受死者之责,虽右鬼其何益哉? 如以鬼非死人,则其信杜伯非也,如以鬼是死人,则其薄葬非也。术用乖错,首尾

[①] 冯友兰先生认为这是"一种似是而非的矛盾",他说:"不论墨家、儒家,在对待鬼神的存在和祭祀鬼神的态度上,都好像是矛盾的。墨家相信鬼神存在,可是同时反对丧葬和祭祀的缛礼,固然好像是矛盾的。儒家强调丧礼和祭礼,可是并不相信鬼神存在,同样也好像是矛盾的。"但冯先生认为,"儒家、墨家这些好像是矛盾的地方,都不是真正的矛盾。"因为,对儒家而言,"行祭礼的原因不再是因为相信鬼神真正存在,当然相信鬼神存在无疑是祭礼的最初原因。行礼只是祭祀祖先的人出于孝敬祖先的感情,所以礼的意义是诗的,不是宗教的";对墨子而言,"证明鬼神存在,本来是为了给他的兼爱学说设立宗教的制裁,并不是对于超自然的实体有任何真正的兴趣",这正是其"极端功利主义"的表现。(见氏著《中国哲学简史》,涂又光译,北京:北京大学出版社,1985年,第50、51页。)按照冯先生的逻辑,"天志"与"非命"之间也不存在真正的矛盾,因为墨子提出"天志"说同样是基于功利主义的考虑。由墨子功利主义的偏狭性,而导致的其思想的不周延性,这一点正是我们要指出并分析的。因此,冯先生的论说与我们的观点之间并非扞格不通。

相违,故以为非。非与是不明,皆不可行。"①肯定鬼神的存在,理应重视祭祀活动,提倡厚葬。何况儒家即使对鬼神存而不论,也提倡三年之丧,但墨子却提倡薄葬。在他看来,厚葬久丧并不能富贫众寡,定危治乱,不是什么"仁也、义也、孝子之事",而是辍民之事,靡民之财,足以使国家由富变贫,人民由众变寡,刑政由治变乱。他从百姓的利益出发,反对厚葬。他又重视祭祀上帝鬼神,认为:"若苟贫,是粢盛酒醴不净洁也;若苟寡,是事上帝鬼神者寡也;若苟乱,是祭祀不时度也。"(《节葬下》)祭祀当然也要浪费财力、物力、人力,但墨子为什么不反对祭祀呢? 这与他的"天志"、"明鬼"学说有关。他必须保留上帝和鬼神作为超越的力量,控制人事。另一方面,从《墨子》一书中可以看出,当时厚葬的奢靡之风已达到无以复加的程度;相形之下,祭祀的浪费要小得多。按墨子的设想和当时的习俗,祭品一般都给家人、亲族、乡里的人共享(详见《明鬼下》),而祭祀对安定社会人心起的作用较大。由此可见,墨子考虑问题,仍是从国家人民的实利出发的,他的天志明鬼说仍是出于功利主义的考量。墨子思想的矛盾,正是其功利主义的偏狭性所导致的。

第五节　墨子的认识论

一、知识的起源

墨子认为知识来源于"耳目之情②"、"耳目之实"(《明鬼下》),这是墨子认识论的出发点。在他看来,"天下之所以察知有与无之道者,必以众之耳目之实知有与亡③为仪者也。请惑④闻之见之,则必以为有,莫闻莫见,则必以为无。"(《明鬼下》)墨子认为,判断事物存在与否,必以众人的闻见为依据。能被众人感知到的就存在,反之则不存在。在《论语·季

---

① (汉)王充:《论衡》,载《诸子集成》第七册,北京:中华书局,1954 年,第 226、227 页。
② "情"原为"请",据毕沅校改。
③ "亡"本作"无",据孙诒让。
④ 孙诒让说:"请,当读为诚","惑,与或通。"

氏篇》中，孔子曾说："生而知之者，上也；学而知之者，次也；困而学之，又其次也；困而不学，民斯为下矣。"虽然孔子说自己并非"生而知之者"（《论语·述而》），只是"学而不厌"、"发愤忘食"的"好学"①之人，但他在理论上承认有天资极高的生知者。墨子认为，圣人的认识能力的确高于一般人，在这一点上与孔子是一致的。但他认为其原因并不在于圣人生而知之，而在于他们"能使人之耳目助己视听，使人之吻助己言谈，使人之心助己思虑"（《尚同中》），在这一点上又与儒家不同。在《非命》篇中，墨子还以众人的闻见为标准，否定"命"的存在。墨子说："我所以知命之有与亡者，以众人耳目之情知有与亡。有闻之，有见之，谓之有；莫之闻，莫之见，谓之亡。"（《非命中》）不难看出，墨子的认识论具有明显的经验主义的倾向。

但墨子并非狭隘的经验论者，他还提出了"谋"这种重要的认识方法。墨子说："古者有语：'谋而不得，则以往知来，以见知隐。'谋若此，可得而知矣。"（《非攻中》）"谋"即思考之意，这是墨子认识论思想中逻辑推理的面向。用现代学术话语来说，"耳目之实"属于感性认识的范围，"谋"则属于理性认识的范畴。只不过墨子并没有将二者适当结合起来，他有时片面夸大感觉经验的作用，以致直接从虚幻的闻见与离奇的记载中，引出"鬼神存在"的错误结论。

二、知识的性质

名实之辩是先秦哲学的重要争论之一。在名实关系的问题上，墨子主张"取实予名"，认为应根据事物的实际情况，给予相应的名称。"名"是能够指称事物并反映其本质的概念。名的根据在于实，而不是相反。墨子指出："今天下之诸侯将犹多皆②攻伐并兼，则是有誉义之名，而不察其实也。此譬犹盲者之与人同命白黑之名，而不能分其物也，则岂谓有

---

① "好学"语出《论语·公冶长》："子曰：'十室之邑，必有忠信如丘者焉，不如丘之好学也。'"
② "皆"后本有"免"字，俞樾说："'免'字衍文。"

别哉？"（《非攻下》）在《贵义》篇中，墨子又说："今瞽曰：皑[1]者白也，黔者黑也。'虽明目者无以易之。兼白黑，使瞽取焉，不能知也。故我曰瞽不知白黑者，非以其名也，以其取也。今天下之君子之名仁也，虽禹汤无以易之。兼仁与不仁，而使天下之君子取焉，不能知也。故我曰天下之君子不知仁者，非以其名也，亦以其取也。"盲者不能分辨黑、白之物，并非他们不知道黑、白的名称；统治者不知何为"仁"，也并不是他们不知道"仁"这个名称。

在墨子看来，只知其名，还不算真正的知识；既知其实，又知其名，且名实相合，才是真正的知识。因此检验某种言论，并不在于语言本身，而在于言行是否相掩。据《公孟》篇，公孟子主张："君子必古言服，然后仁。"墨子反驳道："昔者商王纣卿士费仲为天下之暴人，箕子、微子为天下之圣人，此同言而或仁不仁也。周公旦为天下之圣人，关叔[2]为天下之暴人，此同服或仁或不仁。然则不在古服与古言矣。"判断一个人是否是仁人，并不在于他是否将"仁"挂在嘴边，而在于他的实际行为是否达到了"仁"的效果，也就是墨子说的"仁人之事者，必务求兴天下之利，除天下之害。"（《兼爱下》）利天下之人就是仁人，害天下之人，即使念兹在兹，亦非仁人也。

三、知识的分类

关于知识的分类，墨子提出了"察类明故"的主张，这是其认识论思想中的又一理性因素。墨子在中国逻辑史上，第一次提出了"辩、类、故、理"等概念。"辩"是指论辩之术，"类"是指事物的类别、类推，"故"是指事物的原因或行动的目的，"理"则是取舍是非的根据。"察类明故"，是说在认识和辩论的过程中，要对事物进行合理的分类，分析各类事物的同异、因果及其根据。墨子在反驳别人的观点时常说"子未察吾言之类，

---

① "皑"原为"钜"，据俞樾校改。
② "关叔"即"管叔"，据孙诒让。

未明其故者也。"(《非攻下》)他以"明故"作为辩论的基础,重视自己的"故",以揭发论敌的"无故"。墨子又说:"仁人以其取舍是非之理相告,无故从有故也,弗知从有知也,无辞必服,见善必迁。"(《非儒下》)他将"无故从有故",即不合理的服从合理的作为论辩的原则。在《非攻下》中,墨子根据不同的故,明确区分了"攻"、"诛"两类不同的战争。在他看来,好战之国,以坚甲利兵,"攻伐无罪之国",其"故"是侵略者为了满足自身的贪欲而进行的掠夺,这是"攻";讨伐无道有罪之"君",其"故"并非为自己求富贵享乐,而是为天下万民兴利除害,这是"诛"。墨子赞同"诛"而反对"攻",因为"诛"是"兴天下之利,除天下之害"的仁义之举,"攻"则相反。墨子的"察类明故"为其后学开了重视认识论和逻辑学的先河。后期墨家在"察类明故"的基础上,提出了"名、实、合、为"、"以名举实"、"以辞抒意"、"以说出故"等重要思想。

四、知识的标准

墨子认为知识必须要有统一的标准,否则将无法辨别是非得失,他称之为"言[①]必立仪"。为此,墨子提出了检验知识的三条标准:"何谓三表? 子墨子言曰:有本之者,有原之者,有用之者。于何本之? 上本之于古者圣王之事。于何原之? 下原察百姓耳目之实。于何用之? 发[②]以为刑政,观其中国家百姓人民之利。此所谓言有三表也。"(《非命上》)墨子强调将"事"、"实"、"利"三条标准统一起来,以检验认识的真伪。"上本之于古者圣王之事",即以古代圣王的历史经验为依据。"下原察百姓耳目之实",即以众人的普遍经验为依据。前者是间接经验,后者是直接经验。"废(发)以为刑政,观其中国家百姓人民之利",即以整体社会效果来衡量理论学说的是非曲直。在中国哲学史上,"三表法"第一次对知识标准问题作出了系统的论述,尤为可贵的是它认为社会效果也是衡量诸

---

① "言"字原无,据孙诒让补。
② "发"原为"废",据孙诒让校改。

种学说是非曲直的重要标准。显然,墨子经验主义和功利主义的思想特色也都在"三表法"中得到了体现。在"三表法"中,知识之真与道德之善是统一的,真知既是"是非"之是,又是"利害"之利。

"三表法"是墨子对哲学史的杰出贡献,但也有其狭隘经验主义的局限性。如墨子同样依据"以众之耳目之实"的标准,论证了鬼神的存在。墨子说:"闻之见之,则必以为有;莫闻莫见,则必以为无。若是,何不尝入一乡一里而问之,自古以及今,生民以来者,亦有尝见鬼神之物,闻鬼神之声,则鬼神何谓无乎? 若莫闻莫见,则鬼神可谓有乎?"(《明鬼下》)"入一乡一里而问之",是十分有限的经验,并不能简单地以此为依据得出鬼神存在的结论;"尝见鬼神之物,闻鬼神之声",是没有将经验中的真实感觉与错觉、幻觉区分开来。王充曾批评墨子说:"墨议不以心而原物;苟信闻见,则虽效验章明,犹为失实。"因为只相信耳目"闻见于外",而不"诠订于内",则可能以"虚象"为实。王充认为,"是非者,不徒耳目,必开心意。"[1]认识不能停留在感性阶段,必须上升到理性阶段。

第六节　儒墨异同论

先秦儒墨两家同源,在诸多问题上又有着严重分歧并展开辩论。儒墨两家的争论主要体现在"孝"、"三年之丧"、"爱"及功利观上。儒墨两家都肯定孝敬父母。墨家直接从"互利互惠""回报"的向度讲"孝",儒家则不然;"孝"在墨家是"兼爱"系统中的一环,在儒家则是"仁爱"系统中的一环。墨家批判儒家主张的厚葬久丧对社会生产与人的生活造成损害,浪费资源。儒家则从人的真情实感与人文价值出发,认为在制度上规定守丧的仪节规范,有助于人性、人情的养育与社会风气的淳化。墨家主张"爱无差等",批判社会不公及爱的不周遍;儒家则主张"爱有差等",意即爱人爱物总是要从身边做起,推而广之。仁爱是普遍的,仁爱

---

[1] (汉)王充:《论衡》,载《诸子集成》第七册,北京:中华书局,1954年,第225页。

的实行与推广是具体的普遍。"爱有差等"是一种实践性的美德、智慧。儒墨两家都重功利、效果,但墨家强调志功合一,凡事以利为根本着眼点,而儒家多讲义利之辨,并最终以道德心性立论。

一、关于"孝"

"孝"是儒家的核心价值之一。墨子也肯定孝道,并以兼爱讲"孝"。墨子批评王公大人赏罚不当,"则是为贤者不劝,而为暴者不沮矣。是以入则不慈孝父母,出则不长弟乡里,居处无节,出入无度,男女无别。"(《尚贤中》)从这一批评中,我们可知墨子对"慈孝"、"长弟(悌)"价值的赞同与肯定。墨子又说:"昔者三代圣王禹汤文武方为政乎天下之时,曰:'必务举孝子而劝之事亲;尊贤良之人而教之为善。'是故出政施教,赏善罚暴。"(《非命下》)这是从正面对事亲之"孝"与尊贤之"义"(善之一)的肯定。

在《兼爱》三篇的记载中,墨子较为集中地讨论了孝道。墨子说:"臣子之不孝君父,所谓乱也。子自爱不爱父,故亏父而自利;弟自爱不爱兄,故亏兄而自利;臣自爱不爱君,故亏君而自利。此所谓乱也。虽父之不慈子,兄之不慈弟,君之不慈臣,此亦天下之所谓乱也。父自爱也,不爱子,故亏子而自利;兄自爱也,不爱弟,故亏弟而自利;君自爱也,不爱臣,故亏臣而自利。是何也?皆起不相爱。"(《兼爱上》)墨子将"慈""爱"与"利"等同起来,自有其合理性,但我们知道,"慈""爱"是不能与"利"打上等号的。这是儒墨之争的一个伏笔。

墨子主张孝慈,肯定父子间相爱,尤其是鼓励事亲,推广父慈子孝兄友弟恭,但肯定这种爱亲即是利亲。墨子是在"兼爱"或"兼相爱,交相利"的系统中来讨论"孝亲"的。也就是说,即使在亲人之间,视人或爱人如己,从效果上看,也是互惠互利的。墨子以"爱人者必见爱也,而恶人者必见恶也"(《兼爱下》),以"善有善报,恶有恶报"的方式来讲"孝"道,肯定交兼孝子的作用。这是从功利论、效果论上立论的。当然,其主要倾向是以爱利人之亲为先。由此可见,墨家是在兼爱互利的基础上界定

"孝"的,以有实效的"利亲"为主要内容,尤其主张爱利人之亲,交相利亲。

在儒家看来,孝顺父母,敬爱兄长,是行仁的基础。君子做事抓住根本,根本既立起来了,人间道路自然畅达,所有其他的事都生生不已地得到发展。孔子弟子有子说:"君子务本,本立而道生。孝弟也者,其为仁之本与?"(《论语·学而》)这里说的是行仁从孝弟开始。在儒家看来,亲情是人的所有情感中最真诚最美好最重要的感情。爱敬父母为孝,爱敬兄长为悌。爱我们的亲人,是爱社会上其他人的基础。儒家提倡的孝道是合乎人之常情,平易合理的。孝道很重要,因为在正常、和谐家庭的氛围中,家庭成员之间的关爱,养育、陶冶了我们的爱心。长期在这样的情感滋养、浸润下,人的心灵与心理渐趋健康而有了沟通性、包容性与责任感。人们对家庭成员的接纳、关爱、包容与责任,也会自然推之于他所服务的事业、团体。

对比儒墨"孝道"的不同,不难看出:儒家不直接从功利、效果的向度讲"孝",墨家直接从"互利互惠"、"回报"的向度讲"孝";"孝"在儒家是"仁爱"系统中的一环,在墨家则是"兼爱"系统中的一环。儒家重视爱亲、敬长、孝慈,是把这些作为人性本有的道德情感、知识与意志,希望进一步加强,通过训练、重复、习惯,自然地推己及人,由爱亲人推到爱他人,由私领域中尽己之心,推到公共领域中的负责、敬业。墨家不特别重视父子兄弟之爱敬、孝慈等,不认为是人的特有之性,以为这种爱是人与人相爱的一种,墨家更重视利他、爱他,爱利天下之人,为了推广这种爱,增加说服力,则说爱利他人也会导致他人爱利自己。儒家的"推己及人",是由爱亲人推到爱大众;墨家也讲"推",爱人如爱己,其实也是从爱自己推到爱他人,爱己之亲推到爱天下人之亲;墨家又从爱他人推回到爱自己,这是为说服众人都去爱人之亲,因为爱利他人(和他人的亲人)可能的效果是他人也爱利自己(和自己的亲人)。我们虽不必严分儒家是德性论、动机论的,墨家是功利论、效果论的,但从墨子关于"兼相爱、交相利"与"交孝子"的论证来看,墨家的确倾向于功利论与效果论。

二、关于"三年之丧"

在《公孟》篇中，墨子曾批评儒家说："儒之道足以丧天下者，四政焉。儒以天为不明，以鬼为不神，天鬼不说，此足以丧天下。又厚葬久丧，重为棺椁，多为衣衾，送死若徙，三年哭泣，扶后起，杖后行，耳无闻，目无见，此足以丧天下。又弦歌鼓舞，习为声乐，此足以丧天下。又以命为有，贫富寿夭，治乱安危有极矣，不可损益也。"不难看出，儒墨两家在"三年之丧"上有严重的分歧。

据《淮南子·要略》："墨子学儒者之业，受孔子之术，以为其礼烦扰而不说，厚葬靡财而贫民，服伤生而害事，故背周道而用夏政。"[①]墨家直陈"厚葬久丧"的弊病："今唯无以厚葬久丧者为政，国家必贫，人民必寡，刑政必乱。若法若言，行若道，使为上者行此，则不能听治；使为下者行此，则不能从事。上不听治，刑政必乱；下不从事，衣食之财必不足。"（《节葬下》）儒家提倡三年之丧，墨子以为儒家所提倡的厚葬，将贻误社会、家庭等公私事务，使农人、手工业者、妇女等从事的物质生产劳动及各级官吏的社会治理活动，乃至日常生活、人口蕃衍等都受到影响。厚葬久丧靡费社会资源，可能导致国家贫穷，人口减少，身体素质下降，社会管理紊乱，增加了亲人间与社会上的矛盾与斗争。其实，儒家所强调的是，子女在真心诚意地哀悼、感怀父母的守丧过程中，使自己的心性情才也受到锻炼与陶冶，假如社会上层人士都这样去做，可以感化周围，整齐风俗，使民风淳厚。墨子的批评是从一时一地的社会功利出发的；而孔子所重视的是丧礼的文化意义与长时期的效益。

墨子与墨家的批判，不仅从社会功效的角度出发，而且试图分析儒家学说的逻辑矛盾，例如亲疏与尊卑在丧礼上的矛盾等。"儒者曰'亲亲有术，尊贤有等。'言亲疏尊卑之异也。其《礼》曰：'丧父母三年，妻、后子

---

① （汉）高诱注：《淮南子》，载《诸子集成》第七册，北京：中华书局，1954 年，第 375 页。又，高诱注云："说，易也。"

三年,伯父叔父弟兄庶子其①,戚族人五月.'若以亲疏为岁月之数,则亲者多而疏者少矣,是妻、后子与父同也。若以尊卑为岁月数,则是尊其妻子与父母同,而亲伯父宗兄而卑子②也,逆孰大焉。"(《非儒下》)墨家认为,丧妻与长子服三年,同于父母,而丧伯父宗兄才服一年,兄弟之妻则弗服,而其宗兄守其先宗庙数十年,如此对待,不是太偏于其妻、子了吗?"为欲厚所至私,轻所至重,岂非大奸也哉!"(《非儒下》)从尊卑上讲,父母、伯父宗兄为尊,妻与长子为卑,而服妻与长子丧与父母同,且长于(重于)伯父亲兄,这当然不合于尊卑,是以亲疏关系取代尊卑关系。墨家认为,儒家亲亲、尊尊、贵贵原则有矛盾,儒家的制度,包括丧礼制度,又是区别并固定某种贵贱、亲疏关系的,然而丧礼表达上出现了如此不合情理的状况,这反过来说明其前提是有问题的。墨家以这种方式驳斥儒家,这一批评不仅涉及三年丧,而且涉及差等之爱及其制度化。

墨家认为,厚葬久丧对社会、家庭、个人的生产与生活造成损害,浪费资源。从这一视域来看,墨家的看法是合理的。儒家从人的情感的自然流露与表达出发,认为亲人死后,不可能立即忘怀,在制度上规定守丧的仪节规范,有助于人性、人情的养育与社会风气的淳化,有长远的人文价值蕴于其中。同时,儒家肯定的守丧是从真情实感出发的,然而后世守丧一经提倡与规定,就有了作伪,就有了负面效应。儒家中人也认为心丧更为重要。从这一角度来看,儒家的看法也有合理性。综合两家的看法,我们认为,内心真诚地怀念死去的亲友、尊长,并以人性化的方式去安葬、追悼、祭祀死者,不仅是对死者的尊重,也是对生者的尊重,安葬、追悼、祭祀的时间与方式也要适度,不能浪费社会资源,耽误生事。

三、关于"爱"

《墨子》书中有《非儒》篇,开篇就批评"儒者曰:亲亲有术,尊贤有

---

① 毕沅说,"其"与"期"同。
② 王念孙说,"亲"当为"视";孙诒让说,"卑"当为"婢"。

等"。"术"通"杀",即是差等之意。墨家则主张"爱无差等",爱己之亲与爱人之亲没有厚薄之别。《墨子·耕柱》还记载了墨子与孔门巫马子的辩论:

> 巫马子谓子墨子曰:"我与子异,我不能兼爱。我爱邹人于越人,爱鲁人于邹人,爱我乡人于鲁人,爱我家人于乡人,爱我亲于我家人,爱我身于吾亲,以为近我也。击我则疾,击彼则不疾于我。我何故疾者之不拂,而不疾者之拂? 故有我有杀彼以利①我,无杀我以利彼②。"子墨子曰:"子之义将匿邪,意将以告人乎?"巫马子曰:"我何故匿我义? 吾将以告人。"子墨子曰:"然则一人说子,一人欲杀子以利己;十人说子,十人欲杀子以利己;天下说子,天下欲杀子以利己。一人不说子,一人欲杀子,以子为施不祥言者也;十人不说子,十人欲杀子,以子为施不祥言者也;天下不说子,天下欲杀子,以子为施不祥言者也。说子亦欲杀子,不说子亦欲杀子,是所谓经者口也,杀子③之身者也。"

巫马子以他的爱从自身、亲属、族人、乡人、鲁人、邹人、越人,由近而远的个人感受来驳兼爱,墨子驳之。巫马子的理由是"近我",论证则围绕"利"来说。巫马子其实是以墨家的方式来说的。墨子不正面回答,只是抓住巫马子引申的话(为自利而杀人)予以驳斥,说这必然引起别人为自利而杀你,赞成你的人将杀你以利己,不赞成你的人也将杀你以除不祥。其实,爱的差别缘自人与人之间远近亲疏关系的不同,在实际日常生活中产生了不同的情感,并不只是利之有厚薄的问题。

墨子兼爱论的背景是功利主义的。他以互利互惠的社会功效立论,遵循从"爱利人之亲",到"人报我以爱利吾亲"的逻辑(《兼爱下》),得出了对人之亲和对己之亲同等爱之的结论。儒家则从人的非功利性的内

---

① "利"字本无,据俞樾补。
② "彼"字本无,据俞樾补。
③ "子"原为"常",据孙诒让校改。

在道德情感立论,它以最切近的亲亲之情为其端绪,由此加以扩充而达到"泛爱众",因此儒家的"爱人"是施由亲始,随着人际关系的远近亲疏而爱有厚薄。在爱有差等和爱无差等的问题上,儒、墨两家形成尖锐的对立。

四、关于义利观

儒墨两家的另一个争论体现在义利观上。《吕氏春秋·不二》篇说"孔子贵仁,墨翟贵兼",意思是说孔子以"仁者爱人"为最高价值,墨子以"兼相爱,交相利"为最高价值。儒、墨两家都讲"爱人",但分歧在于墨家更注重物质生活方面的功利性,即由"兼相爱"所产生的互利互惠的社会功效;而儒家则讲义利之辨,虽不排斥社会公利,但却认为人的道德心性具有超越外在事功的内在价值。孔子说:"君子喻于义,小人喻于利"(《论语·里仁》),提出了义利对立的思想。当然儒家思想中也有很多责任伦理资源,不能以存心伦理一概而论,但是儒家更为看重道德理性,这一点是没有疑义的。① 墨子主张天下人"兼相爱,交相利",即把义寓于天下之功利之中,主张义利、志功统一。墨子有以"仁义"并举,有以"仁"、"义"分说。并举时指最高的道德。分说时以"仁"指"爱人",以"义"指"利人"。可以说,承不承认"有利之义"为义,是儒家与墨家的一大分歧。

与儒家一样,墨子也重义,认为"万事莫贵于义"(《贵义》)。他将"义"界定为"正",指出"义者正也"(《天志上》,又见《天志下》)。墨子以"义"为正,"义"含有行为正当、正义的内涵,是社会道德的准则,也是利益分配的标准,乃至治理国家的重要原则。在墨子看来,"义"之所以为贵,正在于"义"的社会功利。墨子说:"义者正也。何以知义之为正也?天下有义则治,无义则乱。我以此知义之为正也。"(《天志下》)他又说:

---

① 关于存心伦理学、责任伦理学与儒家思想的关系,详见李明辉著:《存心伦理学、责任伦理学与儒家思想》、《存心伦理学、形式伦理学与自律伦理学》、《儒家政治哲学与责任伦理学》,均收入氏著《儒家视野下的政治思想》,北京:北京大学出版社,2005年。

"今用义为政于国家,人民必众,刑政必治,社稷必安。所为贵良宝者,可以利民也。而义可以利人,故曰:义,天下之良宝也。"(《耕柱》)天下有义则治,无义则乱,"有义则富,无义则贫"(《天志上》)。义可以利人,所以义为正,义可贵。儒家讲义利之辨,墨家讲义利之合,两家之相同是都排斥个人的自私自利,而分歧在于儒家认为道德有其内在价值,而道德正是人之异于禽兽者,道德生活的价值高于"饱食暖衣"的物质生活。与儒家中道德的非功利性与内在性不同,墨家将道德正义原则与人民的利益接挂上了。墨子的义利统一观,指向老百姓的衣食温饱。他的最大忧患就是:"饥者不得食,寒者不得衣,劳者不得息。三者,民之巨患也。"(《非乐上》)"义"的首旨就是要解除这三患。而且为了申言社会正义的权威性,他认为"义"行又是"利天"、"利鬼"的,借助上帝、天、鬼的力量肯定道德行为的正当性、正义性、合法性。

墨子评价人的行为注重动机("志")与效果("功")相一致,相符合。这是墨子"贵义"与"兴利"统一论的必然结果。其实儒家也讲责任伦理,也重功利、效果,但相对而言,墨家更为务实,而儒家更重长久的人文价值,没有局限于功利论与效果论。儒家坚持德性论,不因实务功利而偏离絜矩之道。墨家主张义和利是一致的,倾向于功利主义。但是,墨子并没有动机与效果对立起来看待,而是对二者都予以重视。可问题在于,如果只按行为的结果来判定行为的正当性,并不能恰当地反映人们之间的道德关系的实质。行为的道德评价如果被个人利益的权衡所代替,就会拒绝道德义务。而墨子道德思想主张以"公利"和"义"来对行为作出指导和评价。但当我们拿墨子的伦理学与孔子的伦理学相比较时,我们就会发现墨家的特点是重视行为的"效用"和道德动机与道德效果的统一,就这一点来说,也不妨说它是功利主义的。墨子强调对公众有效用,有益处,才是有价值的。虽然并不是一切有公利有公益的行为(例如对小团体有利的行为)都是道德的,但墨子"兼爱交利"的指向是社群整合和全体人民的生存发展,因此,这种功利主义是值得称道的,在一定意义上,可以作为儒家道德哲学的补充。

第七章　孙子的军事哲学

第一节　孙子与兵家

一、兵家与兵法

兵家是春秋、战国直至汉初研究军事理论、从事军事活动的学派。那一时期各国之间战争频繁,威武壮阔,出现了许多著名的军事家、战例和兵书,而且兵器日益精良,兵制日臻完善,兵法日渐系统。兵家主要代表人物有孙武、司马穰苴、孙膑、吴起、尉缭、庞涓等,汉初有张良、韩信等。今存兵书,有北宋神宗元丰年间政府编定的《武经七书》中的《孙子兵法》、《吴子兵法》、《六韬》、《黄石公三略》、《尉缭子》、《司马法》、《唐太宗李卫公问对》,以及 1972 年山东临沂银雀山汉墓出土的《孙膑兵法》等。此外,著名的还有唐李筌的《太白阴经》,宋仁宗时官方编修、曾公亮领衔、丁度主编的《武经总要》,南宋陈规、汤璹撰《守城录》,南宋陈傅良撰《历代兵制》等。兵家不仅在我国,而且在世界的军事史、学术史、科技史、文化史上都占有重要的地位,具有深远的影响。兵家的思想、谋略早已超出了国界,超出了时代,也超出了军事本身。

《汉书・艺文志》将"兵书略"与"六艺略"、"诸子略"等并举,足见当时兵书之多和地位之高。该志记录的兵书共有五十三家,七百九十篇,图四十三卷,这当然不包括两汉之际已佚失而又不知书名、篇名者。《汉志》说:"兵家者,盖出古司马之职,王官之武备也。"《周礼》夏官司马,实掌军政。其后历代多以司马主兵,所以《汉志》说兵家出于古之司马。《汉志》又说:"自春秋至于战国,出奇设伏、变诈之兵并作。汉兴,张良、韩信序次兵法,凡百八十二家,删取要用,定著三十五家。诸吕用事而盗取之。武帝时,军政杨仆捃摭遗逸,纪奏兵录,犹未能备。至于孝成,命任宏论次兵书为四种。"汉初有张良、韩信清理、编次兵书,选定三十五家。武帝时杨仆纪奏兵录。成帝命步兵校尉任宏校理兵书。任氏和刘歆《七略》校定五十三家,大体上即《汉志》所录者。据《汉书·王莽传》,王莽也曾征天下兵法六十三家,惜不传。《汉志》沿袭任宏分兵书为四类:兵权谋家、兵形势家、兵阴阳家、兵技巧家。兵权谋十三家,二百五十九篇。"权谋者,以正守国,以奇用兵,先计而后战,兼形势,包阴阳,用技巧者也。"兵形势十一家,九十二篇,图十八卷。"形势者,雷动风举,后发而先至,离合背乡,变化无常,以轻疾制敌者也。"兵阴阳十六家,二百四十九篇,图十卷。"阴阳者,顺时而发,推刑德,随斗击,因五胜,假鬼神而为助者也。"兵技巧十三家,百九十九篇。"技巧者,习手足,便器械,积机关,以立攻守之胜者也。"(《汉书·艺文志》)

兵家思想与诸子百家有密切联系。如前引《汉志》"权谋者,以正守国,以奇用兵",即《老子》所谓"以正治国,以奇用兵",《孙子》所谓"凡战者,以正合,以奇胜"。老子思想与孙子思想的辩证智慧可以相通。又,述及兵权谋家,班固自注:"省《伊尹》、《太公》、《管子》、《孙卿子》、《鹖冠子》、《苏子》、《蒯通》、《陆贾》、《淮南王》二百五十九种,出《司马法》入礼也。"《伊尹》、《太公》、《管子》、《鹖冠子》见道家;《孙卿子》、《陆贾》见儒家;《苏子》、《蒯通》见纵横家;《淮南王》则见杂家。足见以上各家著作中都有兵法之论,《汉志》为避免重复,特注明,便参见。《司马法》列入"六艺略"礼类,为《军礼司马法》。《汉志》兵家总论引《洪范》八政及孔子"足食足兵"等语,又说"下及汤武受命,以师克乱而济百姓,动之以仁义,行之以礼让，《司马法》是其遗事也。"可见兵家与儒家的关联。更不用说儒家荀子有《议兵》专论了。又兵技巧类班固自注"省《墨子》"而编入他书，因《墨子》已录入墨家类，而《墨子》守城等兵技巧者十二篇，任宏曾抽出来编入兵家类。可见墨家亦与兵家有关。《汉志》兵权谋类有"《公孙鞅》二十七篇"。公孙鞅即商鞅，法家著名代表，亦善于用兵。今《商君书》中多篇论兵之语，甚为精要，可见奖励耕战之法家与兵家亦有不解之缘。杂家著作中亦多保留了兵家思想资料。

春秋战国至汉初，兵书卷帙浩繁，据《汉书·艺文志》记载，《吴孙子兵法》有八十二篇、图九卷，《齐孙子》八十九篇、图四卷，《吴起》（今《吴子》）四十八篇，《尉缭》三十一篇，《伍子胥》十篇，《楚兵法》七篇等等。而列入道家实含兵家之论的有《伊尹》五十一篇，《太公》二百三十七篇（其中《谋》八十一篇、《言》七十一篇、《兵》八十五篇）。列入"六艺略"礼类的《军礼司马法》也有一百五十五篇之多。

兵书在后世佚亡甚多，加上唐宋以后，文人相率轻易怀疑古籍，斥为伪书，兵家人物和著作更是遭到厄运。《孙子兵法》（即《吴孙子》）十三篇传世本，屡遭怀疑，以为后人伪托，或指曹操重新删编，甚至怀疑历史上是不是有孙武其人。[①]《孙膑兵法》（即《齐孙子》）佚亡，《隋志》亦不载，其人其书虽《史记》有明确记载，但后世怀疑者更多，或以为两孙子为一人，两书为一书，《吴孙子》为齐孙子所写，或以为根本就没有齐孙子其人其书。直到 1972 年山东临沂汉墓（墓葬年代在汉武帝初期，公元前 140 年至前 118 年间）出土两《孙子兵法》，诸种怀疑才涣然冰释。《孙子兵法》残简三百枚，整理近六千字，分为上下编，上编为《孙子》十三篇，篇名与十二篇的内容，与宋刻本《十一家注孙子》基本相同，下篇为《孙子》佚文，有《吴问》、《四变》、《黄帝伐赤帝》、《地形二》、《见吴王》等，为传世本所

---

① 宋代陈振孙《直斋书录解题》和叶适《习学记言》，因孙武之名不见于《左传》，疑孙武未必有其人，认为《孙子》之书是春秋末、战国初山林处士所为。又，唐代杜牧《注孙子序》："武所著书，凡数十万言，曹魏武帝削其繁剩，笔其精切，凡十三篇，成为一编。"（吴在庆校注：《杜牧集系年校注》，中华书局，2008 年，第 784 页。）以上诸说均不确。

无。特别令世人瞩目的是，《孙膑兵法》失传二千一百年后复现于世。有关竹简约四百四十余枚，字数达一万一千多字，整理为上下编，计三十篇，虽非全本，亦有规模。简文避汉高帝名讳而不避惠、文、景、武帝名讳，缮写当在高帝时。墓主可能是一位博学的兵家人物，姓司马，或许是司马穰苴的后代，又生活在具有兵家传统的齐地。与两《孙子》同时出土的，还有长期被目为伪书的《尉缭子》和《六韬》。《尉缭子》简文中有相当于今传本《兵谈》、《攻权》等多篇的篇章文字，证明今传本《尉缭子》是基本可信的先秦古籍。《六韬》竹简中有《文韬》、《武韬》、《龙韬》，与宋本内容相同。首章《文韬》宋本作"太公曰"，《六韬》则作"吕望曰"。1973 年在河北定县汉墓（墓葬年代为汉宣帝五凤三年，公元前 55 年）出土了《太公》竹简，在十三个篇题中，《治乱之要》等三篇，篇题与内容均同于传本，另有六篇内容与传本同，但未见篇题。宋本与《太公》竹简在许多地方是相同的。定县出土的《太公》竹简，有的标明出自《六韬》，有的标明出自《金匮》，有的标明出自《阴符》，有一部分竹简题冠以"方"字，可能指《太公术》。据推测，《太公兵法》（即《汉志》"《太公》兵八十五篇"）可能是包括《六韬》、《金匮》、《阴符》等之总集。总之，银雀山和定县出土的这些竹简，为兵家乃至诸子百家研究提供了极其珍贵的资料，使得诸兵家典籍的真伪疑案得以澄清。

二、孙武其人其书

孙武，字长卿，春秋末期人，生卒年月不详，约与孔子同时。孙武是陈国公子完的后裔。公元前 672 年陈国发生内乱，陈完（敬仲）逃难奔齐，受到齐桓公重用。陈完（后改称田完，陈、田二字，古同音通用）后代在齐国累世为官。孙武的祖父田书为齐国大夫，因伐莒有功，齐景公赐姓孙氏，并封地乐安（今山东惠民）。孙武因田家族人谋反作乱，不得不逃往吴国。据《吴越春秋》记载，孙武奔吴后，避隐深居，世人莫知其能，因伍员（子胥）的推荐，得以见到吴王阖闾。据《史记·孙子吴起列传》："孙子武者，齐人也。以兵法见于吴王阖庐。阖庐曰：'子之十三篇，吾尽观之矣……'"又说：吴国"西破强楚，入郢，北威齐晋，显名诸侯，孙子与有力焉。"

孙武何时向吴王献兵法十三篇，尚待考释。据银雀山出土汉简《孙子》逸文《吴问》，吴王与孙武讨论晋国六卿"孰先亡，孰固成"问题。孙武对答为：赵氏可以代晋固国，因为赵氏实行了改革，亩大税轻，公家贫，置士少，主金臣收，以御富民，故可固国。而另几家亩小税重，公家富，置士多，主骄臣奢，冀功数战，故先亡。败亡的次序是：范氏、中行氏、智氏，最后是韩、魏。孙武对分晋之前晋国政治经济形势的分析，虽与后来的历史发展不尽一致（后来是韩、赵、魏三家分晋），但仍可见他作为新兴阶级一员的改革意识和一定的战略眼光。

公元前 512 年，孙武受吴王重用，被任命为将，与伍员共同协助吴王经国治军。吴王阖闾接受了伍、孙的建议，确立了攻楚计划，并组织三支军队轮番袭扰楚国。他们一面扰楚、疲楚，一面从经济上和军事上准备更大的战斗。吴阖闾九年（前 506），伍、孙随吴王率部由水路北上，转陆路，争取了蔡、唐两国，通过它们的境内，潜行千余里迂回到楚国东北部，出楚不意，从侧面袭击楚虚弱之地，五战五胜以三万人破楚二十万众，直抵楚国郢都。① 吴夫差十二年（前 484），吴军在艾陵之战胜齐军。两年后的黄池会盟上，吴国又取代了晋国的霸主地位。前引《史记》本传，司马迁说到吴国地位的崛起，西破强楚，北威齐晋，显名诸侯，孙武的贡献甚大。但关于孙武的具体作为，《史记》没有留下详细史料。阖闾去世后，伍员被伯嚭排挤。又由于在对待越国的态度上意见不合，吴王夫差渐渐疏远了伍员，并赐剑让他自杀。这一段时间孙武的命运如何，亦缺乏史料。一说孙武借机引退，从事讲学和著述，总结战争成败之经验。之后，经他的门生或再传弟子口传笔录，渐渐形成了《汉志》所说的《孙子》八十二篇。② 《韩非子·五蠹》说："境内皆言兵，藏孙、吴之书者家有

---

① （汉）刘向：《新序》；又详见郭化若：《孙子译注》，上海：上海古籍出版社，1984 年，第 2—3 页。
② 见郭化若：《孙子译注》，上海：上海古籍出版社，1984 年，第 32 页。

之。"可见孙子、吴子《兵法》在战国已广为流传。战国兵书《吴子》、《孙膑兵法》、《尉缭子》等，均引用并发挥了《孙子》的军事思想。

张守节《史记正义》："《七录》云《孙子兵法》三卷。案十三篇为上卷，又有中、下二卷。"章学诚曰："杜牧谓魏武削其数十万言为十三篇者非也。盖十三篇为经语，故进于阖庐，其余当是法度名数。有如形势、阴阳、技巧之类，不尽通于议论文词，故编次于中下，而为后世亡逸者也。十三篇之自为一书，在阖庐时已然。而《汉志》仅记八十二篇之总数，此其所以益滋后人之惑矣。"顾实说："盖十三篇以吴王言而得名，故世多传之。"①

传世本《孙子兵法》十三篇，是孙武一派兵家的著作，其主要内容和核心思想属于孙武，但经过他的门生和战国兵家的整理补充。其中描写的战争规模之大，似是战国时代的情况。又全书内容有重复，前后体裁也不尽一致，当系后人整理留下的痕迹。这十三篇是：《计篇》、《作战篇》、《谋攻篇》、《形篇》、《势篇》、《虚实篇》、《军争篇》、《九变篇》、《行军篇》、《地形篇》、《九地篇》、《火攻篇》、《用间篇》。每篇篇名就是本篇的主题，篇首有"孙子曰"三字。

《孙子兵法》传世本最好的注解本为《孙子十一家注》（又名《十一家注孙子》、《孙子集注》），宋代吉天保辑成。十一家指魏至唐宋主要的《孙子》注家曹操、李筌、杜佑、杜牧、王皙、张预、贾林、梅尧臣、陈皞、孟氏、何延锡。但清代毕以珣认为杜佑没有如其余十家那样作注，只是在作《通典》时对所引《孙子》书中文句作了训释（吉天保将这些训释当作注纳入书中），因而排除了杜佑。孙星衍、毕以珣将是书书名改为《孙子十家注》。是书有南宋庆元、嘉定间刻本，明刻《道藏》本，清乾嘉时兰陵孙氏刻"岱南阁丛书"本。宋刻本，上世纪 60 年代有中华书局上海编辑所、70 年代有上海古籍出版社校点排印本。明《道藏》本，民国间有上海商务印书馆影印《道藏举要》本，改题为《孙子注解》。清孙氏刻本，后收入《二十二子》、《诸子集成》、《丛书集成初编》、《四部备要》等，这些版本都是宋吉

---

① 张、章、顾语俱见张舜徽：《汉书艺文志通释》，武汉：湖北教育出版社，1990 年，第 234 页。

天保辑，清孙星衍、吴人骥校，并附清毕以珣《叙录》一卷、宋郑友贤《遗说》一卷。还有明谈恺刻本，民国间上海商务印书馆据此影印《四部丛刊》及其缩印本。此外，还有《武经七书》的各种版本。1957年人民出版社出版了郭化若《今译新编孙子兵法》；1959年中华书局出版了杨炳安《孙子集校》；1976年文物出版社出版了银雀山汉墓《竹简孙子兵法残卷释文》。尔后，军事科学院《孙子兵法新注》（中华书局1977年1月第1版），郭化若《孙子译注》（上海古籍出版社1984年9月第1版，原名《孙子今译》，此为修订本）等，都吸收了银雀山《孙子兵法》残简整理的成果。此外，1974年台湾学生书局出版了郑良树《孙子斠补》，1976年台北星光出版社出版了孙一之译述的《武经七书》。约在7世纪，《孙子兵法》就传入日本，日本关于《孙子兵法》的译注和研究专著十分丰富，有一百六十余种之多。18世纪以后，《孙子兵法》陆续有了法、英、德、捷、俄、韩、越等文译本，受到世界各国军事界、学术界，甚至商界的重视。

三、孙膑其人其书

孙膑，战国中期杰出的军事家。齐国人，孙武的后代。约与商鞅、孟子同时，出生于齐国。《史记·孙子吴起列传》云："孙武既死，后百余岁有孙膑。膑生阿鄄之间，膑亦孙武之后世子孙也。孙膑尝与庞涓俱学兵法。庞涓既事魏，得为惠王将军，而自以为能不及孙膑，乃阴使召孙膑。膑至，庞涓恐其贤于己，疾之，则以法刑断其两足而黥之，欲隐勿见。"孙膑因被庞涓施以膑刑（去掉膝盖骨），因之人们叫他孙膑，真名反被人忘记。后来在齐国使者的帮助下，孙膑得以秘密地回到齐国，为齐将田忌所礼重，并推荐给齐威王，威王奉以为师。孙膑任军师期间，辅助齐将田忌计谋用兵，数破魏军。最著名的是公元前353年的齐魏桂陵之战和公元前341年的齐魏马陵之战。[①] 前一战，孙膑用"批亢捣虚"、"疾走大梁

[①] 《史记》在记述桂陵之战时，没有提及庞涓，而在记述马陵之战时，称庞涓被杀或自杀，魏太子申被虏。但竹简《孙膑兵法·擒庞涓》记载，庞涓在桂陵之战时被擒。

（魏都，今河南开封）"、"攻其必救"的战法，围魏救赵，在桂陵大破魏军；后一战，当魏攻韩之际①，齐军"直走大梁"，魏军"去韩而归"，孙膑用减灶示寡，诱敌深入，夹道伏击，在马陵大破魏军。以上战役显示了孙膑卓越的军事才能，从此孙膑"名显天下，世传其兵法"（《史记·孙子吴起列传》）。司马迁说："齐威王、宣王用孙子（膑）、田忌之徒，而诸侯东面朝齐。"（《史记·孟子荀卿列传》）马陵之战后，原为中原强国的魏国乃至三晋（韩、赵、魏）都被削弱了。三晋原为秦国进入中原的强大屏障，它的被削弱，为一百二十多年后秦国进入中原预作了准备。

《孙膑兵法》在战国至汉代颇为流行。《汉书·艺文志》著录"齐孙子八十九篇，图四卷"，然《隋志》已不著录。1972 年在山东临沂发掘银雀山汉墓时，发现《孙膑兵法》竹简，系孙膑言行之杂录，有孙膑本人的著述，也有弟子、后人的辑录。经今人整理后，简文分为上下两编，各十五篇。凡写有"孙子曰"的编入上编，有：《擒庞涓》、《见威王》、《威王问》、《陈忌问垒》、《篡卒》、《月战》、《八阵》、《地葆》、《势备》、《兵情》、《行篡》、《杀士》、《延气》、《官一》、《强兵》；下编有：《十阵》、《十问》、《略甲》、《客主人分》、《善者》、《五名五恭》、《兵失》、《将义》、《将德》、《将败》、《将失》、《雄牝城》、《五度九夺》、《积疏》、《奇正》。由于简文残缺不全，有些篇题是由整理者根据内容补加的。现有竹简整理小组编、文物出版社 1975 年 2 月出版的《孙膑兵法》，张震泽撰、中华书局 1984 年 2 月出版的《孙膑兵法校理》，邓泽宗撰、解放军出版社 1986 年 3 月出版的《孙膑兵法注译》，荣挺进、李丹译注，中国书店 1994 年 9 月出版的《孙膑兵法白话今译》等。② 1976 年，日本东京东方书店出版了金谷治的《孙膑兵法译注》，台北黎明文化公司出版了徐培根的《孙膑兵法注释》。1985 年 9 月，文物出版社根据专家们的意见，在《银雀山汉墓竹简》第一辑，对所录《孙膑兵

---

① 据《史记》，马陵之战的背景为魏、赵同攻韩国，但据郭化若从历史关系和战场方位上的研究，似应为魏、韩共同攻赵才对。郭氏怀疑《史记》此处有字误。详见郭著《孙子译注》，上海：上海古籍出版社，1984 年，附图 4"齐魏马陵之战示意图"。

② 本节参考了以上四种著作。

法》进行了调整,原上编十五篇分别作了补充和删节,并另补入《五教法》一篇,成十六篇。原下编十五篇文章,则抽出另编入"先秦论政论兵之类"中。按这一看法,后十五篇似不能完全属孙膑及其学派。

第二节　兵制的演变与《孙子兵法》的时代

《孙子兵法》的核心在于对人力与物力的合理统筹、调配及利用。所谓:"用兵之法,驰车千驷,革车千乘,带甲十万;千里馈粮,则内外之费,宾客之用,胶漆之材,车甲之奉,日费千金,然后十万之师举矣。"(《作战篇》)在孙武看来,战争的要素并非决战于疆场或逞血气之勇,而在于兵制、政令、军备的整顿规划。因此,战争的成败是可以预估(庙算)的,故其说"善用兵者,屈人之兵而非战也"(《谋攻篇》),其目的便是善于制造"势"。善于打仗的人在开战之前已经让自己占据了绝对优势。所谓"古之所谓善战者,胜于易胜者也"(《形篇》)。而立于不败之地的原因,首先在于具体的几种数据对比产生的优势,如国土的大小、物产的多少、人口的众寡、敌我力量的强弱等。一旦在开战前形成悬殊的差异,克敌制胜自然如"决积水于千仞之溪"(《形篇》)。在作战当中,也需要构造不同的"势",孙子一再强调,善战者不是迫使士兵拼命,而是能够"择人而任势"(《势篇》),只要能有效地对各种资源进行调配,即使人数不占优势,仍能发挥最大的效能,避实击虚,因敌而制胜。实则这种兵法思想的产生与春秋时期军事形态的转变息息相关,因此有必要纵观商周到春秋整体的社会与兵制变革,进而理解兵法产生的时代语境及其思想内涵。

一、商周时期的军事形态及其演进

殷商时期,国家主体军事力量的构成以"族"为单位。林沄先生根据王室卜辞发现,商王朝的常备武装主要来自两方面。一方面是效命商王的"多臣"、"多马羌",其虽类似后世的职业武装,但不过是战争俘获的异族奴隶,且常有叛逃的现象。另一方面,就是从各家族征调人员,充当对四方征伐的军事主力。① 换言之,商王并不直接统辖地区性的武装力量,而是依据各家族族长从而征调其族人与奴隶,这些分散的"族"实际便组成商代的军事组织。丁山先生通过研究殷墟甲骨与传世文献也认为,"族"不同于具有同一图腾的小诸侯,而是诸侯的子孙或卿大夫再受封食邑的大夫之家②,"族字从㫃,从矢,矢所以杀敌,㫃所以标众,其本谊应是军旅的组织。"③实际上,在后代的文献中也可见"族"的军事组织含义,如《左传·宣公十二年》:"知庄子以其族反之。"杜预注:"族,家兵。"又如《国语·楚语上》:"楚师可料也,在中军王族而已。"韦昭注:"族,部署也。"再如《成公十六年》:"栾、范以其族夹公行。"这里的栾、范之族便是由其"宗族丁壮构成的队伍"④,同时兼具部属和宗亲两种身份。李学勤先生指出凡有"王族,多子族"等词的,都是有关军事的卜辞。可见,"多子族"、"王族"便分别指隶属于诸侯、殷王的亲族。这都表明直至春秋时期,一个"族"即作为一个独立的军事战斗单位,并且这种军事单位无疑也是一种血缘性的生产生活组织,其治权自然属于本族族长。

　　林沄先生根据卜辞推测,商朝早期的边防能力颇弱,这种局面的转变正是由于"武丁后期军事联盟的发展,商本土的周围均有联盟方国为其屏障。"⑤这种推论是合理的,实际上,后来的周朝抑或是诸国,均重视"守在四夷"的防守方式。如矢令方彝便有:"众诸侯:侯、甸、男,舍四方令。"(《殷周金文集成·修订增补本》9901,后简称《集成》)可见"四方"是由诸侯充斥。又如楚国沈尹戌曰:"慎其四竟,结其四援。"(《左传·昭公二十三年》)这种战略一方面是借助四境的关隘、河流充当防线,另一方

① 参考林沄:《从武丁时代的几种"子卜辞"试论商代的家族形态》,载《古文字研究》(一),北京:中华书局,1979 年,第 331 页。
② 如《左传·隐公八年》即载:"天子建德,因生以赐姓,胙之土而命之氏。诸侯以字为谥,因以为族,官有世功,则有官族,邑亦如之。"
③ 丁山:《甲骨文所见氏族及其制度》,北京:中华书局,1988 年,第 33 页。
④ 李学勤:《释多君多子》,载胡厚宣编《甲骨文与殷商史》,上海:上海古籍出版社,1983 年,第 20 页。
⑤ 林沄:《甲骨文中的商代方国联盟》,载《古文字研究》(六),北京:中华书局,1981 年,第 80 页。

面也表明早期国家政权往往无足够的兵力藩守国土,只能通过与周边小国结盟以维护安全。所谓"古者畿内之兵不出,所以重内也。卒有四方之役,即用诸侯人耳"(《文献通考卷一四九·兵考一》)。周的分封制即类似商朝方国联盟的强化,只是周以血缘网络纽带取代了商朝武力威慑的兵力征调,实则这些居于交通要冲的侯伯与方国的伯长共同构成"外服",军事上听从商王调遣,内部则保持独立性。于省吾通过考察商代祭祀也发现,商王仅仅让本部落内的臣僚或氏族长祭祀先祖或父兄,而对于没有血缘关系的酋长则从无司祭之举。这其实正如《左传·僖公十年》所言:"神不歆非类,民不祀非族。"而若进一步考察祭祀环节,更可发现:"商王往往占卜本部落各地受年与否,包括已并吞或归降的各部落土地在内,但对于其它外族部落则从无某地受年之占。"①这均可证明商王无权过问外族的内部事务。除了在统一的军事行动中尊商君为"王"外,日常的兵员管理、生产活动以及司法裁判权均属于族内自治。

总而言之,商代的军事武装来源于分族的小宗以及方国各族的支持,族长(族尹)受商王的"呼"、"令",统帅族邑的族人,其族被编成师、旅等不同的作战单位参与战斗。这种临时组建的军事模式无疑也就构成了特定的作战规模与战斗方式。一方面,军事组织与基层生活组织是统一的。以"族"为单位,便不同于什伍制下的编户齐民,其内部由血缘纽带建立起生产生活组织,本身便形成独立自保性的"军事—行政"共同体,因此占据边关要塞的族邑本身便对商王畿形成藩守之势。另一方面,商王朝与各族属的联盟却仅仅依靠商王族自身的武力威慑,由于利益的分离性,自始至终商王需要应对各族产生的离心力。换言之,族军附庸与否完全视商王与族长的关系决定。因此,商代后期商王势必提拔任命下层阶级以确保王朝的稳定性。所谓"乃惟四方之多罪逋逃是崇是长,是信是使,是以为大夫卿士"(《尚书·牧誓》)。但是,在血缘家族时代,这种中央集权化的改造必然会触及原有利益集团,最终导致商王朝

① 于省吾:《从甲骨文看商代社会性质》,载《东北人民大学人文科学学报》,1957年第1期。

的覆灭。

周代借鉴殷亡的教训，建立起血缘纽带为主体的分封制，规避了商代诸侯的离心力。正如王国维先生所言："新建之国皆其功臣、昆弟、甥舅，本周之臣子，而鲁、卫、晋、齐四国，又以王室至亲为东方大藩，夏、殷以来古国，方之蔑矣。由是天子之尊，非复诸侯之长而为诸侯之君。"[①]伴随着血缘分封，周王更通过册命仪式强化天子诸侯之间的君臣权力义务关系，建立起稳固的军事同盟。周的分封制有畿内、畿外两种诸侯，畿内贵族作为周王直接支配的臣属分布在周王直接治理的区域内，其实无论是从公族析出的亲族集团，抑或"西六师"、"成周八师"，其军队组织仍然是以"族"为单位。[②] 这是由于贵族的军队不仅是作为周王朝的国家军事武装，很大程度是在自己的封建区域内，为了对土著居民保持足以震慑的武力或为了实现对封土的近似于自治的政治统治，于是形成的武士集团。[③] 金文中不少以"族"征伐的铭文，如明公簋有"遣三族伐东国"（《集成》4029），班簋有"遣令曰：以乃族从父征"（《集成》4341），又如兵器上也常见为某族所造的铭文，如"宋公佐之所造不易族戈"（《集成》11289）、"秦子作造公族元用"（《集成》11353）等，这均表明"族"仍作为一个作战单位而存在。因此，商周时期的兵制大致有以下两种特点：

首先，族的生产与生活方式决定了军制形态。军赋源于田制，这点古人讨论甚多。对于商周时期而言，班固便曾说过："殷、周以兵定天下矣。天下既定，戢臧干戈，教以文德，而犹立司马之官，设六军之众，因井田而制军赋。"（《汉书·刑法制》）又如《周礼》中遂人的职责便是"使各掌其政令刑禁，以岁时稽其人民，而授之田野，简其兵器，教之稼穑"。在《国语》中亦有"美金以铸剑戟"、"恶金以铸锄、夷、斤、斸"，可见初期农业生产活动本身便与军事组织配套而存。此外，军事编制也与农业发展相关，商代已产生众人协作的农牧业活动，"协田"、"耦耕"等均显示需三人

---

① 王国维：《殷周制度论》，载《王国维全集》（八），杭州：浙江教育出版社，2009年，第312页。
② 参考罗琨、张永山：《中国军事通史》（一），北京：军事科学出版社，1998年，第316页。
③ 参考朱凤瀚：《商周家族形态研究》，天津：天津古籍出版社，2004年，第396页。

或两人合作进行。其农业与军事则设置有统一的管理人员,如卜辞中既有"令禽袤田于京"又有"令禽伐邛方",显然商王不是让"禽"这类人员亲自执耜踏耒而耕或一人去征讨敌人,而是负责该地的袤田工作与作为将领率兵。[1] 正是由于这种生产形态,商周形成兵农统一的管理机制。所谓"在家为比,在军为伍"。其内涵亦如郑玄所言:"此皆先王所因农事而定军令者也。欲其恩足相恤,义足相救,服容相别,音声相识。"(《周礼注疏》卷十一)其基层政权机构乡里之长——"里君"应是由族尹担任的。出征等事由族长带领族众进行。[2] 西周金文中常有"里君"与"百姓"或"诸侯"并提的现象,可见政令的传达的对象仍然需要面对各氏族家长。因此,也可说即使出现乡、邑、里等基层单位,但是其实体仍然是与族重合的。

这种行政单位与宗族结合的情况,自然就决定了兵役的征发、战斗的模式等内容。《周礼·地官司徒》记载:"乃会万民之卒伍而用之:五人为伍,五伍为两,四两为卒,五卒为旅,五旅为师,五师为军,以起军旅,以作田役,以比追胥,以令贡赋。"而军队建制与家族区域结构相对应,如下表所示:

周礼中的兵农系统表,附郑玄《周礼注》职官(1 军共 12500 兵)

进制	5	5	4	5	5	5	
在家	家	比(伍长)	闾(闾胥)	族(族师)	党(党正)	州(州长)	乡(大夫)
在军	人	伍(伍长)	两(两司马)	卒(卒长)	旅(旅师)	师(师帅)	军(军将)

可见,尽管《周礼》这种整齐完整的层级建制未必为周代军制实存,但其所透露出的地方兵农防御共同体却符合商周以族军为主体的军事形态。即使从字源讨论,除"族"一级外,其余基层组织也多含有氏族制的因素。如"党"字,《周礼》有"五族为党",《礼记·杂记》有"其党也食之,非其党

---

[1] 杨升男:《商代经济史》,贵阳:贵州人民出版社,1992 年,第 189 页。
[2] 参考罗琨:《商代战争与军制》,北京:中国社会科学出版社,2010 年,第 369 页。

弗食也"。郑玄注:"党,犹亲也。""乡"字则"像两人相向对坐,共食一簋的情况。其本义应为乡人共食","是用来指自己那些共同饮食的氏族聚落的"。[①] "比"字本意有"相亲密"之义,在殷商卜辞中更常被用为诸侯协助辅佐商王进行军事行动。因此,《周礼》文本的创作者很可能是在战国时期所确立的地方基层组织观念下,选取商周的族属概念建构起一套杂糅型的理想体制。此后《毛诗正义》援引《周礼》政制注《诗经·周颂·良耜》"以开百室"一语便说道:"一族同时纳谷,见聚居者相亲,故举少言也。又解族、党、州、乡皆为聚属,独以百室为亲亲之意,由百室出必共洫间而耕,入必共族中而居,又有同祭酺合醵之欢也,故偏言之也。"可见,尽管《毛诗正义》接受了《周礼》叙述的地方职官系统,但仍能意识到"族"在整个系统中的特殊性,即尽管族、党、州、乡都有人员聚居的含义,但百室所构成的"族"则是一个相对独立的"血缘—耕作—祭祀"共同体。

其次,商周以族为单位兵农合一的方式也就使得族军的规模取决于族本身的大小,军队以族为单位,规划不整;族内军事职官建制不明确;农业工具、井田制、国野之别等因素又使得甲士有贵族的身份限制,继而限制了公族有效调配的军事力量,并无法形成训练有效的常备军事武装。而在车乘与步兵的配属方面,商代的军队以徒兵为主,这不同于西周春秋时的车战。从考古遗址推断,商代也尚未形成适于车战成组合的兵器,马车中的兵器明显缺乏用于格斗的长兵器,用于杀伤敌人的有效手段只有弓箭。[②] 如果以"族"作为商周基本的作战单位,覆验殷墟甲骨可知,一个族的人数基本固定在一百名男子,出自一百家。此后,无论是郑玄注《周礼》所云"百家为族",还是西周晚期禹鼎记载的"公戎车百乘,斯驭二百,徒千"(《集成》2833),抑或是《左传》中的"齐侯使公子无亏帅车三百乘,甲士三千人,以戍曹"、"以什共车必克"、"百两必千人",《周礼·小司徒》注所引《司马法》的"三百家,革车一乘,士十人,徒二十人",

① 杨宽:《"乡饮酒礼"与"飨礼"新探》,载《古史新探》,北京:中华书局,1965年,第288、289页。
② 罗琨:《商代战争与军制》,北京:中国社会科学出版社,2010年,第400页。

《孙子兵法》的"驰车千驷,革车千乘,带甲十万",都可见在西周和春秋早期,一辆战车配十名甲士是基本的作战单位。正是由于这些原因,决定了当时的军事规模并限制了军事机动性,最终迫使春秋时期各国进行改制。

二、春秋战国时期军制改革趋势

军制改革初期的核心内容是从户籍整理展开。《国语·齐语》中记载管子的"作内政而寄军令"便是显明的例证。在管子的语境中,对基层设置职官予以管理便等同于对军事的改革。至于建制后的进一步措施,管仲则用"春以搜振旅,秋以狝治兵。是故卒伍整于里,军旅整于郊。内教既成,令勿使迁徙"概括之。在他看来,齐国如欲崛起,惟有施行这种策略,才既可以进行内政的改革,又不会被诸侯所察觉。所谓"君若欲速得志于天下诸侯,则事可以隐令,可以寄政。"在《国语》中也清晰地记载了这一民兵新制的组织形态,如下表:

《国语·齐语》中管仲的兵农系统表(1 军共 10000 兵)

进制	5	10	4	10	5	
在家	家	轨(轨长)	里(有司)	连(连长)	乡(大夫)	帅
在军	人	伍(轨长)	小戎(有司)	卒(连长)	旅(大夫)	军(乡帅)

以往对《国语》中管仲新制与《周礼》差异的讨论多关注在兵制的人数上,如苏轼着眼于阵法、奇正变化之数,认为《周礼》司马法是"八阵之中,宜其有奇而不齐者,是以多为之曲折"。而对管仲每军整一万人则是"如贯绳,如画棋局,疏畅洞达",是"简略速胜之兵"(《管仲论》)。实际上,除去阵法切入的分析外,《国语》所载的管仲兵制至少可从"变"与"不变"两方面讨论:

首先,对于《周礼》和《国语》中管仲军制的记载,虽然未必确为周代和齐桓公时代的制度实存,但倘若将其视为两种不同时代的制度构想,仍能发现其中变化转型的趋势。虽然"管仲军制"与《周礼》兵制一军的兵员的总数有差别,但并非是要害所在。关键之处在于《周礼》中一军的统帅(军将)是由乡大夫直接担任,也就是说身为地区最高职官的乡大夫同时兼任最高军事统帅,可以直接调配12500人的军队。而"管仲军制"则截然不同,其乡大夫并非为军级的统领,而仅为旅长,所统辖兵员仅有2000人。在乡大夫之上则另由中央委任"卿"担任以五个乡为单位的"乡帅"。简言之,撰写"管仲军制"的作者与《周礼》的军制理念不同,其用意在于大大缩减乡大夫所能调配的兵力,乡大夫管制的人数仅约为《周礼》的1/6,这显然体现了国家对乡里职官赋权的削减。倘若说在商周时期,乡长官本身即为族长兼任,那么"管仲军制"的创作者显然有意削弱族群的规模,其目的自然是要将族军逐渐收编中央。实际上,这一改制正是春秋诸国的共识。如晋惠公时"作州兵",孔颖达就解释说:"周礼卿大夫以岁时登其夫家之众寡,辨其可任者,州长则否。今以州长管人既少,督察易精,故使州长治之。"(《左传·僖公十五年》)在《周礼》职官中,州长一级所辖为2500人。因此,这里的"作州兵"跟管仲的兵制一样,都是缩减地区长官所能控制的人数。管仲采取保留乡大夫的名号改革层级人员进制,而晋惠公则是沿袭原进制,但直接剥夺乡大夫的兵权,让州长作为一级军事单位。其实,两者的共同点都在于缩小基层族群自治单位的规模而已。

其次,尽管《国语·齐语》中记载的管子兵制不同于《周礼》,但其对地区治理的核心却秉承着周封建制区域自治的传统,而绝然不同于战国时期文献中所凸显的律令制集权统治。如在《国语》"作内政而寄军令"一段叙述后,便对这一政策的意义阐述道:

> 伍之人祭祀同福,死丧同恤,祸灾共之。人与人相畴,家与家相畴,世同居,少同游。故夜战声相闻,足以不乖;昼战目相见,足以相识。其欢欣足以相死。居同乐,行同和,死同哀。是故守则同固,战则同强。

可见,在管子所设立的军令系统中,其要义仍在于构建地方共同体的自保相救机制,而非国家对基层组织的管控。管子的基层是以五家为一个单位,其内部事务主要有共同祭祀、丧葬协助、抵御自然灾害等。其根本在于培养五家内部的情义联结与空间纽带。因此,即使文中包含"战则同强"的军事行动,其用意也在于凸显抵御外敌时所形成的熟人协作。值得注意的是,在管仲的设计中,国君的管控仍仅限于乡一级,而乡大夫仅每年正月向朝廷述职。这无疑仍是秉承《周礼》的政制结构。《周礼》"乡大夫"一职位,正是"各掌其乡之政教禁令。正月之吉,受教法于司徒,退而颁之于其乡吏,使各以教其所治,以考其德行,察其道艺"(《周礼·地官·乡大夫》)。换言之,中央行政系统尽量让地方各级进行自治。所谓"国子、高子退而修乡,乡退而修连,连退而修里,里退而修轨,轨退而修伍,伍退而修家"(《国语·齐语》)。这里各级行政单位所"修"的,自然不是用律法对基层进行什伍制的监管,而是基于亲族内部的伦理,故乡大夫所审验的事务中,首列便是"不慈孝于父母、不长悌于乡里"之徒。因此可说在《国语》所记载的管仲兵制与《周礼》的内核是一脉相承,正如王文清所论:"其大小相维,本枝相属,居游相习,缓急相倚之势,不犹然先王之意哉。"①总而言之,可以说管仲兵制的"变"与"不变"正预示着春秋时期军制转型的开始。

其实,编户齐民是春秋以后各国内政变革的大趋势。一般认为成书在战国时代的兵书《尉缭子》便能看到对户籍管理与军事的关系。可以说,兵制建设并非仅仅施用于军事行动,更兼涉土地垦殖及流民收拢等一系列民政事务。如《尉缭子》中对"禁舍开塞"的重视便保留着这种意涵。如其说:

> 明乎禁舍开塞,民流者亲之,地不任者任之。夫土广而任则国富,民众而治则国治。富治者,民不发轫,甲不出暴,而威制天下。(《尉缭子·兵谈》)

---

① 王文清撰,黄守红校点:《考古略》,载《王文清集》,长沙:岳麓书社,2013年,第769页。

可见,这里虽然言治兵,但其实着眼于人力资源的整合以及土地资源的配置。"禁舍开塞"的内涵更偏重于一整套施政方略,而非具体的军事行动。在《兵教下》中作者更明确对"开塞"一词进行定义,所谓"分地以限,各死其职而坚守也"。显然作者就是要求在国君管控的疆域内部划分不同的区域作为防区,由此促使一地的民众肩负起守土之责。而这里的"塞"或源于要塞,正如《踵军令》中所言:"兵有什伍,有分有合,豫为之职,守要塞关梁而分居之。"由此观之,前文所言的"分地"也就侧重于强调那种依据战略形势而形成的战区。所以,对编户民的管理实际也等同于对地区军政的治理与防御体系的建立。而在《原官》中更将"开塞"同官吏的考核体系相贯通,不仅要求臣下做到"守法稽断",更要求主上能够"明法稽验",这无疑是与战国时期各国兴起的律令制建设紧密相关,故其曰:"明赏赉,严诛责,止奸之术也。审开塞,守一道,为政之要也。"如果结合"开塞"所包括的划分区域、明晰权责等内容而论,这里便是要求进一步在具体区域治理中建立一套赏罚严明的行政机制。事实上,律令制国家的建设,本身便意味着中央集权对血缘共同体的冲击。而"禁舍"二字,则直接指向对原有周封建制内部亲亲相隐的冲击。如其载:

> 令百人一卒,千人一司马,万人一将,以少诛众,以弱诛强。试听臣言,其术足使三军之众,诛一人无失刑,父不敢舍子,子不敢舍父,况国人乎?(《尉缭子·制谈》)

> 夫什伍相结,上下相联,无有不得之奸,无有不揭之罪,父不得以私其子,兄不得以私其弟,而况国人聚舍同食,乌能以干令相私者哉。(《尉缭子·伍制令》)

"舍"字通"赦",有赦免的含义。如《诗经·小雅·雨无正》便有"舍彼有罪,既伏其辜"的诗句。《逸周书·王佩》有"施舍在平心。不幸在不闻其过"。孔晁注便说:"舍谓赦罪。"而在《尉缭子·兵教下》也有"此十二者教成,犯令不舍"。显然,"舍"也当做赦免讲。由此反观"父不敢舍子"的"舍"字,虽不能直解为赦免,但也可以引申出容隐、首匿的含义,而这则更接近"舍"字本意。《说文》认为舍字"从亼，中象屋也。口象筑也"。由字形本身的房屋、居室的涵义而言，此处讲父子不敢相舍，很大程度是说明中央集权与律令制推进中对基层的控制，延伸到对共居的独立家庭内部互相容隐的限制。这从"聚舍"的国人到共居的父子，也正显示出战国时期集权体制与兵制构建的层层推进。可见，《尉缭子》的"禁舍"也就相当于《管子》中的"禁藏"，其核心内容都是强调国家对基层人力资源的统辖与管控。所以春秋晚期与战国时期的兵书都隐约透露出法家的趋势，其根本目的便是通过律令制度达到"制民"的要求。如《管子·禁藏》中便载："夫善牧民者，非以城郭也，辅之以什，司之以伍。伍无非其人，人无非其里，里无非其家，故奔亡者无所匿，迁徙者无所容。不求而约，不召而来，故民无流亡之意，吏无备追之忧。故主政可往于民，民心可系于主。"显然，这里的"牧民"就是强调户籍的管理与什伍制的建立，这自然是中央集权趋势下的产物。又如《商君书》所言：

> 强国之民，父遗其子，兄遗其弟，妻遗其夫，皆曰："不得，无返。"又曰："失法离令，若死我死，乡治之。行间无所逃，迁徙无所入。"行间之治，连以五，辨之以章，束之以令，拙无所处，罢无所生。是以三军之众，从令如流，死而不旋踵。（《商君书·画策》）

这就明显看出军事建制、户籍制与律令制并行的意涵。而户籍控制的结果也使得兵员身份从贵族向平民转移，此前一辆战车十名徒，之后徒的数量不断增加，到后期有时需要每甸提供兵车一乘，步卒七十二人。除了人口增长的因素外，更主要的原因是由于兵役征发范围的扩大，这自然是由多种因素所导致。首先，生产力的发展导致社会结构变化与兵器制造技术的提高，伴随"国"、"野"界限的打破，兵役征发的对象自然从国人扩展到野人。其次，春秋之后，国际形势的转变导致战争不单单是正面的阵战。当诸侯完成前期对平原领土的整合后继续向山地区域扩张，北方诸侯同吴楚等国作战所应对的多样性地貌，以及围攻、伏击、奇袭等新作战方式的产生，这一系列因素均需使用大规模徒兵来取代车兵。再次，如前所叙，伴随着国家权力对基层的渗透，原先属于族长控制的族兵逐渐编户齐民化，卿大夫在采邑内设置的一系列无血缘性的职官有效地控制了基层人口，这使得诸侯能更大规模地调动人力资源。而战争的扩大化与兼并战的推行，必然形成徒兵数量的剧增。因此，春秋以后的从军制与户籍产生的变革，便可视为《孙子兵法》产生的核心背景。

三、时代变革中的《孙子兵法》

通过考察先秦时期的军制演变规律，可以更深入地理解《孙子兵法》的内涵。

首先，兵法中的"道"、"法"思想与春秋社会形态的变化密切相关。商周时期，作战军队主要是按氏族集团组成，因此，"王权自然要受到诸氏族集团的显贵（特别是军事贵族）'共政'的制约，而且有当兵资格的一般公民也不可能被剥夺对国家重大政务的发言权。"[1]然而随着春秋兵制的改变与职业士兵的产生，这种状况必然改变，如《孙子兵法·计篇》开篇就言"经之以五事"，除了天（天时）、地（地形与地势）、将（将领）的客观因素外，其中首列"道"，并解释说："道者，令民与上同意也。"这显然体现着春秋变制后的军事思想，这种集权性的统一兵员管理需要建立政策的独断性与强制性。因此，第五项的"法"，则强调曲制（军队的组织架构）、官道（管理制度）、主用（物资调遣），这也是春秋以来整合族军后建设常备军的核心。可见，兵法的内核与行政制度的变革息息相关，在中央政府层面体现为对基层的控制，在兵法上则体现为建立将帅领导者的个人决策性，同时要求国君对将帅信任并赋权，继而建立了一套兵家的思想，如所谓："夫将者，国之辅也，辅周则国必强，辅隙则国必弱。"（《孙子兵法·谋攻篇》）又如："将听吾计，用之必胜，留之；将不听吾计，用之必败，去之。"（《孙子兵法·计篇》）更或是直接说"上下同欲者胜"、"将能而君不御者胜"（《孙子兵法·谋攻篇》），"君命有所不受"（《孙子兵法·九变

---

① 林沄：《商代兵制管窥》，载《古文字研究》（一），北京：中华书局，1979年，第156页。

篇》),这些语句都属于这一意涵。可见,春秋时期的军队已经从商代和西周早期具有自保与协作性质的族军逐渐向职业军人过渡,经济形态的变化与地域组织的建立也促成了新型兵役的征发,编户齐民使得兵役征发具有半强制性。因此《孙子兵法》中便凸显了这一转型,故其谓:"善用兵者,役不再籍,粮不三载,取用于国,因粮于敌,故军食可足也。"(《孙子兵法·作战篇》)事实上,对粮草转运的重视本身便是军队动员机制的体现,如前文所叙,商周族军时期结盟或分封诸侯的地理位置便决定了其具有藩屏中央的职能,其扼守要塞,并不经常进行大规模与长距离的移徙作战,仅需巩固据点。但春秋时期诸侯的战争已转变为不同地域间的征伐,其目的在于调动兵员攻城略地,这自然就迫使国家需要有极强的动员力,而大规模人力调动无疑会影响到地区的经济行为,故《作战篇》中又出现了:"国之贫于师者远输,远输则百姓贫;近于师者贵卖,贵卖则百姓财竭,财竭则急于丘役。力屈财殚,中原内虚于家。"

其次,兵法中的治兵思想与春秋以来基层管理制度转变有关。兵法中重视"分数",这里的分数即指古代军队的编制组织。如前所叙,族军时代的军制以族为单位,尽管在"族"下还有比、闾等机构,但内部自然也是遵从亲亲的血缘关系,并未形成整齐规划的编制,这也就限制了军队的战斗力。到了春秋时期,随着战争性质的变化与规模的扩大,亟需建构一种军队基层的智慧系统。故《兵势》有:"凡治众如治寡,分数是也。斗众如斗寡,形名是也。三军之众,可使必受敌而无败者,奇正是也。兵之所加,如以碫投卵者,虚实是也。"可见此时面对的问题已是如何保证政令传达与执行的有效性,如何控制军队并形成变化阵型,以施用于不同的地形、构成不同的进攻优势。《地形篇》便列举了六种兵败的情形,分别是"走"、"弛"、"陷"、"崩"、"乱"、"北",实际上很大程度都与军队内部管控失调产生出的危机相关。如"弛"指士兵不听军官的调遣;"陷"指军官冲锋陷阵而士兵无法跟上;"崩"指副将怨怒不服从指挥,遇敌擅自出战,而主将不了解其能力,最后导致崩溃;"乱"更是直接指士兵列阵时内部横冲直撞杂乱无章。故《军争篇》中引用如今已散佚的《军政》一书并引申说道："夫金鼓旌旗者，所以一人之耳目也；人既专一，则勇者不得独进，怯者不得独退，此用众之法也。故夜战多火鼓，昼战多旌旗，所以变人之耳目也。"这正可见当时作战组织的规模化已不同于族军时代。商周时期的战事很大程度有着自保的倾向，贵族组成的军队也不需面对勇怯与否的问题。只有春秋后期的大规模"合军聚众"型的作战才需要顾及士气、军心、兵容等方面的问题，才需要考虑用何种策略手段激发出兵士的战斗力。例如《九变篇》所言："屈诸侯者以害，役诸侯者以业，趋诸侯者以利。"又如《行军篇》中观察分析种种敌我双方兵士的细节情态以制定相应的战略。因此可说兵法中所描述的种种形势，如"激水之疾至于漂石"、"鸷鸟之疾至于毁折"乃至"浑浑沌沌，形圆而不可败"均非虚构造作，这都是缘于将帅对部队每个分支战斗集团的有效指挥。此外，在族兵时代，兵制与基层行政合一，其目的在于形成互保的秩序。在春秋以前，军事行动、政教系统与律令制度是三位一体的，这一本质正如《周礼·地官·大司徒》郑注所言："使之者，皆谓立其长而教令使之。"但是只有伴随着规模化战争，封赏的对象才普及到广大的个体兵员，战争之后贵族内部的权利分割演变成一种激励下层士兵攻占的手段。故在《作战篇》有"杀敌者怒也，取敌之利者货也。故车战，得车十乘以上，赏其先得者。"这种奖励的细节化与程式化自然是由于奖励行为的普及性使然。而《行军篇》又说："卒未亲附而罚之，则不服，不服则难用也。卒已亲附而罚不行，则不可用也。"而在对敌我双方情况的审查中，自然也包括"法令孰行"、"赏罚孰明"。这就俨然是将军纪法律作为一种治理的手段。这其实跟春秋以后什伍制与兵制的改进紧密相关。由此，律令本身的政教色彩逐渐退化，成为了兵家和法家体制中的一环。

再次，兵法中的作战观念与春秋以来的诸侯内政形势转变有关。正如前文所言，《孙子兵法》的思想在于将战争词义的范畴从兵刃对接泛化为一种广义的备战策略，更关注如何制造一种压倒性的军备或人力的"势"。在春秋时期，谴责灭国绝祀不仅是因为礼法不容，更主要的原因在于春秋时期人少地多,战争行为本身便不在于灭国,而在于如何扩充一国之民力,用以开垦荒地增加赋税来扩充国力。而对人口的掌握与控制也正是户籍制产生的原因。这一因素体现在兵法之上,便是兵法"不战而屈人之兵"的最高准则。显然,这并非是要规劝将帅施行仁义,而是缘于实际的考量,即"卒善而养之,是谓胜敌而益强"(《孙子兵法·作战篇》),是以人力资源的吸纳为核心准则。又如《兵争》篇说道:"掠乡分众,廓地分利,悬权而动。"这正可见《孙子兵法》的撰写时代下,战争的目的在于占有人力与土地资源。由此反观先秦诸子论调,如孟子说:"王如施仁政于民,省刑罚,薄税敛,深耕易耨。壮者以暇日修其孝悌忠信,入以事其父兄,出以事其长上,可使制梃以挞秦楚之坚甲利兵矣。"朱熹注曰"尊君亲上而乐于效死"(《孟子集注·梁惠王章句上》),更是直白地道出,在现实上,各诸侯国把民众充作抗击秦楚的战斗力。荀子就说得更显白,所谓"裕民则民富,民富则田肥以易,田肥以易则出实百倍"。其落脚点仍在于扩充国力。因此,与其说这是诸子的施政之策,不妨将此理解为当时社会形态的一种现象实存。

第三节 吴、齐《孙子兵法》的核心思想

一、经之以五,较之以计

《孙子兵法·计篇》:"孙子曰:兵者,国之大事,死生之地,存亡之道,不可不察也。""故经之以五事,校之以计而索其情:一曰道,二曰天,三曰地,四曰将,五曰法。道者,令民与上同意也,故可以与之死,可以与之生,而不畏危。天者,阴阳、寒暑、时制也。地者,远近、险易、广狭、死生也。将者,智、信、仁、勇、严也。法者,曲制、官道、主用也。凡此五者,将莫不闻,知之者胜,不知者不胜。故校之以计而索其情,曰:主孰有道?将孰有能?天地孰得?法令孰行?兵众孰强?士卒孰练?赏罚孰明?吾以此知胜负矣。"战争是国家大事,关系到生死存亡。首先应当明白的

是战争的规律,决定战争胜负的主客观条件和因素。

孙子提出了五个方面:道——战争的正义性,人心的向背,百姓民众支持与否,是否与君上同心并有牺牲精神。天——自然气候条件,昼夜、晴雨、寒热、四时的变化。地——自然地理条件,路程、地形、地势、地貌等等。将——将帅的指挥才能、智慧谋略,信义、慈爱、果敢、严明等品质。法——组织编制、管理、职责、军需供应等规章制度和军纪。只有真正深刻把握并具备这五方面的条件,才算是奠定了打胜仗的基础。同时,还要进一步分析比较以下七因素,才可以判断战争的胜负:主上是否贤明,将帅是否有才,天时地利是否占有,纪律是否严明、法令能否贯彻,军队实力强否,士卒训练如何,赏罚是否分明等等。①

以上是《孙子兵法》开宗明义强调的原则。"道",作为"经"的五事之首,尤显重要。在这里,狭义的"道"指政治,特别是百姓与国君愿望的一致。因为战争总是一定政治的继续,战争必须依赖民众进行。广义的"道",则指整个战争的规律,包括战争与自然条件,与社会政治、经济、文化等各方面的联系和战争自身的客观规律,以及在把握这一规律的基础上制定的战略战术原则。"经之以五事"的其他四方面和"校之以计"的七方面,都可以视为广义的"道"的展开。

孙子说:"古之所谓善战者,胜于易胜者也。故善战者之胜也,无智名,无勇功。故其战胜不忒。不忒者,其所措必胜,胜已败者也。故善战者,立于不败之地,而不失敌之败也。是故胜兵先胜而后求战,败兵先战而后求胜。善用兵者,修道而保法,故能为胜败之政。"(《孙子兵法·形篇》)这里的"修道而保法",可以释为修明政治、严守法纪。但从上下文看,善用兵者之道,取胜之道,首先是审慎分析客观条件,包括兵力的众寡强弱,立足于容易胜利的条件下战胜敌人,作十分周密、万无一失的部署,使己方立于不败之地,而不放过使敌失败的机会。胜利的军队,总是充分利用并准备了胜利的各方面条件,然后再求战。

① 本节多处参考了郭化若的《孙子译注》(上海:上海古籍出版社,1984年)。

《孙子兵法·地形篇》研究了"通"、"挂"、"支"、"隘"、"险"、"远"六种地形与作战的关系和应对的措施、方法,指出:"凡此六者,地之道也;将之至任,不可不察也。"这是从地形的不同特点出发而研究的战争对策,充分考虑到敌我双方对地形的占领和攻、守、挑战与否及诱敌的方略。该篇又指出,凡军队发生"走"、"弛"、"陷"、"崩"、"乱"、"北"六种情况,不是由于天灾,而是由于将帅的错误。"凡此六者,败之道也;将之至任,不可不察也。"该篇又指出:"夫地形者,兵之助也。料敌制胜,计险阨远近,上将之道也。知此而用战者必胜,不知此而用战者必败。"(《孙子兵法·地形篇》)地形是用兵的辅助条件,准确地判断敌情,相应制定御敌用兵之计,考察地形险阨,计算道路的远近,是上将军必须把握的原则。这里突出了将帅的指导作用。"故战道必胜,主曰无战,必战可也;战道不胜,主曰必战,无战可也。故进不求名,退不避罪,唯人是保,而利合于主,国之宝也。"(同上)一切从战争的实际情况和发展规律出发。必能取胜的,虽然君主说不打,将帅可以坚持去打;不能取胜的,虽然君主一定要打,将帅可以不打。这是从国家整体利益出发的,因而从根本上有利于君主。这种将帅,才是国家的宝贝。

除了提出"上将之道"、"战道"之外,孙子还提出了"知胜之道"、"安国全军之道"。他指出:"故知胜有五:知可以战与不可以战者胜,识众寡之用者胜,上下同欲者胜,以虞待不虞者胜,将能而君不御者胜。此五者,知胜之道也。"(《孙子兵法·谋攻篇》)有判断能力,能判明敌我情况,知道能打胜就打,不能打胜就不打的可以胜;懂得指挥小部队,也懂得指挥大兵团的可以胜;国中军中上下利益与共的可以胜;随时备战,以有准备的军队等待无准备的军队的可以胜;将有指挥才能,国君不强加干预的可以胜。"明主虑之,良将修之。非利不动,非得不用,非危不战。主不可以怒而兴师,将不可以愠而致战;合于利而动,不合于利而止。怒可以复喜,愠可以复悦;亡国不可以复存,死者不可以复生。故明君慎之,良将警之;此安国全军之道也。"(《孙子兵法·火攻篇》)对于战争,明智的君主和优秀的将帅必须慎而又慎,不是十分有利,没有胜利的把握,不用兵；不是迫不得已，不作战。对于战争，国君和将帅切不可意气用事，一定要对国家有利才行动，对国家不利就停止。国亡了不能复存，人死了不能复生。因此，对于战争一定要持负责、审慎、警惕的态度，这是安定国家和保全军队的根本。

孙子还指出用兵之道的奇妙、灵活、辩证，把战争看作是不停的运动变化过程。因此，《孙子兵法》所说的"道"，即战争本身运动变化的过程与规律，包含着这一运动过程的辩证性。"兵者，诡道也。故能而示之不能，用而示之不用，近而示之远，远而示之近。利而诱之，乱而取之，实而备之，强而避之，怒而挠之，卑而骄之，佚而劳之，亲而离之。攻其无备，出其不意。此兵家之胜，不可先传也。"（《孙子兵法·计篇》）用兵是神奇的行动，必须善于伪装、欺骗、麻痹敌人，声东击西，诱敌骄敌，以逸待劳，随机应变，攻其无备，出其不意。

孙子还十分重视"势"。"势"有位势、动势、能量、物质的运动等等含义。《孙子兵法·势篇》指出："激水之疾，至于漂石者，势也；鸷鸟之疾，至于毁折者，节也。是故善战者，其势险，其节短。势如彍弩，节如发机。""故善战者，求之于势，不责于人，故能择人而任势。任势者，其战人也，如转木石。木石之性，安则静，危则动，方则止，圆则行。故善战人之势，如转圆石于千仞之山者，势也。"这里强调在战略上任势、造势，形成巨大的势能，以猛烈的冲击速度和强大的攻击力打击敌人。"势者，因利而制权也。"（《孙子兵法·计篇》）"势"就是利用有利的位势、位能，作机动灵活的变化，形成动势、动能。"造势"就是创造群体优势、力量与速度，如湍急的流水迅猛奔流，如无数圆石突然从万丈高山上滚滚而来。

"孙子曰：'凡用兵之法，全国为上，破国次之；全军为上，破军次之；全旅为上，破旅次之；全卒为上，破卒次之；全伍为上，破伍次之。是故百战百胜，非善之善者也；不战而屈人之兵，善之善者也。"（《孙子兵法·谋攻篇》）使敌人全部屈服为上策，消灭其一部分则差一些了。百战百胜还不算是最好的谋攻。最高明的办法，是运用谋略，不战而使敌人瓦解或屈服。"故上兵伐谋，其次伐交，其次伐兵，其下攻城。攻城之法为不得已。"(同上)首先考虑的是政治、外交上的计谋。"故善用兵者，屈人之兵而非战也，拔人之城而非攻也，破人之国而非久也，必以全争于天下，故兵不顿而利可全，此谋攻之法也。"(同上)这就表现了孙子的政治家的智慧，在备战的前提下，以非战的方式获得"全"胜，是为上策。

在战术上，则必须根据敌我双方兵力众寡强弱的不同，采取不同的方针。"故用兵之法，十则围之，五则攻之，倍则分之，敌则能战之，少则能逃之，不若则能避之。故小敌之坚，大敌之擒也。"(同上)我方在兵力上占绝对优势，至少多于两倍以上，才可以包围或进攻敌人。我方兵力只多于敌方一倍，还不够，应设法使敌人兵力再分散一些。敌我兵力相等，不期遭遇，则应果断勇猛地打击敌之薄弱部。我兵力少于敌方，则应迅速避开。敌强我弱，则避免决战。能打就打，不能打就走。弱小的军队如果固执坚守，就会被强敌所虏。

《孙子兵法》实际上把这些灵活的战略战术都上升到"道"与"法"即规律的高度。"故曰：知彼知己，百战不殆；不知彼而知己，一胜一负；不知彼，不知己，每战必殆。"(同上)"知彼知己"，对敌我双方的情况有全面深入的了解，是用兵的最一般的规律和法则。"知吾卒之可以击，而不知敌之不可击，胜之半也；知敌之可击，而不知吾卒之不可以击，胜之半也；知敌之可击，知吾卒之可以击，而不知地形之不可以战，胜之半也。故知兵者，动而不迷，举而不穷。故曰：知彼知己，胜乃不殆；知天知地，胜乃可全。"(《孙子兵法·地形篇》)不仅要深透地了解敌方和己方，而且要懂得天时地利，掌握用兵规律，才不会被敌方所迷惑，并以无穷的变化克敌制胜。《孙子兵法》强调对敌情的了解，认为吝惜爵禄和金钱，以致不能了解敌情，是最不仁慈的人。"故明君贤将，所以动而胜人，成功出于众者，先知也。先知者不可取于鬼神，不可象于事，不可验于度，必取于人，知敌之情者也。"(《孙子兵法·用间篇》)这都表现了作为军事家的孙子的智慧与对于军事规律的强调和把握。

二、避实就虚,奇正相生

《孙子兵法》闪烁着军事辩证法的光辉。孙子学派对于战争中的己彼、主客、虚实、奇正、利害、进退、攻守、勇怯、治乱、安动、久速、迂直、劳逸、众寡、强弱、胜败等一系列矛盾运动都有精到的动态分析。

《孙子兵法》强调"五行无常胜,四时无常位",指出:"夫兵形象水,水之形避高而趋下,兵之形避实而击虚,水因地而制流,兵因敌而制胜。故兵无常势,水无常形,能因敌变化而取胜者,谓之神。"(《孙子兵法·虚实篇》)战争中的机动性很强,必须随时依据敌情的变化而变化,因敌制胜。作战要善于避开敌人的精锐坚实部分,避开敌人的锋芒、动势,巧妙地迫使或诱使敌人分散兵力,造成他们的弱点,我方则集中兵力,乘虚而攻之。"孙子曰:凡先处战地而待敌者佚,后处战地而趋战者劳。故善战者,致人而不致于人。"(同上)我方要先于敌方到达并占领要地,以逸待劳,调动敌人而不被敌人调动。"能使敌自至者,利之也;能使敌不得至者,害之也。故敌佚能劳之,饱能饥之,安能动之。"(同上)我方牢牢地掌握主动权,诱敌以利,使敌方贪利而就我,扰乱敌方,调动敌方。

"出其所不趋,趋其所不意。行千里而不劳者,行于无人之地也。攻而必取者,攻其所不守也;守而必固者,守其所不攻也。""故善攻者,敌不知其所守;善守者,敌不知其所攻。"(同上)"进而不可御者,冲其虚也;退而不可追者,速而不可及也。故我欲战,敌虽高垒深沟,不得不与我战者,攻其所必救也;我不欲战,虽画地而守之,敌不得与我战者,乖其所之也。"(同上)这就是在进退、攻守的问题上采取灵活的方式,出其不意,攻其所不守,突然袭击敌方弱点;同时又巩固所守,守住的是敌方所不攻或无力攻下的地方。我进攻时,敌防御不住,我退却时,敌始料不及。此外还采取围点打援的方式,在运动中歼灭敌人,破坏敌人的防御,或迷惑、干扰敌方的进军路线,使之不能进攻我方。

"孙子曰:'凡用兵之法,将受命于君,合军聚众,交和而舍,莫难于军争。军争之难者,以迂为直,以患为利。故迂其途,而诱之以利,后人发,先人至，此知迂直之计者也。"(《孙子兵法·军争篇》)这里提出了迂与直、利与患的关系。两军对阵，以夺取先机制敌为最难。以迂回的方式，出其不意到达战略要地，比正面走直路要有利得多。弯路迂回，再诱以小利，可以比敌方更主动。

"故兵以诈立，以利动，以分合为变者也。"(同上)用兵作战要以奇异多变的方法，不断地用兵力的分散和集中来变换战术。"故三军可夺气，将军可夺心。是故朝气锐，昼气惰，暮气归。故善用兵者，避其锐气，击其惰归，此治气者也。以治待乱，以静待哗，此治心者也。以近待远，以佚待劳，以饱待饥，此治力者也。无邀正正之旗，勿击堂堂之阵，此治变者也。"(同上)这里提出"治气"、"治心"、"治力"、"治变"的方针，争取主动，先立于不败之地。"夫兵久而国利者，未之有也。故不尽知用兵之害者，则不能尽知用兵之利也。"(《孙子兵法·作战篇》)这里是说旷日持久的战争对国家不利，用兵者必深思战争的利弊。"是故智者之虑，必杂于利害。杂于利，而务可信也；杂于害，而患可解也。"(《孙子兵法·九变篇》)聪明的将帅周全地审视部队在战场上利害的各方面，一面鼓舞士气，增强信心，一面积极预防可能发生的祸患或意外。"故用兵之法，无恃其不来，恃吾有以待也；无恃其不攻，恃吾有所不可攻也。"(同上)做好充分的准备，立足于敌人来进犯，使敌人攻不破，打不垮。

《孙子兵法·势篇》说："凡战者，以正合，以奇胜。故善出奇者，无穷如天地，不竭如江河。终而复始，日月是也。死而复生，四时是也。声不过五，五声之变，不可胜听也。色不过五，五色之变，不可胜观也。味不过五，五味之变，不可胜尝也。战势不过奇正，奇正之变，不可胜穷也。奇正相生，如环之无端，孰能穷之？"这是说，敌情千变万化，战术也应千变万化。所谓千变万化，其实主要是正奇交变。"正"是正面对阵的常规战术，"奇"是旁出奇袭的灵活战术。"正"是常规常道，"奇"是非常规非常道。孙子以五声、五色、五味的变化作比喻，强调多变，指出正奇之间相互转变，不可胜穷，强调在正面钳制敌人的同时，出奇兵攻击敌人侧后部弱点。

"乱生于治,怯生于勇,弱生于强。治乱,数也;勇怯,势也;强弱,形也。"(《孙子兵法·势篇》)在战争中,由于多重因素或突发事件对士兵的影响,严明整齐的部队也会发生混乱,士气高昂也可能变成一蹶不振,强盛会变得懒散、衰弱,亦可能发生相反的变化。"投之亡地然后存,陷之死地然后生。夫众陷于害,然后能为胜败。"(《孙子兵法·九地篇》)在万不得已的情况下,士兵陷入危险的境地,反而能拼死奋斗、转败为胜。

"故备前则后寡,备后则前寡,备左则右寡,备右则左寡,无所不备,则无所不寡。寡者备人者也,众者使人备己者也。""故知战之地,知战之日,则可千里而会战。不知战之地,不知战之日,则左不能救右,右不能救左,前不能救后,后不能救前,而况远者数十里,近者数里乎?"(《孙子兵法·虚实篇》)无论是戒备,还是出征,都处在矛盾变化之中,被动地戒备敌人,处处分兵,造成兵力薄弱,反不如兵力集中,使敌人被动地戒备我军。作战出征,往往又不能预料在什么时间、什么地点打,这就容易造成前后左右不能相应的困局。兵不厌诈,"佯北勿从,锐卒勿攻,饵兵勿食。"(《孙子兵法·军争篇》)"敌近而静者,恃其险也;远而挑战者,欲人之进也。""辞卑而益备者,进也;辞强而进驱者,退也;轻车先出居其侧者,陈也;无约而请和者,谋也;奔走而陈兵者,期也;半进半退者,诱也。"(《孙子兵法·行军篇》)这是说,千万不要被敌方的假象所迷惑,而要冷静地看清其企图。

孙子以全面的、联系的观点看待战争,特别是考虑到政治、外交、财政、粮秣、物资、运输、道路,天时、地利、人和,君主贤明与否、将帅才能素质、士兵训练情况和士气等等,因此能明察战争之胜负。《孙子兵法》又特别突出地分析了战争中各种矛盾运动的变化,反对墨守成规,主张灵活机动的作战方针。同时,孙子在批评军事指挥员轻率、冒进、随意、主观等病症时,又强调了将帅的主观能动性,特别是他们的计谋策划、战争经验,使他们多谋善断,制造假象,陷敌方于错误,始终把握战争的主动权。总之,《孙子兵法》从多方面探讨了军事规律,尤其以整体、综合和动态流衍的方式把握战争全局,显现了灵活机动的战略战术和谋略权变,充满了辩证的智慧。《孙子兵法》是我国古代兵学的奠基性著作,对春秋时期的战争经验作了哲学层面的总结,有着极其深刻、丰富、精辟的军事思想,在我国和世界的军事思想史上都占有重要的一席。

三、贵势重道,盈虚相变

孙膑认为,战争不是可以永远使用的手段,不能靠战争强国,胜方尚且未必能从中获益,败方就更不用说了。他指出:"夫兵者,非士恒势也。此先王之傅道也。战胜,则所以在亡国而继绝世也。战不胜,则所以削地而危社稷也。是故兵者不可不察。然夫乐兵者亡,而利胜者辱。兵非所乐也,而胜非所利也。"(《孙膑兵法·见威王》)这里强调了用兵打仗的严肃性,不可轻易用兵。好战者,指望靠战争获得利益者,终究会自取灭亡。接着,他又阐述了战争的必要性,指出:"曰我将欲责仁义,式礼乐,垂衣裳,以禁争夺。此尧舜非弗欲也,不可得,故举兵绳之。"(同上)意即,五帝、三王、周公,并不是不想用仁义礼乐来制止战争,只是不能达到目的,所以不得不以战争来纠正暴虐、争夺、混乱。要治天下,不得不"举兵绳之"。他指出,战争有正义与非正义的性质之区分,战争要取得胜利必须做充分的准备。"事备而后动。故城小而守固者,有委也;卒寡而兵强者,有义也。夫守而无委,战而无义,天下无能以固且强者。"(同上)如果防守没有物质准备,进攻没有正当的理由,那么,天下找不出能守能攻、战无不胜的军队来。

与孙武一样,孙膑也很重视"道"这个范畴。孙膑指出,战争胜负的根本条件是知"道"。知"道"胜,不知"道"则不胜。他说:"恒胜有五:得主专制,胜。知道,胜。得众,胜。左右和,胜。量敌计险,胜。""恒不胜有五:御将,不胜。不知道,不胜。乖将,不胜。不用间,不胜。不得众,不胜。"(《孙膑兵法·篡卒》)也就是说,将帅得到君主信任,有指挥权,懂得战争规律,得到士卒拥戴,彼此团结一致,充分掌握敌情并善于分析者能取胜,相反就不能取胜。他说:"兵之胜在于篡卒,其勇在于制,其巧在于势,其利在于信,其德在于道,其富在于亟归,其强在于休民,其伤在于数战。"(同上)篡卒即精选士卒。他强调,军队里制度、纪律要严明,作战时要掌握战争的主动地位并有很强的实力,治军必须赏罚有信,将帅都明了战争的道义和规律,速战速决,养精蓄锐,这些都是取胜的条件。孙膑指出,克敌制胜的条件还包括主观意志、技术准备、兵将气势、后方支援等等。

这里"其德在于道",讲兵德、兵道。《孙膑兵法·八阵》曰:"不知道,数战不足,将兵,幸也。夫安万乘国,广万乘王,全万乘之民命者,唯知道。知道者,上知天之道,下知地之理,内得其民之心,外知敌之情,阵则知八阵之经,见胜而战,弗见而诤,此王者之将也。"不懂战争规律,没有战争经验的人带兵打仗,是凭侥幸取胜。要维护大国的安全,必须懂得战争之"道"。"道"包含了天道、地理、民心、敌情、阵法,即整个战争的全体要素、过程及其内在规律。用兵合于此道,上知天文,下察地理,体知民情与民心向背,了解敌情,洞悉阵法的变换,不打无把握之仗,即是有兵德。"……所循以成道也。知其道者,兵有功,主有名。"(《孙膑兵法·兵情》)尊重、遵循战争的规律,可以取得战争的胜利,使主上更有威名。孙膑还从战略的高度指出,"强兵之急"在于"富国",即只有国家富强了,才是增强军事力量的根本。

孙膑很重视"势"。《吕氏春秋·慎势》:"孙膑贵势。"前引《孙膑兵法·篡卒》有"其巧在于势"。《孙膑兵法》专有《势备》篇,强调"阵"、"势"、"变"、"权"四事准备之重要,指出:"凡兵之道四:曰阵,曰势,曰变,曰权。察此四者,所以破强敌,取猛将也。"阵法是孙膑十分用心的,他深知八阵之法,用阵三分,每阵有锋,斗一守二,如此等等。权变之事更是孙膑所注重者。但本篇在这四者中,独取"势"字名篇,可见其更加重要。势是动势、力量。孙膑把兵势比喻为弓弩。箭突然发射出去,射杀敌兵于百步之外,敌人还不知箭从何处来的。箭是士卒,弩是将领,发射的人好比君主。孙膑主张造成有利的动势,形成高屋建瓴之势,造成险势,抓住有利时机,以迅雷不及掩耳之势扑向敌人。

孙膑具有丰富的军事辩证法思想。他善于根据敌我双方的兵力对比,根据不同的敌情和地理条件,提出不同的作战方案。他善于排兵布阵、分析敌情、畅己塞敌、五恭五暴、奇正互用。他指出,善用兵的人,面对敌兵实力的优势,却有能力调动他们,使之分散间隔而不能互相照应。敌兵深沟高垒,也不把它看成牢不可破的;敌人战车精良,也不被它所吓倒;敌军士卒勇猛,也使它无法逞强。因为善用兵的人,能利用地势的险易,作战时进退自如。"敌人众能使寡,积粮盈军能使饥,安处不动能使劳,得天下能使离,三军和能使柴(訾)。"(《孙膑兵法·善者》)在《五名五恭》这篇文章中,孙膑学派认为,要用五种方法对付五种不同的敌军。对耀武扬威者,则示弱;对高傲蛮横者,则谨慎而持久;对刚愎自用者,取诱敌深入之法;对贪婪狡猾者,就迫进其正面,袭扰其两翼,断其粮道;对于迟疑软弱者,就用恐吓威慑,它出来就打击,不出来就围困。至于我军进入敌境,则要交叉使用五次宽柔、五次强制,才能避免陷入困境并掌握主动权。孙膑学派也发挥了孙武"奇正相生"的思想。他们指出,世界有常有变,有正有奇。用兵也是这样,必须了解敌我双方的长处、短处、有利、不利等各个方面的情况。以有利的形势去对付不利的形势,是正或常道;没有有利的形势而创造有利的形势,是奇或变通;常与变、正与奇相辅相成,没有穷尽之所。世间没有千篇一律的攻守模式。"以一形之胜胜万形,不可。""同不足以相胜也,故以异为奇。是以静为动奇,佚为劳奇,饱为饥奇,治为乱奇,众为寡奇。发而为正,其未发者奇也。奇发而不报,则胜矣。有余奇者,过胜者也。"(《孙膑兵法·奇正》)用同样的战法,不能取胜,采用不同的战法才能出奇制胜。动静、劳逸、饥饱、治乱、众寡等,互为常变,互为奇正。面对面的交锋,是正是常;背对背的交锋,是奇是变。表现出来了的、被敌方觉察的,是正是常;未表现出来的、未被敌方觉察的,是奇是变。出敌不意,方法多样,就能取胜。

《孙膑兵法》善于主动打破平衡,避免双方僵持,如说:"[积]胜疏,盈胜虚,径胜行,疾胜徐,众胜寡,佚胜劳。"(《孙膑兵法·积疏》)以集中胜分散、充实胜薄弱、捷径胜大道、迅速胜迟缓、兵多胜兵少、安逸胜疲劳,也可以相互为胜,相互为变。"毋以积当积,毋以疏当疏,毋以盈当盈,毋以虚当虚,毋以疾当疾,毋以徐当徐,毋以众当众,毋以寡当寡,毋以佚当佚,毋以劳当劳。"(同上)必须从绝对中看到相对,从相对中看到绝对,必须看到敌我彼此间的相对性与相关性,以促成转化。因此,不能以集中对集中,以兵多对兵多,以快对快,以慢对慢。要学会避免"以盈当盈",要善于在"以盈当虚"和"以虚当盈"中,以小局的牺牲,换取全局的胜利。孙膑及其学派不仅看到了这些转化的规律与特点,指出"至则反"、"盈则败"的道理,还主张因将、因兵、因人制宜,因敌、因地、因阵制宜,以灵巧的战术和主动的精神,创造战争史上的奇观。他们还提出了"必攻不守"的原则;在"敌众我寡、敌强我弱"时,主动"让威",即先后退一步,后发制人;在势均力敌时,则"营而离之,我并卒而击之"(《孙膑兵法·威王问》);对于固守险阻之敌,则"攻其所必救,使离其固"(《孙膑兵法·十问》)。总之,《孙膑兵法》是我国军事科学和军事辩证法的极其宝贵的资源。

第八章　孟子的哲学

　　孟子,名轲,战国中期邹国人,约生于周烈王四年(前 372),卒于周赧王二十六年(前 289)。孟子是鲁国孟孙氏的后代。"三桓"衰微,子孙四散,孟子祖上从鲁迁至邹。孟子幼年丧父,靠慈母仉氏含辛茹苦,抚养成人。有"孟母三迁"、"断机教子"等故事流传至今。司马迁在《史记·孟子荀卿列传》中说孟子"受业子思之门人"。[①]

　　孟子出生时,已距孔子之卒近百年。孟子一生之际遇与孔子相似。他亦曾周游列国、游说诸君,传尧舜之道,倡仁义之政,悯人间疾苦,惜其终不得见用。晚年退而与弟子公孙丑、万章等"序《诗》、《书》,述仲尼之意,作《孟子》七篇"(《史记·孟子荀卿列传》)。孟子所处之时势已有别于孔子。孔子生当春秋末世,其时已有礼崩乐坏之势,故作《春秋》以揭大义,当世无有与之相抗者。孟子在世时,杨朱、墨翟之说盈天下,周公、孔子之道遭遇严峻挑战。孟子奋而自起,辟杨墨,息邪说,距诐行,放淫辞,以承往圣之教。孟子的哲学思想主要由心性论、修养论及政治论三部分组成。

　　关于孟子哲学思想研究,近代以至当下学界都有相当的成果,兹列

---

① 参见郭齐勇编著:《中国哲学史》,北京:高等教育出版社,2006 年,第 72 页。

举有代表性的研究成果如下：

　　胡适在《中国哲学史大纲》中对孟子有专章介绍。他认为，性善论是孟子哲学的中心问题。孟子把官能、善端及一切良知良能都包含在"性"里。孟子人性皆善的说法有一种平等主义。孟子的政治哲学带有尊重民权的意味，也含有乐利主义的意味。

　　梁启超在《先秦政治思想史》中有专章探讨孟子。他认为，性善论是孟子人生哲学、政治哲学之总出发点。胡适认为孟子主张功利，而与之相反，梁启超则认为孟子之最大特色在排斥功利主义。孟子言政，所予政府权限并不大，消极的保护人民生计之安全，积极的导引人民道德之向上。

　　冯友兰在《中国哲学史》中亦有专章论述孟子。他认为，孟子所主张的政治经济制度虽然表面上仍是"率由旧章"、"遵先王之法"，而实际上已将"先王之法"理想化、理论化了。如孟子就原有井田制度转移观点，将其变为含有社会主义性质的经济制度。冯友兰还认为孔子讲仁及忠恕，只及于"内圣"，而孟子则更及于"外王"。①

　　当代新儒家代表人物牟宗三在《心体与性体》、《圆善论》、《康德的道德哲学》等著作或译著中皆有论述孟子哲学的篇章。他尤以康德的自律伦理学诠释孟子的道德哲学，开启了中西哲学比较的新视野。与之齐名的唐君毅、徐复观亦有关于孟子的相关研究，然仍以牟宗三为最卓著。劳思光在《新编中国哲学史》（一卷）中辟专节论述孟子及儒学之发展。当代新儒家后起新秀刘述先、杜维明等亦有一些关于孟子的研究成果问世。

　　李明辉在《康德伦理学与孟子道德思考之重建》一书中通过引入英国哲学家波蓝尼的"隐默之知"一概念来比较康德与孟子的道德哲学。李明辉还有《孟子重探》一书，探讨了孟子的心性论与工夫论。作者在书

---

① 以上参见任继愈主编：《中国哲学发展史》（先秦卷），北京：人民出版社，1983年，第343—344页。

中讨论的一些方法论问题,值得我们重视。

杨泽波有《孟子性善论研究》一书,作者通过性善论的涵义、性善论的方法、性善论的道德形上学建构、性善论的影响等四部分展开相关问题的讨论。

笔者本人亦有研究孟子的相关文章,近来研究重点侧重于孟子的正义论。①

第一节 仁义内在,性由心显

"孟子道性善,言必称尧舜"②,性善说是孟子心性论的核心。孟子心性论的特征即是"仁义内在,性由心显"③。孟子乃以四端之心来说性善,并力证仁义内在兼驳告子义外之说。

一、性善说

人性问题历来是人类文明发展过程中不可回避且讨论激烈的话题,古今中外皆然。孟子所处的战国时期,关于人性之说也是歧说纷纭。在《孟子·告子上》所载弟子公都子的提问中,提到了当时关于人性的有代表性的几种观点:一是告子主张的"性无善无不善",二是"性可以为善,可以为不善",三是"有性善,有性不善"。及至后来又有荀子所谓性恶之说。王充在《论衡·本性》篇中对以上诸说尝论及之。

告子主张"生之谓性",盖古代"生"字与"性"字可互训,取"生质"之

---

① 相关研究参见郭齐勇:《孟子与儒家的正义论》,载《儒林》第三辑,济南:山东大学出版社,2006年;郭齐勇:《原始儒家的正义论——以〈孟子〉为中心》,载氏著《中国哲学智慧的探索》,北京:中华书局,2008年。

②《孟子·滕文公上》,引自杨伯峻《孟子译注》,北京:中华书局,2010年,第102页。下引《孟子》皆为此本,只注篇名及页码。

③ 牟宗三先生认为,中国正宗儒家对于"性"的规定大致可分两路:一是《中庸》、《易传》所代表的一路,中心在"天命之谓性";二是孟子所代表的一路,中心思想为"仁义内在",即心说性。参见牟宗三:《中国哲学的特质》,上海:上海古籍出版社,2007年,第50页。

义,此义为战国中期至两汉之通识①。然此生质之义难以区分人禽之别,是以孟子与告子就此而辩:

> 告子曰:"生之谓性。"孟子曰:"生之谓性也,犹白之谓白与?"曰:"然。""白羽之白也,犹白雪之白;白雪之白犹白玉之白与?"曰:"然。""然则犬之性犹牛之性,牛之性犹人之性与?"(《告子上》,第235页)

牟宗三先生认为,"生之谓性"所表明的"性"只是个事实概念,不足以表现人与犬马在价值上的本质差异。孟子虽不反对人的自然食色之性或形色之性,但这种生质之性并不足以体现人之为人之所在。牟宗三先生说:"孟子主性善是由仁义礼智之心以说性,此性即是人之价值上异于犬马之真性,亦即道德的创造性之性也。"②人与禽兽的本质差异,就在于人有内在的道德性,这种内在的道德性则通过四端之心来表现,具体表现为仁义礼智之实。因此,性善突出表现了人的一种价值意识。劳思光先生也是从这方面来理解孟子性善说的。在他看来,孟子之性善,"质言之,即价值根源出于自觉之主体。"③四端之心即自觉主体之所在也。

有学者根据胡塞尔的概念分级理论指出,"白"与"性"属于两类不同的概念。"白"属于普遍化的概念,这种概念是从具体事物中抽象出来的。而"性"则属于"形式化"的概念,这种概念不指示某种实质性的东西,而只表示一种关系项。告子的错误就在于将"性"这种形式化概念理解为"白"这种普遍化概念,从而认为"生之谓性"。④ 然则,犬之性终不同于牛之性,牛之性终不同于人之性。人与犬牛之性的不同就在于他们各

---

① 参见丁四新:《"生"、"眚"、"性"之辨与先秦人性论研究之方法论的检讨:以阮元、傅斯年、徐复观相关论述及郭店竹简为中心》(下),载《中国哲学与文化》第七辑"明清儒学研究",桂林:广西师范大学出版社,2010年,第194页注135。
② 牟宗三:《圆善论》(全集本第22册),台北:联经出版社,2003年,第130页。
③ 劳思光:《新编中国哲学史》第一卷,桂林:广西师范大学出版社,2005年,第121页。
④ 参见唐文明:《隐秘的颠覆——牟宗三、康德与原始儒家》,北京:生活·读书·新知三联书店,2012年,第50—51页。

自与天的关系不同所致。人受命于天,有天命在身。而犬牛则只受生命,且生命之形态亦不同,无所谓天命在身。是故,人之性、犬之性、牛之性各不相同。并且,犬之性与牛之性之不同,乃在于生质材料之不同。而人之性之不同于犬牛之性,乃在于人受仁义礼智之性,有所谓天命在身。此即孟子所说"人之所以异于禽兽者几希,庶民去之,君子存之"之谓。

上述诠释虽然新颖,但是乃是从外在的人与天的关系处讲人性,类似于牟宗三所谓《中庸》、《易传》所代表的一路,即"宇宙论的进路"(Cosmological approach)这一讲法。但究其实,孟子之论性乃直接从四端之心论性,而非绕到天命处论性。这一进路即牟氏所谓"道德的进路"(Moral approach)。[①] 当然,两种进路亦可通过孟子"尽其心者,知其性也。知其性,则知天矣"(《尽心上》,第 278 页)一说得以统一。尽管如此,孟子之指陈性善仍直接从道德主体即本心或四端之心上立论,此则不容置疑。

告子更以湍水比喻人性,湍水引向东方则东流,引向西方则西流。而人性之不分善不善与此湍水相类,完全由外在环境与条件决定。这一说法类似于王充《论衡·本性》篇中所举周人世硕的观点。孟子则认为,水虽然无分于东西,但水总是向下流。而人之性善犹水之就下。水之向上乃形势所致,非其本性如此。人之为不善亦犹水之向上,非其本性如此也。是以孟子曰:"乃若其情,则可以为善矣,乃所谓善也。若夫为不善,非才之罪也。"(《告子上》,第 239 页)

孟子论性善乃从正面直接指示,非如孔子之笼统言之。《离娄下》:

> 孟子曰:"天下之言性也,则故而已矣。故者以利为本。所恶于智者,为其凿也。如智者若禹之行水也,则无恶于智矣。禹之行水也,行其所无事也。如智者亦行其所无事,则智亦大矣。天之高也,星辰之远也,苟求其故,千岁之日至,可坐而致也。"(《离娄下》,第

---

① 参见牟宗三:《中国哲学的特质》,上海:上海古籍出版社,2007 年,第 50—51 页。

180—181 页）

人之性善本极自然，无奈世人穿凿附会，令人茫然不知所措，失去自家本心，是以孟子批评之。孟子以水之就下形容人之性善，即是"行其所无事"，亦即"尧舜性之"之谓。

总之，孟子之性善乃从人之所以为人处立论，而非从生质之性上立论，即从本心处论性，而非从气质处论性。人之气质有善有恶，而本心则纯乎善，要之在于能扩充之。《告子上》：

> 孟子曰："恻隐之心，人皆有之；羞恶之心，人皆有之；恭敬之心，人皆有之；是非之心，人皆有之。恻隐之心，仁也；羞恶之心，义也；恭敬之心，礼也；是非之心，智也。仁义礼智，非由外铄我也，我固有之也，弗思耳矣。故曰：'求则得之，舍则失之。'或相倍蓰而无算者，不能尽其才也。《诗》曰：'天生蒸民，有物有则。民之秉彝，好是懿德。'孔子曰：'为此诗者，其知道乎！故有物必有则；民之秉彝也，故好是懿德。'"（《告子上》，第 239—240 页）

性乃人之为人之所在，亦是万物生生之机。人性虽善，但要充分发挥这一善性，便要从本心上出发。因为本心是主宰处，扩充其本心，也就是扩充其善性，扩充此生生之机以致成己成物。因此，孟子之论性善即从四端之心上立论。

二、以四端之心论性

孟子坚持性善说。他对性善论的辩护既体现在与告子的论辩中，也体现在他通过四端之心对性善的直接论证上。孟子论性善，直接从本心上说，从四端之心上来论证：

> 孟子曰："人皆有不忍人之心。今人乍见孺子将入于井，皆有怵惕恻隐之心——非所以内交于孺子之父母也，非所以要誉于乡党朋友也，非恶其声而然也。由是观之，无恻隐之心，非人也；无羞恶之心，非人也；无辞让之心，非人也；无是非之心，非人也。恻隐之心，

仁之端也;羞恶之心,义之端也;辞让之心,礼之端也;是非之心,智之端也。人之有是四端也,犹其有四体也。有是四端而自谓不能者,自贼者也;谓其君不能者,贼其君者也。凡有四端于我者,知皆扩而充之矣,若火之始然,泉之始达。苟能充之,足以保四海;苟不充之,不足以事父母。"(《公孙丑上》,第72—73页)

"乍见孺子入井"乃孟子指点人本心之呈现处,亦是说明人之道德实践不夹杂任何功利因素,以此明性善之旨。"内交于孺子之父母"、"要誉于乡党朋友"、"恶其声"皆是有所为而为,或者是说皆是有利而为。而由怵惕恻隐之心而发的道德实践则是无所为而为,此即是孟子所说的"行其所无事"。这是一种当身的自我立法、自我实践。它建立在"应然"的基础上,而排除了任何利害的考虑。

这是孟子从四端之心上来直接论证仁义礼智之性。人之所以为人,乃在于人之有四端之心,四端之心即为仁义礼智之性的端绪。陈澧说:"孟子所谓性善者,谓人人之性,皆有善也,非谓人人之性,皆纯乎善也。"[①]人之性善即在人之四端之心上见。人皆有此善端,要在人能扩充之,能扩充之即能成圣成贤,以至于"人伦之至",故人人皆可成圣成贤。而人不知扩充之,自以为"吾身不能居仁由义",即"谓之自弃也",即无异于禽兽也。唯圣人能践形,扩充此本心。而凡人则不知扩充耳。此即人人虽性善、皆有善端,但仍有凡圣之别:

公都子问曰:"钧是人也,或为大人,或为小人,何也?"孟子曰:"从其大体为大人,从其小体为小人。"曰:"钧是人也,或从其大体,或从其小体,何也?"曰:"耳目之官不思,而蔽于物。物交物,则引之而已矣。心之官则思,思则得之,不思则不得也。此天之所与我者。先立乎其大者,则其小者不能夺也。此为大人而已矣。"(《告子上》,第249—250页)

---

① 陈澧:《东塾读书记》(外一种),北京:生活·读书·新知三联书店,1998年,第35页。

　　大体为人之本心,小体为人之耳目之官。耳目之官乃人之自然生命一面,此不足以别人禽之异,不足以表现人之为人一面。唯人之本心能思,能思即能知人性之本善。唯能尽心之思,方能尽仁义礼智之性。思者,主宰之谓也。阳明先生尝论及之:

> 　　惟乾问:"知如何是心之本体?"先生曰:"知是理之灵处。就其主宰处说,便谓之心,就其禀赋处说,便谓之性。孩提之童无不知爱其亲,无不知敬其兄,只是这个灵能不为私欲遮隔,充拓得尽,便完;完是他本体,便与天地合德。自圣人以下不能无蔽,故须格物以致其知。"①

　　"孩提之童无不知爱其亲,无不知敬其兄"即其良知良能之表现,良知良能即人之本心的发用,由此本心之发用可知人之性善。良知良能自然知孝知悌,此在圣人与凡人皆同,是故孟子说"圣人与我同类者"。孟子曰:"尧舜之道,孝弟而已矣。"(《告子下》,第 255 页)凡人只须尽此孝弟之义使充其极即为圣人、大人。否则,弊于耳目之欲而不能从其本心则趋于小人之流也。

　　孟子以四端之心论性,那么,在孟子那里心、性到底是一种什么关系呢? 它们是一还是二,是同还是异呢? 其实,在孟子,心、性实则为一。孟子曰:"尽其心者,知其性也。知其性,则知天矣。存其心,养其性,所以事天也。夭寿不贰,修身以俟之,所以立命也。"(《尽心上》,第 278 页)善性为人禀赋于天,然须由本心方能觉知此善性。此即孟子所谓尽心知性。尽一份人心方能知一分人性,尽恻隐、羞恶、辞让、是非之心,方知仁义礼智为人之性。阳明先生曰:"理一而已。以其理之凝聚而言,则谓之性;以其凝聚之主宰而言,则谓之心;以其主宰之发动而言,则谓之意;以其发动之明觉而言,则谓之知;以其明觉之感应而言,则谓之物。"②理者,仁义之理也。仁义之理内在于人即为人之性。以其主宰此仁义之理,自

---

① (明)王阳明:《传习录中》,载《王阳明全集》,上海:上海古籍出版社,1992 年,第 34 页。
② (明)王阳明:《传习录中》,载《王阳明全集》,上海:上海古籍出版社,1992 年,第 76—77 页。

我立法、自我实践而言则谓之心,由此本心践行此仁义之理,即所谓"尽心知性"。本心之发用即显为恻隐、羞恶、辞让、是非之四端,此心之四端乃意之正者。"心之官则思",思即本心之明觉,亦即知也。明觉之感应即物,此即孟子"万物皆备于我"之"物",推扩其本心即能成己成物。

总之,孟子以四端之心论性,意在使性善之说有其着落,而不致落于空疏。本心乃一身之主宰,身有主宰始可言道德主体之建立。人即在本心上建立道德主体之地位,有本心之主宰才可以言道德自律与道德实践。人人皆有本心,"求则得之,舍则失之",在此基础上始可言性善。由此可知,孟子性善之说绝非高远之理想,而实在是为人之根本。而从四端之心上言性善,更可使其说落实为一种可以当下把握的道德实践。人人只须扩充此四端之心,扩充此善端,便可印证孟子性善之说。

三、义内义外之辩

四端之心乃人性之基础,是故孟子以心著性,以心善说性善,即所谓"性由心显"。此外,孟子不但坚持性善说,严辨人禽之别,且力主"仁义内在",力辟告子义外之说。

牟宗三根据康德的道德哲学把孟子仁义内在的道德学说诠释为自律伦理学。他说:"孟子的基本义理正好是自律道德,而且很透辟,首发于二千年以前,不同凡响,此则是孟子的智慧,虽辞语与思考方式不同于康德。"①那么,何谓自律道德呢? 在《实践理性批判》中,康德说:"意志自律是一切道德律和与之相符合的义务的唯一原则;反之,任意的一切他律不仅根本不建立任何责任,而且反倒与责任的原则和意志的德性相对立。……道德律仅仅表达了纯粹实践理性的自律,亦即自由的自律,而这种自律本身是一切准则的形式条件,只有在这条件之下一切准则才能与最高的实践法则相一致。"②

---

① 牟宗三:《圆善论·序》(全集本第 22 册),台北:联经出版社,2003 年,第 11 页。
② [德]康德:《实践理性批判》,邓晓芒译,杨祖陶校,北京:人民出版社,2003 年,第 43—44 页。

　　孟子坚持仁义内在之旨即其自律道德的鲜明表现。判断孟子仁义内在之说是否是自律道德，关键要看其是否符合自律道德所要求的两个要素。自律道德的两个要素，一是道德主体的建立，二是纯粹的道德律或道德法则的建立。在牟宗三看来，孟子主仁义内在之说，且仁义内在于超越的道德心，此道德心就是道德实践之先天的根据或超越的根据，这可称为自律道德所要求的道德主体的一面。此道德主体在康德是从"自由意志"讲，而在中国的传统则是从本心或四端之心讲。其次，在康德，由自由意志所确立的先验的道德律是道德行为之准绳。而在中国儒家传统，道德律则是义理当然之"义"。此义理当然之"义"在宋明儒即发展为"天理"一说。孟子或宋明儒所谓的"义"或"天理"虽不是康德道德律所谓的形式原则，但这不能抹杀他们所肯定的道德主体所确立的"义"或"天理"之先验性与普遍性。孟子曰："生亦我所欲也，义亦我所欲也；二者不可得兼，舍生而取义者也。生亦我所欲，所欲有甚于生者，故不为苟得也；死亦我所恶，所恶有甚于死者，故患有所不辟也。"（《告子上》，第245页）又曰："非礼之礼，非义之义，大人弗为。"（《离娄下》，第172页）在牟宗三看来，这些话均表示在自然生命或耳目之欲以上，外在的伦理规范之外，有一超越的道德理性之标准。牟宗三说："人的道德行为、道德人格只有毫无杂念毫无歧出地直立于这超越的标准上始能是纯粹的，始能是真正地站立起。这超越的标准，如发展为道德法则，其命于人而为人所必须依之以行，不是先验的、普遍的，是什么？"[1]"乍见孺子入井"一例即体现了道德主体服从纯粹的道德律，服从内在的仁义法则，排除任何实际的利害考量，而当身实践道德本身之意。孟子的仁义内在之说，"由仁义行，非行仁义也"（《离娄下》，第176页）的实践品格都足以表现孟子学不失为一种自律伦理学，而孟子与告子等关于义内义外的论辩更突出了孟子自律道德中所强调的道德主体之自主性与义理之内在性、纯粹性的特征。

---

[1] 牟宗三：《心体与性体（一）》（全集本第5册），台北：联经出版社，2003年，第123—124页。

关于人性与仁义的关系，孟子与告子有"杞柳与杯棬"之辩：

> 告子曰："性犹杞柳也，义犹杯棬也；以人性为仁义，犹以杞柳为杯棬。"孟子曰："子能顺杞柳之性而以为杯棬乎？将戕贼杞柳而后以为杯棬也？如将戕贼杞柳而以为杯棬，则亦将戕贼人以为仁义与？率天下之人而祸仁义者，必子之言夫！"（《告子上》，第234页）

对于此辩，朱熹说："孟子与告子论杞柳处，大概只是言杞柳杯棬不可比性与仁义。杞柳必矫揉而为杯棬，性非矫揉而为仁义。"[1]对于孟子的诘难，赵岐解释为："子能顺完杞柳，不伤其性而成杯棬乎？将斧斤残贼之，乃可以为杯棬乎？言必残贼也。"[2]在孟子看来，杯棬乃戕贼杞柳之本性而成，从杞柳到杯棬是逆成的。而人性与仁义的关系则不然。仁义即人性之实，从人性而发的仁义是人性本然的表现。从人性而仁义呈顺成之势。由人性而仁义犹如水之就下，乃性之本然，非逆成之也。仁义内在于人性之中，而非外在认取而成。因此，孟子反对告子把人性与仁义的关系比拟为杞柳与杯棬的关系，否则必成义袭之论，祸害仁义而不自知也。由此可知，仁义根于心，内在于人性之中，斯成道德主体之自主性原则，而非仅仅服从外在规范也。

告子主仁内义外之说，与孟子主仁义内在之说不同。两人义内义外之说不同自不待言，即便两位同样坚持的"仁内"之说亦有其本质区别。其实，告子仁内之说与义外之说相连，终将沦为仁义皆外之说，而不复知仁义内在之实。

> 告子曰："食色，性也。仁，内也，非外也。义，外也，非内也。"孟子曰："何以谓仁内义外也？"曰："彼长而我长之，非有长于我也；犹彼白而我白之，从其白于外也，故谓之外也。"曰："异于白马之白也，无以异于白人之白也；不识长马之长也，无以异于长人之长与？且

---

[1]（宋）黎靖德编：《朱子语类》第四册，王星贤点校，北京：中华书局，1986年，第1375页。
[2]（清）焦循：《孟子正义》（下），沈文倬点校，北京：中华书局，1987年，第734页。

谓长者义乎？长之者义乎？"曰："吾弟则爱之，秦人之弟则不爱也，是以我为悦者也，故谓之内。长楚人之长，亦长吾之长，是以长为悦者也，故谓之外也。"曰："耆秦人之炙，无以异于耆吾炙，夫物则亦有然者也，然则耆炙亦有外与？"（《告子上》，第 236 页）

在告子，仁为内，仁表现为一种仁爱，此仁爱皆由自我决定，斯为仁内之旨。不过，细思之，告子仁内之说仍不同于孟子。告子之仁爱仅限于自我及自我之亲，而不遍及他人及他物，是以"吾弟则爱之，秦人之弟则不爱也"。如此，自我终将封闭而难免有沦为小我之嫌，而不能包容万物，终将成仁外之说。而孟子仁内之说则不然，孟子倡导"万物皆备于我"，尝言："君子之于物也，爱之而弗仁；于民也，仁之而弗亲。亲亲而仁民，仁民而爱物。"（《尽心上》，第 298 页）由亲亲而仁民，由仁民而爱于物，此真仁内之说也。

此外，告子义外之说，更是不能得义之实。要之，孟子义内之旨可摄告子义外之说，而告子义外之说终不能涵孟子义内之旨。在告子，无论"白"或"长"皆客观之事实，吾人"白之"或"长之"皆因为此外在之事实而如此也。而在孟子，事物之白尚且不论，但"长之"之对象不同，其"长之"之性质便不一样，不可如事物之白一样而一律"白之"。所以孟子说："且谓长者义乎？长之者义乎？"旨在说明"长之"在我，而义在内也。而告子又以"长楚人之长"与"长吾之长"而"长"皆在外，以明义外之说。孟子便更以耆炙之例以反驳之，说明耆炙亦是出于内，以此喻义内之旨。孟子尝曰："口之于味也，有同耆焉；耳之于声也，有同听焉；目之于色也，有同美焉。至于心，独无所同然乎？心之所同然者何也？谓理也，义也。圣人先得我心之所同然耳。故理义之悦我心，犹刍豢之悦我口。"（《告子上》，第 241—242 页）是故，孟子主理义内在于心之旨，而力辟告子义外之说。至于公都子与孟季子之辩，仍不出孟子与告子之辩的范围。孟季子强调吾人之敬随外在之客观情境而变，因此"敬之"在外。然不论"敬之"之对象与情形如何变换，吾人之敬皆出于内，此则不变也。

第二节　仁政学说与民本思想

一、仁政学说

孟子的政治思想以其性善说为前提。他把道德仁义之实由人性推广到社会、国家的治理之中,斯有所谓仁政之说。孟子曰:"人皆有不忍人之心。先王有不忍人之心,斯有不忍人之政矣。以不忍人之心,行不忍人之政,治天下可运之掌上。"(《公孙丑上》,第 72 页)他主张"亲亲而仁民,仁民而爱物"(《尽心上》,第 298 页)的推恩原则,"推恩足以保四海,不推恩无以保妻子"(《梁惠王上》,第 15 页),将推恩充其极则"万物皆备于我"。孟子反对"以力服人"的"霸道",反对杀伐征战、与民争利及以暴力对待百姓,主张"以德服人"的"王道",主张保民、教民,以民为本。

仁政学说的目的是为民,其最基本的要求则是"保民",即解决百姓的民生问题,安顿他们的生命与生活。为此,孟子明确提出为民制产,以为人民只有在丰衣足食的情况下才能安分守己,从善如流。他说:"无恒产而有恒心者,惟士为能。若民,则无恒产,因无恒心。苟无恒心,放辟邪侈,无不为已。及陷于罪,然后从而刑之,是罔民也。焉有仁人在位罔民而可为也?是故明君制民之产,必使仰足以事父母,俯足以畜妻子,乐岁终身饱,凶年免于死亡;然后驱而之善,故民之从之也轻。"(《梁惠王上》,第 16 页)孟子把百姓的生命看得至高至上,因此极力反对当时诸侯国之间的杀伐征战,以为善阵善战乃大罪,而"国君好仁,天下无敌焉"(《尽心下》,第 301 页)。好仁最基本的要求即不嗜杀人。在孟子,只要执政者不嗜杀人,能行仁政,则天下之民即可往归之。孟子曰:"今夫天下之人牧,未有不嗜杀人者也。如有不嗜杀人者,则天下之民皆引领而望之矣。诚如是也,民归之,由水之就下,沛然谁能御之?"(《梁惠王上》,第 12 页)孟子不但反对杀伐征战,也反对与民争利。孟子曰:"今之事君者皆曰:'我能为君辟土地,充府库。'今之所谓良臣,古之所谓民贼也。

君不乡道,不志于仁,而求富之,是富桀也。'我能为君约与国,战必克。'今之所谓良臣,古之所谓民贼也。君不乡道,不志于仁,而求为之强战,是辅桀也。由今之道,无变今之俗,虽与之天下,不能一朝居也。"(《告子下》,第 271 页)国君果能好仁,不嗜杀人,便可"保民而王",使百姓"养生丧死无憾"。

孟子的仁政思想其始在于保存百姓生命,解决其生活温饱问题,其终则在教育人民以人伦。所以孟子主张"谨庠序之教,申之以孝悌之义"(《梁惠王上》,第 16—17 页),使百姓"明人伦",由此形成"人伦明于上,小民亲于下"(《滕文公上》,第 108 页)的社会风气。人伦者,人伦生活之准则,即所谓父子有亲、君臣有义、夫妇有别、长幼有序、朋友有信,由此百姓人人皆可居仁由义,日渐德化矣。"子适卫,冉有仆。子曰:'庶矣哉!'冉有曰:'既庶矣,又何加焉?'曰:'富之。'曰:'既富矣,又何加焉?'曰:'教之。'"(《论语·子路》)可见,孟子仁政思想与孔子"富之教之"的思想一致。百姓人人皆得保命、生活,"养生丧死无憾",此王道之始也。然必使百姓人人皆能受教育、"明人伦",方为王道之终。由此可知,行仁政必待教化而始完备,而善教亦是执政者得民心之不可或缺的手段。孟子曰:"善政不如善教之得民也。善政,民畏之;善教,民爱之。善政得民财,善教得民心。"(《尽心上》,第 283 页)良好的教育,方能使百姓心悦诚服,有如七十子之服孔子。而再好的政治手段也不过与民争利、得民财而已,达不到征服人心、使百姓衷心拥戴的效果。可见,不管是执政者自身还是百姓,皆应注重德性之培养、礼义之化成,否则,"上无礼,下无学,贼民兴,丧无日矣。"(《离娄上》,第 148 页)上无道揆,下无法守,上下交征利,国之亡可立而待也。

孟子之仁政即以"仁"为政治之原则,由此而衍生出德治之理念。[①]所以说,孟子仁政思想是对孔子"德治"思想的发展。孟子以及儒家之德治思想包涵两个层面,即修己与治人两个层面,且两者标准不同。修己

---

① 劳思光:《新编中国哲学史》第一卷,桂林:广西师范大学出版社,2005 年,第 136 页。

即执政者德性之培养以及民之教化,治人即以仁德惠泽于民。在德治的两个层面中,执政者德性之培养又是其关键,因为仁政或曰不忍人之政即由此而发。德治与法治相对而言,言德治者,以为治乱之道,系乎执政者之德性。① 执政者能善推其仁德,斯有仁政之建立,比之徒恃法治者不可同日而语。两者孰轻孰重,可参较荀子下面的一段话:

> 有乱君,无乱国;有治人,无治法。羿之法非亡也,而羿不世中;禹之法犹存,而夏不世王。故法不能独立,类不能自行,得其人则存,失其人则亡。法者,治之端也;君子者,法之原也。故有君子则法虽省,足以遍矣;无君子则法虽具,失先后之施,不能应事之变,足以乱矣。不知法之义而正法之数者,虽博,临事必乱。②

孟子尝谓"徒善不足以为政,徒法不能以自行"(《离娄上》,第148页),善心与善法两者相辅相成,缺一不可。然执政者之德性或善心则更为根本。只有在执政者善心或仁心的基础上,仁政之具体措施才会有的放矢,此即所谓"君子者,法之原也"。是故得其人则得其法,执政者必先有其德性,而后据此德性或仁心施行仁政,有此仁政之大方略,然后天下方能得治。

此外,执政者德性之培养总是仁义为先,即义先于利。但这一原则不能应用于百姓。换句话说,即不能以修己的标准去治人。当代新儒家徐复观先生即认为,儒家修己与治人的标准不同,两者不容混淆。"孔孟乃至先秦儒家在修己方面所提出的标准,亦即在学术上所立的标准,和在治人方面所提出的标准,亦即在政治上所立的标准,显然是不同的。修己的学术上的标准总是将自然生命不断底向德性上提,决不在自然生命上立足,决不在自然生命的要求上安设价值。治人的政治上的标准当然还是承认德性的标准,但这只是居于第二的地位,而必以人民的自然生命的要求居于第一的地位。治人的政治上的价值,首先是安设在人民

---

① 劳思光:《新编中国哲学史》第一卷,桂林:广西师范大学出版社,2005年,第136页。
② (清)王先谦:《荀子集解》,沈啸寰、王星贤点校,北京:中华书局,1988年,第230页。

的自然生命的要求之上,其他价值必附丽于此一价值而始有其价值。"①
作为德治的两个层面,修己与治人的标准是不同的,此乃先秦儒家之通
义,且一直相沿至两汉。这种区分非常重要,因为若以修己的标准去治
人,则可能造成以道德礼义杀人的悲剧。汉儒董仲舒亦持此论:

> 《春秋》之所治,人与我也。所以治人与我者,仁与义也。以仁
> 安人,以义正我,故仁之为言人也,义之为言我也,言名以别矣。仁
> 之于人,义之与我者,不可不察也。众人不察,乃反以仁自裕,而以
> 义设人。诡其处而逆其理,鲜不乱矣。是故人莫欲乱,而大抵常乱。
> 凡以暗于人我之分,而不省仁义之所在也。……是故内治反理以正
> 身,据礼以劝福。外治推恩以广施,宽制以容众。孔子谓冉子曰:
> "治民者先富之,而后加教。"语樊迟曰:"治身者,先难后获。"以此之
> 谓治身之与治民,所先后者不同焉矣。《诗》云:"饮之食之,教之诲
> 之。"先饮食而后教诲,谓治人也。又曰:"坎坎伐辐,彼君子兮,不素
> 餐兮。"先其事,后其食,谓治身也。②

上文所谓治身即修己,治身与治人之不同即修己与治人之不同。治
人则以仁安人,治身则以义正我,而不能反其用以逆其理。治人则先富
后教,治身则先其事后其食,先后之序亦不能颠倒。可见,治人与治身
(修己)之标准不可混同。孔孟从不拿执政者修己的标准去治人,去要求
百姓。对执政者之修己而言,总是道德礼义为先,即所谓"以义正我"。
而针对百姓之治人而言,则是养生先于教化,即所谓"以仁安人"。孟子
曰:"此惟救死而恐不赡,奚暇治礼义哉?"(《梁惠王上》)此即是把百姓的
生命、生活放在道德礼义之前。

总之,孟子的仁政学说既强调执政者德性的重要,又强调执政者以
民为本的理念,强调仁政的一切施设皆是为民而设,百姓之生计及其礼

---

① 徐复观:《释〈论语〉"民无信不立"——儒家政治思想之一考察》,载《学术与政治之间》,台北:
  学生书局,1985年,第299页。
② (清)苏舆:《春秋繁露义证》,钟哲点校,北京:中华书局,1992年,第249—254页。

乐教化既是政治的起点，亦是其最终的目标，是故在此基础上发展出了
孟子的民本思想。

二、民本思想

仁政的基础是德治，而其归宿则是为民，这就发展出了孟子的民本
思想。孟子的民本思想大致体现在如下三方面，一是民生方面；二是尊
贤使能、尊重民意方面；三是政权基础及其转移方面。下面我们一一
论述。

首先，孟子的民本思想以解决民生为急务，即所谓"民事不可缓也"。
上文提到，仁政的基础首先是解决百姓的生活，在孟子当时所处的社会
环境下，百姓能保命并维持基本的生活已是非常难得了。面对梁惠王，
孟子严厉批判了当时的社会不公："庖有肥肉，厩有肥马，民有饥色，野有
饿莩，此率兽而食人也。"（《梁惠王上》，第8页）并批评秦、楚等国"夺其
民时，使不得耕耨以养其父母。父母冻饿，兄弟妻子离散"（《梁惠王上》，
第10页）。在战乱频仍之际，孟子反对不顾人民的死活，通过驱民耕战
来满足人君的私欲。为了能让百姓保命，解决其生活问题，孟子以为执
政者应施行仁政，而仁政应从划分经界开始。"夫仁政，必自经界始。经
界不正，井地不钧，谷禄不平，是故暴君污吏必慢其经界，经界既正，分田
制禄可坐而定也。"（《滕文公上》，第108页）百姓依赖土地生活，正经界
乃尊重百姓私有财产的必要措施，经界既正，百姓可以无后顾之忧了。
除了正经界，孟子还提出了一些非常科学地促进农副业生产的具体措
施，以为这才是百姓合理的生活：

> 不违农时，谷不可胜食也；数罟不入洿池，鱼鳖不可胜食也；斧
> 斤以时入山林，材木不可胜用也。谷与鱼鳖不可胜食，林木不可胜
> 用，是使民养生丧死无憾也。养生丧死无憾，王道之始也。
>
> 五亩之宅，树之以桑，五十者可以衣帛矣。鸡豚狗彘之畜，无失
> 其时，七十者可以食肉矣。百亩之田，勿夺其时，数口之家可以无饥

矣。谨庠序之教,申之以孝悌之义,颁白者不负戴于道路矣。七十
者衣帛食肉,黎民不饥不寒,然而不王者,未之有也。(《梁惠王上》,
第5页)

保存百姓的生命、解决他们的温饱只是民生的第一步,为了彻底贯
彻民本思想,孟子主张执政者在治其田畴的同时,还要省刑罚、薄税敛,
如此百姓才能渐次致富:

> 市,廛而不征,法而不廛,则天下之商皆悦,而愿藏于其市矣;
> 关,讥而不征,则天下之旅皆悦,而愿出于其路矣;耕者,助而不税,
> 则天下之农皆悦,而愿耕于其野矣;廛,无夫里之布,则天下之民皆
> 悦,而愿为之氓矣。(《公孙丑上》,第70页)

能行此五者,则邻国之民仰之如父母,皆往归焉。

总之,民生关乎百姓的生命、生活,是仁政的第一步。仁政首先要解
决民生问题,在养民、富民,安顿百姓的生命与生活的基础上,孟子首次
明确提出为民制产,认为人民只有在丰衣足食的情况下才不会胡作非
为,并接受教化。仁政以土地制度为基本保障,这还是生存权问题、民生
问题。小民的基本口粮,核心家庭的基本温饱,老人的赡养均是仁政的
主要内容。这里多次提到要保证黎民不饥不寒,粮食如水火那么多,五
十岁以上的人有丝棉袄穿,七十岁以上的人有肉吃等。[1]　凡此种种,皆可
看出孟子的民本思想以民生为起点,切实而具体,皆是为民之生存与发
展而设也。

其次,孟子的民本思想还体现在尊贤使能、尊重民意方面。百姓的
生计解决了还不够,还须施以教化,如此方能调治民心,和谐人伦关系,
安定社会秩序。"设为庠序学校以教之。庠者,养也;校者,教也;序者,
射也。夏曰校,殷曰序,周曰庠;学则三代共之,皆所以明人伦也。人伦

---

[1] 郭齐勇:《原始儒家的正义论——以〈孟子〉为中心》,载《中国哲学智慧的探索》,北京:中华书
局,2008年,第178页。

明于上，小民亲于下。"(《滕文公上》，第 108 页)"壮者以暇日修其孝弟忠信，入以事其父兄，出以事其长上。"(《梁惠王上》，第 10 页)"谨庠序之教，申之以孝悌之义，颁白者不负戴于道路矣。"(《梁惠王上》，第 5 页)百姓皆能亲其亲、长其长，则国益安矣。对百姓施以教化或教育不单单在于使其"明人伦"，更在于能在民众中选贤与能，使其参与到国家政权的管理中去。孟子曰："贵德而尊士，贤者在位，能者在职。"(《公孙丑上》，第 68 页)"尊贤使能，俊杰在位，则天下之士皆悦，而愿立于其朝矣。"(《公孙丑上》，第 70 页)荀子亦主"尚贤使能"，他说："君人者欲安则莫若平政爱民矣，欲荣则莫若隆礼敬士矣，欲立功名则莫若尚贤使能矣。"①尊贤使能凸显了平民参政的特色，是民本思想在政治上的重要体现。

此外，民本思想还体现在尊重民意上。孟子论民意与察举：

> 国君进贤，如不得已，将使卑逾尊，疏逾戚，可不慎与？左右皆曰贤，未可也；诸大夫皆曰贤，未可也；国人皆曰贤，然后察之，见贤焉，然后用之。左右皆曰不可，勿听；诸大夫皆曰不可，勿听；国人皆曰不可，然后察之，见不可焉，然后去之。左右皆曰可杀，勿听；诸大夫皆曰可杀，勿听；国人皆曰可杀，然后察之，见可杀焉，然后杀之。(《梁惠王下》，第 38 页)

由此可知，对于上述各种政治权力，孟子主张参考民意，在充分尊重民意的基础上进行裁决。知民之好恶，充分尊重民意，"所欲与之聚之，所恶勿施"(《离娄上》，第 156 页)，正是以民为本的鲜明体现。

最后，孟子的民本思想还体现在政权基础及其转移方面。孟子很看重民心向背，认为民心乃政权之基础，民心向背是政治上成功与否的决定因素。"桀纣之失天下也，失其民也；失其民者，失其心也。得天下有道：得其民，斯得天下矣；得其民有道：得其心，斯得民矣。"(《离娄上》，第 156 页)行仁则得民心、得天下，不行仁则失民心、失天下，故孟子曰："三

---

① (清)王先谦：《荀子集解》，沈啸寰、王星贤点校，北京：中华书局，1988 年，第 153 页。

代之得天下也以仁,其失天下也以不仁。国之所以废兴存亡者亦然。"
(《离娄上》,第 152 页)孔子以前之古代思想,虽有民本观念之萌芽,但此
种思想之大成则待孟子之说始见。旧说本以"天命"解释政权之转移。
孟子则直以"民心"释"天命"。①

> 万章曰:"尧以天下与舜,有诸?"孟子曰:"否。天子不能以天下
> 与人。""然则舜有天下也,孰与之?"曰:"天与之。""天与之者,谆谆
> 然命之乎?"曰:"否;天不言,以行与事示之而已矣。"曰:"以行与事
> 示之者,如之何?"曰:"天子能荐人于天,不能使天与之天下;诸侯能
> 荐人于天子,不能使天子与之诸侯;大夫能荐人于诸侯,不能使诸侯
> 与之大夫。昔者,尧荐舜于天,而天受之;暴之于民,而民受之;故
> 曰,天不言,以行与事示之而已矣。"(《万章上》,第 201—202 页)

孟子提出"天与"的观念乃在否定执政者以政权为私产,而以民心向
背为政权转移之根据。"以行与事示之"即以民心所向示之,因此孟子尝
引《泰誓》之文"天视自我民视,天听自我民听"以明其义。"天命"中虽有
人力所不能及者,但仍主要表现于民心。总之,民心乃政权转移之关键。
在此基础上,孟子进而肯定汤武之革命:

> 齐宣王问曰:"汤放桀,武王伐纣,有诸?"孟子对曰:"于传有
> 之。"曰:"臣弑其君,可乎?"曰:"贼仁者谓之'贼',贼义者谓之'残'。
> 残贼之人谓之'一夫'。闻诛一夫纣矣,未闻弑君也。"(《梁惠王下》,
> 第 39 页)

此即表明执政者倘失仁义之道即是独夫民贼,民可以推翻其政权而
诛杀之,这就是传统政治上的革命论。这就明确表示政权可以转移,而
转移之依据即在民心向背。民心之重要有如斯,故孟子更有"民贵君轻"
的著名思想。"民为贵,社稷次之,君为轻。是故得乎丘民而为天子,得
乎天子为诸侯,得乎诸侯为大夫。"(《尽心下》,第 304 页)在治理国家、统

---

① 劳思光:《新编中国哲学史》第一卷,桂林:广西师范大学出版社,2005 年,第 131 页。

一天下的问题上，百姓是最重要的，国家政权是次要的，国君是更次要的。孟子的民本思想对历代批判君主专制的思想家影响很大，成为中国乃至东亚重要的政治资源。①

第三节　修养工夫与人格境界

孔孟儒学是生命的学问，是为己之学，成就德性是为学的目的，此即所谓"成德之教"。为此，孟子倡存心养气的修养工夫，通过存养本心、集义养浩然之气，以期达至德性至上的人格境界。

一、存心养气的修养工夫

孟子道性善，以四端之心论性，以此为道德实践之基。人人皆有善端，要在能存养、扩充，否则便无异于无，此所以孟子曰："学问之道无他，求其放心而已矣。"（《告子上》，第 247 页）人心不知存养，则流于放失、梏亡：

> 孟子曰："牛山之木尝美矣，以其郊于大国也，斧斤伐之，可以为美乎？是其日夜之所息，雨露之所润，非无萌蘖之生焉，牛羊又从而牧之，是以若彼濯濯也。人见其濯濯也，以为未尝有材焉，此岂山之性也哉？虽存乎人者，岂无仁义之心哉？其所以放其良心者，亦犹斧斤之于木也，旦旦而伐之，可以为美乎？其日夜之所息，平旦之气，其好恶与人相近也者几希，则其旦昼之所为，有梏亡之矣。梏之反覆，则其夜气不足以存；夜气不足以存，则其违禽兽不远矣。人见其禽兽也，而以为未尝有才焉者，是岂人之情也哉？故苟得其养，无物不长；苟失其养，无物不消。孔子曰：'操则存，舍则亡；出入无时，莫知其乡。'惟心之谓与？"（《告子上》，第 243 页）

---

① 郭齐勇：《原始儒家的正义论——以〈孟子〉为中心》，载《中国哲学智慧的探索》，北京：中华书局，2008 年，第 183 页。

孟子以牛山之木喻仁义之心。牛山之木尝美，但若斧斤不断伐之，其美亦渐失矣。而人之放失良心者，犹斧斤之于木，如不知操存保养，则离禽兽不远矣。万物之生，皆需养护、培植，否则便趋于消亡，人心亦不能外。正所谓"苟得其养，无物不长；苟失其养，无物不消。"人之习气、欲望便有使良心、夜气梏亡之险，因此孟子曰："养心莫善于寡欲。其为人也寡欲，虽有不存焉者，寡矣。其为人也多欲，虽有存焉者，寡矣。"（《尽心下》，第315页）此处存与不存皆就良心、夜气而言，欲望之多少于善性之存养有重要影响。另，人不但要知操存本心，还要能扩充之，能扩充则能使己之仁义之性得以充分发挥，而仁义之实则不可胜用矣。孟子曰："人皆有所不忍，达之于其所忍，仁也；人皆有所不为，达之于其所为，义也。人能充无欲害人之心，而仁不可胜用也；人能充无穿逾之心，而义不可胜用也。人能充无受尔汝之实，无所往而不为义也。"（《尽心下》，第313页）"达"者，通达、推扩之谓，人能善推其本心，"亲亲而仁民，仁民而爱物"，至其极则"万物皆备于我"。孟子曰："尽其心者，知其性也。知其性，则知天矣。存其心，养其性，所以事天也。夭寿不贰，修身以俟之，所以立命也。"（《尽心上》，第278页）尽心即推扩此本心，由此方知人之仁义之性，知此性本于自然（天）。存心养性即保任此本心，使其不放失。修身立命即坚守此本心而不动摇，夭寿不二，顺逆如一，如是则无往而不利也。

孟子主存心养性，而其具体的实践工夫则在持志养气，成就浩然之气，以逐步达至"不动心"的境界：

> 曰："敢问夫子之不动心与告子之不动心，可得闻与？""告子曰：'不得于言，勿求于心；不得于心，勿求于气。'不得于心，勿求于气，可；不得于言，勿求于心，不可。夫志，气之帅也；气，体之充也。夫志至焉，气次焉。故曰：'持其志，无暴其气。'""既曰：'志至焉，气次焉。'又曰：'持其志，无暴其气'者，何也？"曰："志壹则动气，气壹则动志也，今夫蹶者趋者，是气也，而反动其心。"（《公孙丑上》，第56页）

告子先于孟子"不动心",而孟子之"不动心"亦有其道,且不同于告子,此颇值得探讨。告子曰:"不得于言,勿求于心;不得于心,勿求于气。""不得于言"之"言"即"知言"之"言",即言辞、辞气之谓。至于"不得于言"之"得",劳思光先生释为"得理"之谓。① 告子所谓"不得于言,勿求于心",乃谓于外在言辞有所不契、不达,则不必求之于主观内在之心。"不得于心,勿求于气",则谓心志有不合义、不得理者,即不当求之于身体之气。孟子谓"不得于心,勿求于气,可",盖心志未能得理、达义,切勿徒恃意气以矜其勇,此为孟子所许。即不得于心,应反求诸己而不可徒恃其气。但孟子又谓"不得于言,勿求于心,不可",此孟子不同意告子处,亦两人不同处。对此,徐复观先生认为,"告子的不得于言,勿求于心,是对于社会上的是非得失,一概看作与己无关,不去管它,这便不致使自己的心,受到社会环境的干扰。"②告子的"不得于言,勿求于心"之说显然与其"义外"之旨相关。告子以为外在客观之事理与己心无关。告子之"不动心"即是隔断此心与外在言辞、事理之关系,以求此心不为其所累,从而达到"不动心"的境界。然孟子之"不动心"则不如是。孟子主"义内"之说,因此未尝隔断心志与外在事理之关系。"不得于言"者,即于外在之言辞、事理不能得其正者,此时正须求之于己之心志,以心正之,如此方是仁义之道。以心格义,以义正言、断事,如是则心理一如、心事一如,如此方是真正的"不动心",此是孟子"不动心"之真意。

次论"志"与"气"。"志"者,心之所向,相应于孟子所谓"大体"。"气,体之充也。""气"即指人身上的一股生命力,相应于孟子所谓"小体"。"夫志,气之帅也",即以"大体"统帅"小体"。"夫志至焉,气次焉",即孟子所谓"先立乎其大者,则其小者不能夺也"(《告子上》,第250页)。既如此,然孟子又谓"持其志,无暴其气",引公孙丑质疑,则为何也? 孟子的回答是"志壹则动气,气壹则动志也"。"壹"即专一,有主宰义。这

---

① 劳思光:《新编中国哲学史》第一卷,桂林:广西师范大学出版社,2005年,第126页。
② 徐复观:《孟子知言养气章试释》,载《中国思想史论集》,台北:学生书局,1983年,第147页。

句话是说，心志若为主宰则可支配气，气若为主宰亦可支配心志。其间之主从关系并无定准，是故又须"持其志，无暴其气"。"持"，持守、操持之谓。"持其志"即持守此心志而不为气所动。"暴"，暴乱之谓。因气易散乱干扰心志，故"持其志"之余又须无暴乱其气。如此持守、操存方能逐渐养就浩然之气。

> "敢问夫子恶乎长？"曰："我知言，我善养吾浩然之气。""敢问何谓浩然之气？"曰："难言也。其为气也，至大至刚，以直养而无害，则塞于天地之间。其为气也，配义与道；无是，馁也。是集义所生者，非义袭而取之也。行有不慊于心，则馁矣。我故曰，告子未尝知义，以其外之也。必有事焉，而勿正，心勿忘，勿助长也。"（《公孙丑上》，第 56—57 页）

浩然之气乃集义所生，配义与道之气方为浩然之气。心志、道义虽很重要，然气亦不可废，所以朱熹说："'养气'章，道义与气，不可偏废。虽有此道义，苟气不足以充其体，则歉然自馁，道气亦不可行矣。"①集义即是要做到处处皆合道义，且此道义皆从心志而发，以此心志统帅气，"持其志，无暴其气"，非如告子义袭而取也。集义与义袭乃两种不动心之工夫。王阳明说："告子是硬把捉着此心，要他不动；孟子却是集义到自然不动。"②两者之差距何啻天壤。"必有事焉"即念念不忘集义，不忘义之所在，此即孔子所谓"君子无终食之间违仁，造次必于是，颠沛必于是"（《论语·里仁》）。然此亦不能过于穿凿，所以须"勿正"。马一浮先生谓"勿正"之"正"可作"凿"解。"凿"即"所恶于智者，为其凿也"（《离娄下》，第 180 页）之"凿"。他说："心勿忘勿助，乃是绵密无间功夫，无一毫矫揉造作，实与无相行同义。"③此即"行其所无事"，乃真由仁义行，而非行仁义也。后世禅家修行，亦不过如此。至于"必有事焉，而勿正，心勿

---

① 黎靖德编：《朱子语类》第四册，王星贤点校，北京：中华书局，1986 年，第 1256 页。
② （明）王阳明：《传习录上》，载《王阳明全集》，上海：上海古籍出版社，1992 年，第 24 页。
③ 马一浮：《尔雅台答问》，南京：江苏教育出版社，2005 年，第 78 页。

忘,勿助长也"一句,顾炎武《日知录》引倪文节谓:"当作'必有事焉而勿忘'。忽忘,勿助长也。传写之误,以'忘'字作'正心'二字。言养浩然之气,必当有事而勿忘。既已勿忘,又当勿助长也。叠二勿忘,作文法也。"①可备一说。

对于何谓知言,孟子曰:"诐辞知其所蔽,淫辞知其所陷,邪辞知其所离,遁辞知其所穷——生于其心,害于其政;发于其政,害于其事。圣人复起,必从吾言矣。"(《公孙丑上》,第 57 页)知言是为了辨志,"言为心声",依其言则可知其心之所之,从而不为其言所蔽。知言亦是养心的工夫。在孟子,"持志"、"养气"、"知言"乃三位一体之关系,皆为孟子存养本心之工夫。

孔孟儒学是自得之学,修养渐深即可达于自得之境。孟子曰:"君子深造之以道,欲其自得之也。自得之,则居之安;居之安,则资之深;资之深,则取之左右逢其原,故君子欲其自得之也。"(《离娄下》,第 174 页)能时时操存本心,持志养气,必有事焉而勿忘、勿助长,斯可渐至不动心,养就浩然之气,无往而不自得矣。

二、德性至上的人格境界

孟子私淑孔子,其学有所承续于孔子。孔子尚"仁",孟子更是仁义并举。在生死存亡之际,在义利冲突之时,孟子总是以仁义为先,更有所谓义利之辨。他还极为重视人的独立与操守,他有古代士人的风骨与气节,有"舍我其谁"的气魄与承当。此外,他继承孔子之道,追求德性至上的人格境界。

首先,为了说明人之为人,孟子严辨人禽之别。而为了表现君子人格,孟子又有所谓义利之辨。孟子曰:"仁,人心也;义,人路也。"(《告子上》,第 247 页)又曰:"仁也者,人也。合而言之,道也。"(《尽心下》,第 305 页)秉承孔子的仁学,孟子处处标举仁义,以此为做人第一义谛。在

---

① 陈垣校注:《日知录校注》,合肥:安徽大学出版社,2007 年,第 408 页。

《孟子》一书开篇，面对梁惠王"以利吾国"的发问，孟子对曰："王！何必曰利？亦有仁义而已矣。"(《梁惠王上》，第1页)，为《孟子》一书的思想定下了基调。古时"利"有"义之和"之训。盖上古风俗淳厚，世人多能行义以共利。然后世礼坏乐崩，人多不顾礼义，怀利以相接，义利之冲突遂愈演愈烈。子曰："君子喻于义，小人喻于利。"(《论语·里仁》)孟子义利之辨亦有所取于夫子也：

> 鱼，我所欲也，熊掌亦我所欲也；二者不可得兼，舍鱼而取熊掌者也。生亦我所欲也，义亦我所欲也；二者不可得兼，舍生而取义者也。生亦我所欲，所欲有甚于生者，故不为苟得也；死亦我所恶，所恶有甚于死者，故患有所不辟也。如使人之所欲莫甚于生，则凡可以得生者，何不用也？使人之所恶莫甚于死者，则凡可以辟患者，何不为也？由是则生而有不用也，由是则可以辟患而有不为也，是故所欲有甚于生者，所恶有甚于死者。非独贤者有是心也，人皆有之，贤者能勿丧耳。(《告子上》，第245—246页)

义利冲突中之最突出者莫过于人的自然生命与人的德性尊严之间的冲突。孔子有所谓"杀身成仁"之说，而面对上述困境，孟子亦主张"舍生取义"。生与义有时难以得兼，要在人之如何抉择。梁启超说："所谓二者不得兼，即神明与躯干利害相冲突之时也，其冲突之甚，乃至神明与躯干不能并存，此等境遇，本非人世间所常有，吾侪或终身不一遇焉，万一遇之，则势必须舍其一乃能取其一，孰取孰舍，即人禽所攸分也。禽兽所欲无更甚于生，所恶无更甚于死。人决不然，然舍彼而取此则为人，舍此而取彼，遂禽兽矣。孰舍孰取，视平日所养何如耳，此养大体养小体之义也。"[1]关于大体小体，孟子曰："体有贵贱，有小大。无以小害大，无以贱害贵。养其小者为小人，养其大者为大人。"(《告子上》，第248页)朱熹集注云："贱而小者，口腹也；贵而大者，心志也。"[2]仁义礼智之心志即

---

① 梁启超：《梁启超论孟子遗稿》，载《学术研究》，1983年第5期，第88页。
② (宋)朱熹：《四书章句集注》，北京：中华书局，1983年，第334页。

"大体"、"良贵",亦即人之为人之所在,它表现了一种对小体即自然生命的超越义。孟子"舍生取义"的道德选择即表现了一种超越生命的价值追求,表现了人为人格尊严而牺牲的殉道精神。

此外,义利之辨又常表现于人伦日用之中,而这正是人们所常经历与面对的,因此也是最切要的。孟子主张君臣、父子、兄弟之间应当"怀仁义以相接",而非"怀利以相接"。在利益与仁义发生冲突时,他也是主张以"仁义"为先,先义后利,以为如此方能达于王道之治。

其次,孟子除通过义利之辨以凸显君子人格外,还追求一种独立不倚、弘大刚毅的气节与情操,更有所谓"舍我其谁"的气魄与承当,这些都表现了孟子大丈夫式的气节与操守。因为德性自足、独立不倚,因此他有"说大人,则藐之,勿视其巍巍然"(《尽心下》,第315页)的气概。他引用曾子的话说:"彼以其富,我以吾仁;彼以其爵,我以吾义,吾何慊乎哉?"(《公孙丑下》,第81页)这句话是说:彼有其富贵、爵位在身,而我之仁义自足,我并没有比对方缺少什么。此真有子路"不忮不求"之风。说到"爵",孟子亦有天爵人爵之辨。他说:"有天爵者,有人爵者。仁义忠信,乐善不倦,此天爵也;公卿大夫,此人爵也。古之人修其天爵,而人爵从之。今之人修其天爵,以要人爵;既得人爵,而弃其天爵,则惑之甚者也,终亦必亡而已矣。"(《告子上》,第250—251页)孟子主张追求天爵而非人爵。天爵即人自身所具有的道德原则与人格品质,操存舍亡皆在我者也。而人爵即功名利禄则是求在外者,得与不得皆有其命,不可强求也。是故孟子说:"求则得之,舍则失之,是求有益于得也,求在我者也。求之有道,得之有命,是求无益于得也,求在外者也。"(《尽心上》,第279页)

孟子倡导大丈夫精神,他说:"居天下之广居,立天下之正位,行天下之大道;得志,与民由之;不得志,独行其道。富贵不能淫,贫贱不能移,威武不能屈,此之谓大丈夫。"(《滕文公下》,第128页)在孟子,"仁"即天下之广居,"德"即天下之正位,"义"即天下之大道,居仁、由义、立德皆是大丈夫之所为。他还提倡独善其身与兼善天下的统一:"得志,泽加于民;不得志,修身见于世。穷则独善其身,达则兼善天下。"(《尽心上》,第

281 页)又曰:"待文王而后兴者,凡民也。若夫豪杰之士,虽无文王犹兴。"(同上)孟子的这种大丈夫精神与豪杰之气曾激励过后世无数的仁人志士。

最后,继承孔子之道,孟子亦追求一种德性至上的人格境界。孔孟儒学的人格境界论有两个要点:一个是它的终极至上性,即与天道相联系的"圣"的境界;另一个是它的经世致用性,即与人道相联系的"凡"的现实。前者是最高的理想,后者是理想的实现,两者之间密切沟通,不可脱离。有的论者只看到儒学的世俗伦理的一面,不承认它的超越性;有的论者又只看到儒学的高明理想的一面,不承认其所具有的普适性、现实性。关键的问题是要理解天道与人道、神圣与凡俗的贯通。这是传统知识分子的人格理想和行为模式。①

孟子的人格境界论以"圣"为至上,以"诚"为中心。太史公在《史记·孟子荀卿列传》中说孟子"受业子思之门人",《中庸》一书又与子思相关,因此《中庸》中的思想对孟子产生了很大的影响,这尤其表现在"诚"的观念上。《中庸》:"自诚明,谓之性;自明诚,谓之教。诚则明矣,明则诚矣。唯天下至诚,为能尽其性;能尽其性,则能尽人之性;能尽人之性,则能尽物之性;能尽物之性,则可以赞天地之化育;可以赞天地之化育,则可以与天地参矣。""自诚明"即天之道,"自明诚"即人之道,然殊途同归,至诚即可通达为一。故孟子曰:"是故诚者,天之道也;思诚者,人之道也。至诚而不动者,未之有也;不诚,未有能动者也。"(《离娄上》,第 158 页)唯至诚才能"动",能"动"才能尽人物之性,能尽人物之性才能参赞天地之化育。此种境界孟子亦尝论及之。如《中庸》中"赞天地之化育"即孟子所谓"万物皆备于我",而"与天地参"即孟子所谓"上下与天地同流"。

孟子以"诚"为修身之本,以"圣"为修身之依归。他把修身之进阶简述为:"可欲之谓善,有诸己之谓信,充实之谓美,充实而有光辉之谓大,

---

① 郭齐勇:《中国儒学之精神》,上海:复旦大学出版社,2009 年,第 271 页。

大而化之之谓圣,圣而不可知之之谓神。"(《尽心下》,第 310 页)这里列出了修身的六个层次:善、信、美、大、圣、神,可谓层层递进。他说:"形色,天性也;惟圣人然后可以践形。"(《尽心上》,第 295 页)践形即把"诚"完全化于己身,从而成己成物,可谓修身之极致。践行者,德蓄其身,英华发外:"君子所性,仁义礼智根于心,其生色也睟然,见于面,盎于背,施于四体,四体不言而喻。"(《尽心上》,第 286 页)

孟子的人格境界论虽有其极高的超越性,但又"极高明而道中庸",它总是展现在最平实的日用伦常之中。他说:"尧舜之道,孝弟而已矣。子服尧之服,诵尧之言,行尧之行,是尧而已矣。"(《告子下》,第 255 页)孝悌之义,虽愚夫愚妇亦能行也。圣凡之别即在能否善推此孝悌之义。孟子曰:"老吾老以及人之老,幼吾幼以及人之幼,天下可运于掌。《诗》云:'刑于寡妻,至于兄弟,以御于家邦。'言举斯心加诸彼而已。故推恩足以保四海,不推恩无以保妻子。古之人所以大过人者,无他焉,善推其所为而已矣。"(《梁惠王上》,第 15 页)可见,孟子的人格境界论即凡即圣,一以贯之,要在能以德性为至上,以至诚之仁义为根本也。

第四节　辟杨、墨、许行与孟子的地位

一、辟杨、墨、许行之说

孟子生当战国中期,此前已是"世衰道微,邪说暴行有作。臣弑其君者有之,子弑其父者有之"。其时孔子出,作《春秋》,而乱臣贼子惧。值孟子之时,"圣王不作,诸侯放恣,处士横议,杨朱、墨翟之言盈天下。天下之言不归杨,则归墨。杨氏为我,是无君也;墨氏兼爱,是无父也。无父无君,是禽兽也。……岂好辩哉?予不得已也。能言距杨墨者,圣人之徒也。"(《滕文公下》,第 141—142 页)又曰:"逃墨必归于杨,逃杨必归于儒。归,斯受之而已矣。今之与杨、墨辩者,如追放豚,既入其苙,又从而招之。"(《尽心下》,第 310—311 页)孟子以圣人之徒自居,当仁不让,

以"舍我其谁"之气概,力辟杨、墨、许行之说,依归于圣人之道。

辟杨朱。杨朱之说,于今已不可详考。关于杨朱思想及其学派归属,侯外庐等先生在《中国思想通史》(第一卷"古代思想")中做了详细的考察。我们在此主要考察孟子对杨朱的批评。关于杨朱其人,先秦典籍《孟子》、《庄子》、《韩非子》等尝提及之。而对杨朱学派及其思想,在颇具学术史意义的《庄子·天下》与《荀子·非十二子》中却未明确提及。① 关于其说,今可查考者,有如下数则材料②:

> 孟子曰:"杨子取为我,拔一毛而利天下,不为也。"(《尽心上》,第289页)
>
> 阳生贵己。(《吕氏春秋·不二》)③
>
> 兼爱、尚贤,右鬼、非命,墨子之所立也,而杨子非之。全性保真,不以物累形,杨子之所立也,而孟子非之。(《淮南子·泛论训》)④

由以上材料可知,杨朱学派的思想主旨为"为我"、"贵生"。"为我"即"贵己","贵生"即"全性保真"。孟子以为,"杨氏为我,是无君也"。上文提到,孟子严辨义利,认为应先义后利,而杨朱则"为我"、"贵己",以"己"为中心。《列子》一书中有杨朱篇。《列子》虽向来被视为伪书,但因其为后人所辑,多少宜保留了先秦时的一些材料,因此仍有可参考之价值。在《列子·杨朱篇》中,杨朱曰:"古之人损一毫利天下不与也,悉天下奉一身不取也。人人不损一毫,人人不利天下,天下治矣。"⑤对此,吕思勉先生说:"夫人人不损一毫,则无尧舜;人人不利天下,则无桀纣;无

---

① 参见侯外庐、赵纪彬、杜国庠:《中国思想通史》第一卷"古代思想"。北京:人民出版社,1957年,第337页。

② 参见劳思光:《新编中国哲学史》第一卷,桂林:广西师范大学出版社,2005年,第155—156页。

③ 许维遹:《吕氏春秋集释》,梁运华整理,北京:中华书局,2009年,第467页。

④ 何宁:《淮南子集释》,北京:中华书局,1998年,第939—940页。

⑤ 杨伯峻:《列子集释》,北京:中华书局,1979年,第230页。

桀纣,则无当时之乱;无尧舜,则无将来之弊矣。故曰天下治也。杨子为我之说如此;以哲学论,亦可谓甚深微妙;或以自私自利目之,则浅之乎测杨子矣。"①如是说来,孟子果浅视杨朱了吗? 其实不然。杨朱之说,自有其甚深微妙之处,然惜其只见一端,而未及大全。杨朱"为我"之说只得孟子"独善其身"之义,而未及"兼善天下"之大本,是以孟子批其"无君"。儒家主张"己欲立而立人,己欲达而达人"、"博施于民,而能济众"(《论语·雍也》),倡导"达则兼善天下",此皆儒家仁本之说,乃人君之所当为。杨朱只知全一己之生、遂一己之性,而不知"物之不齐",难免成己遗物,而未达至儒家"成己成物"、"各正性命"之旨。此外,杨朱"贵生",这又与孟子舍生取义之说相违。"全性保真,不以物累形"即"贵生"之义。"不以物累形"则专注于全其"天性"之"形",而不知尚有圣人"践形"一事在焉,是以孟子批评之。

辟墨翟。孟子批评墨翟,以为"墨氏兼爱,是无父也"。孟子通过批评墨者夷之来展开对墨翟的批评:

> 夷子曰:"儒者之道,古之人若保赤子,此言何谓也? 之则以为爱无差等,施由亲始。"徐子以告孟子。孟子曰:"夫夷子信以为人之亲其兄之子为若亲其邻之赤子乎? 彼有取尔也。赤子匍匐将入井,非赤子之罪也。且天之生物也,使之一本,而夷子二本故也。"(《滕文公上》,第123页)

墨者夷之以为"爱无差等,施由亲始",孟子则斥其为二本之说。"爱无差等"即墨氏兼爱,兼爱即视己之亲同于途人,如此则无所谓"孝悌",因此孟子斥其为无父之论。夷之既主"爱无差等",又主"施由亲始",如此则成二本之论。而儒家则主亲亲,有子曰:"孝弟也者,其为仁之本与!"(《论语·学而》)天之生物,使之一本,如此方可言"孝悌"。朱子说:"且人物之生,必各本于父母而无二,乃自然之理,若天使之然也。故其

---

① 吕思勉:《先秦学术概论》,上海:上海书店,1992年,第43页。

爱由此立,而推以及人,自有差等。"①此即孟子所谓"亲亲而仁民,仁民而爱物",本末先后之序不可躐等也。不过,程子云:"仁者以天地万物为一体"。阳明先生的弟子尝问及乃师,程子云"仁者以天地万物为一体",为何墨氏"兼爱"反不得谓之仁? 先生回答曰:

> 此亦甚难言,须是诸君自体认出来始得。仁是造化生生不息之理,虽弥漫周遍,无处不是,然其流行发生,亦只有个渐,所以生生不息。如冬至一阳生,必自一阳生,而后渐渐至于六阳,若无一阳之生,岂有六阳? 阴亦然。惟有渐,所以便有个发端处;惟其有个发端处,所以生;惟其生,所以不息。譬之木,其始抽芽,便是木之生意发端处;抽芽然后发干,发干然后生枝生叶,然后是生生不息。若无芽,何以有干有枝叶? 能抽芽,必是下面有个根在。有根方生,无根便死。无根何从抽芽? 父子兄弟之爱,便是人心生意发端处,如木之抽芽。自此而仁民,而爱物,便是发干生枝生叶。墨氏兼爱无差等,将自家父子兄弟与途人一般看,便自没了发端处;不抽芽便知得他无根,便不是生生不息,安得谓之仁? 孝弟为仁之本,却是仁理从里面发生出来。②

亲亲者,乃人之常情,亦是仁心之发端处。墨氏兼爱是堵塞其发端处,此便如无源之水、无本之木,善行、仁爱何得推扩? 在先秦典籍中,墨氏与杨氏常并提,且观点相对立,为两极端之说。在孟子看来,两家皆不识中道,不懂变通。孟子曰:"杨子取为我,拔一毛而利天下,不为也。墨子兼爱,摩顶放踵利天下,为之。子莫执中。执中为近之。执中无权,犹执一也。所恶执一者,为其贼道也,举一而废百也。"(《尽心上》,第289页)此孟子所以主张自得之学之故也,唯自得之学则可左右逢其源,而免于一端之说之弊也。

辟许行。孟子通过驳斥许行之说以论"社会分工"及合理社会结构

① (宋)朱熹:《四书章句集注》,北京:中华书局,1983年,第262页。
② (明)王阳明:《传习录上》,载《王阳明全集》,上海:上海古籍出版社,1992年,第25—26页。

之必要,并将之上升到夷夏之辨的高度,以为应从"周公、仲尼之道"。有从神农之说者名许行,自南方而来,其徒"皆衣褐,捆屦,织席以为食"。有陈良之徒陈相者,闻许行之说而大悦,尽弃其所学而学焉。陈相得见孟子,道许行之言曰:"滕君则诚贤君也;虽然,未闻道也。贤者与民并耕而食,饔飧而治。今也滕有仓廪府库,则是厉民而以自养也,恶得贤?"(《滕文公上》,第112页)许行之观点"触及社会结构之根本问题"①。他认为君与民应"并耕而食",更无须设"仓廪府库",否则便是"厉民"。果如许行所说,则君民无所区别,其设想之社会结构类似空想之无政府主义,这显然为孟子所不容,因此孟子贬之为夷狄之论。孟子继而反诘陈相"许子必织布而后衣乎?""许子以釜甑爨,以铁耕乎?"陈相辞穷,言许子并非自为,皆以粟易之。孟子即言:"以粟易械器者,不为厉陶冶;陶冶亦以其械器易粟者,岂为厉农夫哉?且许子何不为陶冶,舍皆取诸其宫中而用之?何为纷纷然与百工交易?何许子之不惮烦?"(《滕文公上》,第113页)此即表示陶冶与耕作乃平等之职业分途,并无彼此相"厉"存在,无所谓谁损害谁。陶冶与耕作之事如此,百工之事莫不如是。由此,孟子提出了治人与治于人的大分工原则:

> 然则治天下独可耕且为与?有大人之事,有小人之事。且一人之身,而百工之所为备,如必自为而后用之,是率天下而路也。故曰,或劳心,或劳力;劳心者治人,劳力者治于人;治于人者食人,治人者食于人,天下之通义也。(《滕文公上》,第113页)

孟子认为,治天下不可仅靠耕作之事。他提出有大人之事,有小人之事,实即指出有所谓君民之别,此乃社会治理之大原则,亦即最基本的社会结构。盖社会发展,人们为便于生活计,未可事事亲为,于是有百工之事起,有货殖之事兴焉。然此皆劳力之事,而社会之存在与发展尚须劳心之事。劳心与劳力以及治人与治于人之分即表示,"社会发展中,必

---

① 劳思光:《新编中国哲学史》第一卷,桂林:广西师范大学出版社,2005年,第137页。

有不属于直接生产之工作，且此种工作之重要性实胜于直接生产工作"①，此所以为大人之事也。孟子以古人为例说此大人之事，如禹之治水，解除民之灾患；后稷教民稼穑，使民得食五谷；契教民以人伦，使之别于禽兽、明于五伦。凡此皆表示此大人之事亦是一种工作，其重要性实胜于一般生产劳动。此所以孟子说："尧舜之治天下，岂无所用其心哉？亦不用于耕耳。"（《滕文公上》，第 114 页）孟子更将许行之言比作夷狄之论，以为陈相背弃其师陈良之说转学许行是由夏变于夷，乃"下乔木而入于幽谷"，为不善变矣。至于陈相所言许行所谓市贾之道，更为孟子所不许。从许行之道，则不论布帛之长短、麻缕丝絮之轻重、五谷之多寡、履之大小皆量同而价同。这便否认了"质"之一层而只取量之一端。对此，孟子曰：

> 夫物之不齐，物之情也；或相倍蓰，或相什百，或相千万。子比而同之，是乱天下也。巨屦小屦同贾，人岂为之哉？从许子之道，相率而为伪者也，恶能治国家？（《滕文公上》，第 115 页）

许行实不懂货殖规律，不识交换原则，强不齐于一、比而同之，是真乱天下。百工技艺之不同，类于货殖品色之各异，不可强不同于同，否则便乱市贾之道。孟子深谙"物之不齐"之理，有所分于大人、小人之事，使百工、百货各从其类，乃真从"周公、仲尼之道"也。

二、孟子的地位

孟子是继孔子后儒家学派中又一位集大成者。其初有周孔并称，其后有孔孟并称，孟子并被后世尊为"亚圣"，其影响可见一斑。冯友兰先生说："孔子在中国历史中之地位，如苏格拉底之在西洋历史，孟子在中国历史中之地位，如柏拉图之在西洋历史，其气象之高明亢爽亦似之。"②《史记·儒林列传》：

---

① 劳思光：《新编中国哲学史》第一卷，桂林：广西师范大学出版社，2005 年，第 138 页。
② 冯友兰：《中国哲学史》，北京：中华书局，1961 年，第 140 页。

自孔子卒后，七十子之徒散游诸侯，大者为师傅卿相，小者友教士大夫，或隐而不见。故子路居卫，子张居陈，澹台子羽居楚，子夏居西河，子贡终于齐。如田子方、段干木、吴起、禽滑釐之属，皆受业于子夏之伦，为王者师。是时独魏文侯好学。后陵迟以至于始皇，天下并争于战国，儒术既绌焉，然齐鲁之间，学者独不废也。于威、宣之际，孟子、荀卿之列，咸遵夫子之业而润色之，以学显于当世。①

孔子没后，能以学显于当世者唯孟子、荀卿。《韩非子·显学》云："自孔子之死也，有子张之儒，有子思之儒，有颜氏之儒，有孟氏之儒，有漆雕氏之儒，有仲良氏之儒，有孙氏之儒，有乐正氏之儒。"②孟氏之儒即孟子一派，孙氏之儒即荀卿一派。孟子于当时"后车数十乘，从者数百人，以传食于诸侯"（《滕文公下》，第133页），其声势也如此。司马迁在《史记·孟子荀卿列传》中说：

> 孟轲，驺人也。受业子思之门人。道既通，游事齐宣王，宣王不能用。适梁，梁惠王不果所言，则见以为迂远而阔于事情。当是之时，秦用商君，富国强兵；楚、魏用吴起，战胜弱敌；齐威王、宣王用孙子、田忌之徒，而诸侯东面朝齐。天下方务于合从连衡，以攻伐为贤，而孟轲乃述唐、虞、三代之德，是以所如者不合。退而与万章之徒序《诗》《书》，述仲尼之意，作《孟子》七篇。③

太史公说孟子"受业子思之门人"，赵岐在《孟子题辞》中又说孟子"长师孔子之孙子思，治儒术之道，通《五经》，尤长于《诗》、《书》"④，可见孟子实承子思之学以续孔门学脉，思孟学派其来有自。

韩愈在《原道》言："尧以是传之舜，舜以是传之禹，禹以是传之汤，汤以是传之文、武、周公，文、武、周公传之孔子，孔子传之孟轲。轲之死，不

---

① （汉）司马迁：《史记》第十册，北京：中华书局，1982年，第3116页。
② （清）王先慎撰：《韩非子集解》，钟哲点校，北京：中华书局，1998年，第456页。
③ （汉）司马迁：《史记》第七册，北京：中华书局，1982年，第2343页。
④ （清）焦循：《孟子正义》，沈文倬点校，北京：中华书局，2004年，第7页。

得其传焉。"①韩愈以孟子为孔子正传,此道统之说所由起。他又说:"孔子之道大而能博,门弟子不能遍观而尽识也,故学焉而皆得其性之所近。其后离散,分处诸侯之国,又各以其所能授弟子,源远而末益分。惟孟轲师子思,而子思之学出于曾子。自孔子没,独孟轲氏之传得其宗。故求观圣人之道者,必自孟子始。"②可见,孔子后能传圣人之道者非孟子莫属。孟子曰:

> 由尧舜至于汤,五百有余岁;若禹、皋陶,则见而知之;若汤,则闻而知之。由汤至于文王,五百有余岁,若伊尹、莱朱,则见而知之;若文王,则闻而知之。由文王至于孔子,五百有余岁,若太公望、散宜生,则见而知之;若孔子,则闻而知之。由孔子而来至于今,百有余岁,去圣人之世若此其未远也,近圣人之居若此其甚也,然而无有乎尔,则亦无有乎尔。(《尽心下》,第 320 页)

"然而无有乎尔,则亦无有乎尔"即显示孟子隐然以继孔子之业为己任。③ 孟子尝言:"乃所愿,则学孔子也。"(《公孙丑上》,第 58 页)又曰:"夫天未欲平治天下也;如欲平治天下,当今之世,舍我其谁也?"(《公孙丑下》,第 100 页)孟子真当世之豪杰,自觉担当以承周公、孔子之志。然每一时代有每一时代之责任,所谓"易地则皆然",孟子自有其新命。他说:"昔者禹抑洪水而天下平,周公兼夷狄、驱猛兽而百姓宁,孔子成《春秋》而乱臣贼子惧。……我亦欲正人心,息邪说,距诐行、放淫辞,以承三圣者;岂好辩哉? 予不得已也。"(《滕文公下》,第 142 页)辟杨、墨、许行是不得已而为,乃时势使然,亦孟子知命、立命之所在也。

与荀子侧重礼论等政治建构不同,孟子更重视心性修养,开出了后世心学一脉。宋明陆王心学实直承孟子而来。心学一脉打开了儒学极尽精微的一面,使其足可以融摄佛老。孟子道性善,性善说是心学的核

---

① (唐)韩愈:《韩昌黎集》(三),上海:商务印书馆,1930 年,第 63 页。
② 转引自(宋)朱熹《孟子序说》。参见《四书章句集注》,北京:中华书局,1983 年,第 198 页。
③ 参见冯友兰:《中国哲学史》,北京:中华书局,1961 年,第 141 页。

心。在《孟子》七篇中有对性善说的详细说明与论证。孟子以四端之心论性，使人之善性有其着落，落于身之主宰——人心处。孟子的性善说奠定了中国古典人性论的基调，且早已深入到了民族文化心理之中，影响着一代代国人。孟子主张大丈夫气节，提倡养浩然之气，强调培养德性至上的人格境界，这些思想都鼓舞着后世一代代学人。孟子不但重视内圣之学，且同样重视在内圣之学基础上开出的外王思想。孟子在"不忍人之心"的基础上提出了"不忍人之政"即仁政学说，指出为政者要善扩充此"不忍人之心"，如此方能保四海、王天下。他指出为政者要省刑罚、薄税敛，不违农时，此皆是为民计。他提出"民贵君轻"一说，肯定汤武革命，其诛独夫的革命论对后世的政治变革影响深远。他提出的尚贤思想、选才于民的主张，进一步优化了后世的政治结构。他指出为政者要听取民意，主张限制君权，提出以德位对抗爵位，凡此皆影响着后世的政治格局。此外，孟子的人禽之辨、义利之辨、王霸之辨对宋明儒学有很大影响，这些争辩一度成为当时争论的焦点话题。

总而言之，孟子在中国哲学史上起到了承前启后的作用。起初，其地位或高或低，其影响或明或暗，直至宋代《孟子》位列四书之一，孟子地位一跃而升，与孔子并列，其思想始大兴。其后孟子之影响从未中绝。与宋代新儒家相区别，近世有所谓现当代新儒家一派，熊十力、牟宗三等是其代表人物。此派新儒家更是深受孟子心学之影响而兴起，旨在发掘孟子思想的现代意蕴，以此挺立当下人之生命，并努力开出新的外王思想，以与当下西方进步思潮相激荡、相发明。于此可见，孟子思想于当下或可又有一兴。

第九章　庄子的哲学

第一节　庄子与《庄子》

一、庄子及其时代

　　庄子,名周,也被称为"南华真人"(如梁代梁旷《南华论》、唐代成玄英《南华真经疏序》)。庄子约与梁惠王、齐宣王同时。据钱穆先生的考证,"庄子生年当在周显王元年十年间。若以得寿八十计,则其卒在周郝王二十六年至三十六年间也。"[①]所以,我们大致可以说他生活在战国中期。《史记·老子韩非列传》中记载庄子曾为"蒙漆园吏",但"蒙"地所属何国,前人有过宋、梁两种说法。大体说来,汉代学者(如刘向《别录》、《淮南子》高诱注、《汉书·艺文志》等)均认为蒙地属于宋国。但由于蒙县在汉代属梁国,因此一些隋唐的学者也说庄子为梁人。其实,庄子的同时代学者韩非子便曾征引过《庄子·庚桑楚》的部分语句,并明言是取自"宋人语"(《韩非子·难三》)。因此,我们按照汉代学者的说法,称庄子为宋国蒙地人。对于庄子所处的时空,如今缺乏史料文献,《史记》所

——————————

① 钱穆:《先秦诸子系年》,石家庄:河北教育出版社,2002年,第304页。

叙也仅寥寥数字,但《水经注》曾有简略的叙述,其载:

> 汳水又东径蒙县故城北,俗谓之小蒙城也。《西征记》:城在汳水南十五六里,即庄周之本邑也,为蒙之漆园吏。郭景纯所谓漆园有傲吏者也。[1]

根据《水经注》记载,在庄子家乡蒙县(位于今河南商丘市区东北)以东,当时还有湿地沼泽,称为蒙泽,获水(即丹水)流经此地。在庄子之前,该地见载于史籍是因南宫长万弑君。《春秋·庄公十二年》记载南宫长万在宋鲁交战中战败被俘,返国后受到宋闵公的嘲弄,因而心生怨恨,最终弑杀宋闵公,事件的发生地就是庄子的家乡。而在蒙泽东边还有砀水,该地曾流传有赵人琴高的神异之事。《水经注》载其"行彭、涓之术,浮游砀郡间二百余年,后入砀水中取龙子,与弟子期曰:皆洁斋待于水旁,设屋祠。果乘赤鲤鱼出,入坐祠中,砀中有可万人观之,留月余,复入水也"[2]。而事实上,即使在北魏郦道元游访时,该地仍不乏"黎民谓藏有神"、"有兽噬其足"等志怪传闻,甚至还记载砀山中有"大鲤鱼"的传说。可见,在庄子的时代,河南商丘附近保留着大片未经垦殖的山林沼泽,由此滋生出奇异的幻想。我们不难设想,庄子自幼就伴随着这些曾在家乡发生的故事长大,这些故事中既有春秋以来宋国臣弑君的僭乱史事,也有神仙异兽等超脱于凡俗的记载,这为我们理解庄子思想世界提供了一些珍贵的线索。

当然,对于《庄子》历史语境的讨论绝不止于对当时自然环境及那些神异故事进行还原。《庄子》既名之为寓言,自然是借这些"谬悠之说,荒唐之言,无端崖之辞"(《庄子·天下》,本章下引《庄子》只注篇名)叙述当时自身的处境。如果说《庄子》全文在于诉求逃避世俗、返归自然的生命状态,我们当然要追问是什么迫使一个哲学家产生这样的思想。因此,就至少需要从庄子所处的历史语境中展开思考。

---

[1] (北魏)郦道元注,陈桥驿校证:《水经注校证》,北京:中华书局,2007年,第557—558页。
[2] (北魏)郦道元注,陈桥驿校证:《水经注校证》,北京:中华书局,2007年,第560页。

　　首先，庄子的出身，前人已有讨论。在郑樵《通志・氏族略》曾论及庄氏渊源，其说道："周人以讳事神，谥法所由立。生有爵，死有谥，贵者之事也。氏乃贵称，故谥亦可以为氏。庄氏出于楚庄王。"而在"以谥为氏"中更以庄子为例说道："庄氏，芈姓，楚庄王之后，以谥为氏。楚有大儒曰庄周，六国时尝为蒙漆园吏，著书号《庄子》。"①若依此而论，则庄子或为楚庄王公族的后裔。而事实上，即从文风观之，前代学者也多认同庄子与楚人有着密切的关系。比如朱熹即说："庄子自是楚人，想见声闻不相接（笔者按：此指庄子与孟子二人一南一北）。大抵楚地便多有此样差异底人物学问。"②刘师培也认为："老子为楚国苦县人。庄为宋人，列为郑人，皆地近荆楚者也。"③朱自清更直言庄子："宋国人，他的思想却接近楚人。"④我们认为蒙县位于战国时宋、楚、魏三国之间，无论是庄子浸染楚风抑或庄子为楚公族之后都是有很大可能的。

　　其次，如果我们承认庄子同楚国有着密切的关系，那么我们有必要对楚国的概况进行一番简要的讨论。清代学者高士奇总结说："春秋灭国之最多者，莫楚若矣。"⑤换言之，伴随着拓张和发展，楚国也在寻求一种管辖庞大国土的政制形态。初期，楚国在灭国之后，多将其改为附庸，并曾以"县"的方式予以管辖。比如《左传・宣公十一年》前记载，楚庄王"县陈"之后，"诸侯县公皆庆"。又如在楚师围郑后，郑伯曾肉袒牵羊，示服为臣仆，请求楚王"使改事君，夷于九县"。然而这一阶段虽名为县，实际上仍作为楚国异姓公族势力存在。换言之，楚国一度其实是依靠公族势力维持君王的权势。比如《左传・昭公十四年》记载：楚平王上台后，便"礼新叙旧，禄勋合亲，任良物官"。杜注便说："新，羁旅也"、"勋，功也。亲，九族。"可见这种举动的目的就是"在新、旧、勋、亲之间寻找平

① （宋）郑樵：《通志二十略》（影印本），北京：中华书局，1987年，第6—7，161页。
② （宋）黎靖德：《朱子语类》卷一二五，王星贤点校，北京：中华书局，1986年，第2989页。
③ 刘师培：《南北文学不同论》，载《清儒得失论》，北京：中国人民大学出版社，2004年，第226页。
④ 朱自清：《经典常谈》，上海：上海古籍出版社，2006年，第60页。
⑤ 高士奇：《左传纪事本末》，北京：中华书局，1966年，第779页。

衡,通过'任良物官'调整权力体系中的宗族构成"①。然而,正如周振鹤先生所总结,县的意义在春秋战国时期曾经历过从县鄙之县到县邑之县,并最终到郡县之县的转变。而在后期,郡县之县"不是采邑,而完全是国君的直属地"②。因此,大致在楚悼王时期,当楚国原有封君的政策导致"上偪主而下虐民"(《韩非子·和氏》)的情况下,楚悼王遂任用吴起进行变法。《史记·孙子吴起列传》记载当时的政策是:"明法审令,捐不急之官,废公族疏远者,以抚养战斗之士。"这意味着楚国公族分封政体的权力发生转移。而伴随着公族分封制的削弱,楚国的县制则逐渐推扩。徐少华先生认为:"楚县起初大多设在边境地区,具有明显边防重镇的作用",且"楚县非封邑,而是楚王的直属领地"、"县公一般不世袭,而是由楚王随时任免"③,这即意味着楚国集权的强化,而集权的目的很大程度就在于使所辖民众转换为编户齐民,且"县中的土地只能用于抽取兵赋,供应军队抵御来自境外的进攻。否则,不但楚县将沦为敌国的鱼肉,而且失去战略上有利的地形"④。据一些学者研究,庄氏家族作为楚国的公族,很大程度就是在吴起变法事件中遭到驱离。⑤ 我们认为,这种推测的思路是值得重视的。即使庄子祖上未必与吴起变法相关,但是无法否认庄子必然曾面对战国中后期封君制向县制转型这一大的社会变革。而庄子所在蒙地处于宋、楚、魏三国的边界,按照县制最先在边境推行,那么庄子所处的环境应深受这一社会变动的冲击。

再次,如果我们承认战国时代楚国县制的发展对当时社会形态产生了极大的影响,那么我们应将此作为理解庄子论述的一条线索,最终理解庄子哲学的超越境界。倘若说县制的发展冲击着原有周封建制下族内自治的社会秩序,那么宗族的衰落与游民的增长所导致的社会组织紊

---

① 田成方:《东周时期楚国宗族研究》,武汉大学博士学位论文(2011年),第194页。
② 周振鹤:《中国行政区划通史·总论·先秦卷》,上海:复旦大学出版社,2009年,第249页。
③ 徐少华:《周代南土历史地理与文化》,武汉:武汉大学出版社,1994年,第284—286页。
④ 王准:《春秋时期晋楚家族比较研究》,华中师范大学博士学位论文(2008年),第102页。
⑤ 杨义:《庄子还原》,北京:中华书局,2011年,第12—17页。

乱与社会失范必然触动着庄子的神经。事实上,《庄子》文中不乏对理想社会形态的怀念以及对国家蓄民征战的批判。由此,对于庄子和孔子的思想差异,我们或许可以提供一种解释。孔子处于春秋末期,尽管当时从秦、楚、晋等国兴起的县制隐约透露出中央集权的倾向,但大多数周封建兄弟与姻亲之国还固守着原有的社会形态,形成一个个权力中心并依靠血缘维系着族群内部的治理。而在战国中后期庄子的时代,社会已然急剧分化,伴随着各诸侯国拓张与兼并,原有的血缘族群式社会已被中央集权取代,县制迅速推广。伴随着君主对地方的有效统驭,社会组织逐渐趋于解体,国民变为散沙化的原子个体。倘若说孔子还希冀通过推扩亲族原始的感情(仁爱)来重建周代温情脉脉的社会,那么在庄子所处的时代,这种重建亲族社会的可能性已逐渐破灭。当个体脱离族群沦为编户齐民,成为君王所驱使的游民,这种内在的恐慌与不安定感促成庄子对个人生命安立等问题展开思考。正如李泽厚所言:庄子是从个体角度"意识到人作为血肉之躯的存在与作为某一群体的社会存在以及作为某种目的的手段存在之间的矛盾与冲突"①。也正是因其预感到整个社会结构愈趋崩解,因此,他放弃了儒家那种汲汲于重构周代礼乐王制的努力,而倾向于个体的超越境界,这或许正是庄子所言"知其不可奈何而安之若命"的原因。

如果我们承认庄、老之间有着共同的政治理念——即虚心弱志的无为之道,那么我们不妨看看二人如何建构理想中的政治运行机制的。在老子那里便明确地提出:

> 小国寡民。使有什伯之器而不用,使民重死而不远徙。虽有舟舆,无所乘之,虽有甲兵,无所陈之。使人复结绳而用之,甘其食,美其服,安其居,乐其俗。邻国相望,鸡犬之声相闻,民至老死,不相往来。(《老子·第八十章》)

---

① 李泽厚:《中国古代思想史论》,北京:生活·读书·新知三联书店,2008 年,第 191 页。

这里,老子虽然标以"小国寡民",然而其核心并不在于强调组织的规模,而在于向我们呈现共同体内部"一幅高度自治的局面"。而在《庄子》一书中,除了像《胠箧》等篇中所称颂的"至德之世"与老子一致外,庄子更倾向一种内在的解脱之道。实际上,我们不难发现自治的核心恰恰在于唤醒个体之于群体的意识。正如叶海烟先生的分析:

> 自治即是由人心之能动性与主动性开启芸芸生机,并通过素朴的文化思维与行动所达致的生活境界,其间,个人意志之造作及足以干预文化方向的工具理性是必须受到相当严厉的限制。[1]

这一分析十分精当,不仅解释了老子自治的政治构想向庄子个人超越之境的过渡,更揭示了庄子内圣与外王之学内部的联系。正如叶海烟所言:老子阐扬主体性最大的现实意义"不外乎圣人无为而治的政治理想所直接作用于人民身上的多方效应",正因这一架构,所以要为每一个个体"寻找一个能顾全主体际的生活机体"。而在"道"的论述中,老子也是为"解决思想专断与行动高压而呈现而发扬的"。庄子不仅承接了老子的"道",更"通过'常自然'、'为无为'等观照工夫对权力意识或主宰意识"[2]予以化解,从而使得我们获得内在且真实的自由。由此观之,庄子的哲学向主体性演进绝非偶然,而是社会转型与学术发展的必然趋势。换言之,正由于宗族自治秩序的崩解,庄子深入且透彻地反思如何在社群之外重新"安其性命之情"(《在宥》),为个体找到一个归宿。由此,庄子脱离了制度的进路,而转向上古的天人混同的境界,转向在宇宙中安放人生。故庄子言:"彼是莫得其偶,谓之道枢。枢始得其环中,以应无穷。"(《齐物论》)钱穆的解释甚妙,他说:"宇宙是无限的,所以每一个'是',莫非站在此大无限之中心。一切皆站在此大无限之中心,即一切平等,而非一切相对。……这是把此有限安放在无限之中心,既无相对,

---

[1] 叶海烟:《老庄哲学新论》,台北:文津出版社,1997年,第23—24页。
[2] 叶海烟:《老庄哲学新论》,台北:文津出版社,1997年,第142、147页。

又非绝对,才能'应无穷'。一切皆中心,一切是无穷。"①这无疑是《庄子》全书的轴心宗旨。

通过以上对庄子所处环境的梳理,我们不难理解庄子的精神。庄子在《大宗师》中借颜回之口道出"忘仁义",很大程度在于当时仁义已成为互相标榜的符号。儒家预设了一套以礼仪为核心的社会运转秩序,并希图通过礼仪培养人在族群中的孝亲、差等、尊卑等意识,从而维系整套机构的运行。当处于社会平稳运行之时,这套方法无疑是适用的。然而,庄子处于"礼崩乐坏"的时代,原有礼乐文明的土壤已经发生根本性颠覆,社会形态已从亲族转变为散沙化的原子个体,形式性的礼节不仅无益于维系社会秩序,更不足以激发内心的崇敬。由此,庄子不得不思考一套安身立命之道,他惟有向礼乐之前的社会形态予以追溯,"其中所关涉的主要是人的文化思维如何能不自限,而且又能自反其本、自溯其源、自立其根的双向运作。"②因此,庄子并非是反文化秩序与规范,而只是希望复原本真的存在价值。我们看到庄子"道"的境界是"离形去知",融通于宇宙造化之流,顺应四时昼夜之流转,最终消除哀乐等情感,回归到洪荒之初万物的自然状态,即所谓"入于寥天一"。正如《大宗师》"以天为宗",就无疑是给当时迷茫的个体指引一条解脱之道,即生命那超乎人世间的依据。所以,倘若如果无法恢复亲亲的伦理社会,那么不妨重新探寻一种更本真的存乎天地之间的凭借,显然,返本、法天的生活才是生命真正的依归。

二、《庄子》及其考辨

《汉书·艺文志》载"庄子五十二篇"③,据《经典释文》所载,此五十二篇版本的《庄子》是"司马彪、孟氏所注"。而今天我们所见的传世本《庄

---

① 钱穆:《中国思想史》,北京:九州出版社,2012年,第42页。
② 叶海烟:《老庄哲学新论》,台北:文津出版社,1997年,第29页。
③ (汉)班固:《汉书》卷三十《艺文志》,北京:中华书局,1964年,第1730页。

子》是由郭象所编注,包含有《内篇》七,《外篇》十五,《杂篇》十一。换言之,今日所见三十三篇传世本的结构、排序很大程度体现的是郭象的旨趣,我们已不能依据这些篇目的外部特征揣测庄子的原初意旨。对此,初学者不妨了解《庄子》一书是如何形成的。在《世说新语·文学》中记载:

> 初,注《庄子》者数十家,莫能究其旨要。向秀于旧注外为解义,妙析奇致,大畅玄风。唯《秋水》《至乐》二篇未竟而秀卒。秀子幼,义遂零落。然犹有别本。郭象者,为人薄行,有俊才。见秀义不传于世,遂窃以为已注。乃自注《秋水》《至乐》二篇,又易《马蹄》一篇,其余众篇,或定点文句而已。后秀义别本出,故今有向、郭二庄,其义一也。①

通过这段记载我们可知以下两点:

首先,今日我们所见的郭象注本,很大程度是郭象援引向秀的成果。文中刘义庆所提及的向秀原注,今已不存。但四库馆臣做《庄子》提要时曾借《列子》张湛注与陆德明《经典释文》中所引的向秀义校郭注,发现刘义庆所言非虚。② 因此,我们下文在讨论郭象时,有必要清楚其很大程度也代表着向秀的观点。

其次,我们明白,在向秀之前注庄者已经有数十家,并没有统贯性的主流意趣。而如今所形成"玄风"解《庄》的印象是由向秀所开创的。对此,陆德明《经典释文·庄子序录》所记载的情况恰恰能补充这一说法。《释文》载:

> 然庄生弘才命世,辞趣华深,正言若反,故莫能畅其弘致。后人增足,渐失其真。故郭子玄云:"一曲之才,妄窜奇说,若《阏奕》、《意修》之首,《危言》、《游凫》、《子胥》之篇,凡诸巧杂,十分有三。"③

---

① (南朝宋)刘义庆著,余嘉锡笺疏:《世说新语笺疏》,北京:中华书局,1983年,第206页。
② (清)永瑢、纪昀等:《四库全书总目》,北京:中华书局,1965年,第1246页。
③ (唐)陆德明撰,吴承仕疏证:《经典释文序录疏证》,北京:中华书局,2008年,第141页。

可见，在向秀、郭象之前的本子中掺杂着大量庄子后学增入的异怪之文，比如我们今日已不能见到的《阏奕》等篇章。并且，如果按五十二篇记，那么其中至少有十五六篇都是这类文字。而这个版本的风格特征是："言多诡诞，或似《山海经》，或类占梦书。"因此，在向、郭注之前，《庄子》确实不是今日所见的风格。正因这种情况，向、郭进行了删减。《释文》载："故注者以意去取。其《内篇》众家并同，自余或有外而无杂。唯子玄所注，特会庄生之旨，故为世所贵。"倘若按这里陆德明的说法，那么向、郭当时的删减去取并没有明确的文献考证和版本依据，而仅凭己意，除了当时诸家公认的内七篇未经删减外，今日所见的外篇和杂篇均是按照向、郭的意向和内在体悟整理形成。再根据上文所载《世说新语》的说法，我们有理由推测郭象最终的三十三篇定本正是在向秀"大畅玄风"的注解影响下进行的文献整理，其自然也应以"玄风"为核心进行了去取。因此，这次对《庄子》的整理工作具有明确的价值导向。正如顾颉刚所分析的："至类似《占梦》、《山海》者，当是秦汉风尚神仙，好事者寖以神仙家语附益之。至于晋代，不尚神仙而贵玄谈，则其诡妄立显，故崔向诸家并加刊落耳。"[1]如今看来，岳麓秦简《占梦书》等文献的发现，无疑验证顾先生的推理。至于晋代尚玄，传世文献亦多见载。因此，向、郭这种非出自文献考订的整理工作无疑对当时的学风产生了影响，比如《晋书·向秀传》所言：

> 秀乃为之隐解，发明奇趣，振起玄风，读之者超然心悟，莫不自足一时也。惠帝之世，郭象又述而广之，儒墨之迹见鄙，道家之言遂盛焉。[2]

倘若按《晋书》所言，在惠帝时郭象的注疏造成了当时儒墨学风的下移与道家的兴起，那么我们也有理由怀疑传世本《庄子》外杂篇中那些对儒墨

---

① 顾颉刚：《庄子外杂篇著录考》，载《顾颉刚古史论文集》第 11 卷，北京：中华书局，2011 年，第739 页。

② （唐）房玄龄等：《晋书》卷四九《列传第十九》，北京：中华书局，1974 年，第 1374 页。

的攻伐，未必是庄子的本意，而是向、郭个人思想主导下的删减去取后所保留的庄子及以假托庄子名的学者所撰写的文章。后者影响后世更深。正如明代学者郭良翰所言："昔之人至谓非郭注《庄》，乃《庄》注郭。迨于今，玄风大畅，辩圃竞驰，朝假筏于丹基，夕乞灵于灵鹫，谈之烨然，按之窅然。"①所以，正因传世本是在"玄"学的主观倾向下整合而成，并非依赖一套客观的文献考察标准，那么我们就应正视外杂篇内部的种种讹伪与差异，将其视为非一时一人所作。此外，《庄子》书中对儒家的看法是庄学研究的公案，尽管我们无法得知郭象删去的其它篇章是否保留着截然相反的"儒墨之迹"甚至是尊儒的思想，但至少我们应承认现存外杂篇中对儒墨等家的态度并非一贯，这也就要求我们以公允的视角审视这种差异性，抛弃那种强做统贯的解说风气。

对于庄子外杂篇真伪的分析，前贤学者多有讨论。这里，我们仅选取一些比较重要的观点。其中对庄子全书宏观性的分判以王夫之的说法最被学界称述。他认为：

> 外篇非庄子之书，盖为庄子之学者，欲引伸之，而见之弗逮，求肖而不能也。以内篇参观之，则灼然辨矣。②

可见，王夫之是以内篇作为基点，由此展开的比较分析。他提出了五点差异。其一是从篇章内部的文意连贯性而言，认为："内篇虽参差旁引，而意皆连属；外篇则蹐驳而不续。"其二是从内外篇文风的格调而论，"内篇虽洋溢无方，而指归则约；外篇则言穷意尽，徒为繁说而神理不挚。"其三则比较内外篇的论证方式，发现内篇有立有破，而外篇则太过极端，"内篇虽极意形容，而自说自扫，无所粘滞；外篇则固执粗说，能死而不能活。"其四则从内外篇对尧舜、孔子的看法入手进行揣摩，发现"内篇虽轻尧舜，抑孔子，而格外相求，不党邪以丑正；外篇则忿戾诅诽，徒为轻薄以

---

① （明）郭良翰：《南华经荟解》，载《无求备斋庄子集成初编》第 13 册，台北：艺文印书馆，1972 年。

② （清）王夫之：《庄子解》，北京：中华书局，1964 年，第 76 页。

快其喙鸣。"其五则从内外篇与老子的出入进行审视，认为"内篇虽与老子相近，而别为一宗，以脱卸其矫激权诈之失；外篇则但为老子作训诂，而不能探化理于玄微。"由此，他对外篇做出判断，认为：

> 故其可与内篇相发明者，十之二三，而浅薄虚嚣之说，杂出而厌观；盖非出一人之手，乃学庄者杂辑以成书。其间若《骈拇》、《马蹄》、《胠箧》、《天道》、《缮性》、《至乐》诸篇，尤为愦劣。读者遇庄子之意于象言之外，则知凡此之不足存矣。[①]

而对于杂篇，王夫之则较外篇稍为赞赏。他认为，如果比较外篇和杂篇，可以看出外篇文义虽然前后一致，但是多为"浮蔓卑隘之说"，而杂篇言辞虽然不纯，但"微至之语，较能发内篇未发之旨"。因此，他下断语说："内篇皆解悟之余，畅发其博大轻微之致，而所从入者未之及。则学庄子之学者，必于杂篇取其精蕴，诚内篇之归趣也。"[②]不过尽管如此，他仍对个别篇章多所强调，在他看来，除《庚桑楚》、《寓言》、《天下》以外，其他篇章内部多为每段自成一格系统，互不相属，不是内篇那种首尾一致的文风。此外，《让王》以下的四篇，他更是否定，他认为"观其文词粗鄙狼戾"，应是"忿戾之鄙夫所作"。其中《说剑》更是"战国游士逞舌辩以撩虎求荣之唾余"，《渔父》、《盗跖》则是"妒妇詈市瘈犬狂吠之恶声"。这种观点其实也是学界主流的看法。

我们认为，虽然《庄子》一书杂乱，但其中除去内七篇外，外杂篇中的《天下》、《秋水》、《寓言》三篇也多受前人赞誉，是可以作为理解庄学的核心的。譬如前代学者对于《天下》即认为其如同《淮南子·要略》、《史记·太史公自序》、《汉书·叙传》的类型，是《庄子》全书的自序。[③]且"浩博贯综，而微言深至，固非庄子莫能为也"[④]。对于《秋水》则认为总体"自

---

① （清）王夫之：《庄子解》，北京：中华书局，1964年，第76页。
② （清）王夫之：《庄子解》，北京：中华书局，1964年，第196页。
③ 梁启超：《庄子天下篇释义》，载《饮冰室专集》，北京：中华书局1936年，第1页。
④ （清）王夫之：《庄子解》，北京：中华书局，1964年，第277页。

《内篇·齐物论》脱化出来,立解创辟,既踞绝顶山巅;运词变幻,复擅天然神斧。此千古有数文字,开后人无数法门"①。对于《寓言》篇则认为其能统摄《庄子》全书寓言、重言、卮言三种写作手法,为"庄子著书的凡例"②。其余外杂诸篇,前人多有怀疑。我们把前人对外杂篇的一些主要看法略陈于下。

对于外篇,前人多通过文义进行判断。比如吴澄认为:"庄氏书璂玮参差,不以觭见。唯《骈拇》、《胠箧》、《马蹄》、《缮性》、《刻意》五篇自为一体。"由此,他怀疑此五篇作为一个整体,如非庄子所作,则应为"周秦间文士所为"。③ 而郑瑗也认为《马蹄》、《胠箧》诸篇文义相近,但又与内篇《逍遥游》、《大宗师》判然有别,因此他怀疑此为"其徒所述,因以附之"④。换言之,在前人看来,外篇的一些文章,虽然与内篇大义不相吻合,然而部分篇章也可看到内在的一致性,故它们很有可能也是成于一手,但是如今我们已经很难考证出具体的作者乃至其所处的时代,只能通过大致的旨趣判断其针砭。比如,王夫之认为《骈拇》一文亦"为善无近名,为恶无近刑"之旨,文中的"至正"、"常然"与"缘督为经"相近。但是此篇"徒非斥仁义,究竟无独见之精"。又如王夫之对于《胠箧》中引用老子"圣人不死,大盗不止"的话,他判断这应是"惩战国之纷纭,而为愤激之言",因此他判断这是"学庄者"已有的成心。至于《缮性》、《至乐》等篇,王夫之也认为是"语多杂乱",或"学于老庄,掠其肤说,生狂躁之心者所假托也"。此均见船山真知灼见。⑤ 此外,如《天地》篇,也被学者疑为"好事者窜入",不仅"其词颇近时趋",而且诸如伯成子高一段"浅率直遂"、"子贡南游于楚"一段"绝无停蓄酝藉,中间又有纰缪之语"。⑥ 至于杂篇,其中的《让王》、《说剑》、《渔父》、《盗跖》四篇一致被学者所怀疑。比如苏轼统

---

① (清)林云铭:《庄子因》,上海:华东师范大学出版社,2011年,第183页。

② 张默生:《庄子新释》,济南:齐鲁书社,1993年,第19页。

③ (元)吴澄:《吴文正集》卷一《老庄二子叙录》,清文渊阁四库全书本。

④ (明)郑瑗:《井观琐言》卷一,清文渊阁四库全书本。

⑤ (清)王夫之:《庄子解》,北京:中华书局,1964年,第76、85、135、149页。

⑥ (清)林云铭:《庄子因》,上海:华东师范大学出版社,2011年,第125、130页。

观全书，认为《庄子》对于孔子不过是"阳挤而阴助之"，惟"《盗跖》、《渔父》则若真诋孔子者，至于《让王》、《说剑》则浅陋不入于道"。① 沈一贯也说："观此四篇者，文气卑弱，视他作固已天渊，而旨趣又浅陋不伦，与庄子学问全无交涉，稍有识者皆以为赝无疑矣。"②清儒姚际恒更直接认为其"直斥嫚骂，便无义味，而文辞俚浅，令人厌观，此其所以为伪也"③。总体而言，外篇虽不合内篇中庄子意境，但不至于泛滥谩骂，部分篇章仍可归为一类，或成于一手。而杂篇的部分篇章，则如前代学者所言，实在不似庄子文风。除此之外，其他篇章也有零碎的可质疑之处。比如《天运》篇出现的"六经"之称，或非庄子当时所能称述。而《秋水》篇中出现的之、哙让国与孟子同时，但庄文中却称其为"昔者"。又如《胠箧》篇中言田成子代齐后"十二世有齐国"，有学者据此推理，"撰作时间不得早于齐襄王五年（公元前 279 年），不得迟于齐襄王末年（公元前 265 年）。"④此类零散的可疑之处散见于《庄子》全书，我们这里就不一一列举了。

　　尽管外杂篇有诸多的争论，然而瑕不掩瑜，因此我们讨论庄子，并不限于内七篇，而是将《庄子》全书作为一个整体加以分析，故不妨说我们要分析的是庄子学派的思想。当然，对于一些篇章出现的明显的内在冲突与相悖之处，我们应有所辨析。比如《在宥》篇末尾一段对仁、义、礼条目的肯定，所谓"会于仁而不恃，薄于义而不积，应于礼而不讳"，以及该篇所强调的依仗人民、但不轻用民力（"恃于民而不轻"），明显同《庄子》书中主流意趣冲突。又如《天道》篇中强调名分、礼制以及上下、尊卑、主从等关系，也与庄子齐一万物、绝圣弃智、虚静无为、摒弃仁义的讲法不甚一致。王夫之即判定《天道》篇是"秦汉间学黄老之术以干人主者之所

---

① （宋）苏轼：《庄子祠堂记》，载《苏文忠公全集》卷三二，明成化本。
② （明）沈一贯：《庄子通》卷九，明万历刻本。
③ （清）姚际恒：《古今伪书考》，清知不足斋丛书本。
④ 王葆玹：《试论郭店楚简的抄写时间与庄子的撰作时代——兼论郭店与包山楚墓的时代问题》，载《哲学研究》，1999 年第 4 期。

作也"①。这自然是有道理的。又如在《达生》篇中明确提出"夫欲免为形者，莫如弃世"，然而在《天道》等篇却讨论了在治国中运用贯行道家思想的一套切实方法。再如在《天运》论及仁义，既有温和委婉，又有言辞激烈，一篇之中参差至此，足见绝非一人一时之作。至于琐碎的细节处则有更多明显相悖的判断，如在《胠箧》中以祝融氏、伏羲氏等三皇时代为"至治"，然而在《缮性》篇中却又说"及燧人、伏羲始为天下，是故顺而不一"。对此，我们不做强解，而承认这种差异性可能是由于庄子的后学内部进行调适所导致。同前贤学者一样，我们承认它们是《庄子》的"后续文字"②。这样也可以从学术的角度客观地审视古代的思想变化与流转，无疑也是对庄子后学思想贡献的一种尊重。对于此，我们不妨理解为庄子之后，其学派衍生出的淑世情结。正如唐君毅所强调："中国哲人之立言，罕有如西方哲人之一以纯粹真理为鹄的者，恒系为应付当时之社会文化之问题，补偏救弊，为求善而求真。"③因此，我们有理由相信庄学逐渐从形上超越向外王学演进是当时一种时代趋势。正如《庄子·缮性》篇所言古之隐士，并非刻意而隐，而是时机和命运不当使然。倘若遇着时机，自然会推行道学使世俗回返到至德纯一的时代，所谓：

> 隐，故不自隐。古之所谓隐士者，非伏其身而弗见也，非闭其言而不出也，非藏其知而不发也，时命大谬也。当时命而大行乎天下，则反一无迹；不当时命而大穷乎天下，则深根宁极而待。此存身之道也。（《庄子·缮性》）

诸如这类思想，尽管其在《庄子》全书中略为孤立，但仍不难窥见庄子后学之发心。因此，不应以其非庄子所作而忽视。所以，我们姑且把《庄子》全书视为庄子及其学派的思想资料，故本文所说的庄子，是庄子及其

---

① （清）王夫之：《庄子解》，北京：中华书局，1964年，第114页。
② 张默生：《庄子新释》，济南：齐鲁书社，1993年，第292页。
③ 唐君毅：《略论作中国国哲学史应持之态度及其分期》，载《学灯》，1940年12月。

学派的代称。①

第二节　庄学研究

关于先秦道家的另一位奠基性的代表人物庄子哲学思想的研究,大致遵循着与老子研究同样的演进模式,即在关于庄子其人其书的考据上,基本沿习传统的路径,在关于其义理的解释评判上则随着时代的变化而不断变换着研究范式。在具体过程中,也曾先后出现过两次研究高潮,即"文化大革命"之前的关于庄子哲学性质之辩和"文化大革命"后的多元化研究浪潮。

一、关于《庄子》的文献学研究

一直以来,关于庄子的考据工作都主要是针对《庄子》一书进行文献考辨,而其中心又集中于关于《庄子》中内外篇与杂篇的甄别、对各篇形成时间的考证及归属判定上。关于这一问题的探究也同样是建国后庄子研究的重要内容,学者们在继承前人观点的基础上,从新的思路发掘新的论据,进行了很多有益的探索,取得了一系列积极的成果。

在这一问题上,大多数学者致力于为传统的论断寻求新的论据,证明内篇最能代表庄子自身的思想、外(杂)篇为后人所附的后期庄学思想。高亨从历史事件时序、思想深度和题旨等角度列举出六条不同的论据,以证明庄子的主要思想都体现于内七篇中,而外杂篇皆内篇之余论。② 张恒寿则从思想内容、名物制度、文体风格三个层面结合起来对《庄子》内、外、杂各篇加以分析考察,在判别其相互差异、思想归属和形成时间的同时,揭示出其中所蕴涵的庄子思想的发展线索。③ 沿着这一

---

① 本文的《庄子》引文与释文,多出自郭庆藩辑:《庄子集释》(全四册),北京:中华书局,1961 年;张默生原著,张翰勋校补:《庄子新释》,济南:齐鲁书社,1993 年。

② 参见高亨:《庄子新笺》,载《诸子新笺》,济南:山东人民出版社,1962 年。

③ 参见张恒寿:《庄子新探》,武汉:湖北人民出版社,1983 年。

思路,刘笑敢进一步从语言的演变、思想的继承、文章的体例、词汇的使用等方面展开新的考辨,其中以先秦时期语词形成演变线索为据所进行的考证尤有新意。该著认为,在《庄子》书中,内篇虽有道、德、命、精、神这样的概念,却没有道德、性命、精神这样的复合词,而在外篇和杂篇中,道德、性命、精神这三个复合词都出现了,而古代汉语的词汇发展规律是单音词在前复音词在后,这说明《庄子》书中只有内篇才可能总体上是战国中期的作品,即早于外、杂篇,因而研究庄子思想应以内篇为主要依据。而外、杂篇中虽可能含有可供研究庄子思想的资料,但从总体上看则不可能是庄子本人的作品。[1]

而与此截然相反,任继愈在题为《庄子探源》的系列论文中,以司马迁的记载、荀子的评价、篇名的特征,特别是立场原则的差异等为论据,提出外篇才代表着庄子自身的思想,体现出庄子以及道家所特有的思想原则和主张,而内篇恰恰是庄周后学的思想之汇集,具有相对主义和不可知论的倾向。[2] 对于任继愈的这一特异之见,从提出之日起,就少有赞同,更多的则是持质疑态度。

以冯友兰与严北溟等为代表的一派则提出应突破这种传统的界限,撇开这种形式之争,着重就思想义理本身进行探究。冯友兰认为,《庄子》内篇未必全为庄子所著,外杂篇亦未必全无庄子之作;庄子之所以为庄子者,突出地体现于《逍遥游》和《齐物论》两篇之中,因此,研究庄子哲学应以这两篇为标准,鉴别他篇,打破郭象本所谓内外篇的界限,以思想本身为中心。严北溟的判断是,《庄子》本质上就非一人所著,是以庄子思想为主的、包括庄子及其后学的著作总集,是先秦道家各派的集大成者。因此研究分析庄子思想应从整部《庄子》出发,反对片面割裂开来,只根据内篇或外杂篇,甚或限定某一思想原则、某一种文章风格作为评判庄学的标准。偏离这一原则,而执著于考证各篇先后、轻重之别,反而

---

[1] 刘笑敢:《庄子哲学及其演变》,北京:中国社会科学出版社,1988年,第20页。
[2] 任继愈:《庄子探源—从唯物主义的庄周到唯心主义的"后期庄学"》,载《北京大学学报》,1961年第2期。

有误入歧途之虞。

尽管分歧并未完全消失，但这一研究终究取得了显著的成果，基本上形成了一系列共识：《庄子》是庄子本人及其后学思想的汇集，内篇成书时间应早于外、杂篇，最能代表庄子的思想；外、杂篇中除极少数篇章外，亦应为庄子及庄子后学中的嫡派所撰写，基本上属于庄子思想的范畴。其中有一些在继承庄子思想的同时又有了发展和改造，其中融合了老子、儒家、法家的一些思想成分，研究时宜加以辨析。

二、庄子哲学思想研究

与文献考据相比，对庄子哲学思想本身的研究就显示出更鲜明的时代色彩。在马克思主义哲学范式的统一指导下，对庄子哲学性质的具体评判却相互歧异，争议一直不断。

任继愈对庄子哲学的认识与其前期关于老子哲学的观点基本一致，将庄子哲学视为对老子唯物主义哲学的继承和发展。根据他的研究，与老子一样，庄子也认为宇宙万物有其固有的、独立于人的意识之外的客观秩序和规律，这种规律即是"道"。作为物质实体，"道"是万物形成、变化的最终根源，是人与万物的物质基础；在认识论上，庄子也吸收了古代朴素唯物主义的反映论观点，将人的认识喻为照镜子，主张在认识过程中务必使心保持"静"、"虚"，不杂有主观的成见或偏见，而且将认识过程理解为感性认识与理性认识的统一。

冯友兰对庄子哲学性质的认识前后也有一个演变过程。上世纪50年代初，他先是认为庄子在宇宙论方面是唯物主义，人生观方面具有唯心主义倾向。随着他对庄子"道"的研究的深入，转而将庄子哲学归为彻底的主观唯心主义。根据他的分析，庄子的"道"的概念既是对老子的"道"的思想的继承，更有变化和发展，它具有四大特征：其一是"无有"，而不止是老子的"无名"；其二是"非物"；其三是不可知；其四是"抽象的全"。老子的"道"也有"全"的含义，但是一种具体的"全"，其中既包括"无"，也包括"有"，即精、气和天地万物，而庄子的"道"不包括"有"，因而是一种抽象的"全",一种逻辑的概念。它作为一种绝对,超越于自然界之上。冯友兰据此将庄子的"道"定性为一种主观意境和逻辑的虚构。而庄子将这样的"道"作为万物的根本,即"物物者",而"物物者非物",这意味着庄子哲学是一种彻底的虚无主义,因而属于典型的主观唯心主义;同样,其"道"的本质特征也决定了庄子在认识论上必然走向相对主义和不可知论。

与冯友兰的论断不同,严北溟提出,庄子的真正失足之处,在于由唯物主义陷入客观唯心主义,而不是由客观唯心主义转化为主观唯心主义。他的论据是,庄子始终崇尚无为之道,贬低人的主体能动性;其对生死的超脱态度,以及"无己"和"忘我"的思想同"唯我论"的主观唯心主义恰恰是直接对立的;且从哲学史和内在逻辑上说,相对主义与不可知论并不与主观唯心主义具有内在联系。① 虽然严北溟后来对自己的观点有所修正,但这一论证本身的确有令人深思之处,因而为一些学者所响应。

这种由于基点与视角的差异所造成的观点分歧或争议,正如庄子早就警示过的那样,就它们本身而言,不可能自觉地相互融合、统一起来,而是各自坚持自己的合理性,又不能令对方信服。这一进程及其所造成的僵持局面在促进关于庄子的认识深化的同时,更启示后来的研究者必须克服这种片面性认识的局限,用更全面的眼光来审视评判庄子哲学及其意义。

新一代研究者们认真总结吸取了这一历史教训,在对庄子哲学思想的内在矛盾性的深刻认识基础上,开始区分问题的不同层次,进行具体分析。刘笑敢认为,正确理解庄子之"道"的关键在于辨明其"道"的两种不同意义,即自然观意义上的"道"和认识论意义上的"道"。二者之间当然有很多共同的特点,如抽象性、绝对性、神秘性、无差别性等等,这一切使人常常忽视"道"的两种意义之别,将二者等同起来,以为生天生地的"道"就是主观的认识状态或精神境界,因而导致很多混乱和自相矛盾。

---

① 严北溟:《应对庄子重新评价》,载《哲学研究》,1980 年第 1 期。

同样,庄子的"天"也有两层含义,一指自然界,另一指天然。《庄子》中之所以既有天人相对,又有天人一致,乃是就不同意义上的"天"而言的。这种差异决定了庄子哲学乃是一个融汇了安命与逍遥、"无己"与重生、自由与必然等对立面的矛盾综合体,既有至高无上的道,又有通于万物的气,其中充满着内在矛盾。就其整体性质而言,由于庄子以观念性的道作为世界的本原,所以可以说他是客观唯心主义者,庄子哲学虽有强调主观精神的作用的一面,但他并没有否认客观世界的独立性和实在性,所以我们不能说庄子是主观唯心主义者。对庄子哲学的意义也应该一分为二地加以评价,任何片面的简单化的做法都不可能令人信服。这种分清问题层次进行探索评价的方法,在很大程度上的确有助于澄清一些认识的含混错误,促进了庄子研究的深化,对后来的研究者具有很强的启迪意义。①　熊铁基等的《中国庄学史》(湖南人民出版社,2008年),对此前庄学研究的情况,有全面总结。

三、庄子研究的新趋势

随着关于老子与庄子哲学研究的不断拓展和深入,更加上对中国传统文化认识的深化,引发出一系列新的问题和理论主张,成为道家研究的新的内容,其中最引人关注的便是关于道家在中国文化形成发展过程中的作用、地位以及对未来发展的意义的重新认识和评价问题。

李泽厚在《美的历程》中,通过对中华民族文化—心理结构的形成过程和内在结构的总结分析,提出了所谓"儒道互补"之说。根据他的研究,庄子的泛神论,实质上也源自于孔子世界观中的怀疑论因素和积极的人生态度,孔子对个体人格的弘扬,既发展出孟子的伟大人格理想,也孕育出庄子的遗世绝俗的独立人格理想。"表面看来,儒、道是离异而对立的,一个入世,一个出世;一个乐观进取,一个消极退避;但实际上它们刚好相互补充而协调",二者共同奠定了汉民族的文化—心理结构。"儒

---

① 参见刘笑敢《庄子哲学及其演变》(北京:中国社会科学出版社,1987年)一书中的相关内容。

道互补是两千年来中国美学思想一条基本线索。"①

包括台湾学者陈鼓应及大陆学者在内的另一些学者一反传统的"儒家主导说",针锋相对地提出"道家主干说"——认为中国传统文化的形成发展过程实质上是以道家为主干的。② 他们一方面深入到先秦思想形成演变的浩瀚史料中发掘、考证道家影响和启示儒家的历史资料,如孔子曾问道于老子、庄子对荀子的启迪等,以此作为史实依据;另一方面,从逻辑上分析道家哲学对儒家哲学的深刻影响,如奠定儒家哲学本体论基础的《易传》思想,就源于原始道家。陈鼓应明确提出了整个中国哲学始于老子的论断。其依据是,老子道论不仅建立了中国哲学史上第一个系统、完整的本体论与宇宙论体系,而且构成中国哲学内在联系的一条主线,这足以说明"中国哲学的概念、范畴以及哲学体系的建立,始于老子"。与这一主张相呼应,很多学者也都认定道家学说对中华民族的文化—心理结构及思维方式有着极其深刻的影响,它与儒家学说共同构成了中国传统文化的主干。为了更好地弘扬和交流这一主张,当然更是为了促进道家研究,传播道家文化,他们创办了《道家文化研究》系列丛刊。持之不懈的努力,使该丛刊积累至今,已蔚为大观,俨然已成为道家研究的主流园地,对繁荣和拓展道家研究,确实发挥了重要的作用,这一意义也许已远超于"道家主干说"之上。

其实,所谓"道家主干说"与其说是对历史事实的澄清和还原,不如更确切地说是表达了一种主张,是一种重构道家的尝试。前者只是一种前导和方式,后者才是其实质所在。沿着这一方向,一些学者更鲜明地亮出了其旗帜,提出了建立新道家的主张。董光璧的《当代新道家》(华夏出版社,1991 年)算是这一方面的代表作。他们坚信,经过积极的发掘、改造和发展,道家宝贵的思想资源能够为人类文明的健全发展做出

---

① 李泽厚:《美的历程》,北京:文物出版社,1981 年,第 53、49 页。

② 参见干春松:《道家是中国哲学史的主干——访陈鼓应先生》,载《哲学动态》,1994 年第 11 期。另参见陈鼓应《老庄新论》(上海:上海古籍出版社,1992 年)、《易传与道家思想》(北京:商务印书馆,2008 年)等著作。

自己独特的贡献。

更值得重视的一种全新趋势是,越来越多的学者开始积极借鉴运用包括现象学、哲学解释学在内的现代西方哲学的视域或方法,在中西哲学的对比互释中挖掘道家思想的更深层内涵,为道家研究开启出全新的生面,涌现出包括崔大华《庄学研究》(人民出版社,1992年),张祥龙《海德格尔思想与中国天道》(生活·读书·新知三联书店,1996年,2007年修订重版),刘笑敢《老子古今》(中国社会科学出版社,2006年),陈少明《〈齐物论〉及其影响》(北京大学出版社,2004年),王博《庄子哲学》(北京大学出版社,2004年)等在内的诸多优秀成果,且这种研究已呈现燎原发展之势,正在形成为一种新的范式。同样值得关注的还有从生态哲学角度对道家思想的探索,即基于对当今人类发展模式根本缺陷的反省,着力阐发道家关于人与自然和谐发展的哲学思想,从中发掘有益于未来价值重构的思想资源,以促进人类的健全而可持续地发展。

第三节　庄子的道论、知论与人格

一、道　论

我们可以从本体论的路数与宇宙生成论的路数去理解庄子的"道"。首先,庄子的"道"是宇宙的本源,又具有超越性。

> 夫道有情有信,无为无形;可传而不可受,可得而不可见;自本自根,未有天地,自古以固存;神鬼神帝,生天生地;在太极之先而不为高,在六极之下而不为深,先天地生而不为久,长于上古而不为老。(《大宗师》)

这表明了"道"是无作为、无形象而又真实客观的,是独立的、不依赖外物、自己为自己的根据的,是具有逻辑先在性与超越性的,是有神妙莫测的、创生出天地万物之功能与作用的本体。这个"道"不在时空之内,超越于空间,无所谓"高"与"深",也超越于时间,无所谓"久"与"老"。

"有先天地生者,物邪?物物者非物,物出不得先物也,犹其有物也。犹其有物也,无已。"(《知北游》)"道"先于物并生成各物,是使万物成为各自个体的那个"物物者",即"本根"。它不是"物",即"非物",即"道"。由于"道"之生物,万物得以不断生存。这个"道"是"未始有始"和"未始有无"的,"有始也者,有未始有始也者,有未始有夫未始有始也者。有有也者,有无也者,有未始有无也者,有未始有夫未始有无也者。俄而有无矣,而未知有无之果孰有孰无也。"(《齐物论》)宇宙无所谓开始,亦无所谓结束,这是因为"道无终始"。

在《渔父》篇,作者借孔子之口说:"且道者,万物之所由也,庶物失之者死,得之者生,为事逆之则败,顺之则成。故道之所在,圣人尊之。"道是万物的根本,是各物的根据。"夫昭昭生于冥冥,有伦生于无形,精神生于道,形本生于精,而万物以形相生……天不得不高,地不得不广,日月不得不行,万物不得不昌。此其道与!"(《知北游》)明显的东西产生于幽暗的东西,有形迹的产生于无形迹的,精神来自于道,形质来自于精气,万物以不同形体相接相生。天没有道不高,地没有道不广,日月没有道不能运行,万物没有道不能繁荣昌盛,所有的东西都依于道,由道来决定。

其次,庄子的"道"具有普遍性。

"夫道,覆载万物者也,洋洋乎大哉!君子不可以不刳心焉。无为为之之谓天,无为言之之谓德,爱人利物之谓仁,不同同之之谓大,行不崖异之谓宽,有万不同之谓富。"(《天地》)刳,去的意思。刳心即去掉自私用智之心。崖,岸也,界限之义。这里讲不自立异,物我无间,是谓宽容。整句表示道的广大包容及任其自然。包容万物,以无为的方式行事,没有偏私的君子,具有道的品格,庶几可以近道。

"夫道,于大不终,于小不遗,故万物备。广广乎其无不容也,渊渊乎其不可测也。"(《天道》)"道"大无不包,细无不入,贯穿万物,囊括天地,周遍包涵,巨细不遗,既宽博又深远。万物都具备"道","道"内在于一切物之中。没有道,物不成其为物。

道无所不在。道甚至存在于低下的、不洁的物品之中:"东郭子问于

庄子曰：'所谓道恶乎在？'庄子曰：'无所不在。'东郭子曰：'期而后可。'
庄子曰：'在蝼蚁。'曰：'何其下邪？'曰：'在稊稗。'曰：'何其愈下邪？'曰：
'在瓦甓。'曰：'何其愈甚邪？'曰：'在尿溺。'"(《知北游》)道无所不在。
这里颇有点泛道论了。

第三，庄子的"道"是一个整体，其特性为"通"。

"夫道未始有封，言未始有常，为是而有畛也。"(《齐物论》)"道"是浑
成一体的，没有任何的割裂，没有封界、畛域。"道"是圆融的、包罗万有
的、无所不藏的，可以谓为"天府"。同时，"物固有所然，物固有所可。无
物不然，无物不可。故为是举莛与楹，厉与西施，恢恑憰怪，道通为一。
其分也，成也；其成也，毁也。凡物无成与毁，复通为一。"(《齐物论》)这
是说，世间的事物，都有其存在的原因、合理性与价值，每一个体的禀性
与命运千差万别，但无论有什么差别，或成或毁，这边成那边毁，在道的
层面上，却并无亏欠，万物都是可以相互适应、沟通并在价值上齐一的。
也就是说，莛虽小而楹虽巨，厉虽丑而西施虽美，只要不人为干预，因任
自然，因物付物，任万物自用，可各尽其用，各遂其性，都有意义与价值。
凡事在不用中常寓有其用，所日用的即是世俗所行得通的，而世俗所通
行的必是相安相得的。"道"是一个整体，通贯万物。庄子所谓"一"、
"通"、"大通"，都是"道"。万物在"道"的层面上"反于大通"、"同于大
通"。正如张默生所言："老聃、关尹，仍注意于道的精粗体用，还是有分
别的迹象；而庄周则不期于精粗体用的分别，浑然与造物同体。"[1]

第四，庄子的"道"是"自本自根"的。

除前引《大宗师》所说"自本自根，未有天地，自古以固存"外，《知北
游》亦有大段论说："今彼神明至精，与彼百化。物已死生方圆，莫知其根
也。扁然而万物自古以固存。六合为巨，未离其内；秋毫为小，待之成
体。天下莫不沉浮，终身不故。阴阳四时运行，各得其序。惛然若亡而
存，油然不形而神，万物畜而不知，此之谓本根。可以观于天矣。"此处讲

---

[1]　张默生：《庄子新释》，济南：齐鲁书社，1993年，第20页。

造化神妙莫测,使万物变化无穷。万物或死或生或方或圆,都不知其本根。天下万物没有不变化的。阴阳四时的运行又有其秩序。这些变化也好,变化之中的秩序也好,源于模糊的、似亡而存的"道"。"道"的妙用不见形迹,万物依赖它畜养而不自知。"道"是一切的本根。"道"不依赖于任何事物,自己成立,创生万有;天下万物依凭着道而得以变化发展。天地之大,秋毫之小,及其浮沉变化,都离不开"道"的作用。"道"参与天地万物的千变万化,道在其中为根本依据。可见,"道"自己是自己的原因,又是生成宇宙的原因。从万有依赖着"道"而生成变化,可知"道"是宇宙的"本根"。

第五,庄子的"道"不可感知与言说。它不仅是客观流行之体,又是主观精神之境界,其自然无为、宽容于物的特性,也是人的最高意境。

《知北游》中,作者假托泰清、无穷、无为、无始四人的对话,暗喻道体。泰清,故名思义,尚不足以知浑沌的道体。在此段对话中,无为先生只是知道"道"运行的节律。真正理解道无终始、不可感知、不可言说的是无穷、无始先生。泰清问:"子知道乎?"无穷曰:"吾不知。"无始曰:"道不可闻,闻而非也;道不可见,见而非也;道不可言,言而非也。知形形之不形乎,道不当名。"又曰:"有问道而应之者,不知道也。虽问道者,亦未闻道。道无问,问无应。无问问之,是问穷也;无应应之,是无内也。以无内待问穷,若是者,外不观乎宇宙,内不知乎太初。"不可问而硬要问,叫"问穷",穷就是空。不能回答而勉强答,叫"无内(容)"。同篇又有托名知(智)、无为谓、狂屈、黄帝四先生的对话。智先生提问:"何思何虑则知道?何处何服则安道?何从何道则得道?"意即怎样思索怎样考虑才能懂得道?怎样处事怎样实行才契合道?依循什么通过什么途径才得到道?面对如是三问,无为谓先生一言不发,"非不答,不知答也"。智先生一头雾水,见到狂屈先生,亦如是三问。狂屈先生说,我知道,让我告诉您。狂屈嘎然而止,"中欲言而忘其所欲言"。智先生返回帝宫,请教黄帝先生。黄帝回答:"无思无虑始知道,无处无服始安道,无从无道始得道。"智先生高兴地说,我们两人懂了,他们还不懂。黄帝则说,无为谓是真懂,狂屈近似,我们俩其实没有沾边。可见道体自然,道本无为,不可用语言来表达与限定。

但道是可以用人的生命来体证的。以上无穷、无始、无为谓先生,以及《大宗师》中的真人,《逍遥游》中的天人、神人、至人、圣人等,都是道体的具体化。因为道不仅仅是宇宙万有的终极根源,同时也是人的精神追求的至上境界。《天下》称颂关尹、老聃为"古之博大真人",因为他们恬淡无欲,独自与神明住在一起,理会古之道术的全体,"建之以常无有,主之以太一。以濡弱谦下为表,以空虚不毁万物为实"。"常宽容于物,不削于人。可谓至极。"《天下》称颂庄子"独与天地精神往来,而不敖倪于万物;不谴是非,以与世俗处……上与造物者游,而下与外死生无终始者为友。其于本也,弘大而辟,深宏而肆;其于宗也,可谓调适而上遂矣"。歌颂的关尹、老子、庄子,即为道的化身。

二、知 论

庄子认为,人们往往执定、拘守于"一偏之见",彼此纷争,妨碍了关于完整的"道"与天地之理的领悟。因此,必须破除"成心",反对师心自用。世界上有些所谓大小、久暂的差别相,其实是因时间、空间的相对观念而产生的。细小的草茎与粗大的屋柱,不知晦朔的朝菌、春生夏死或夏生秋死的蝉虫与以数百、千年为春,数百、千年为秋的神龟、大椿,确有差别,这些差别是在"物观"的视域中产生的。站在高山上俯视地面,原来在地面上认为差别较大的东西,已没有什么分别了。若把"以物观之"换成"以道观之",参考系一变,大小、夭寿的差别也会显得微不足道。以无限的整全的"道"去省视,很多区分都不存在了。故在《秋水》篇作者借海神之口说:"以道观之,物无贵贱;以物观之,自贵而相贱;以俗观之,贵贱不在己。以差观之,因其所大而大之,则万物莫不大;因其所小而小之,则万物莫不小。知天地之为稊米也,知毫末之为丘山也,则差数睹矣。"人们很容易观察与分析现象界的差别相,即有关事物之差异、矛盾、特质等。庄子意在打破由此而产生的执着,认识到事物的迁流变化;主张换一个角度(或参照系,或视域)再去省视事物,会看到不同的面相;直至以道观之,有些差别则完全可以忽略不计。

关于是非之争执,"既使我与若辩矣,若胜我,我不若胜,若果是也?我果非也邪? 我胜若,若不吾胜,我果是也? 而果非也邪? 其或是也? 其或非也邪? 其俱是也? 其俱非也邪? 我与若不能相知也。则人固受其黮闇。吾谁使正之? 使同乎若者正之,既与若同矣,恶能正之? 使同乎我者正之,既同乎我矣,恶能正之? 使异乎我与若者正之,既异乎我与若矣,恶能正之? 使同乎我与若者正之,既同乎我与若矣,恶能正之? 然则我与若与人,俱不能相知也,而待彼也邪?"(《齐物论》)论辩双方如果都以自己的标准,那么永远没有是非可言。不管请双方之外的哪一位第三者来判断,第三者或与此同,或与彼同,或另立标准,只徒增更多的是非而已,仍然莫衷一是。

"道隐于小成,言隐于荣华。故有儒墨之是非,以是其所非,而非其所是。欲是其所非,而非其所是,则莫若以明。"(《齐物论》)庄子认为,执着偏见、小成的人,仅凭一得之见去分剖大道,大道因此而隐没、遮蔽;不明事理的人,靠浮华的词藻与辩说去分割真理,真言亦因此而隐没、遮蔽。儒墨两家的争论也是这样的。庄子首先提出"明"(或"以明"、"莫若以明")的认知方法,以此明彼,以彼明此,跳出各自的藩篱,洞察彼此,理解对方,消解己见,以客观平常之心洞察彼此之事实,进而理解现象或概念之彼此之联系,破除对一切相对待的概念的执着。莫如用"明"的方法,这是关于是非真相之认辨的初步。

接着,庄子提出了更为根本的体认绝对真理的方法,即把握"道枢"、"天钧"的方法。这是更深一层次的"明"。庄子认为,是非与彼此一样,是同时并存、相待而生的,这也叫"彼出于是,是亦因彼,彼是方生"。然则"方生方死,方死方生,方可方不可,方不可方可,因是因非,因非因是。是以圣人不由而照之于天,亦因是也。是亦彼也,彼亦是也,彼亦一是非,此亦一是非,果且有彼是乎哉? 果且无彼是乎哉? 彼是莫得其偶,谓之道枢。枢始得其环中,以应无穷。是亦一无穷,非亦一无穷也。故曰：莫若以明。"(《齐物论》)彼与此、是与非、可与不可、(理由之)成立与不成立，只是各人依自己所看到的事理的一面所做的推测，或依各人的立场、经验、知识结构、信息甚至兴趣、爱好，在当下所作出的判断。这的确有很大的片面性。圣人站在更高的层面，首先是以中立者的姿态，保留、"因任"自然的分际或人为的界限，其次是超越是与非、可与不可等等的对待，理解彼此之间的是非及由彼此而生的是非，洞悉彼此与是非的复杂联系，进而体悟天地自然的大道正是统合是非彼此的枢纽。最高真相、客观真理是所谓"道枢"或"天钧"(亦称"天均"、"天倪")，它是承认、包含了各种事物、现象的认知以及层次、系列不同的相对真理的。它在最高的位置上，居于正中，其他的事物及有关的认知、判断及层层相对真理，均环绕在由它辐射的轴线的周围。超越客观的天、道(道枢、天钧)观照、洞悉一切，没有偏弊。人们修养自己，也可以上达圣人的境界，与道枢、天钧相照应、相冥合，无时不得其中。既然"道通为一"，"是以圣人和之以是非，而休乎天钧，是之谓两行。"(《齐物论》)如上所说，圣人与道同体，存异又超越于异，使各种知识、各种相对真理及其系统各安其位，并行不悖。物与我、是与非、可与不可、潜在与现实、现实与理想、肯定与否定、形下与形上两不相妨碍，是谓"两行"。如此可谓条畅自得于自然均平之地，使各相对待的方面、力量、动势或价值系统各得其所。

一般教科书误以为庄子是所谓的"不可知论"者，其实并非如此。庄子肯定闻、见、言、知及其作用，依其"道通为一"与"两行之理"，又肯定不可闻、不可见、不可言与不知之知，即把对形下世界的了解与对形上世界的体悟结合了起来，兼收并蓄。他希望人们由浅知到深知，由知外到知内。《知北游》假托无始曰："不知深矣，知之浅矣；弗知内矣，知之外矣。"作者是在肯定现象之知的基础上，又主张人们去"体道"，并且认定形而上之"道"也是可以体知的。

庄子说："吾生也有涯，而知也无涯。以有涯随无涯，殆已！"(《养生主》)宇宙间的知识无穷无尽，以个体有限的生命去追求无穷的知识，是很危险的。所谓危险,是指个体人不知深浅,私自用智,一味在知识的层面讨生活,以有限面对无限,容易丢弃生命的其他层面,时常产生焦虑,甚至可能把性命都搭上。在"知"的方法论上,庄子主张学习养生的"缘督以为经"。缘是顺的意思;督指督脉,在身背后脊椎里,是身后之中脉,指中空之意;经即是常。懂得养生之道的人,善于调理主管呼吸的任、督二脉(任为身前之中脉),持守中空之常道。大凡有繁琐的物事来,处之以虚,即以弹性的管理智能,虚虚实实,无为与有为相济,调理得当,不至劳累过度。以这样的方式来面对无限的知识,首先是要区分对于天的认识与对于人的认识,区分对现象世界的认知与对本体世界的体悟,进一步由"物观"上升到"道观",把握"道枢"、"天钧",然后再返回到现象世界。

所谓"天"、"人",即自然与人为,简言之:"天在内,人在外⋯⋯牛马四足是谓天,落(络)马首,穿牛鼻是谓人。故曰无以人灭天,无以故灭命。"(《秋水》)庄子认为,天机藏于内,人事着于外,而德与天然相合,所以不要用人事去毁坏天然,不要用有心造作去损害性命。《大宗师》开宗明义说:"知天之所为,知人之所为者,至矣! 知天之所为者,天而生也;知人之所为者,以其知之所知,以养其知之所不知,终其天年,而不中道夭者,是知之盛也。虽然,有患。夫知有所待而后当;其所待者,特未定也。庸讵知吾所谓天之非人乎? 所谓人之非天乎? 且有真人而后有真知。"意思是说,知天与知人是人生的极致。天之所为出于自然,人之所为出于智力。但智力也是人生来就有的,也是"天之所为者"。人不应当谋求智力的增长,而应以智力所及的养生之道,保养智力所不及的寿命之数,庶几能尽其天年,不至中道夭亡。这就算尽了智力的能事了。追求其他的知识也是如此。知识非常丰富,但人如只靠知识,还是有所牵累。因为智力、知识,必有所待的对象。但所待的物件却是飘忽不定、难以把握的。你怎么知道我所说的天不是人,人不是天呢? 我们所谓天然的东西,其实掺杂了人为的成分;我们所谓人为的东西,其实有不少天然的成分。所以专凭人的知识、智力去度量事理,是靠不住的。要达到"真知"与"知之圣",一定要修养到"真人"的境界,这样才能与"道枢"相照应。这是说，天道以下，人事层面的问题都是可知的，但人的智力是有限的而且人是极不相同的，人们关于现象世界之复杂面相的真伪与正确与否的问题非常复杂，因此在肯定可知的基础上还要善于破除我执，虚怀理解不同的认知，求得真理性的认知。至于关于天与天道层面的认识，不是靠人的智力所能达到的，它需要全身心的修养，靠人生体验的积累，庶几可以达到"与道同体"的境界。

庄子提倡怀疑、批判的精神，但并不归结为所谓的"怀疑论"。他对人的认知能力、对人所执定的知识或真理的可靠性提出挑战，但他并不主张废弃对于"真知"与"知之至"的追求，只是希望减少盲目性，告诫人们由分析上升到综合，由认知上升到体验，由"小智"上升到"大智"。《齐物论》假借尧时贤人啮缺与王倪的对话，幽默、恢谐地表达了这一智慧："啮缺问乎王倪曰：'子知物之所同是乎？'曰：'吾恶乎知之？''子知子之所不知邪？'曰：'吾恶乎知之？''然则物无知邪？'曰：'吾恶乎知之？虽然，尝试言之，庸讵知吾所谓知之非不知邪？庸讵知吾所谓不知之非知邪？"《庄子》一书往往是把疑问抛给读者去判断，而答案就在疑问中转为肯定。王倪的三次回答，"第一次是对肯定知识的怀疑，第二次是对'不可知'或'不知'的怀疑，第三次是对一切知识的真假可能性的假设与疑问。理由是，一物的然否判断'同是'主观的，即使有暂时的普遍性，亦不能肯定永久的普遍性。其次，物之知，与被知之物本身真假，有绝对是，也有相对是，是不是，然不然，庄子以为'然乎然'才是真是、真然；道是不可言诠的，一说便差失（亏）了。故曰：'吾恶乎知之？'物之可知者，真假然否已难定于一，更何况'所不可知''不知'者？这是第二次疑问更广袤的'不知'之正确性。最后王倪以反面疑问作为正面的回答，即逻辑上的反问疑问。因为'吾所知'中当有'不可知'性，而吾'所不知'亦不必然非'知'，所以说'庸讵知吾所谓不知之非知邪？'（孔子也说：'不知为不知，是知也。'）"①

---

① 邱棨鐊：《庄子哲学体系论》，台北：文津出版社，1999 年，第 35 页。

庄子的"心",是虚静的心,其作用是观照。他主张返回灵台明觉之心,来体悟道,与道契合为一。"夫体道者,天下之君子所系焉。"(《知北游》)从以上论述看,庄子的道论、人生修养论(理想人格论)与知论是相通的。

三、理想人格论

庄子提出了"逍遥无待之游"——"至人无己,神人无功,圣人无名"的理想人格论。我们在这里着重讨论《庄子》内篇中的《大宗师》、《齐物论》、《逍遥游》三篇文章。

《大宗师》指"道"或"大道"。大是赞美之词,宗即宗主,师就是学习、效法。篇名即表达了"以道为师"的思想。也就是说,宇宙中可以作为宗主师法者,唯有"大道"。这个大道也称为"天",即自然而然的生命流行之体。"道"是客观存在的,又是看不见摸不着的,其存在不以他物为条件,不以他物为对,在时空上是无限的。但这个"道"不是造物主、上帝或绝对精神本体,而是一无始无终的大生命(宇宙生命)。万物的生命,即此宇宙大生命的发用流行。既然道的生命是无限的,那么在一定的意义上我们也可以说万物的生命也是无限的。所谓生死,不过如昼夜的更替,我们不必好昼而恶夜,因而勿须乐生而悲死。这才算领悟了生命的大道,也可以说是解放了为形躯所限的"小我",而成为与变化同体的"大我"了。庄子认为,人们通过修养去体验大道、接近大道,可以超越人们对于生死的执着和外在功名利禄的系缚。但这不需要人为地去做什么。他的修养原则是"不以心损道,不以人助天",依此而可以达到"寥天一"的境界。其生命体验、审美体验的方式是直觉主义的"坐忘"。

"何谓坐忘?颜回曰:堕肢体,黜聪明,离形去知,同于大通,此谓坐忘。"(《大宗师》)该篇假借孔子与颜回的对话,通过颜回之口表达修养工夫。"坐忘"即通过暂时与俗情世界绝缘,忘却知识、智力、礼乐、仁义,甚至我们的形躯,达到精神的绝对自由。"坐忘"的要点是超脱于认知心,即利害计较、主客对立、分别妄执,认为这些东西(包括仁义礼乐)妨碍了自由心灵,妨碍了灵台明觉,即心对道的体悟与回归。《大宗师》作者认为,真人或圣人体道,三天便能"外天下"(遗弃世故),七天可以"外物"(心不为物役),九天可以"外生"(忘我)。然后能"朝彻"(物我双忘,则慧照豁然,如朝阳初起),能"见独"(体验独立无对的道本体),然后进入所谓无古今、无生死、无烦恼的宁静意境。这里强调的是顺其自然,不事人为,以便与道同体,与天同性,与命同化。与"坐忘"相联系的另一种实践工夫是"心斋"。"若一志,无听之以耳,而听之以心;无听之以心,而听之以气。听止于耳,心止于符。气也者,虚而待物者也。唯道集虚。虚者,心斋也。"(《人间世》)此处也是假孔颜对话,托孔子之口表述作者之意。以耳来感应,可能执定于耳闻,不如听之以心。以心来感应,期待与心境相符,尽管上了一层,仍不如听之以气。气无乎不在,广大流通,虚而无碍,应而无藏。所以,心志专一,以气来感应,全气才能致虚,致虚才能合于道妙。虚灵之心能应万物。心斋就是空掉或者洗汰掉附着在内心里的经验、成见、认知、情感、欲望与价值判断,自虚其心,恢复灵台明觉的工夫。

　　《齐物论》与《大宗师》相辅相成,互为表里。《齐物论》表述了庄周的"天地与我并生,而万物与我为一"的思想,强调自然与人是有机的生命统一体,肯定物我之间的同体融合。"齐物"的意思即是"物齐"或"'物论'齐",即把形色性质不同之物、不同之论,把不平等、不公正、不自由、不和谐的现实世界种种的差别相、"不齐",视之为无差别的"齐一"。这就要求我们以不齐为齐一,即提升自己的精神境界,在接受、面对真实生活的同时,调整身心,超越俗世,解脱烦恼。此篇希望人们不必执定于有条件、有限制的地籁、人籁之声,而要倾听那自然和谐、无声之声、众声之源的"天籁",以消解彼此的隔膜、是非和有限的身体生命与有限的时空、价值、知性、名言、概念、识见及烦、畏乃至生死的系缚,从有限进入无限之域。庄子以道观的视域,反对唯我独尊,不承认有绝对的宇宙中心,反对各是其是,各非其非,主张破除成见,决不抹杀他人他物及各种学说的生存空间,善于站在别人的立场,更换视域去理解别人,而不以己意强加于人。《齐物论》有"吾丧我"之说。"丧我"与"心斋"、"坐忘"意思相近,"身若槁木"即"堕肢体","心若死灰"即"黜聪明",也就是消解掉由形躯、心智引来的种种纠缠、束缚。"丧我"的另一层意思是消解掉"意、必、固、我",消解掉自己对自己的执着,走出自我,走向他者,容纳他人他物,与万物相通。与"心斋"、"坐忘"一样,人们通过"丧我"工夫最后要达到"物我两忘"的地步,即超越的精神境界,以便与"道"相契合。

《逍遥游》是《庄子》的第一篇,它反映了庄子的人生观。他把不受任何束缚的自由,当作最高的境界来追求,认为只有忘绝现实,超脱于物,才是真正的逍遥。本篇宗旨是"至人无己,神人无功,圣人无名"。"无功"、"无名"也就是"无己","无己"也就是《齐物论》所说的"丧我",《天地》所说的"忘己"。作者指出,"逍遥"的境界是"无所待",即不依赖外在条件与他在的力量。大鹏神鸟虽可以击水三千,背云气,负苍天,飘然远行,翱翔九万里之高,然而却仍有所待,仍要依凭扶摇(飙风)羊角(旋风)而后始可飞腾。有的人才智足以胜任一方官吏,行为足以称誉一乡一地,德行足以使一君一国信服,按儒家、墨家的观点,可称得起是德才兼备的人,但庄子认为他们时时刻刻追求如何效一官,比一乡,合一君,信一国,仍有所待。宋荣子略胜一筹。宋荣子能做到"举世而誉之而不加劝,举世而非之而不加沮,定乎内外之分,辩乎荣辱之境",已属不易,然而他能"存我"而未能"忘我",更未能物我兼忘,仍不是最高境界。列子略胜一筹。列子日行八百,任意而适,无所不顺,更不多见,但他仍有所待。他御风而行,飘飘然有出尘之概,可是没有风他就无能为力了,仍不能谓为逍遥之游。"若夫乘天地之正,而御六气之辩,以游无穷者,彼且恶乎待哉?"就是说,有比列子境界更高的人,他们顺万物本性,使物物各遂其性,没有丝毫的造作,随大自然的变化而变化,物来顺应,与大化为一,即与道为一。如此,随健行不息的大道而游,还有什么可待的呢?因其"无所待"才能达到至人、神人、圣人的逍遥极境。这个境界就是庄子的"道体"，至人、神人、圣人、真人都是道体的化身。庄子的人生最高境界，正是期盼"与道同体"而解脱自在。

"各适己性"的自由观的前提是"与物同化"的平等观。逍遥无待之游的基础正是天籁齐物之论。庄子自由观的背景是宽容，承认自己的生存、利益、价值、个性自由、人格尊严，必须以承认别人的生存、利益、价值、个性自由、人格尊严为先导。这种平等的价值观肯定、容忍各种相对的价值系统，体认其意义，决不抹杀他人的利益、追求，或其他的学派、思潮的存在空间。这样，每一个生命就可以从紧张、偏执中超脱出来，去寻求自我超拔的途径。章太炎《齐物论释》正是从庄子"以不齐为齐"的思想中，阐发"自由、平等"的观念。"以不齐为齐"，即任万事万物各得其所，存其不齐，承认并尊重每一个体自身具有的价值标准。这与儒家的"和而不同"、"己所不欲，勿施于人"的恕道正好相通。

儒家的理想人格是圣贤人格。儒家心目中的圣人或圣王，有着内圣与外王两面的辉煌。虽然"内圣外王"一说出自《天下》，然而后来却成为儒家的人格标准。内圣指德性修养，外王指政治实践。儒家强调在内圣基础之上的内圣与外王的统一。因此，儒家人格理想不仅是个体善的修炼，更重要的是责任感和担当意识，是济世救民，努力为国家、民族和人民建功立业，即使遭到贬谪也以深沉的忧患系念天下百姓的疾苦和国家的兴亡。儒家也有其超越精神，穷居陋巷，自得其乐，安贫乐道。道家庄子的真人、圣人、神人、至人、天人的理想人格，与儒家有别，其特性是：独善其身，超然物外，一任自然，遂性率真；与风情俗世、社会热潮、政权架构、达官显贵保持距离。这是庄子和道家的神韵情采。与儒家积极入世的现实品格相比较，道家凸显的是超越和放达，以保持距离的心态，批评、扬弃、超越、指导现实。

《大宗师》从天人关系中把握"真人"之境。何谓"真人"？在庄子看来，所谓"真人"是天生自然的人，不在徒劳无益的人为造作中伤害自己的天性，专心做心灵虚静的修养工夫，以达到"天人合一"之境。"真人"能去心知之执：不欺凌寡少，不自满于成功，不凭借小聪明耍小把戏，纵然有过失也无追悔,行事得当也不自以为得意,登高不怕下坠,入水不怕溺毙,蹈火不怕烧死,在得失、安危之际,能够坦然自处。"真人"能解情识之结:睡时不做梦,醒来无忧虑,没有口腹耳目之欲;呼吸深沉,直达丹田,直通脚跟。"真人"与俗人的区别在于,俗人生命气息短浅,呼吸仅及咽喉,嗜欲甚深,精神无内敛涵藏,心知欲求缠结陷落,天然的根气自然寡浅。"真人"能破死生之惑:不执着生,不厌恶死;一切听其自然,视生死为一来一往,来时不欣喜,去时不抗拒。"真人"深知生命的源头,故不忘其所自来;又能听任死的归结,故不求其所终极。当他受生为人时,自在无累;当他一旦物化时,又忘掉自身,任它返于自然。也就是说,不以自己的心智去损害大道,不以自己的作为去辅助天然,这才叫做"真人"。真人的心悠然淡泊,可以清冷如铁,也可温暖如春,生命感受与四时相通。真人之心虚静无为,与天地万物有自然感应。真人之境是"天人合一"之境:"故其好之也一,其弗好之也一,其一也一,其不一也一。其一与天为徒,其不一与人为徒,天与人不相胜也,是之谓真人。"(《大宗师》)俗人的好恶总不免偏颇,真人则超越于好与不好之上,摆脱了人间心智的相对分别,既忘怀于美恶,又排遣于爱憎,冥合大道,纯一不二。真人守真抱朴,与天为徒;同时又随俗而行,与人为徒;既不背离天理,又不脱离人事。为此,天与人不相排斥、不相争胜而冥同合一。达到物我、主客、天人同一境界的人,才是真人。

庄子之真人、至人、神人、圣人,都是道的化身,与道同体,因而都具有超越、逍遥、放达、解脱的秉性,实际上是一种精神上的自由、无穷、无限的境界。这深刻地表达了人类崇高的理想追求与向往。这种自然无为、逍遥天放之境,看似玄秘莫测,但实际上并不是脱离实际生活的。每一时代的类的人、群体的人,尤其是个体的人,虽生活在俗世、现实之中,然总要追求一种超脱俗世和现实的理想胜境,即空灵净洁的世界。任何现实的人都有理想,都有真、善、美的追求,而道家的理想境界,就是至真、至善、至美的合一之境。

第四节　庄子的政治哲学

一、对战国之时现实政治的批判

　　庄子在先秦思想家中极为另类,如果说诸子普遍对政制建构有着关注情怀,渴望纾解当时政制危机。那么庄子则恰恰相反,他希望逃遁于政治之外保全其性。庄子除曾做过"漆园吏"外,终生并无任其他官职。《史记》载楚威王曾因庄子贤达,"使使厚币迎之,许以为相。"然而庄子却对使者道出"祭之牺牛"的譬喻。在庄子看来,入朝为官正如待祭祀的牺牲,虽"养食之数岁,衣以文绣",终将不免于"入大庙"的命运,因此他宁愿在污渠之中曳尾自快,而不愿身为他人所羁绊。这也与庄子文章的意旨一脉相承。在《山木》篇中便记载庄子曾"衣大布而补之,正緳系履而过魏王"。当魏王见故问其情状,庄子却取猿猴为譬喻,认为猿猴在楠、梓、豫章高林间穿梭,"虽羿、蓬蒙不能眄睨也"。然而一旦到了荆棘的灌木丛中,则"危行侧视,振动悼栗"。可见,庄子并非是生来抵触政治,而是借此说明适遭昏君与乱臣的时代,他宁愿"曳尾于涂中"(《秋水篇》)以保生,而不愿陷自己于囹圄。因此,他并没有像其他学者一样汲汲于提出一套平息列国纷争的政治哲学,而是更关心生命安立等问题。他所呈现的姿态始终游离于政治边缘,并从"道"的境界俯瞰诸子争辩,寻求超然于世的境界。在《在宥》篇中,他即对"宥天下"和"治天下"进行分辨,说道:

> 昔尧之治天下也,使天下欣欣焉人乐其性,是不恬也;桀之治天下也,使天下瘁瘁焉人苦其性,是不愉也。夫不恬不愉,非德也。(《在宥》)

庄子认为尧和桀一样,都是损害人之性,未能秉持虚寂无为、静持心性,任万物于自然的思想,因此人的本性得不到舒畅。而在《马蹄》篇中,庄子更以治马与埴木为喻说道:"夫埴木之性,岂欲中规矩钩绳哉?然且世世称之曰：'伯乐善治马，而陶匠善治埴木。'此亦治天下者之过也。"在庄子看来，既然陶土和树木的本性不愿合于规矩勾绳，那么世人称道善于治马、烧陶和培育树木的人，也就犹如赞许矫枉人民的本性之人。显然，庄子所隐喻的正是当时以仁义蛊惑君王的游士，与其相对，庄子则诉诸保全人民的德、性。如其所言：

> 及至圣人，蹩躠为仁，踶跂为义，而天下始疑矣；澶漫为乐，摘僻为礼，而天下始分矣。……道德不废，安取仁义！性情不离，安用礼乐！……毁道德以为仁义，圣人之过也。（《马蹄》）

在庄子看来，当世所称道的圣人不过是用己意来矫正民众性情，所谓仁爱的教化和义理的法度都是圣人竭心力所造作的，殊不知此恰恰有损于原始的天然物性。故其又常取马为譬喻，认为马性原本仅止于喜怒之时或擦颈或踢踏而已，然而自从驾马之人将横木加在马身上，反而使得马匹欲脱其扼，甚至猛戾抵突、吐衔窃辔。其实，这种对儒家基本价值的否定并非是知识层面思辨的结果，更主要是源于庄子所面临的现实困境。《胠箧》篇中的一个例子足以说明这点，庄子言：

> 所谓圣者，有不为大盗守者乎？何以知其然邪？昔者齐国邻邑相望，鸡狗之音相闻，罔罟之所布，耒耨之所刺，方二千余里。阖四竟之内，所以立宗庙社稷，治邑、屋、州、闾、乡曲者，曷尝不法圣人哉！然而田成子一旦杀齐君而盗其国。所盗者岂独其国邪？并与其圣知之法而盗之。（《胠箧》）

这里庄子否定了齐国社会运行的结构，在他看来，无论是宗庙、社稷这些儒家礼法中最重视的场所，邑、屋、州、闾、乡等各级地方的治理组织，乃至在此基础上呈现的鸡犬相闻、黎明耕作的景象，这些圣人所立之制度统统都应该废弃。在庄子眼中，圣人所用心营造之物，恰恰是被窃国者所觊觎之物，故"世俗之所谓知者"不过是在为盗贼做积蓄。这种颠覆性思维正源自于当时的社会实情。不难设想，庄子曾目睹过不少攻城劫掠的场景，更曾目睹过民众被役使去耕种来储存战备，那些欣欣向荣的景象在庄子眼中瞬间坍塌，激起了庄子对一切用心力建构社会秩序的反思。既然那些被儒墨等信徒称颂的圣王事业最终不过是世间攘夺的资材，那么如此损耗物性又有何益处？换言之，正是圣人扰乱了民性，正因民性不平，才使得万物产生差异，故解决之道则在于消解这种后设的差异性，如能"川竭而谷虚，丘夷而渊实"，则能退返到无争之世。故庄子感叹欲使"天下平"惟有"圣人已死，则大盗不起"。所以《天地》篇即大声疾呼道："垂衣裳，设采色，动容貌，以媚一世，而不自谓道谀，与夫人之为徒，通是非，而不自谓众人，愚之至也。"庄子先肯定"孝子不谀其亲，忠臣不谄其君"的正确，进而暗指当时游士设制度以治天下，其实是取媚当世，以致造成世人的大愚大惑。因此在庄子这里，所谓的"惑"并非是对知识的不解，而是对德性的迷乱。在庄子看来，宣扬仁义之说恰恰是惑乱和谄谀世人，而这正是现实政治危乱的渊薮所在。

不得不说，这里庄子的看法确实有其高明之处。在战国之世，君主莫不希冀招揽民众，充实己国之国力。正如梁惠王所患"邻国之民不加少，寡人之民不加多"（《孟子·梁惠王上》）。对此，诸子无不迎合君王，诠说一套富国之策。如孟子所言："王如施仁政于民，省刑罚，薄税敛，深耕易耨。壮者以暇日修其孝悌忠信，入以事其父兄，出以事其长上，可使制梃以挞秦楚之坚甲利兵矣。"（《孟子·梁惠王上》）又如荀子所言："裕民则民富，民富则田肥以易，田肥以易则出实百倍。"（《荀子·富国》）换言之，所谓的施行仁政、简省刑罚、轻徭薄赋不过是一套驭民之策，并非为天下忧，而实为君主忧。正如清代学者张芳所言："天下之言儒者众矣。儒以仁义正天下，俗儒徒名其仁义而行之，伪儒且利其仁义而窃之，吾安知儒者之果不为世祸也？"[①]而庄子一眼便窥见其实质，所谓民，不过是充当国家兵源和财富收入的来源。庄子将游士的谋略轻易地道出，他说人民是不难聚集的，无非是"爱民"、"利民"和"誉民"。在庄子这里，这三个词均为贬义，庄子窥见战国之世君主各种行为的终极虚妄，故在《徐

---

① （清）张芳：《南华经解序》，载宣颖《南华经解》，清同治六年半亩园刊本。

无鬼》中，庄子直言："夫民不难聚也，爱之则亲，利之则至，誉之则劝，致其所恶则散。"这不是庄子推衍自己的治国之道，而是要揭穿游士游说帝王的谋略说辞。庄子更揭示出这一套伪诈的手段，在他看来，正由于人君偏离无为，增加了行事的困难，才迫使民众铤而走险、虚伪造假、欺骗、偷盗。所谓："民知力竭，则以伪继之，日出多伪，士民安取不伪！夫力不足则伪，知不足则欺，财不足则盗。"（《则阳》）因此，战国时候讲"仁义"，不过是把这一合法性依据交给贪得无厌的君主，此即"且假乎禽贪者器"。但是庄子也并没有在根本上否定仁义，他说仁义的核心在于"诚"，当仁义丧失了"诚"，便从原本的圣王之道沦为一种手段，所谓"夫仁义之行，唯且无诚，且假乎禽贪者器。是以一人之断制利天下，譬之犹一觇也。"（《徐无鬼》）这不啻为对当时奸诈行为的猛烈抨击。

徐克谦考察发现，"诚"字是在战国中后期才开始普遍出现在诸子著作中。从《中庸》观之，诚也关系到整个天地万物之化育，带有明显的形而上的色彩。[①]"诚"与"真"一样，都指的是那种本然的存在，同时意味着对人为造作的拒斥与否定。因此，庄子对"诚"的称引，无疑表明他厌恶的是"仁义"沦为虚伪造作及名相化，而非对仁义内存的本根的否定。在《渔父》一篇也阐发着这种意旨，庄子虚构了孔子向渔父请教的情境，渔父话语的核心即在于"谨修而身，慎守其真"，而对于"真"则引申为"精诚之至也"，实际上，这与《徐无鬼》中庄子对诚的标榜一以贯之。所谓"不精不诚，不能动人。故强哭者虽悲不哀，强怒者虽严不威，强亲者虽笑不和。真悲无声而哀，真怒未发而威，真亲未笑而和。"（《渔父》）总而言之，无论是"真"还是"精"、"诚"都是诉求将内在感情如其本然地释放。由此，无论是严肃、亲热还是悲伤、愤怒，惟有守其内在之诚，才能表现在外。可见，庄子的"真在内者，神动于外"与《礼记·大学》"诚于中，形于外"并不相悖。所以，庄子对礼乐的批判，并非是对儒家仁本体的彻底蔑视，而在于对愚者"不能法天而恤于人"、"禄禄而受变于俗"的悲哀。

[①] 参见徐克谦：《庄子哲学新探——道·言·自由与美》，北京：中华书局，2005年，第68页。

　　而在《说剑》中叔齐和伯夷的话更能凸显出庄子对"诚"的态度。当武王求二人佐助时,曾许其以"加富二等,就官一列,血牲而埋之"。但叔齐二人却答曰:"昔者神农之有天下也,时祀尽敬而不祈喜;其于人也,忠信尽治而无求焉。"其实,在这个故事中,庄子要凸显的重心已不是传统所追捧"不食周粟"的忠义与道义,而在于"敬"。在庄子看来,无论是封官加富甚至是血牲,但凡内心无虔敬之心,则所行不过为伪诈。而上古之世,神农按时祭祀,并非索求,而仅为中心诚敬。在庄子看来,这一"忠信尽治"恰恰就是古今的差别所在。所以我们也可说,庄子非"仁义",非非"仁义",所非者,不过是战国之时借"仁义"来游说帝王戕民的游士。他所要追求的,是一种本然纯真的社会秩序,而非靠虚伪狡诈所营构的社会状态。

　　由此,我们也便不难理解庄子的历史观。在孔、孟、荀那边,均悬设了三代的正义性,并由此展开论述。譬如《论语·卫灵公》中所言的:"吾之于人也,谁毁谁誉? 如有所誉者,其有所试矣。斯民也,三代之所以直道而行也。"而孟子在讨论三年之丧的问题上,也说:"三年之丧,齐疏之服,飦粥之食,自天子达于庶人,三代共之。"(《孟子·滕文公上》)在设庠序的问题上更援引三代为例:"夏曰校,殷曰序,周曰庠,学则三代共之,皆所以明人伦也。"(《孟子·滕文公上》)至于单举三代中一代或文王、周公之类更不需多举。即使被认为成文较晚的《礼记》,亦多见"三代之礼"、"三代之英"、"三代明王之政"、"三代之德"等字眼。而极端地宣称要以三代为法则的恐怕还数荀子,如其说:"道不过三代,法不二后王;道过三代谓之荡,法二后王谓之不雅。"(《荀子·王制》)相比之下,庄子恰恰是要返归三代之前。故其言:

　　　　自三代以下者,天下莫不以物易其性矣。小人则以身殉利,士则以身殉名,大夫则以身殉家,圣人则以身殉天下。故此数子者,事业不同,名声异号,其于伤性以身为殉,一也。(《骈拇》)

　　　　今世之仁人,蒿目而忧世之患;不仁之人,决性命之情而饕贵富。

故意仁义其非人情乎！自三代以下者，天下何其嚣嚣也？（《骈拇》）

可见庄子是以三代以下为今。并且他更追溯了一条自黄帝以来至儒墨时代的衰乱史。在《天运》篇中他说："三皇、五帝之治天下，名曰治之，而乱莫甚焉。"正是由这个端绪开始，使得"民心变，人有心而兵有顺，杀盗非杀，人自为种而天下耳，是以天下大骇，儒、墨皆起"。不难看到，这针对的正是战国之世儒者所构建的史学叙事。又如《胠箧》中则说：

> 故绝圣弃知，大盗乃止；擿玉毁珠，小盗不起；焚符破玺，而民朴鄙；掊斗折衡，而民不争；殚残天下之圣法，而民始可与论议。擢乱六律，铄绝竽瑟，塞瞽旷之耳，而天下始人含其聪矣；灭文章，散五采，胶离朱之目，而天下始人含其明矣；毁绝钩绳而弃规矩，攦工倕之指，而天下始人有其巧矣。（《胠箧》）

这则对战国时儒者所建构的一套礼乐治理法则提出批判。不仅是抵触儒家的圣王观，而且要求烧掉符契，打碎印章，打破斗和秤，搅乱音调、销毁竽瑟等乐器，塞住师旷的耳朵，封住离朱的眼睛，锤断工匠的手指。这俨然是一套激进的反礼乐路线，要恢复到此前的洪荒时代。然而，倘若我们结合上文对庄子真、诚、敬等观念的理解，我们便明白这种激愤的言论不过是对当时社会伪诈的一种反动。正因三皇五帝通过"仁义"与"刑罚"搅得人心不得安宁，因此才促生庄子思考如何"安其性命之情"的方法。所以当庄子说："故天下诱然皆生，而不知其所以生；同焉皆得，而不知其所以得。故古今不二，不可亏也。"（《骈拇》）其中便流露出他对"古今"的看法。在此，庄子认为古今不二，完全是相对于儒家的古今之变，儒家在先秦以来目睹到的是从三代以降的衰亡史，因此要退返至尧舜之际的粹美王道。而庄子却截然否定了这点，他认为古今是贯通的，然而他的贯通并非对现实差异的磨灭，而是强调民性的一致，强调"道"的恒常，强调内在的通贯性。这种历史观的差异，不过是庄子用来批判现实的独特叙事方法，而非一套客观的历史推衍。庄子欲向世人揭明的，正是游士的伪诈与君主驭民的真相。因此，也就理解了庄子的"道"论，他正在于将"道"提升为一种个体自由的契机。"道"不仅被悬设为世俗权力之上的准则,更在于指引一条逃离权势所遮蔽世界的途径。所以,道"正是为了解决思想专断与行动高压而呈显而发扬的",无为而自由,"是吾人心灵世界中无所依傍无可企求的自足状态,它超乎任何实用的意图,并因此得以自全自保,而摆脱任何之危险与灾难。"①而在《则阳》里面所悬设的圣人观念,其中有一个目的也是要劝谕君王,希望君王无为而治天下。故他说:"圣人达绸缪,周尽一体矣,而不知其然,性也。"(《则阳》)其核心是希望君王放弃被游士以各种名目的学说蛊惑,最终戕害民众。所以,如果我们强制性地将《庄子》全书的意旨剖分为二,则其中一支是求自己的超越与解脱,有逃遁方外的情结。那么另一支则是希望将随顺自然的理念贯彻于治国之道中,要求与时偕行。比如他强调圣人最终是足以在世间应事接物,所行周备,不至于陷溺其中("与世偕行而不替,所行之备而不洫")。由此,也就展开了庄子的外王学向度,下文我们也会予以分析。

二、无为与顺应物性的治国之道

在《庄子》一书中不乏对理想政制的构想。如《胠箧》篇中便标以"至德之世",其情状是"民结绳而用之,甘其食,美其服,乐其俗,安其居,邻国相望,鸡狗之音相闻,民至老死而不相往来。若此之时,则至治已"。显然,该段的记叙与老子"小国寡民"的描述并无二致。然而,在《马蹄》篇中,庄子则进行了另一段关于"至德之世"阐述,若将两文予以比照,则不难窥见庄子之用意,其言曰:

> 彼民有常性,织而衣,耕而食,是谓同德;一而不党,命曰天放。……
> 夫至德之世,同与禽兽居,族与万物并,恶乎知君子小人哉!同乎无知,其德不离;同乎无欲,是谓素朴。素朴而民性得矣。(《马蹄》)

---

① 叶海烟:《老庄哲学新论》,台北:文津出版社,1997年,第123、126页。

显然，这里庄子所凸显的并非一种外在的政制形态，更在于强调这种理想政制的"内核"，其重视的是民众的"性"与"德"是否能够保全。由此，两相比照，如果说老子那段文字更倾向于建构共同体内部自治的组织形式，那么庄子则是要借助这种外缘政治形态维护人性的恒常与质朴。正如其所言"一而不党，命曰天放"，这无疑是强调混一不偏、任天自在、物性自足的状态。借此，庄子得以泯灭君子小人的道德判断，最终消解掉贤愚不肖的分别心，由此得以静持心性，任万物于自然，这就是"寓诸庸"、"因是已，已而不知其然"（《齐物论》）之道。而在《在宥》篇中，我们同样能看到类似的表述，其载：

> 故君子不得已而临莅天下，莫若无为。无为也，而后安其性命之情。故贵以身于为天下，则可以托天下；爱以身于为天下，则可以寄天下。故君子苟能无解其五藏，无擢其聪明，尸居而龙见，渊默而雷声，神动而天随，从容无为而万物炊累焉。（《在宥》）

庄子的治理之道就在于无为，然而他尊奉无为的核心自然是围绕着安定"性命之情"而谈的。故他正是要保存生命的本性，而不被美色、乐声乃至儒家所宣扬的仁义礼智圣等价值所裹挟。君王要能够不肢解民众的本性，重视自身而胜过天下，随顺万物而安静无为，方能达至庄子的理想之境。正如钱穆所言，庄子"注重在藏与独善，不注重到行与兼善"。并认为这种重视个体的精神或渊源自杨朱。然而，钱穆又强调庄子毕竟异于杨朱，因为"庄子之藏，是把此有限人生，妥善地藏在无限的大宇宙中。这点，决然为杨朱所未经阐发的"[1]。其实，庄子所赞许的就是一种自然的生存状态，因此他否定儒家依据道德名目所推扩的一系列法则秩序。在他看来，当圣人揭橥"圣、勇、义、知、仁"等条目来建立社会运行秩序时，其实也就损害了人本具之"性"。而这些条目恰恰使得盗跖之徒窃国。庄子口中的"盗跖"即指当时的诸侯，他们正是以圣王贤君为口号希

---

[1] 钱穆：《中国思想史》，北京：九州出版社，2012年，第48页。

图收拢游民、壮大国力、开疆拓土。我们不难想象,庄子曾无数次目睹了民众因仰慕"贤者"而带上粮食、抛弃双亲去侍奉别国的君主。("民延颈举踵曰:'某所有贤者',赢粮而趣之,则内弃其亲而外去其主之事,足迹接乎诸侯之境,车轨结乎千里之外。")而在庄子看来,这何其可笑、可悲,当世的学者不明此理,相反却"为之仁义以矫之",其结果无异于"并与仁义而窃之"(《胠箧》)。由此观之,庄子所愤恨的并非是德目所寓有的那套从修身上推至治国的理念,而是对当时现状的直接斥责。在他看来,仁义本为"国之利器不可以示人",但在他身边,曾参、史鳅、杨朱、墨翟等人却将此治国之道公诸于世,由此使得天下攘夺相争,当世的诸侯与权贵挟持了"仁义"的名目,仁义和圣知成为"诸侯门内"的玩物。("彼窃钩者诛,窃国者为诸侯,诸侯之门,而仁义存焉,则是非窃仁义圣知邪?")当此之世,倘若再讲仁义,无疑是"重利盗跖,而使不可禁"(《胠箧》)。

　　当诸国争相殖民拓土之时,庄子已深切地感受到这种趋势不会退返。如果说孔子之时尚能尊王攘夷,尚有退返到原有列国血缘政治同盟框架的希望,那么当庄子处于地缘兼并态势愈演愈烈、苏张之徒纵横捭阖的时代中,政治格局已然无法再退返至周代宗法体制。因此,他只能向更早的"无争之世"予以回溯,他退返出仁义的建国框架,回溯至尧、舜、禹、周公等圣王之前的洪荒时代,故他归结道:"圣人生而大盗起。掊击圣人,纵舍盗贼,而天下始治矣。"(《胠箧》)由此不难理解庄子借"黄帝"之口来向广成子问修养之道的原因。当黄帝询问"养民人"、"遂群生"的至道时,广成子不屑于回答。而当黄帝"捐天下,筑特室,席白茅",静养参悟之后,再探寻"治身"之道时,广成子才乐意地揭示了天地本有自然运行的法则,所谓"天地有宫,阴阳有藏"、"慎守女身,物将自壮"(《在宥》)。按前文所论,"黄帝"正是庄子"衰亡史"叙述体系的开端人物,他自然是希望从黄帝时便遏制住"以仁义撄人之心"的念头,如此则不至于遭此乱世。在《在宥》篇中,还有云与鸿蒙的对话,云同样是希望能"育群生",而鸿蒙最终又阐明那套随顺之道。在庄子看来,万物尽管千变万化,最终仍将回归本性,惟有不窥探万物之真情,任凭自然,方能自全其生理。("万物云云,各复其根,各复其根而不知。浑浑沌沌,终身不离;若彼知之,乃是离之。无问其名,无窥其情,物故自生。")这里庄子正是劝谕当世的游士放弃淑世的希求。由此观之,与其说庄子借广成子之口向黄帝道出了治道,毋宁说他借此抒发其悲叹,因为这清净无为、顺应自然的方法本身就无法在人世间推广,更无法在战国之世向楚威王或是其他君王觐见,不过是适用于个体逃遁世外,保养其本性,最终在山野之间与鸟兽共居,浮游猖狂于天地之间,不知所求而自得,不知所往而自适。这就是庄子眼中身处战国之世的最佳归宿。

如果接着庄子的逻辑推衍,我们发现庄子将丧乱的根源归结为"好知"。这在《胠箧》中有一段表述:

> 知诈渐毒、颉滑坚白、解垢同异之变多,则俗惑于辩矣。故天下每每大乱,罪在于好知。故天下皆知求其所不知而莫知求其所已知者,皆知非其所不善而莫知非其所已善者,是以大乱。……甚矣夫,好知之乱天下也! 自三代以下者是已。舍夫种种之民而悦夫役役之佞,释夫恬淡无为而悦夫啍啍之意,啍啍已乱天下矣。(《胠箧》)

庄子将这种"去智"的理念施用于君王治国之术上,如在《天地》篇中便借许由批评啮缺的话彰显他对智慧的态度。在许由看来,啮缺不可作为天子的原因在于其"聪明睿知,给数以敏,其性过人"。而这些特点恰恰出现在儒家对君主的赞誉中,如《中庸》的"唯天下至圣,为能聪明睿知",又如《荀子·乐论》的"耳目聪明,血气和平,移风易俗,天下皆宁"。然而,庄子却提出截然相反的判断,认为太过聪明最终将会以人的智慧加之于天("以人受天"),最终的结果必将是以人道而违背天道("乘人而无天"),其恶果则会使得万物乖异、背道而驰、为琐事所奴役而惶惶不可终日。对此,他在《天地》篇中一口气列出了七点恶果,所谓:

> 方且本身而异形,方且尊知而火驰,方且为绪使,方且为物絯,方且四顾而物应,方且应众宜,方且与物化而未始有恒。(《天地》)

可见庄子对"聪明睿智"保持着极度的警惕,然而这种警惕并非是针对知识本身,更主要的是指运用知识的欲求以及用知识改造世界——即"治"的意图,如其所言:"治,乱之率也,北面之祸也,南面之贼也。"(《天地》)因此,我们不难发现,当《天地》篇叙述为君之道时,其实更贴合《中庸》的理路。譬如其言曰:"夫王德之人,素逝而耻通于事。"所谓"素逝"便是追求一种随顺万物治国之道,既然物性不同,却均能自然随道而存在生长,那么人君便无需以私意而矫正,而这也隐约与《中庸》"君子素其位而行"相吻合。郭象即阐发其中微旨说道:"任素而往耳,非好通于事也。"①由此,再体味庄子对"知"的寓意,在《缮性》篇中即有"古之治道者,以恬养知",显然,庄子绝非出于一种主观性的反智主义。但庄子又强调"生而无以知为也,谓之以知养恬"。可见,在知论中,庄子其实始终隐含着对"治"的警惕,正由此,他最终推阐出"道"的价值。比如《知北游》言:"且夫博之不必知,辩之不必慧,圣人以断之矣。"在庄子看来,博读经典,未必有知识;能言善辩,不一定有智慧。而圣人所保有的,恰恰是对无形无际的"道"的把握。因此,随顺天性的治国之道更是《庄子》全书的主流。这种顺应物性的思想可说是贯穿庄子政治论始终的。所以在外篇中庄子不断地劝谕着君王放弃那恒守执着的贪恋之心。比如《山木》篇中便提出那有名的"刳形去皮,洒心去欲"的说法。在庄子看来,君主倘若想免于忧愁,唯有抛弃已有的国家权势,进而"去国捐俗,与道相辅而行"。然而,这与其说是劝谏君王修道,去君之累,除君之忧,毋庸说是为百姓谋得一线生机。所以统观《山木》前后则不难看到,庄子除却说尧不利用人民图自己的私利("尧非有人"),并且举南越建德之国为例,说该国之民能"猖狂妄行,乃蹈乎大方",此足矣见庄子之发心。而这也是郭象说的:"泰然无执,用天下之自为,斯大通之涂也。"②又譬如在最为世人所知的《秋水》一篇中,作者便借北海若之口道出了理想的治国理念,所谓:

---

① (晋)郭象注,(唐)成玄英疏:《南华真经注疏》,北京:中华书局,1998年,第236页。
② (晋)郭象注,(唐)成玄英疏:《南华真经注疏》,北京:中华书局,1998年,第391页。

以道观之，何贵何贱，是谓反衍，无拘而志，与道大蹇。何少何多，是谓谢施，无一而行，与道参差。严乎若国之有君，其无私德；繇繇乎若祭之有社，其无私福；泛泛乎若四方之无穷，其无所畛域。兼怀万物，其孰承翼？是谓无方。万物一齐，孰短孰长？（《秋水》）

庄子在这里提到了两个概念，即"反衍"和"谢施"，均在于强调贵贱和多少不过是相反而生、代谢互驰。正由于此，我们不应固执自己已有的成见或执着于自己的行动，乃至同道相违背。故身为人君，则应对人民没有偏私。普施庇佑于四方之民众，兼容并包且泯灭物类的差别。可以说，庄子正是参悟万物变动不居的天理，正因此生生不息，若骤若驰的无常，庄子要求我们废除狭隘的分辨，而顺物"自化"，故他又说："知道者必达于理，达于理者必明于权，明于权者不以物害己。"（《秋水》）换言之，顺着自然变化并非是刻意为之的一套道家律令，而是通达物理后自然呈现的姿态。如郭象注曰："达乎斯理者，必能遣过分之知，遗益生之情，而乘变应权，故不以外伤内，不以物害己而常全也。"[1]对君王而言，顺物而行政，也就如庖丁解牛般游刃有余。

三、《庄子》中的外王学倾向

如果我们把《庄子》全书视为庄子及其学派的思想资料，那么我们可以发现，在外杂篇部分篇章中却隐约透露出保性与外王并重的治世理念，而非一味地对"治"进行批判。事实上，倘若窥诸《齐物论》、《应帝王》等内篇作品，无论是强调"《春秋》经世先王之志，圣人议而不辩"（《齐物论》），还是直接道出"顺物自然而无容私焉，而天下治矣"（《应帝王》），其本意均旨在强调"圣人不由而照之于天，亦因是也"（《齐物论》）的治国方法，可见庄子并未纯然逃遁于政治之外。而这种内圣与外王双彰的理念或许更接近《庄子》内篇的旨趣。

---

① （晋）郭象注，（唐）成玄英疏：《南华真经注疏》，北京：中华书局，1998年，第341页。

譬如在《天地》篇尧与华地封人的对话中，庄子先借尧之口说道："多男子则多惧，富则多事，寿则多辱。是三者，非所以养德也。"反观荀子《富国》、《王制》、《荣辱》等篇章中均强调"足国之道，节用裕民……裕民则民富，民富则田肥以易，田肥以易则出实百倍"，"王者富民"、"乐易者常寿长"、"百姓之寿，待之而后长"，其核心理念莫不在使王者通过善待民众而增加国用。因此，《天地》篇中尧贬斥"寿、富、多男子"等话语，诉求于乱世之中保全自身性命的思路，似乎更接近上节所描述的庄子形象。然而，《天地》篇显然未在此打住，而是通过华地封人道出了更高的治世准则，其斥责尧不应随顺这种状态，既然民众多，就该予以相应的职分（"天生万民，必授之职"）。富有的话则应跟人们分享财富（"富而使人分之"）。最终，封人道出了治世的准则，所谓"天下有道则与物皆昌，天下无道则修德就闲"。可见，这里并不主张"游方之外"、"与禽兽居"的境界。相反，是通过分别"有道"与"无道"两种状态，将随顺万物的理念延伸为"与物皆昌"的积极态度。同样的隐喻还见于间蒧与季彻的对话，当我们审视间蒧对鲁君所言的"必服恭俭，拔出公忠之属，而无阿私"（《天地》），不难发现，这正是荀子的准则，所谓"恭俭、敦敬、忠信而不楛"（《荀子·强国》），"公道达而私门塞矣，公义明而私事息矣"（《荀子·君道》），毫无疑问是荀子论政中的几大核心价值。而《天地》篇并未彻底地否定这套外王学的正当性，审查季彻的回应，他的批判显然只是针对其施用效应而展开，认为其会使得君主事务增多，最终不胜其烦（"必不胜任矣……观台多物，将往投迹者众"）。换言之，他并未以"随顺自然"的态度否定"公"、"忠"本身的价值。由此反观他给出的策略，恰是强调"成教易俗"、"举灭其贼心而皆进其独志"，而其发语更是直言"大圣之治天下也"。不难发现，这恰恰背离了《在宥》篇中将"宥天下"与"治天下"二分的观点。所以，我们可说《天地》篇正是想从"外王"学的向度撑起庄学的整全架构。

因此，如果我们将《庄子》全书理解为庄子与庄子后学在不同时期的作品集，我们也可说那种返还三代之前非政府主义式的理念也仅仅出现在部分篇章中，如外篇的《骈拇》、《马蹄》、《胠箧》、《在宥》，而诸如《天地》等篇则俨然是另一种气象。其中对君王为政提供了一套具体的施政之道。我们可以揣测，在庄子之后，不乏学者希冀将庄子的道论转换为施政的资源，并在朝堂之上付诸践行。比如在《天地》篇中，君便获得了德性所赋予的天然的合法性地位（"君原于德，而成于天"），此外还赋予了君主治人的职能（"人卒虽众，其主君也"）。而作者也巧妙地将道家"无为"的治理思想融合进君王的治国理念中，如言"上治人者，事也"，这正是要求君王应因人之本性使其从事适宜的事务。又如所言"古之畜天下者，无欲而天下足，无为而万物化，渊静而百姓定"，这则俨然是将道家离群与鸟兽居、万物并作的自然状态予以折衷，更强调道家在实际国家运行状态中可提供的思想资源。这种折衷式的话语屡屡出现，比如当提及"无为"时，其语辞的外延则可推扩至君子"爱人利物"上，显然透露出向外作为的倾向。又如其言"无为言之之谓德，爱人利物之谓仁"，更是将"德"同"仁"列于对等的地位，这更是直接与《在宥》等篇明确崇"德"而黜"仁"（如："说仁邪，是乱于德也"）的态度相对。因此，这种外王学的倾向，终究是庄子身后的一种难以避免的趋势。所以，在前贤学者公认为成篇较晚的《说剑》中，庄子俨然要靠伪装成剑士来向赵文王献策，如其谓："天子之剑，以燕溪、石城为锋，齐、岱为锷，晋、卫为脊，周、宋为镡，韩、魏为夹，包以四夷，裹以四时，绕以渤海，带以常山，制以五行，论以刑德，开以阴阳，持以春夏，行以秋冬。"这显然是一派纵横者夸夸其谈的气象，而标榜阴阳五行更见其鄙陋，更远逊逍遥之境的气象。至于后文说"此剑一用，匡诸侯，天下服矣"，则俨然是欲兼并天下的意思，这离那个重生命、轻功业的庄子形象就更远了。

　　如果我们考察老子之后的思想演变，会发现从文子到稷下道家再到《吕氏春秋》与《淮南子》，或可视为道家重"术"的一派。如以同样的视域体察庄子，如果我们承认庄子学派的其中一支从主体的自由转而讨论治国之道，那么他们就必需建立一套合理的国家运转秩序。由此，则需由无为向外转出，而《天道》篇即为一例。《天道》篇对君王同臣下进行分判，认为"上无为也，下亦无为也，是下与上同德，下与上同德则不臣；下有为也，上亦有为也，是上与下同道，上与下同道则不主。"由此，建立一套统治架构，所谓："上必无为而用天下，下必有为为天下用，此不易之道也。""本在于上，末在于下；要在于主，详在于臣。"无为从脱离朝纲与政治框架的一种大自在反转成为一套君主南面之道。原本是超脱俗世、乘天地之正的境界，这里反倒成为一套向上劝谕君王的说辞。又譬如《天道》篇更提及"君先而臣从，父先而子从，兄先而弟从，长先而少从，男先而女从，夫先而妇从"一套尊卑次序。故我们有理由相信，外篇的这些篇章无疑已潜移默化接受了儒学的价值。而一些段落更凸显出庄学内部因外王分裂而论辩的意涵，如所谓：

> 夫天地至神，而有尊卑先后之序，而况人道乎！宗庙尚亲，朝廷尚尊，乡党尚齿，行事尚贤，大道之序也。语道而非其序者，非其道也；语道而非其道者，安取道！（《天道》）

这俨然是一种质问的语气，不难设想，当作者在上文提出"五伦"的儒家观念后，必然遭受到保守派庄学的反驳。譬如在《齐物论》、《天下》和《秋水》等篇中，庄子均凸显万物形色性质虽不同，然而归根仍在："万物一齐，孰短孰长？""齐万物以为首"。因此如何在庄子原有框架内部赋予尊卑秩序以合法性地位，此无疑是《天道》篇作者所面临的最大的困境。而该篇作者的手法显然简短直接，他从天地之德的角度承认"人道"的差异性，由此彻底将儒家亲亲尊尊的理念抛出，并通过"道"本具的秩序性反诘质问者。在该段之末，作者更通过《书》和"古人"进行辅证，虽然现存《尚书》中并无其所征引的"有形有名"话语，且"礼法数度，形名比详，古人有之"一句也可看出其并不敢直接依托三代圣王名号，仅以含混的"古人"代之。但是，可以感受到作者已转由外部文献支撑其论述的合理性，而非借卮言来直陈道体。这显然是由于惧空言不足以服人所进行的折衷之策，这也体现了庄子之后其学术向秩序构建的转移。

由此反观《天运》提出"礼义法度者，应时而变者也"，我们不由得赞叹这种"时变"观正是自孔孟以至两汉的核心命题。如果说殷周之际是一个大变革,那么自东周以降学者无不身处不间断的小变革(或变法)中,直至秦汉的更替,变革的节奏方暂告一段落。这段时期内,从《论语·卫灵公》中的"行夏之时,乘殷之辂,服周之冕"到《孟子·万章下》中赞誉孔子是"圣之时者",无论是《管子·心术》的"与时变而不化"还是《淮南子·泛论训》"因时变而制礼乐"与《文子·上义》的"圣人法与时变,礼与俗化",从秦代建国时李斯的那句"时变异也"到汉代刘向《说苑·辨物》的"考天文,揆时变"与董仲舒《三代改制质文》中的"昭五端,通三统",无疑均表明这种古今的差异性是悬置在先秦两汉学者心头的关键问题,而庄子学派内部也逐渐调整庄学"弃世"(《达生》)的这种极端思维。所以《天运》中大胆地举猿猴与周公为例,认为使猿猴穿上周公的衣服,必然会咬碎撕裂全部丢弃。如谓:"今取猨狙而衣以周公之服,彼必龁啮挽裂,尽去而后慊。观古今之异,犹猨狙之异乎周公也。"这段文字看似是批判孔子推行周制不达时变,但其结论恰恰将《庄子》部分篇章(如《骈拇》、《胠箧》、《在宥》)中那种返还洪荒时代的理念予以矫正。值得注意的是,当论者竭力地调和庄子和儒家时,无疑将治道向更微妙的层面推进,譬如在《天运》篇中即突破传统以三代前后和"治天下"与"宥天下"分判的臧否标准,反而凸显三皇五帝的礼义法度的异曲同工之妙,即对"治世"的重视。("故夫三皇、五帝之礼义法度,不矜于同而矜于治。")因此,对《庄子》文本中具有外王倾向的篇章客观审查也有助于我们理解战国后期学术与政治之间的关系。

第五节　庄子的超越之境

一、从"避害"到超越死生

《天下》篇中论述庄子学术:"死与生与! 天地并与! 神明往与! 芒乎何之? 忽乎何适? 万物毕罗,莫足以归,古之道术有在于是者。庄周闻其风而悦之。"可见,生死问题是庄周面临的首要问题,这自然与战国之世国家对民众的迫害有关。在《庄子》书中即不断流露出"避害"的意识,比如"避矰弋之害"(《应帝王》),"夫失性有五……此五者,皆生之害也"(《天地》),"大人之行,不出乎害人"(《秋水》),"人能虚己以游世,其孰能害之!""外人卒不得害"(《山木》),"不仁则害人"(《庚桑楚》),"害民之始"(《徐无鬼》),"跈则众害生"(《外物》),"夫天下至重也,而不以害其生"(《让王》),"无有相害之心","辞其害,而天下称贤焉"(《盗跖》)。实际上,这种避难与惧死的心态恰恰是理解庄子逍遥之境的核心,正如徐克谦先生所言:"凡一切不怕死的旷达思想,其实都是以死亡恐惧的先在为前提的。庄子的思想也不例外。不仅不例外,恐怕还是特别怕死的一个。"①因此,我们讨论庄子的生死观,也是试图理解庄子在写作时所面临的生命危机,更是理解庄子异于孔子的关键所在。

在《山木》篇"孔子围于陈蔡"一段中最能体现庄子内心的惶恐与孔子的气象。时孔子南下陈蔡,蔡遗民被楚叶公屯于负函,充当楚国北扩的边防卫戍,而孔子南下游说,实际上欲劝楚王息兵。然而南下之后碰见的遗民却大都颓丧不振、沦为隐者,无论是长沮桀溺,还是荷蓧丈人,意志不可不谓为消沉,多欲保全其生,楚狂接舆即为庄子哲学之先驱。所以在《庄子·人间世》里,狂接舆吟诵的是"来世不可待,往世不可追也"。而再看《论语·微子》,则说的是"往者不可谏,来者犹可追",一个"不可",一个"犹可",孔子仅易一字以抒己志,气象大变。倘若窥诸《儒行》,儒者气象更俨然喷涌而出,所谓"往者不悔,来者不豫"。坚毅果决,判然两种精神面貌。同样的案例又见于《庄子·山木》篇,同样是叙孔子困于陈蔡,《论语·卫灵公》记载的是"在陈绝粮,从者病,莫能兴。子路愠见曰:'君子亦有穷乎?'子曰:'君子固穷,小人穷斯滥矣。'"司马迁记载的是"孔子讲诵弦歌不衰"。而再看《山木》篇所载,庄子托名任道,劝勉孔子随顺自然保和性命,所谓"进不敢为前,退不敢为后;食不敢先尝,

---

① 徐克谦:《庄子哲学新探——道·言·自由与美》,北京:中华书局,2005 年,第 139 页。

必取其绪"。又说老子曾言"功成者堕,名成者亏"。孔子应回返至跟众人相同的境地,不追求功名,不显露自己。并且杜撰了孔子离开学生,逃进野泽,吃野果,跟鸟兽居的故事。("辞其交游,去其弟子,逃于大泽;衣裘褐,食杼栗;入兽不乱群,入鸟不乱行。")俨然是假孔子之形诉说自己的理想。殊不知,孔子游行天下,全然无一己之功名,纯然践行大道,所谓"天生德于予",慨然以一己之身肩负道义传承的使命,生死了然物外,这是何等境界。对于庄子相比孔子呈现出的这种畏难保生的倾向,我们认为应置于其历史语境中进行理解。

庄子所追求的是在乱世之中保全其德,正如王先谦所言:"人间世,谓当世也,事暴君,处污世,出与人接,无争其名,而晦其德,此善全之道。"①所谓的养全,也就是回归事物本然的状态,正凭借此恰能各安其份,保全其身。于个体而言则在于内保性、德,于诸侯而言则在于各守疆土,那么纵横家则无法假仁义之名争民拓土。正如叶海烟所阐释的:"在物物自立自治,自主自理的自然状态中,权力已无处可肆虐,如此,那在彼此或主客的架构中所经营出来的是非便不至于成为权力作恶的帮凶,因为吾人在物物齐一和同的无穷的脉络中已经获致了真实而足够的存在意义。"②换言之,孔子是知其不可为而为之,而庄子则是知其不可为即退而保全其身,是从"摆脱人际关系中来寻求个体的价值"③。正如在《山木》篇中庄子见魏王所言:"今处昏上乱相之间,而欲无惫,奚可得邪?"在他眼中,如今就如同猿猴在柟、棘、枳、枸之间,谨言慎行保全其身,绝非是因为"筋骨非有加急而不柔",而是因为"处势不便,未足以逞其能也"。当庄子目睹了更多的仁人志士如比干一般,遂只能选择退保其生的手段。

因此,我们说庄子的初衷正是因其目睹世衰道微,无力回天,因此以保全黎民与自己的德、性为鹄的。故而当庄子之妻过世,庄子却在惠子

---

① (清)王先谦:《庄子集解》,北京:中华书局,1987年,第32页。
② 叶海烟:《老庄哲学新论》,台北:文津出版社,1997年,第148页。
③ 李泽厚:《中国古代思想史论》,北京:生活·读书·新知三联书店,2008年,第201页。

的面前踞坐且敲盆而歌。在庄子眼中，人是合于天道的，因此无论生命、形体还是气质，原本并不存在。他自己推衍了一套生死观念，所谓："杂乎芒芴之间，变而有气，气变而有形，形变而有生，今又变而之死，是相与为春秋冬夏四时行也。"（《至乐》）如此，既然人的形体同四季的运行一样，不过是顺着自然变化，那么如今安详地复归天地之间的"巨室"，又何须悲伤？但我们又不能说庄子无视死生，相反，庄子是重生的，然而他的"生"绝非是肉体的保养，他追求的是"性"之整全。如他说："世之人以为养形足以存生，而养形果不足以存生，则世奚足为哉！"（《达生》）因此在《至乐》篇中，他便说道："至乐活身，唯无为几存。"在他看来，最真的快乐和保全性命的方法只有清静无为。庄子爱取鸟为比喻，譬如他讲道鲁侯以"养人之道"养鸟，将海鸟"御而觞之于庙，奏九韶以为乐，具太牢以为膳"，最终海鸟却死掉。可见，他的生死观在意的是各随其性。所谓"故先圣不一其能，不同其事。名止于实，义设于适，是之谓条达而福持"。换言之，正因为现实中太多的生死，庄子最终得以超越生死。其所追求的是人与宇宙大化同存并生的境界，由此个体生命得以超越形骸的拘束。正如《列御寇》所记载：

> 庄子将死，弟子欲厚葬之。庄子曰："吾以天地为棺椁，以日月为连璧，星辰为珠玑，万物为赍送。吾葬具岂不备邪？何以加此！"（《列御寇》）

事实上，庄子之所以能超越生死的核心，正在于其内德充盈而如如不动的境界。一旦处于道的境域中，则外物的迁灭流转与本真的心灵无关，其关键就在于能守其宗。所谓"死生亦大矣，而不得与之变，虽天地覆坠，亦将不与之遗。审乎无假，而不与物迁，命物之化，而守其宗也"（《德充符》）。由此观之，庄子所重视的在于通过守住元气而不被外物扰乱心智，他所追求的是藏息，既藏神于无首无尾的大道之中，又游息于万物并生的大道之境。心性纯一而不杂，德性与宇宙的法则相通。所谓"藏乎无端之纪，游乎万物之所终始"。唯有处于这种境界之中，方能"死生惊惧不入乎其胸中"、"遁物而不慴"(《达生》),最终能够全生、保身、养亲和尽年。所以在庄子看来,"那种对生的执着就成了结,横亘在胸中。这就需要解。而解的办法仍然是经由对物理的透彻了解,达到安而处之的态度。"①故庄子又借孔子之口道出死生的观念,在他看来,死生实际同寒暑、贫富、饥渴一样,不过是天命流行循环而已,正因于此,人无需揣度其由来,也就"不足以滑和,不可入于灵府。使之和豫通而不失于兑,使日夜无郤而与物为春"(《德充符》)。这里庄子追求的是泯灭物我,处于纯粹的静观状态,如此方可称为"才全"。这种境界实已契合佛教四法印之"诸漏皆苦",并入于"究竟涅槃"的境界。由此,世间的那些纷争已不足动心,个体的性命最终得以安立。正如叶海烟所言,"是将死生之连续状态放在平等地位,并超乎心理好恶及人间各种价值判断,对死生一体无殊的真实意涵作最直接的含摄与体认,而成就其极其高明亦极真实的人格。"②这实际上就是《齐物论》所言"死生无变于己,而况利害之端乎"的意涵。正因为勘破世间一切,庄子不因外物而患得患失,更不会汲汲于重建社群的秩序。在《达生》篇中,他以赌注为譬,讲"以瓦注者巧,以钩注者惮,以黄金注者殙。"换言之,一旦有了惜物之心,则不免"有所矜"。其实,庄子借此要讲的便是"外重者内拙"的含义。惟有舍弃外物,方能内心无扰,由此才能无往而不适。因此,也可说庄子的生死是"通过吾人对根源性伦理的解悟与体证,人与天地同在(或并生),并不是纯然的幻想,而是可以不断向'非我'或'超我'开放的真实的思考与笃实的履践"③。

二、"保性"与"养德"

理解了庄子的生死之境,进而则回返至庄子的修养论。窥诸庄书,

---

① 王博:《庄子哲学》,北京:北京大学出版社,2004 年,第 57 页。
② 叶海烟:《老庄哲学新论》,台北:文津出版社,1997 年,第 163—164 页。
③ 叶海烟:《老庄哲学新论》,台北:文津出版社,1997 年,第 51 页。

"保性"与"养德"无疑是庄子的两大核心。正如本章首节所论,庄子绝非是蹈空诠释一套形而上的性、德观,而是对战国社会转型中孤独无依的个体进行救赎。徐克谦先生将庄子当时所面临的冲突总结为三点:其一是个人自由与社会政治礼法之间的冲突,其二是人的自然本性与道德理性之间的冲突,其三是生命本身的意义与世俗功利的目标之间的冲突。实际上,这三点均可归纳为一点,即战国之际以楚国为首、以中央集权为核心的县制改革对原有周代封国宗法自治体制的冲击。首先,随着中央集权的加强,楚国北扩欲消化征服区民众,并控制边境新拓城邑,必然借用刑法削弱原有封建公族权势并加强对地方掌控,因此庄子哀叹"自三代以下者,匈匈焉终以赏罚为事,彼何暇安其性命之情哉!"(《在宥》)即由此而发。其次,伴随着仁义所依托的血缘社会土壤消退与编户齐民的形成,庄子必然深感仁义成为虚文,正由此庄子退返至三代之前,在宇宙大化中寻求个体存在世上的依据。且自然本性的提出,无疑与县制推扩后古代贵族解体产生的一批"隐君子"生化状态息息相关。第三,县制建构本身就是受世俗功利的目标驱使,是以富国、多民为根源的君王欲求,伴随着国家形态的转移,民众沦为国家势力壮大的工具,在个体原子化的过程中必然会产生生存的惶恐,由此引发出探寻生命本身意义的问题。正如徐克谦先生所言:"庄子对人间的关切以及对人生苦难的正视,则颇有近似儒者的忧患意识。不过,庄子终究是儒家的批判者,他反对世俗儒者的态度更直接显示了他游心自然,通同大道的道家立场。"①所以,我们认为庄子论"德"、"性"更像是在社群之外为人的主体寻求一大根大本的依据,是要在宇宙中安立人心。是要"建构一完全属己之生命,以回复生命之本真,由超经验而再入于世俗,由无人之情再生发人性理趣,由反意念之造作而终投入一大目的中"。②

　　若论"德"与"道"的关系,或许正如《知北游》中所言:"调而应之,德

---

① 参见徐克谦:《庄子哲学新探——道·言·自由与美》,北京:中华书局 2005 年,第 135—137 页。
② 叶海烟:《老庄哲学新论》,台北:文津出版社,1997 年,第 13、106 页。

也；偶而应之，道也。"如果说调和顺应自然是"德"，那么"道"更倾向于一种"从心所欲不逾矩"的境界。所以在庄子眼中，道无所不在，可翱翔于天地间放任无穷冥契于道，而难以指出道究竟在何处，这是无法用言语道出的境界（"所以论道而非道也"），故庄子描述为"无往焉而不知其所至；去而来而不知其所止，吾已往来焉而不知其所终；彷徨乎冯闳，大知人焉而不知其所穷"。而这也是庄子眼中"帝之所兴，王之所起"的根本端绪，同样也是《天下》篇对天人、神人、至人、圣人、君子分判的依据所在。在庄子的话语体系中，前三者的境界在于"不离"，无论是"不离于宗"、"不离于精"还是"不离于真"，都强调的是无为而至的一种状态。然而在圣人处则从"不离"变成了"以"，其凸显的无疑是主观的一种努力，所谓"以天为宗，以德为本，以道为门"。因此，在庄子叙述中，"道"近乎于从心所欲、无为而至的境界，而仅次于"道"的"德"则是可下工夫予以保全的，且"德"又与其"安性命之情"的意图息息相关。因此，既然"德"蕴含着主观能动性，则势必有一系列分辨取择。对此，《在宥》篇即说道：

> 说明邪，是淫于色也；说聪邪，是淫于声也；说仁邪，是乱于德也；说义邪，是悖于理也；说礼邪，是相于技也；说乐邪，是相于淫也；说圣邪，是相于艺也；说知邪，是相于疵也。天下将安其性命之情，之八者，存可也，亡可也；天下将不安其性命之情，之八者，乃始脔卷、猲囊而乱天下也。（《在宥》）

在庄子这里，即使是为治天下而倡行的"明、聪、仁、义、礼、乐、圣、知"八点要则，也被视为拘束且扰攘天下之物。从出土简帛《五行》篇来看，仁、义、礼、智、圣五者正是孔门后学的核心观念。而在这八条中，其中淫于声、色，相于技、淫、艺、疵等六点在于描述所引致的负面效应，庄子所肯认的正面价值惟有"德"与"理"两点，足见"德"在庄子论述中的地位。而考察《庄子》所提及"全德"的文字，更足以明白庄子"养德"的意涵。在《庄子》书中"全德"之称凡五见，分别见于《德充符》、《天地》、《田子方》、《盗跖》。"德全"则三见，分别于《天地》、《达生》、《刻意》。在《德充符》篇

"全德"两见,在"鲁有兀者叔山无趾"一段中为孔子自譬,然前人按文理推测,此处庄子应是借叔山批评孔子仅有全角而无全德,故不足为据。而在"鲁哀公问于仲尼"一段中,"全德"者应指哀骀它,虽仲尼评其"才全而德不形",实则指其内德具足。凡内德具足,则忘其形体。正所谓上德不德,是以有德,又如"行贤而去自贤之行"(《山木》)。因此,体味该篇中孔子的赞誉,即为庄子对全德之人的概括。正因天命流行、日夜循环无法推测其来源,因此全德之人则听任大化,所谓"使之和豫通而不失于兑,使日夜无郤而与物为春,是接而生时于心者也"。而在《天地》篇"子贡南游于楚"一段中,子贡于汉阴遇灌园老人,在外杂篇中,庄子多针砭墨家,此段中灌园老人所言"有机械者必有机事,有机事者必有机心。机心存于胸中,则纯白不备;纯白不备,则神生不定;神生不定者,道之所不载也",应为庄子批判墨子,然而后文借子贡之口所推阐之"全德"之人则更直接表明庄子的看法,所谓"虽以天下誉之,得其所谓,謷然不顾;以天下非之,失其所谓,傥然不受。天下之非誉,无益损焉,是谓全德之人哉!"可见,全德之人更在于去毁誉之心,无为虚诞,返回淳朴的本原。这也正是道家抱朴守真的思想,倘能精神守一,自然不被外物机心所扰。而在《田子方》一文中所称赞的"全德之君子"则是指田子方的老师"东郭顺子",在田子方的表述中,有如下几个关键词:"真"、"虚"、"清",其后借魏文侯之口将其落实,这几点所对应的正是儒家学说所重视的"圣知之言、仁义之行"。所以,这里的全德更强调应符合自然与道的规律,持无为的心态,因顺自然,保持真性。至于《盗跖》一篇所言"黄帝尚不能全德",仅为贬斥黄帝等儒家所尊奉的圣贤,并没有提出全德的内涵。然考全文,仍不出纵情任性的意味。而在《达生》篇中出现的"德全"则是巧妙地以斗鸡为喻,强调养斗鸡在于养神,惟有精神凝寂,方能战而必胜。至于《刻意》篇中出现"德全"的一段,几近于对《庄子》全德的总结性概括,无论直接表述"恬惔寂漠,虚无无为"、"不思虑,不豫谋",还是强调圣人"天行"在于任凭自然而运动,随同阴阳而无心("静而与阴同德,动而与阳同波"),其根本均不出"虚无恬惔"四字,他所要推阐的就是要求心中不要杂糅一点污浊的人欲,虚静专一而不变动,即使动也以"天行",即所谓"养神之道",这也正是《庄子》书中对于"全德"的主要概括。正如叶海烟先生所总结的:"生命自由之自我成全端视生命自身属己之德,而生命之德之首要意义即在其相对于生命存在条件的超越性——此超越,旨在解脱生命之有限性,亦即在反转生命存在之结构,以开放生命内蕴之无穷之精神自由。"[1]

庄子对德的态度与"保性"密切相关。与此同时,庄子进而抵触仁、义对德、性的残害。《骈拇》一文最能体现这几种概念之间的关系。譬如:

> 多方乎仁义而用之者,列于五藏哉!而非道德之正也。(《骈拇》)

> 多方骈枝于五藏之情者,淫僻于仁义之行,而多方于聪明之用也。(《骈拇》)

> 枝于仁者,擢德塞性以收名声,使天下簧鼓以奉不及之法非乎?而曾、史是已。骈于辩者……故性长非所断,性短非所续,无所去忧也。意仁义其非人情乎!彼仁人何其多忧也?(《骈拇》)

> 彼正正者,不失其性命之情。(《骈拇》)

> 且夫待钩绳规矩而正者,是削其性也;待绳约胶漆而固者,是侵其德也;屈折礼乐,呴俞仁义,以慰天下之心者,此失其常然也。(《骈拇》)

> 伯夷死名于首阳之下,盗跖死利于东陵之上。二人者,所死不同,其于残生伤性均也。(《骈拇》)

> 有君子焉,有小人焉;若其残生损性,则盗跖亦伯夷已,又恶取君子小人于其间哉?(《骈拇》)

在庄子看来,战国之时的儒者过去偏狭,所谓"淫僻"便是说其行仁义过诡于正。而枝于仁义便会蔽塞本性,其原因就在于仁义非从诚、敬

---

[1] 叶海烟:《老庄哲学新论》,台北:文津出版社,1997年,第102页。

而发,只是君主南面俘获民心之道,倘若一心收罗名声,自然所行仁义就会削性、侵德。故周旋礼乐、假仁假义来安慰天下人心的,恰恰是失掉了古今不二的常理。由此而观,曾参、史鳅、杨朱、墨翟等人骈于诡辩、改窜文句、锤炼辞藻,游荡心思于辩论,分外用力地吹捧一些辩题,无疑也正是扰乱性命之情。庄子所言的"性命之情",更在乎保全各自的独特性情。相反,多谈仁义则会蔽塞原初的性情,那就是以名声乱法式。而在《在宥》中所分辨的"宥天下"与"治天下"也是在呼吁君主应任凭天下自然存在,目的便在于避免天下人"淫其性"、"迁其德"。在他看来,无论是过度欢喜还是过度愤怒,都会损伤阴阳之气。可以看到庄子这里已隐微流露出《中庸》的意味,所谓"使人喜怒失位,居处无常,思虑不自得,中道不成章,于是乎天下始乔诘卓鸷"。因此,也就不难理解,为何无论是儒家的仁义治国还是法家的刑罚驭民均在庄子的批判之列,因为庄子"归根结底是为了给生命更好的安顿,使形体和心灵免于无谓的劳顿"①。所以,如果能达到这个终极目的,自残形体又何足惜!

正如前文所论证的,倘若说儒家借助执守三代以下的衰亡史,从而批判战国诸侯背离了三代圣王之治,希望借此规劝天下返归王道。那么庄子反其道而行之,将根源归咎于三王本身。换言之,在他眼中,战国的丧乱是必然的,他直接跳出儒家圣王的叙事窠臼,重新在礼乐文明的发端处探寻世间万物运行的根本状态。其根源则在于从德、性上重新安立人心,如《则阳》所谓"今人之治其形,理其心,多有似封人之所谓:遁其天,离其性,灭其情,亡其神,以众为"。可见无论是德、性,还是天、性、情、神,都是指某种本来存有的价值。在庄子看来,正由于后代君王粗疏地对待本性,恰恰造成了欲求和憎恶的滋生。相对于此,庄子便回到《天地》篇那段描述中,所谓"泰初有无,无有无名,一之所起,有一而未形。物得以生,谓之德;未形者有分,且然无间,谓之命;留动而生物,物成生理,谓之形;形体保神,各有仪则,谓之性。性修反德,德至同于初"。从

---

① 王博:《庄子哲学》,北京:北京大学出版社,2004年,第70页。

性到德到道,这一层层回返正在于探究生命之本根,返本复源。这正是要说明生命和德性成于自然,故修养浑然无为的德性,实与天地的自然本性相遂顺。若反而言之,则用心用智,也便有违德性,有悖于天地万物的本然。因此,在诸子百家之中,庄子是纯然退返到内在的自身,欲以激发本有的超越性,而这正是庄子异于诸子的卓绝之处。